LIRE LE XVIIᵉ SIÈCLE
sous la direction de Delphine Denis et Sophie Houdard
74

Série *Voyages réels et voyages imaginaires*
dirigée par Sylvie Requemora-Gros et Pierre Ronzeaud
5

Mirabilia Indiae

Ouvrage publié avec le soutien du laboratoire CIELAM
et d'Aix-Marseille Université

CieLLam
Centre interdisciplinaire d'étude des littératures d'Aix-Marseille

Mathilde Bedel

Mirabilia Indiae

Voyageurs français et représentations de l'Inde au XVIIe siècle

PARIS
CLASSIQUES GARNIER
2021

Mathilde Bedel, lauréate du prix de la Société d'étude du XVIIe siècle 2018, docteure (Aix-Marseille université), secrétaire d'édition du Centre de recherche sur la littérature des voyages, a organisé de nombreux événements scientifiques et a codirigé le numéro « Le voyage en Inde au XVIIe siècle. Découverte, circulation, réception des singularités indiennes dans la France du Grand Siècle » de la *Revue XVIIe siècle*.

ISBN 978-2-406-12153-4 (livre broché)
ISBN 978-2-406-12154-1 (livre relié)
ISSN 2108-9876

À mes enfants.

ABRÉVIATIONS

éd.	Édition, éditeur
etc.	*Et cetera*
impr.	Impression, imprimeur
introd.	Introduction
l.	Ligne
n^{o} (et non n$^{\text{0}}$ car o est la lettre finale de numéro), n^{os}	Numéro, numéros
p.	Page
suppl.	Supplément
t.	Tome
vol.	Volume
id.	*Idem* (« le même auteur »)
ibid.	*Ibidem* (« au même endroit »)
N.B.	*Nota bene* (« notez bien », « prenez bonne note »)
op. cit.	*Opere citato* (« ouvrage déjà cité »)

PRÉFACE

Représenter l'Inde, pour le XVIIe siècle français, c'est la recréer à partir des informations transmises par les voyageurs. Intrinsèquement liée au contexte politique et commercial, mais aussi à l'art et à la culture antique, la littérature de voyage de la première modernité précise les traits d'une Inde française. Cette étude, tournée vers le domaine littéraire, prend en compte l'interdisciplinarité du sujet traité pour tenter de mieux souligner la complexité des problématiques abordées. La période considérée s'étend des premiers voyageurs français à découvrir l'Inde jusqu'aux débuts de la fondation de Pondichéry en tant que principale base commerciale française. Centrée autour de la représentation de l'Autre et de soi, cette étude s'intéresse également à l'écriture de l'image, en tant que ce qui est donné à voir pour servir des enjeux commerciaux, religieux, politiques mais surtout littéraires des voyageurs. Il s'agit alors de réfléchir sur les textes à partir de leur inscription dans la modernité c'est-à-dire de leur matière transgénérique réactualisant l'imaginaire antique et prolongeant l'imaginaire oriental.

Afin de comprendre la mise en place de l'indianité dans les textes sources de cette étude, plusieurs ouvrages critiques ont été porteurs. Les problématiques mises à jour par Sylvie Requemora-Gros et Sophie Linon-Chipon ont permis d'aborder les récits à partir de la fictionnnalisation de l'écriture du voyage. Il est important de préciser que, dans ce sens, le Centre de recherche sur la Littérature des Voyages (CRLV, Sorbonne), fondé par François Moureau a été une ressource capitale grâce aux nombreuses conférences accessibles en ligne. La thèse de Sylvie Requemora-Gros, intitulée : *Littérature et voyage au XVIIe siècle*, ouvre d'importantes pistes d'étude concernant l'analyse des récits de voyageurs français en Inde au XVIIe siècle. Ses travaux sur l'écriture du voyage, analysée à partir des interférences entre le récit de voyage, le roman, le théâtre et la poésie dévoilant les enjeux d'un enrichissement mutuel des genres littéraires, les questions de la mise en espace et son examen des Turqueries, sont une source importante de réflexion pour notre étude. Plus particulièrement, en cherchant à comprendre ce qui caractérise la représentation de l'Orient au XVIIe siècle, la thèse de Sophie Linon-Chipon *Gallia orientalis. Voyages aux Indes orientales, 1529-1722. Poétique et imaginaire d'un genre littéraire en formation*, permet d'entrer dans l'aire géographique orientale, en continuité de laquelle s'inscrit cette étude. En effet, fondée sur une soixantaine de récits de voyage, son travail s'intéresse à la tension narrative, caractéristique de ce genre littéraire qui alterne volonté d'objectivité et anecdotes digressives. Les travaux de Frédéric Tinguely sur la littérature de voyage des XVe et XVIIe siècles ainsi que son intérêt pour une possible ou impossible interculturalité littéraire jouent également un rôle important dans notre réflexion[1]. En effet, le roman, pendant la période « baroque », tend à évoluer vers le réalisme en se détachant de l'imagination traditionnelle. Ainsi le genre des relations de voyage commence à se développer à partir des années 1650, en parallèle du genre romanesque. Jean-Michel Racault[2] souligne d'ailleurs qu'à cette période, se déclenche la « crise de la fiction », où l'intérêt pour le roman décline alors que celui pour la littérature de voyage s'épanouit grandement. Pourtant, Jacques Chupeau, remarquant les interventions narratives des voyageurs, interroge les frontières entre ces deux genres[3]. Enfin, les recherches de Marie-Christine Pioffet concernant l'écriture viatique et la cartographie de l'imaginaire ont été particulièrement structurantes et inspirantes. La dimension interdisciplinaire de cette étude nécessite également des connaissances historiques, géographiques et culturelles. Ainsi, spécialiste polyglotte de l'Inde du Sud aux XVIe et XVIIe siècles, Sanjay Subrahmanyam veut rendre compte de ce qu'il appelle l'Histoire connectée, en croisant diverses archives. Ses travaux, ainsi que ceux de Serge Gruzinski, qui s'intéresse aux colonisations de

1 Frédéric Tinguely, *L'Écriture du Levant à la Renaissance. Enquête sur les voyageurs français dans l'Empire de Soliman le Magnifique*, Genève : Droz, 2000. –, *Le Fakir et le Taj Mahal. L'Inde au prisme des voyageurs français du XVIIe siècle*, éd. Baconnière Arts / BGE, 2011. –, *Le voyageur aux mille tours. Les ruses de l'écriture du monde à la Renaissance*, Paris, Honoré Champion, 2014. –, *La Lecture complice. Culture libertine et geste critique*, Genève, Droz, « Les seuils de la modernité », 2016.

2 Marie-Françoise Bosquet (dir.), *Aux confins de l'ailleurs : Voyage, altérité, utopie*, Hommages offerts au professeur Jean-Michel Racault, Paris, Klinckieck, 2006.

3 Jacques Chupeau, « Les Récits de voyage aux lisières du roman », *Revue d'histoire littéraire de la France*, vol. 77, n° 3-4 (mai-août), p. 536-553.

l'Amérique et de l'Asie, nous ont permis d'aborder la mise en place des premiers mouvements et échanges entre l'Europe et le reste du monde, particulièrement avec l'Inde. Par ailleurs, l'introduction de *L'Inde des Lumières*[4] écrite par Marie Fourcade et Ines G. Županov permet de dresser un tour d'horizon critique concernant l'influence de l'Asie du Sud sur la pensée européenne des Lumières et inversement. S'inscrivant à la suite des réflexions de Sylvia Murr, à laquelle l'ouvrage rend hommage, les divers exposés croisent les analyses historiques et historiographiques afin de mettre au jour de nouvelles perspectives théoriques, incitant à l'interdisciplinarité[5]. Enfin, le site *French books on India*, fondé par Ian Magedera est un véritable outil de travail qui recense les ouvrages français s'intéressant à l'Inde durant la période allant de 1530 à 2016. Cependant, si l'Inde a été un objet de recherches passionnant pour la plupart des domaines des sciences humaines, il apparaît que la critique littéraire concernant la période pré-coloniale de la première modernité a négligé cette source d'intérêt.

C'est grâce à un croisement interdisciplinaire des méthodes que seront mis en valeur les éléments constitutifs de la représentation indienne renouvelée et recréée par la littérature de voyage aux prémices de la modernité. Il s'agit par cette étude de montrer que malgré l'hétérogénéité des textes du corpus, un *continuum* littéraire se met en place, notamment à travers les interférences des différents genres et élabore le portrait de l'*homo indianus*. Les voyageurs divisent l'espace indien en trois grands blocs religieux avec l'observation des tentatives de conversions à la chrétienté, la présence de l'Islam notamment incarnée par les figures royales et ce qu'ils nomment la gentilité des autochtones. C'est principalement dans ce dernier ensemble qu'ils trouvent la nouveauté chère au lectorat français. Cette « gentilité » indienne est donc exploitée pour satisfaire les enjeux narratifs des récits de voyage mais le terme renvoyant à l'hindouisme* est préféré dans cette étude. En effet, les voyageurs qui

4 Marie Fourcade, Ines G. Županov (dir.), *L'Inde des Lumières. Discours, histoire, savoirs (XVIIe-XIXe siècle)*, Paris, EHESS, coll. « Puruṣārtha », 2013.

5 « Leur approche à la plupart des historiens français empirique, positiviste des archives et des monuments a été et demeure assurément louable, mais elle s'est limitée à la description et à un horizon d'interprétation très étroit. Le refus de l'interdisciplinarité les a également coupés d'une plus grande communauté intellectuelle de lecteurs qui, lorsqu'ils ont utilisé leur travail l'ont traité comme une sorte de monument d'antiquité. », Marie Fourcade, Ines Županov (dir.), *L'Inde des Lumière, Ibid.*, p. 18.

perçoivent la diversité cultuelle hindoue, tentent, à travers le prisme chrétien, de transposer l'uniformité religieuse propre à leurs croyances. Or, la littérature française semble commencer à puiser dans les ressources indiennes, alors transmises par les voyageurs, dès le XVIIe siècle. De cette manière, c'est en contrepoint de l'étude de Guillaume Bridet[6] qu'il s'agit d'analyser la naissance de l'intérêt littéraire pour l'Inde, dans un contexte pré-colonial.

Au cours du XVIIe siècle, la tradition des merveilles indiennes influence la dynamique des mutations et des rencontres du monde connecté. La rencontre des voyageurs français avec ce nouvel ailleurs indien les conduit à reporter certaines des considérations apportées par leurs prédecesseurs antiques et médiévaux. Ainsi, le « monde hindou », incarné par un ensemble de personnages indiens prototypiques, est décrit selon un attrait viatique paradoxal entre fascination et horreur. Avec le système des castes, les voyageurs trouvent dans la société indienne un écho à leur volonté de classer et de hiérarchiser : à la manière de dramaturges, ils exposent ce qu'ils comprennent comme étant les diverses catégories sociales. Pour ce faire, ils élaborent une série de personnages stéréotypés grâce à une mise en scène réductrice de l'Autre. L'Hindou apparaît alors bien souvent immoral et pervers : il faut se méfier de la perfidie des hautes castes et de la ruse malintentionnée des basses. De leur côté, les femmes sont décrites comme des êtres doubles pouvant se montrer à la fois lubriques et naïves au point d'honorer le rite de satī, c'est-à-dire leur immolation volontaire sur le bûcher de leur défunt mari. Portée par une théâtralisation du discours, l'écriture du voyage en Inde repousse la voix de l'Autre et n'accorde souvent à la parole indienne qu'une place d'arrière-plan. Les frontières de l'espace indien dessinent un décor sous les traits d'un monde antipodique au sein duquel se confrontent les représentants du Paradis et de l'Enfer chrétiens. D'un côté les voyageurs témoignent, au fil de leurs pérégrinations, des splendeurs commercialisables et des dangers liés à la présence portugaise qui conduit sur les routes infernales des prisons inquisitoriales.

L'Inde des récits de voyage français est également un espace dont les voyageurs recréent la cartographie à partir de leur imaginaire. Les

---

6 Guillaume Bridet, *L'Événement indien de la littérature française*, ELLUG, coll. « Vers l'Orient », 2015.

personnages historiques indiens deviennent sous leurs plume les représentants souverains de royaumes supplantés par la présence française. Ainsi, les figures du Grand Moghol et de son ennemi Shivaji deviennent les parangons fictifs de la lutte française face à l'absolutisme monarchique et face à l'invasion musulmane. Grâce aux intrigues de cour et aux rebondissements épiques, la figure d'Aurangzeb émerge pour mieux être interrogée par François Bernier. L'observation aiguisée du penseur libertin donne à son récit la dimension pamphlétaire d'une critique du pouvoir français. A contrario, sous la plume des voyageurs, le personnage de Shivaji intervient pour incarner l'opposition à la tyrannie moghole, donnant à la France un nouveau modèle narratif de héros national et combattant indirectement la menace ottomane. C'est finalement la figure française qui s'impose avec l'écriture du « je » représentant le voyageur qui détient les informations récoltées en Inde et les diffuse au lectorat français. Si cet aspect de la relation de voyage est présent tout au long de cette étude sous différents points d'analyse, c'est avec François Martin qu'il est examiné. En effet, par ses *Mémoires*, il met en place une écriture de l'intime et propose un récit aux allures d'intrigue policière qui le place progressivement au premier rang de la narration. Passant de personnage secondaire à protagoniste avisé, le voyageur révèle que le pouvoir se trouve là où se cache l'information.

Enfin, l'écriture du voyage en Inde demande d'avoir une attention particulière pour le thème de l'animal. Alors qu'elles occupent une place privilégiée au sein du panthéon hindou, les bêtes deviennent un outil servant à la description de la population et de ses pratiques religieuses. Aborder la variété zoologique en vue de la classer permet alors aux voyageurs de révéler certains animaux, chers à la tradition hindoue, afin de mieux interroger la bestialité du peuple indien. Par le biais du bestiaire, ils présentent indirectement une partie des croyances religieuses de ceux qu'ils observent. Plus globalement, les voyageurs français du XVIIe siècle, trouvent dans le récit de voyage un intermédiaire qui leur permet d'introduire la culture hindoue en France. La curiosité qu'ils éveillent au sein du lectorat français incite les auteurs sédentaires à développer le motif indien dans leur travail de fictionnalisation. Le voyage en Inde s'impose alors à travers la traduction de textes antiques mais aussi par la mise en récit de traductions fictives. L'Inde du Grand Siècle est aussi un espace exploité pour transposer des récits satiriques ou peut être sollicité en vue de réactualiser le souvenir d'une gloire nationale éteinte. Quoiqu'il en soit, il est bien question de trouver son inspiration dans les curiosités indiennes en vue d'élaborer une intrigue franco-indienne. Le dernier chapitre de cette étude propose la juxtaposition de plusieurs vignettes fictionnelles caractéristiques de la situation littéraire du motif indien. L'objectif de ce panel est de montrer l'influence de la littérature de voyage qui a favorisé la place grandissante de l'Inde au sein de l'histoire littéraire française et ce, dès le XVIIe siècle.

Divisée en trois parties et huit chapitres cette étude s'intéresse principalement à la construction littéraire de l'Indien qui devient, sous la plume des auteurs français, le représentant de la domination culturelle de l'Europe sur les pays d'Outre-mer. Il ne s'agit pas de considérer ces représentations comme des images arbitrairement accolées aux Indiens par les Français. En effet, il faut prendre en compte la relation entre l'accumulation d'informations recueillies par les voyageurs et la concision nécessaire à leurs retransmission textuelle pour le public sédentaire. Placée au centre de la vie mondaine et laïque, l'Asie déclenche un engouement intellectuel à partir du milieu du XVIe siècle. De fait, il devient central de traduire le monde indien à partir de collectes d'objets précieux mais aussi de textes authentiques. Toutefois, la diversité culturelle à laquelle les Européens se trouvèrent confrontés les conduisit à compléter les interprétations de certaines données en s'appuyant sur les travaux de leurs prédécesseurs. Les récits de voyage en Inde donnent ainsi à leurs auteurs la possibilité d'amasser une quantité intéressante de nouvelles informations utiles à l'établissement commercial français, tout en attisant la curiosité du public intellectuel mondain. Les voyageurs français peuvent alors, grâce à l'écriture, associer leur nom au processus de représentation de l'Inde en Europe, amorcé au XVIe siècle[7]. Comme l'a démontré Sanjay Subrahmanyam, « les deux sphères les plus importantes de la vie indienne représentées au début du XVIIIe siècle furent assurément celles relevant du "politique" et du "religieux"[8]. » C'est donc inspiré de cette analyse que le plan de notre étude a été construit. À ces deux pôles, nous ajoutons l'imagologie indienne mise en place par les voyageurs et leurs contemporains sédentaires. D'un

7 Sanjay Subrahmanyam, *L'Inde sous les yeux de l'Europe. Mots, Peuples, Empires*, Paris, Alma Éditeur, 2018, p. 42.

8 *Ibid.*, p. 63.

côté, les voyageurs développent un bestiaire caractéristique du monde indien. Par ailleurs, l'Inde fournit à l'écriture viatique un ensemble de figures typiques qui seront exploitées par les auteurs français. Il s'agit en dernier lieu de s'intéresser à cette réécriture du voyage par des écrivains qui ne connaissent de l'Inde que ce qu'ils en ont lu.

Le choix du *corpus* viatique sur lequel se construit cette étude s'établit à partir de trois critères majeurs : la datation des voyages, tous effectués par voie maritime, leur itinéraire, faisant intervenir l'Inde au sein des Indes orientales dans leur ensemble et l'authenticité avérée des écrits étudiés. Partant du postulat que ces récits de voyage relèvent de la littérature[9], un ensemble de questions problématiques apparaissent. En effet, les voyageurs français inspirés par leurs pairs antiques, semblent reprendre un ensemble de *topoï* littéraires, propres au genre du récit de voyage, en s'appuyant sur un ensemble de préjugés perpétués de siècle en siècle. Ils élaborent des observations souvent teintées d'une objectivité biaisée par leurs attentes et par l'impératif de répondre à celles du public. Par ailleurs, les libertins tissent des récits généralement portés par un double discours, au centre duquel le voyageur, dans un état d'esprit cathartique oscille entre adhésion et opposition face à cet ailleurs lointain.

Le choix de la période qui séquence cette étude s'attache à l'avant Pondichéry en tant qu'établissement français en Inde. Elle commence

9 « Les années 1660 marquent la promotion de la littérature des voyages "au rang d'une littérature de masse" du public cultivé ». (Sylvie Requemora-Gros, « L'espace dans la littérature de voyages », *Études littéraires*, 341-2, 2002, p. 249) Ainsi, bien qu'étant considérés comme des ouvrages de documentation et d'information durant la période du XVIe au XVIIIe siècle, les récits de voyage intéressent la critique littéraire depuis la fin des années 1970. En effet, le voyage s'écrit suivant deux pôles : le récit réel narrant l'expérience authentique du voyageur ou le récit imaginaire dont le voyage devient un thème littéraire. Dans le premier cas, le récit se définit grâce à un voyageur-référent véritable qui est contraint de reproduire le monde tel qu'il est pour en transmettre les informations à son lectorat. C'est dans cet effort didactique que se développe le récit de voyage authentique : « il inscrit donc en littérature le refus même de la littérature, en proclamant la primauté de l'expérience et de la vérité sur l'imaginaition et ses fictions. » (Pierre Rajotte, « Aux frontières du littéraire : récits de voyageurs canadiens-français au XIXe siècle », *Voix et Images* 193, 1994, p. 548.) Cependant, étant donné que les intentions des voyageurs-auteurs sont particulières à chacun d'entre eux, leur travail d'écriture met au jour une poétique caractéristique de la littérature de voyage. Ainsi, définissant cette dernière comme une littérature hybride, empreinte d'interférences littaires, Sylvie Requemora-Gros propose notamment « d'étudier l'art d'écrire le voyage, c'est-à-dire d'analyser les procédés littéraires servant à exprimer le voyage, du point de vue des genres et de leurs structures. », *Voguer vers la modernité. Le voyage à travers les genres au XVIIe siècle*, Paris, Presses de l'Université Paris-Sorbonne, 2012, p. 33.

avec le voyage de Pyrard de Laval en 1601 et se clôture sur les *Mémoires de François Martin* rédigés entre 1665 et 1696. En effet, le découpage choisi obéit aux mouvements charnières de l'Histoire des débuts de la présence française en Inde. Ce sont bien les travaux précurseurs de Pyrard de Laval et François Martin de Vitré qui raniment l'intérêt de Henri IV pour le développement d'une Compagnie des Indes. Inspiré du modèle hollandais, Richelieu relance l'activité française, commerciale et missionnaire, vers l'Asie[10]. Alors que l'Inde française n'existe pas encore et que les voyageurs sont, pour la plupart, motivés par des intentions commerciales ou politique : ils participent à l'appel de l'Inde, national et prometteur, tant du point de vue commercial que littéraire. Choisir d'arrêter la période d'étude au tout début du XVIIIe siècle, c'est s'adapter au tournant historique marqué par l'éclatement de l'empire moghol en 1707 et la mort de François Martin, en 1706, suite à laquelle le développement de Pondichéry est fortement ralenti. D'un point de vue littéraire, on assiste à la volonté de valoriser le territoire indien tout en développant le portrait du Grand Moghol, perçu comme un tyran fanatique dont les ressorts absolutistes, inspirés du Moyen-Orient, sont bien connu du lecteur. Enfin, les principaux adversaires européens au XVIIe siècle sont incarnés par les Portugais, les Hollandais et les Anglais. Toutefois, le rôle de ces derniers n'est pas encore central dans la rivalité contre la France qui ne souffrira de leur influence qu'à partir des années 1730.

Malgré leur part de fictionnalisation, tous les voyages étudiés sont reconnus authentiques au moment de leur parution et encore considérés comme tels par la critique moderne. Par ailleurs, la durée du séjour et la sensibilité du voyageur modifient souvent la conception que se fait ce dernier de l'Inde, tandis que certains thèmes, descriptifs ou narratifs, souvent repris au modèle antique, sont communs à tous les écrits viatiques. Étudier l'écriture de l'altérité, à partir d'un ensemble de textes publiés durant tout le Grand siècle, met au jour les stratégies discursives développées par les auteurs français pour valoriser l'espace indien. Ainsi, les merveilles indiennes stimulent à la fois les ambitions marchandes des commerçants mais elles comblent aussi les aspirations littéraires et idéologiques de leurs plus habiles observateurs.

---

10 Claude Markovits (dir.), *Histoire de l'Inde moderne*, Paris, Librairie Arthème Fayard, 1994, p. 172.

INTRODUCTION

> Les Indes, vues d'Europe, c'était d'abord un très vaste espace commercial ouvert, presque partout relativement accessible ; mais il était politiquement assez informe, étant divisé en une myriade d'États petits et moyens, en perpétuelle recomposition. C'était aussi un monde tropical, dont voyageurs et littérateurs développèrent à l'envi les séductions comme les dangers. (p. 9)

LES INDES ET LA FRANCE DU GRAND SIÈCLE : UNE APPROCHE HISTORIQUE

Les réseaux culturels et commerciaux qui connectaient entre eux les pays d'Asie méridionale, notamment par le commerce des toiles indiennes, confirment aux Européens l'idée que l'Asie du Sud et l'Asie du Sud-Est ne sont en fait qu'une même région dénommée : Les Indes. Alors que Christophe Colomb débarque dans le Nouveau Monde, il estime avoir atteint les rives extrêmes orientales des Indes. C'est donc pour différencier les deux aires géographiques que l'on définit les Indes occidentales le territoire américain et les Indes orientales pour l'asiatique. À la fin du XVe siècle, lorsque les Européens commencent à s'étendre en Asie en construisant des comptoirs, ils découvrent une activité commerciale déjà bien implantée. En effet, sur la scène asiatique on estime entre « 200 et 250 millions la population de l'Asie en 1500, ce qui signifie que les Portugais "virent" celle-ci pour ainsi dire doubler au cours de leurs deux siècles de présence sur ce continent. [...]

que ce soit par l'effet de la pression démographique ou pour d'autres raisons, la production agricole augmenta comme la production manufacturière, l'Inde et la Chine fournissant probablement à elles seules, au XVIIe siècle, plus de la moitié de la production textile mondiale[1]. » D'autres marchandises fastueuses comme des pierres précieuses ou des porcelaines de Chine étaient également en transit vers l'Europe. Une fois la route maritime des Indes ouverte par Vasco de Gama en 1498, les Portugais se sont imposés dans les espaces stratégiques qui leur garantissaient le contrôle du commerce des épices, au détriment des marchands arabes. Ils ne purent pourtant pas en garder le monopole puisqu'au vu de leurs bénéfices, ils attirèrent l'attention de leurs voisins européens : d'abord Hollandais, Anglais et Français. De fait, l'Inde du Grand Siècle voit débarquer sur ses côtes les diverses Compagnies des Indes Orientales européennes. Ces puissances commerciales veulent développer leurs échanges et s'insérer dans les réseaux de commerce asiatiques. Elles s'organisent alors en comptoirs coloniaux et en loges* dispersés tout le long du littoral indien, avec des villes comme Madras, Bombay ou Calcutta, afin d'accueillir des marchandises en transit. Même si les Compagnies des Indes ne parviennent à s'implanter que sur des espaces restreints, leurs installations leur permettent de mettre en place de nouvelles alliances avec les seigneurs locaux et d'entretenir la concurrence avec leurs rivaux européens. Jouissant de l'enthousiasme des populations sédentarisées le commerce d'outre-mer cultive l'engouement général pour le voyage. Les produits orientaux, étant considérés comme des articles de luxe, déclenchent un effet de mode dont la curiosité et l'envie de s'enrichir sont les moteurs. Il s'agit alors de chercher à traduire le sens et les usages culturels des objets et ouvrages importés en Europe.

L'histoire des Français en Inde se construit au cours de deux périodes distinctes. La première correspond à la seconde moitié du règne de Henri IV, au moment où les Guerres de religion se terminent, laissant place à un remaniement économique. Ainsi, naît l'intérêt de se tourner vers les îles de la Sonde pour s'insérer dans le commerce des épices. En 1601, la première expédition en direction de Sumatra « marque une période de vingt années pendant laquelle les Français tentent à

---

1 Sanjay Subrahmanyam, *L'Empire portugais d'Asie. 1500-1700*, Paris, Éditions Points, 2013, p. 34-35.

nouveau de prendre part au commerce des Indes orientales, à la lutte avec les Anglais et les Hollandais, qui remettent en cause le monopole portugais[2]. » Le processus alors mis en place succède à la mort du roi et persiste durant la régence de Marie de Médicis, malgré le contexte politique incertain. Toutefois, c'est en 1622 que les voyages français vers les Indes orientales prennent fin pour une période de plusieurs décennies. La présence française en Inde s'est étendue sur moins d'un siècle, entre 1666 et 1761.

L'Empire Moghol est admiré pour son étendue de plus de trois millions de kilomètres carrés, partant de l'Afghanistan actuel pour aller jusqu'au sud du Deccan, et ses cent millions d'habitants qui le rendent plus massif que ses deux principaux concurrents : l'empire Perse et l'empire Ottoman. Son dynamisme économique tient beaucoup à son expansion par la construction de métropoles telles Agra, Lahore, Delhi ou Bénarès, à l'intérieur du territoire et l'activité agraire permet de hauts rendements monétaires. En effet, pour s'enrichir, l'élite musulmane exploite sa domination sur le peuple hindou qui se plie au paiement d'impôts colossaux accompagnés de taxes douanières. Toutefois, la maîtrise du commerce maritime est déléguée aux étrangers, notamment aux Compagnies des Indes européennes. Philippe Haudrère souligne que « dans les cargaisons, le thé, le café, les épices, en particulier le poivre, occupent une place essentielle, suivis par les textiles comme les soieries, mousselines et toiles de coton blanches ou "peintes et teintes". [...] Les quantités transportées ne cessent d'augmenter, en relation avec l'accroissement continuel des armements. Au cours du XVIIe siècle et dans la première moitié du XVIIIe siècle, la VOC domine largement le marché européen, suivie par la Compagnie anglaise, puis la Compagnie française[3]. » Le commerce maritime demande de moderniser les flottes européennes qui imposent progressivement des navires comparables aux navires de guerre. Les limites du système indien sous la domination moghole semblent liées aux manquements de la sphère économique et sociale qui ne répondent pas aux besoins de se moderniser, notamment face à la Chine.

2 Guillaume Lelièvre, *Les précurseurs de la Compagnie française des Indes orientales, 1601-1622*, Histoire. Université de Caen Basse Normandie, 2014. Français. tel-01658114, p. 11.

3 Philippe Haudrère, *Les Français dans l'océan indien, XVIIe-XIXe siècle*, Rennes, Presses Universitaires de Rennes, p. 24-25.

LA TRADITION LITTÉRAIRE D'UNE INDE MERVEILLEUSE

Considérée depuis l'Antiquité comme un territoire regorgeant de merveilles, cette région lointaine est réputée pour ses « paysages humains » extraordinaires. « "L'Inde", terme générique pour désigner l'Orient et toutes les merveilles qu'il recèle, est dans cette fonction parfois remplacée par l'"Éthiopie", avec laquelle elle est souvent confondue[4]. » Inspirée par Ptolémée, sa représentation cartographiée la fait apparaitre comme un territoire composé de deux blocs superposés l'un à l'autre et séparés par le Gange. Ainsi, la connaissance qu'avait la France de ce territoire au XVIIe siècle se limitait à trois célèbres cartes : celle « d'Ebstorf de 1284, la carte de Psalter (XIIIe siècle) et la carte d'Hereford (dernier quart du XIIIe siècle), qui sont parsemées d'images d'hommes monstrueux et d'animaux fabuleux dont les noms viennent remplacer les noms attendus des provinces[5]. » Délimiter les frontières de ce que les écrivains antiques et médiévaux nomment Inde est rendu très complexe. En effet, il s'agit alors de caractériser « l'Asie des moussons, au sud de la chaîne himalayenne, jusqu'à l'hémisphère sud [en comprenant] aussi bien l'Inde proprement dite que l'Indochine et l'Indonésie[6]. » D'autres travaux donnent des indications pour définir les contours de l'Inde comme la traduction de la chronique de Castanheda par Nicolas de Grouchy en 1553 ou la publication des *Choses mémorables advenues tand és Indes orientales que autres païs de la Descouverte des Portugais* par Pierre du Jarric entre 1608 et 1614.

Les préoccupations commerciales et politiques du XVIIe siècle conduisent les voyageurs français à vérifier et à redéfinir les données transmises par leurs prédecesseurs antiques et médievaux. Jean-Baptiste Tavernier propose de fixer les frontières indiennes de cette manière : « tous les Rajas, tant de l'Empire du Grand-Mogol, que du voisinage des Royaumes de Visapour & de Golconda sont tous Idolâtres. En general

4 Entrée « INDE ET ÉTHIOPIE dans la littérature médiévale », Olivier Battistini, Jean-Dominique Poli, Pierre Ronzeaud, Jean-Jacques Vincensini (dir.), *Dictionnaire des lieux et pays mythiques*, Paris, Éditions Robert Laffont, S.A., coll. « Bouquins », 2011, p. 638.

5 Entrée « INDE ET ÉTHIOPIE dans la littérature médiévale », *Ibid.*, p. 640.

6 Christine Gadrat, *Une image de l'Orient au XIVe siècle...*, *op. cit.*, p. 130.

tout le menu peuple, tant des terres qui obeïssent au Grand-Mogol & aux Roys de Golconda & de Visapour, que des Isles d'Achen, de Java & de Macassar, dont les Roys comme j'ay dit ailleurs sont mahometans; tout le menu peuple, dis-je, de ces païs-là est Idolâtre[7]. » De fait, le voyageur s'appuie sur la tradition médiévale qui insiste sur les bizarreries ethnographiques du pays observé. Toutefois, au lieu de montrer des caractéristiques physiques des autochtones, il actualise son discours en pointant leurs pratiques religieuses. La littérature des *mirabilia Indiæ*, ou des merveilles indiennes, prend son origine dans la transmission de l'épopée d'Alexandre le Grand. La *mirabilia*, d'abord comprise d'un point de vue étymologique, renvoie à la racine latine *mir-* figurant le domaine du visuel qui implique « l'étonnement, la surprise, le goût du nouveau et de l'extraordinaire et non celui du beau[8] ». Ainsi, les *mirabilia Indiæ*, développées tout au long du Grand Siècle, s'ancrent dans une description réaliste du territoire indien. Alors dénué de créatures fantasmagoriques, il s'agit pour les voyageurs de valoriser un espace commercial et commercialisable en jouant sur l'ambivalence entre les présentations de richesses incommensurables et l'exposition de la plus extrême extravagance. C'est donc à travers les descriptions de la luxuriance indienne ponctuées par l'intervention de personnages aux pratiques abjectes que les récits de voyages en Inde déclenchent l'engouement littéraire du public issu de la mondanité française.

7 Jean-Baptiste Tavernier, *Les six Voyages de Jean-Baptiste Tavernier, qu'il a fait en Turquie, en Perse et aux Indes… Avec les figures, le poids et la valeur des monnoyes qui y ont cours. Première partie, où il n'est parlé que de la Turquie et de la Perse*, Paris, G. Clouzier et C. Barbin, 1676. – 2 vol. Contient : « Suite ou Recueil de plusieurs relations » (Paris, BnF : G-6772-6773 ; MICROFICHE M-5810 (1-2) et NUMM-85325-85326) ; *Les Six Voyages de Monsieur J. B. Tavernier, … En Turquie, En Perse, Et Aux Indes*, Éditeur : Nabu Press, Paris, Broché, 2012, p. 371.

8 Christine Gadrat, *Une image de l'Orient au* XIV*e* *siècle : Les Mirabilia descripta de Jordan Catala de Sévérac*, Paris, École Nationale des Chartes, coll. « Mémoires et documents », 2005, p. 164.

L'INDE DES VOYAGEURS FRANÇAIS ET SES ENJEUX LITTÉRAIRES

Les premiers voyageurs français en Inde du XVIIe siècle, tels François Pyrard de Laval, Jean Chardin, Jean de Thévenot, Jean-Baptiste Tavernier, François Bernier et Robert Challe ont fourni des informations capitales à l'ouverture de nouvelles perspectives d'explorations commerciales, politiques, économiques mais aussi littéraires. L'un des premiers ouvrages français concernant l'Inde est attribué à François Martin de Vitré, qui publie le récit de son voyage intitulé : *Discours du voyage des Français aux Indes orientales par les Français de Saint-Malo*, en 1604. De forme brève, son écrit est retravaillé en 1611, en 1619 puis réédité en 1679, tout en étant traduit dans diverses langues européennes. Mais c'est à François Pyrard de Laval que revient le mérite d'avoir proposé une étude détaillée de l'Inde avec la première publication en 1611, de sa relation de voyage sous le titre *Discours du voyage des Français aux Indes orientales*. Son témoignage est capital car, n'étant pas engagé par une compagnie commerciale ni soumis aux dictats de l'Inquisition portugaise, il dispose d'une liberté d'expression privilégiée. De cette manière, il peut étendre ses observations au-delà du domaine économique et s'intéresser aux sociétés autochtones qu'il rencontre. À l'instar de ce dernier, Charles Dellon raconte sa détention carcérale par la Sainte Inquisition portugaise à Goa. Alors qu'il a subi les affres de la juridiction instituée par l'Église catholique, il dénonce les abus de pouvoir exercés au nom de la religion dans un territoire lointain. Publiées respectivement en 1685 et en 1688, sa *Relation d'un voyage aux Indes orientales*[9] et *La Relation de l'Inquisition de Goa*, ont obtenu l'approbation de la censure et le privilège du Roi.

En plus d'avoir favorisé de riches échanges commerciaux, l'Inde laisse derrière elle un florissant imaginaire littéraire et artistique, d'abord approvisionné par la littérature de voyage. Trahisons, nouvelles alliances

---

9 Charles Dellon, *Relation d'un voyage des Indes orientales : dédié à monseigneur l'évêque de Meaux / par Mr Dellon, ; Traité des maladies particulières aux pays orientaux et dans la route, et de leurs remèdes, par M.C.D.D.E.M.* – Paris, Barbin, 1685, 1 vol. (Paris, BnF : 8-O2K-41 et NUMM-102749).

ou mises en concurrences européennes pour obtenir les faveurs des monarques indiens, témoignent d'un intérêt colonial recréé par la narration qui fait émerger un ensemble de personnages hauts en couleurs. La découverte de l'Inde incite aussi certains voyageurs français à nourrir une réflexion libertine en s'interrogeant sur des thèmes polémiques tels que : l'âme des bêtes, les superstitions religieuses extrémistes ou l'absolutisme royal. L'Inde de la première modernité devient alors un espace littéraire dans lequel peut avoir cours une interrogation profonde sur les pratiques françaises d'appréhension de l'Autre et la mise en scène de soi-même. Ainsi, sur la scène littéraire, elle s'insère dans l'imaginaire moyen-oriental et le prolonge tout en s'en démarquant grâce à l'introduction des motifs indiens.

La plupart des études critiques concernant les récits de voyageurs français en Inde au XVIIe siècle, d'un point de vue littéraire, s'appuient sur les relateurs les plus réputés. François Pyrard de Laval, François Bernier, Jean-Baptiste Tavernier, Jean Thévenot ou Robert Challe n'ont encore jamais été réunis aux côtés de leurs prédecesseurs et contemporains. Pourtant, comme Barthélémy Carré et La Boullaye-le-Gouz, ils s'attachent surtout à décrire les mœurs, coutumes, religion, systèmes politiques indiens, ainsi que les relations entre Européens immigrés dans ce pays. En revanche, les récits du capitaine Ripon, de Jean Mocquet, de Souchu de Rennefort et de François L'Estra s'inscrivent dans ce courant viatique mais valorisent davantage une description précise des relations européennes dans le pays et alentours. L'Inde apparaît alors comme un carrefour à la fois commercial, politique et littéraire, où se groupent des intérêts majeurs : l'établissement de comptoirs, la construction d'alliances franco-indiennes la mise en place d'une étape vers la Chine mais aussi l'élaboration d'un espace fictionnel proposant un renouveau pour le lectorat français. D'autres voyageurs ont également témoigné de leur passage en terre indienne. Georges Roques propose, en 1701, la publication d'un traité détaillé sur le commerce et la production commerciale florissante. François Martin expose dans ses *Mémoires* son départ de France en 1665, l'arrivée en Inde ainsi que la fondation de Pondichéry en tant que l'un des comptoirs français de premier ordre durant la période de la présence française[10].

10 Pour une présentation plus exhaustive se trouve en annexe le récapitulatif de la durée de leur séjour en Inde, les dates de parution des ouvrages et le nom des villes visitées.

Au fil des rééditions, certains récits de voyage sont abondamment complétés par le voyageur lui-même comme le fait Robert Challe ou par des écrivains de l'ombre tel Pierre Bergeron qui a repris les travaux de Vincent Le Blanc, Pyrard de Laval et Jean Mocquet. L'étude de ces textes permet à Grégoire Holtz d'interroger les enjeux de l'écriture de voyage par un tiers. Il démontre entre autres qu'à travers le récit de Vincent Le Blanc se met en place le *topos* du déguisement du voyageur dans les voyages lointains de la deuxième moitié du XVIIe siècle. « Devenu un conteur qui porte sur lui les stigmates de son expérience en terre lointaine, le voyageur déguisé constitue une nouvelle image topique des récits de voyage, qui répond à la volonté d'exacerber un effet d'altérité[11]. » Il s'agit à la fois de décrire ce qui est vu mais aussi d'être vu par le lecteur pour mieux en être admiré et ce, notamment, à des fins commerciales[12]. Par ailleurs, la découverte du *Journal* manuscrit de Robert Challe, écrit durant l'année de son voyage de 1690 à 1691, permet de vérifier l'élaboration de la version imprimée en 1721. L'étude de ces deux ouvrages dévoile les intentions de leur auteur et interroge la transmission des informations. En effet, comme l'a souligné François Moureau : « l'analyse comparée des deux textes prouve que la chronologie, les circonstances du voyage, l'identité même des acteurs de telle ou telle aventure narrée sont l'objet de continuelles contradictions, impossibilités, détournements[13] ». Alors que l'écriture du témoignage est remise en question, il apparaît qu'une importance paradoxale est accordée à l'image renvoyée de soi : se définissant comme un référent authentique, le voyageur-écrivain peut aussi élaborer un « je » masqué.

À travers l'ensemble de ces récits se dresse une imagologie de l'Inde, dépeinte comme un territoire foisonnant à la fois de richesses et de bizarreries au cœur desquelles se dresse le voyageur français. Héritier d'une tradition narrative transmise par les récits de voyages antiques et

---

11 Grégoire Holtz, *L'ombre de l'auteur*, *op. cit.*, p. 463.

12 « En France, les pages de titres des récits de Jean Thévenot (1664), et de François La Boullaye-Le-Gouz (1657), représenteront le voyageur orientalisé [...] Il s'agit bien de vendre l'image d'un voyageur conteur qui, dans son apparence physique même, donne à voir une expérience incomparable : la légitimation du témoignage tout comme la production d'un effet dépaysant sur l'imaginaire du lecteur y trouvent leur compte. », *Ibid.*, p. 462.

13 François Moureau, *Le théâtre des voyages. Une scénographie de l'Âge classique*, Paris, PUPS, 2005, p. 457.

médiévaux[14], le sous-continent indien intrigue le lectorat européen et sa description demande la présence de figures récurrentes permettant au lecteur de valider l'authenticité du récit. L'Inde littéraire du XVIIe siècle français, tout en perpétuant les données qui répondent aux attentes du lecteur, devient donc un espace créateur d'un imaginaire où se côtoient à la fois la plus grande fascination et la répulsion extrême du voyageur face à l'espace indien et la population indigène qu'il découvre. D'un autre côté, c'est aussi à cette période qu'un rapport particulier s'instaure entre les écrivains sédentaires français et l'Inde. En effet, comme l'a démontré Guillaume Bridet dans *L'événement indien de la littérature française*, si l'écriture sur l'Inde n'offre pas le moyen de développer la carrière de l'écrivain, elle devient progressivement un effet de mode littéraire à suivre. À l'inverse des historiens, des missionnaires ou des voyageurs, les auteurs de fiction ne sont pas conditionnés par l'effort d'authenticité et le discours scientifique; ils peuvent donc utiliser l'Inde comme un support ponctuel ou au contraire nourrir les enjeux impérialistes grâce à la représentation fictive de l'Indien.

14 Un récapitulatif de la diversité de ces voyageurs est proposé en annexe.

PREMIÈRE PARTIE

LA VISION FRANÇAISE D'UNE INDE TRAGIQUE

UNE LITTÉRATURE VIATIQUE À SENSATIONS FORTES

On ne peut cependant confondre l'idéal du peintre et celui de l'écrivain. « Comme le Peintre fait profession d'imiter les choses selon qu'il les void, il est certain que s'il les void mal, il les representera conformes à sa mauvaise imagination, et fera mauvaise peinture ; si bien qu'avant que de prendre le crayon et les pinceaux, il faut qu'il ajuste son œil avec le raisonnement, par les principes de l'Art [...][1] ».

Cette première partie s'intéresse à l'écriture tragique du voyage en Inde qui, empruntée au théâtre, cherche à répondre aux attentes d'un lectorat avide de littérature sensationnelle. Il s'agit d'analyser les procédés littéraires servant à décrire l'Hindou, à la fois en tant que personnage dramatique particulier, mis en contraste avec le musulman, mais aussi en tant qu'instaurateur d'un espace désorganisé entre enfer et paradis. Dans un premier chapitre, l'étude sera portée sur la transmission de la parole indienne par le voyageur français qui met en place différents profils, servant à l'élaboration des divers personnages, ainsi qu'à leur classification. Le second chapitre étend cette hiérarchisation en se concentrant sur la description des veuves hindoues, honorant le rite de satī. Ce dernier, dépeint par les voyageurs au prisme de leurs préjugés, devient un topos du récit de voyage en Inde : à la fois tableau diabolique pour certains et outil critique pour d'autres. Enfin, dans un dernier chapitre, les voyageurs encore imprégnés de la culture médiévale ou réutilisant cette dernière, narrent leur expérience infernale ou leur recherche du paradis terrestre indien. Ils exploitent alors les ressorts de la littérature de captivité et l'écriture du pèlerinage.

1 Roland Freard Chambrai (sieur de), *Idee de la perfection de la peinture demonstree par les principes de l'art, et par des exemples conformes aux observations que Pline et Quintilien ont faites sur les plus celebres tableaux des anciens peintres, mis en paralelle à quelques ouvrages de nos meilleurs peintres modernes, Leonard de Vinci, Raphael, Jules Romain, et le Poussin*, Au Mans, Imprimerie de Jacques Ysambart marchand libraire, et imprimeur, demeurant au bas du Pont-Neuf, à l'enseigne du Saint-Esprit. M. DC. LXII. Avec privilege du Roy [monographie imprimée], 1662, p. 21.

LE PORTRAIT DES HINDOUS AU PRISME DES PEURS FRANÇAISES

Un déni interculturel

L'acquisition des langues étrangères s'érige comme l'un des premiers impératifs de la démarche coloniale. D'abord obligation pratique, elle s'est imposée comme un enjeu politique de premier ordre. Ce chapitre se propose d'interroger la portée argumentative de l'intégration de la langue indienne dans le discours viatique. Il s'agit de répondre à un double objectif. D'abord, considérer les rouages d'une stratégie stylistique et étudier la particularité indienne du projet d'écriture. L'étude de la voix autochtone dans les récits de voyage au Grand Siècle fait l'objet de recherches encore renouvelées comme en témoignent les récents travaux de Grégoire Holtz et Isabelle Moreau, Anne Régent-Susini[1], Christina Kullberg[2] ou Philippe Chométy qui a organisé à Toulouse le colloque universitaire *Présence de la voix (XVIe-XVIIIe siècles)* prévu en novembre 2020. Lorsqu'ils décrivent les Indiens, les voyageurs français témoignent de la cohabitation entre hindous et musulmans. Or, si historiquement, ils ont déjà été familiarisés à l'Islam, ils découvrent notamment les coutumes issues de l'hindouisme, identifié comme « la religion des Gentils », au même titre que le bouddhisme ou le jaïnisme. Les pratiques religieuses des Gentils leur fournissent une nouvelle matière orientale utile à leurs récits pour attiser davantage la curiosité du lecteur. Ces nouvelles pratiques religieuses, perçues à travers leur regard craintif, sont alors entièrement dénaturées pour être

1 « Langue(s) et parole dans les écrits rédigés par les voyageurs français dans l'Empire ottoman au XVIIe siècle : comment peut-on parler turc ? », dans A. Duprat et H. Khadhar (dir.), *Orient baroque / Orient classique. Variations esthétiques du motif oriental dans les littératures d'Europe (XVIe-XVIIe s.)*, Paris, Bouchène, 2010, p. 53-67.

2 Christina Kullberg, « Langues étrangères et exotisme dans les récits de voyages aux Antilles au XVIIe siècle » / *Visions du monde, pouvoirs d'évocation. Exotisme et pittoresque en anthropologie et en littérature* / 11 | 2019.

mieux réinterprétées afin de correspondre aux codes littéraires familiers des auteurs et des lecteurs. Ainsi, l'étude de l'Autre, recréée par les voyageurs, commence dans ce chapitre par une analyse énonciative et discursive. Il s'agit de mettre au jour les procédés paradoxaux qui permettent aux voyageurs de dresser un portrait de fiction, à partir d'un témoignage authentique qui est dénigré pour mieux se mettre soi-même en avant. Suivant une démarche méthodique, scientifique et hiérarchisante, les voyageurs mettent en place une théâtralisation des Indiens qui apparaissent, sous leurs plumes, comme autant de personnages de scène, répartis selon divers rôles, jusqu'à intégrer les premiers classements raciaux de l'humanité entière.

LA COMMUNICATION FRANCO-INDIENNE VERS UNE POÉTIQUE PROPAGANDISTE

LA CAPTATION DE LA PAROLE INDIENNE AU SERVICE DU VOYAGEUR

Déclarant décrire objectivement le peuple indien, les voyageurs accordent à la retransmission de la parole indienne un intérêt servant à la fois l'authenticité de leur récit et la réactualisation de l'intrigue. En effet, l'importance du « dire vrai » impose un protocole implicite à l'élaboration du discours viatique. Les règles implicites, contenues dans le paratexte liminaire et les segments métadiscursifs, dévoilent le paradoxe du pacte de véridiction pris en tenailles entre la nécessité de traduire l'inconnu et la revendication d'une écriture déterminée par un effet de naturel. Ainsi, la distance est ténue entre la parole orale indienne et la voix du narrateur français. C'est notamment l'adaptation de la voix indienne qui permet au voyageur d'établir la légitimité de son discours et d'affirmer son propre statut auctorial. Ainsi, l'instrumentalisation de la langue indienne s'associe à l'assurance d'une autorité coloniale. Le processus de dépossession de la voix étrangère est lié à un ensemble d'enjeux idéologiques. Barthélemy Carré raconte « qu'un homme vêtu en habits de Franck s'en était fui lorsque on avait voulu raisonner avec lui à la porte de la ville, où il avait abandonné son cheval chargé de hardes et son topi (chapeau)[3]. » Il inclut un mot hindi dans son récit, ce qui permet à Dirk Van der Cruysse de préciser en note que « *topī* signifie en effet chapeau. Les Européens ou Francks étaient connus en Inde comme des *topīwālā*, des porteurs de chapeaux[4] ». Ce procédé est commun à de nombreux autres voyageurs qui ne proposent pas toujours une traduction juste : l'Inde devient un espace narratif pour la circulation des langues indiennes, ce qui légitime l'authenticité du témoignage de l'auteur. C'est bien la captation de la parole étrangère qui est interrogée ici. Par ailleurs, l'étude de Grégoire Holtz et Isabelle Moreau souligne que cette retransmission de la voix indienne est biaisée puisque : « Pyrard a bien l'autorité d'une voix, au sens narratologique du terme, qui lui assure un triple statut d'auteur, de narrateur et de personnage, alors que les insulaires sont réduits à de simples marionnettes, dépendantes de la voix du voyageur ventriloque et de son idéologie[5]. » Ce sont les enjeux de cette mise au second plan de la voix indienne, au sein du récit, qu'il s'agit de questionner à travers la volonté commerciale mise en valeur par les voyageurs.

La première moitié du XVIIe siècle voit émerger le modèle de l'information périodique avec, en France, la création de la *Gazette* par Théophraste Renaudot en 1631. Disposant du monopole intégral de l'information politique avec la publication des nouvelles de l'étranger, de la France et de la Cour, l'hebdomadaire devient notamment un outil de propagande pour la politique étrangère de Richelieu. De fait, la Gazette propose aussi une diffusion de l'actualité commerciale, des actes de piraterie barbaresque ou des guerres européennes, ce qui incite la France à se tourner vers le commerce avec l'Orient. Alors que les échanges français avec le Levant ont connu un ralentissement au profit de la concurrence anglaise et hollandaise, le journal vante ponctuellement l'image d'un espace oriental abondant et regorgeant de grandes richesses. « Avis donné à tous les marchands de pierreries & autres raretez exquises

---

3 Barthélemy Carré, *Voyage des Indes orientales, mêlé de plusieurs histoires curieuses*, Paris, Veuve de Claude Barbin, 1699. – 2 vol. in-12°, (Paris, BnF : 8-O2K-48 (1-2)) ; éd. Dirk Van Der Cruysse, *Le Courrier du Roi en Orient : Relations de deux voyages en Perse et en Inde 1668-1674*, Paris, Fayard, Coll : LITT.GENE., 2005, p. 680.

4 *Ibid.*

5 Grégoire Holtz et Isabelle Moreau (dir.), « De l'Indien au philosophe : (les seuils de) captation d'une parole étrangère », [dans] *Parler librement : la liberté de parole au tournant du XVIe et du XVIIe siècle*, Lyon, ENS Éditions, 2005, p. 72.

d'en trafiquer au Royaume du Grand Mogor ; Avec les merveilles & la magnificence incroyable de ce Royaume-là. Son but est d'instruire ceux qui voudront négocier et voyager en ces terres lointaines, où se fait le plus riche trafic du monde[6]. » Ainsi, renforcé par la diffusion des informations périodiques, circulait en France l'imaginaire d'un Orient lointain qui serait source de profits considérables aux aventuriers.

Les récits de voyages français aux Grandes Indes s'appuient sur la même poétique propagandiste, en partie construite sur la retransmission artificielle de la voix indienne. Fondées sur l'idée que « les Indiens ont un cœur fort tendre[7] » les stratégies discursives s'orientent vers la promotion d'un territoire luxuriant à connaître pour s'enrichir. La parole de l'Hindou n'est retranscrite que partiellement, car les voyageurs l'utilisent pour répondre à la fois à leur volonté de justifier l'authenticité de leur discours et à une volonté commerciale. Quand ils reproduisent la voix indigène, ils emploient souvent le discours indirect, ce qui a pour effet de fondre la voix de l'Indien dans celle du voyageur. Par ailleurs, la présence du discours direct donne l'impression au lecteur de s'approcher au plus près du réel des autochtones ce qui permet à l'auteur d'adopter une posture d'informateur émouvant. Il s'agit donc moins, pour les voyageurs du Grand Siècle, de reproduire la parole de l'Hindou que de la recréer pour servir leurs objectifs viatiques. Ainsi, le niveau de langue indienne sera celui du voyageur qui ne déclare jamais traduire les propos qu'il rapporte. Par ailleurs, les voyageurs se chargent également de retransmettre la parole de leurs interlocuteurs européens, pour mieux introduire certaines anecdotes représentant l'horreur de la justice indienne comme l'histoire de l'éléphant du Capitaine Ripon[8],

---

6 *L'Extraordinaire* du 13 mai 1648 [dans] Stéphane Haffemayer, *L'information dans la France du XVIIe siècle. La Gazette de Renaudot de 1647 à 1663*, Paris, Honoré Champion, coll. « Bibliothèque d'histoire moderne et contemporaine », 2004, p. 385.

7 François Bernier, *Voyages de François Bernier, Docteur en Médecine de la Faculté de Montpellier, contenant la Description des États du GRAND MOGOL, de l'Hindoustan, du Royaume de Kachemire, & Où il est traité des Richesses, des Forces, de la Justice, & des causes principales de la decadence des États de l'Asie, & de plusieurs evenements considerables. Et où l'on voit comment l'or & l'argent après avoir circulé dans le monde passent dans l'Hindoustan d'où ils ne reviennent plus. Le tout enrichi de Cartes & de Figures*, Amsterdam, Paul Marret, 1710, 2 tomes (Paris BnF : Cartes & Plans : FF-5024-5025) ; éd. Frédéric Tinguely, *Un libertin dans l'Inde moghole : Les Voyages de François Bernier (1656-1669)*, Paris, Chandeigne, coll. Magellane, 2008, p. 122.

8 Voir le chapitre intitulé « Le bestiaire français du peuple indien. De l'Inde bestiale à l'Inde philosophique », p. 219.

pour exposer la pensée hindoue[9], ou enfin pour expliquer les tenants des conflits entre Européens sur le territoire indien : les verbes de parole sont alors plutôt en lien avec un discours plus élaboré. Sophie Linon-Chipon a démontré que dans la période allant de 1531 à 1722, les voyageurs français des Indes orientales, structurent leurs récits autour des trois verbes « voir », « croire » et « dire ». « Ainsi, VOIR concerne le voyageur ; CROIRE relève plutôt des attributions du viateur, une sorte d'entre-deux caractérisant une pensée critique en marche ; et DIRE désigne le narrateur accompli et affranchi de ses expériences passées[10]. » De la même manière, il apparaît que les verbes de parole sont associés aux voyageurs français avec « raconter », « conter », « rapporter » : la voix de l'Autre intervient donc en arrière-plan. On peut toutefois souligner que la parole autochtone peut aussi être mieux valorisée comme on le voit dans l'ouvrage de Jean Mocquet. Ce dernier associe le verbe « raconter » avec « un brahmine s'étant fait chrétien à Goa [...] » : ici le récit rapporté est donc d'origine indienne mais il est intéressant de constater que d'après le voyageur, le personnage indien s'est converti au catholicisme, ce qui semble ajouter un crédit à son discours[11].

La plupart des récits de voyage en Inde proposent une scénarisation de l'échange oral. La mise en scène énonciative s'appuie sur les pronoms « nous » et « vous » comme un groupe qui s'opposerait à « il ». En effet, les voyageurs se démarquent parfois du « je » pour mieux inclure leur destinataire dans le récit. Georges Roques utilise la première personne du pluriel comme une formule de politesse : « Puisque nous voilà si proches de cette grande ville d'Amedabat, tant renommée, allons voir ce qui s'y passe pour vous en faire le récit[12] ». Le texte adopte ici une esthétique de guide touristique qui remet à plus tard le futur « récit »

9 François Bernier, *Voyages de François Bernier*, *op. cit.*, p. 327.

10 Sophie Linon-Chipon, *Gallia Orientalis. Voyages aux Indes orientales (1529-1722) : poétique et imaginaire d'un genre littéraire en formation*, Paris, PUPS, coll. « Imago Mundi », 2003, p. 346-347.

11 Jean Mocquet, *Voyages en Afrique, Asie, Indes orientales et occidentales*, faits par Jean Mocquet, garde du cabinet des singularités du roi, aux Tuileries divisez en six livres et enrichi de figures, Paris, J. de Heuqueville, 1617 (Paris, BnF : G-26745 ; MICROFICHE M-156 et NUMM-86205) ; éd. Xavier de Castro et Dejanirah Couto, *Voyage à Mozambique et Goa : La Relation de Jean Mocquet (1607-1610)*, Paris, Chandeigne, Coll. « Magellane », 1996, p. 101.

12 Georges Rocques, *La manière de négocier aux Indes : 1676-1691 : la compagnie des Indes et l'art du commerce* [Texte imprimé] / Georges Roques, Paris, École française d'Extrême Orient / Maisonneuve et Larose, 1996, p. 73.

des découvertes faites dans la ville visitée. Cet énoncé en deux dimensions donne au lecteur l'impression d'accompagner le voyageur tout en étant ramené à sa condition de sédentaire, traduite par le pronom « vous » dont l'observation dépend de l'écriture viatique : l'intérêt du lecteur est donc sans cesse réactualisé. Par ailleurs, le recours au pronom indéfini « on », dont l'usage renvoie au « nous », est une invitation indirecte au lecteur à oser entrer dans le commerce indien. Mais, prévenant, le voyageur ne cesse de rappeler tout au long de son ouvrage à quel point il faut se méfier des commerçants indiens.

Une autre stratégie argumentative est mise en place par Le Sieur Luillier qui préfère inciter le futur commerçant en se démarquant de la description.

> Lors qu'on se propose d'aller dans les Indes, il n'y a que deux choses sur lesquelles on doit se regler ; c'est ou pour y demeurer en qualité d'employé pour la Compagnie, ou pour y aller negocier en son nom. [...] Il n'y a donc que deux partis à choisir, mais le plus agreable est celui d'y aller negocier en son nom ; & pour avoir bonne réussite dans cette entreprise, il faut avoir soin de ne porter avec soy que de l'argent non monnoyé : car dans les Indes on ne se sert que de celui qui est marqué au nom du Prince, & celui qui vient d'Europe, soit qu'il soit monnoyé ou non, on est obligé de le porter chez un Banquier, qui le prend sur le prix du poids, & qui en donne en échange de celui qui est marqué au nom du Prince[13].

Le Sieur Luillier se pose ici en éclaireur et simplifie l'exposition des voies à prendre pour faire fortune en Inde. Il s'appuie sur une forme impersonnelle comme s'il se retirait de toute responsabilité en cas d'échec de son lecteur. Pourtant, son compte-rendu lui permet de sous-entendre qu'il a acquis ces informations en expérimentant lui-même les diverses étapes qu'il détaille ici. Cette stratégie discursive est déclinée selon les divers récits. Ainsi Pouchot de Chantassin écrit-il en introduisant sa description de Ceylan : « C'est dans cette île que les amoureux de coquillages trouveront de quoi se satisfaire[14]. » La mise à distance du lecteur, par l'utilisation de la forme impersonnelle, lui rappelle sa condition passive et accentue sa curiosité, son envie de se plonger dans ce nouvel espace indien à découvrir.

13 Le Sieur Luillier, *Voyage du Sieur Luillier aux Grandes indes*, *op. cit.*, p. 209-210.

14 Claude-Michel Pouchot de Chantassin, *Relation du voyage et retour des Indes orientales pendant les années 1690 et 1691, par un barde de la marine [C.-M. Pouchot de Chantassin], servant sur le bord de Monsieur Duquesne*, Paris, Veuve de J.-B. Coignard et J.-B. Coignard fils, 1692, p. 223.

LES SCÉNOGRAPHIES DE LA PAROLE INDIENNE : UNE DÉPOSSESSION DE L'ALTÉRITÉ

La plupart des voyageurs étudiés dressent les portraits des divers indigènes rencontrés : une description théâtralisée de l'Hindou se perpétue au fil des récits. Cependant, tout en mettant en place cette catégorisation fictionnelle de l'Autre, les voyageurs le dépossèdent de son altérité. Ils parviennent donc, grâce à des procédés littéraires, à réduire l'indigène à des caractéristiques communes, constitutives de vraisemblance et de renouveau narratif. La transformation de la personne réelle en personnage théâtralisé est intégrée au récit de voyage et valorisée par le traitement anecdotique, variant d'un récit à l'autre. Interrogeant l'écriture du voyage, Sylvie Requemora-Gros a tenté de définir « un genre anecdotique à l'intérieur du genre viatique[15]. » En effet, qu'elle ait été vécue ou qu'elle soit racontée, « L'anecdote, étymologiquement "chose non publiée", est donc à l'origine un récit inédit, et en ce sens une aventure "singulière" que va faire découvrir le voyageur à son lecteur. Historiette, récit succinct d'un fait, historique ou non, piquant, curieux, l'anecdote se veut plaisante[16]. » Toujours authentifiée par le voyageur, elle intervient souvent après une description pour mieux illustrer cette dernière. Enfin, voulant répondre à différents objectifs, l'anecdote entre en scène comme une digression dans la narration taxinomique. Comme l'a montré Sophie Linon-Chipon, il s'agit pour les voyageurs de répondre à « une stratégie de diversion [afin de] comble[r] les interstices ou les temps morts entre chaque épisode du récit de voyage[17] ». En tant qu'histoires secondaires, « outre qu'elles meublent l'attente ou les trous du discours, [elles] se superposent tout naturellement aux observations du voyageur pour leur donner foi ou établir des liens analogiques entre d'autres anecdotes. Le fil chronologique – et parfois même spatial rompu – cède la place à un enchaînement thématique que privilégient les inventaires de curiosités ou de faits divers[18]. » Par ailleurs,

---

15 Sylvie Requemora-Gros, *Voguer vers la modernité, Le voyage à travers les genres au XVIIe siècle*, Paris, PUPS, coll. « Imago Mundi », 2012, p. 169.

16 *Ibid.*, p. 170.

17 Sophie Linon-Chipon, « *Certificata loquor*. Le rôle de l'anecdote dans les récits de voyage aux XVIIe et XVIIIe siècles (1658-1722) », dans Philippe Antoine, *Roman et récit de voyage*, textes réunis par Marie Christine Gomez-Géraud et Philippe Antoine, préface, Paris, Presses Universitaires Paris-Sorbonne, coll. « *Imago Mundi* », 2006, p. 201-202.

18 Marie-Christine Pioffet, « Présentation », *Écrire des récits de voyage (XVe-XVIIIe siècles), esquisse d'une poétique en gestation*, Actes du colloque tenu à Toronto du 4 au 6 mai 2006, Québec, Les Presses de l'Université Laval, 2008, p. 5.

Sylvie Requemora-Gros s'est attachée à démontrer que l'influence du roman picaresque dans cette esthétique viatique[19] permet à l'auteur de se mettre en scène ou au contraire de s'exclure de son récit : dans tous les cas, il donne à voir ceux qu'il décrit à son lecteur au moyen de micro-récits[20]. Cette stratégie de fictionnalisation lui permet donc de mettre en place ou de réactualiser un ensemble de clichés hérités des Anciens, en replaçant l'inconnu du voyage dans le connu du lecteur.

Ce « genre littéraire métoyen » qu'est le récit de voyage, comme l'a défini Sylvie Requemora-Gros, interroge à la fois les frontières « entre l'Histoire et le roman mais on peut également dire qu'il est un genre faisant interférer le récit et le théâtre[21]. » La poétique théâtralisée du récit, devient alors le métier à tisser grâce auquel le voyageur crée l'Autre, ici l'Indien, dans sa dimension stéréotypée[22]. En tant qu'images

19 « L'insertion des anecdotes procède de la technique littéraire du récit enchâssé, ou du récit dans le récit, propre essentiellement au roman picaresque. Cette technique, réemployée dans les récits de voyages authentiques, permet de plaire au lecteur en le divertissant des discours anthropologiques, géographiques, juridiques, sociaux, etc., c'est-à-dire en évitant de l'ennuyer trop avec les taxinomies propres au genre viatique, en lui narrant des anecdotes souvent conçues comme des digressions, le faisant sortir de son sujet initial dans un développement qui pourrait sembler parasite. », Sylvie Requemora-Gros, *Voguer vers la modernité*, *op. cit.*, p. 170.

20 « Les historiettes ont ainsi leur intérêt propre, celui de l'histoire dramatique ou galante. On peut en effet trouver deux types principaux d'anecdotes : l'anecdote autobiographique et la nouvelle exotique insérée dans le récit. Un des buts de la première est de restituer le tourbillon des événements survenus lors du voyage et faire ainsi du voyageur un héros, à travers le récit d'un événement particulier. », Sylvie Requemora-Gros, *Voguer vers la modernité*, *Ibid.*, p. 176.

21 « La métaphore antique du *theatrum mundi* est un des lieux communs de la littérature, mais elle est renouvelée de façon originale par les voyageurs. », Sylvie Requemora-Gros, *Voguer vers la modernité*, *Ibid.*, p. 247.

22 « C'est à Walter Lippmann (1922) que l'on doit la notion de stéréotype dans son acception psychologique. Ce terme de "stéréotype" existe depuis 1798 et désigne un coulage de plomb dans une empreinte destiné à la création d'un "cliche" typographique. Lippmann désigne par là les images que nous nous construisons au sujet des groupes sociaux, des croyances dont il veut souligner la rigidité par le recours à ce terme d'imprimerie. », Georges Shadron, « De la naissance d'un stéréotype à son internalisation », *Cahiers de l'Urmis* [En ligne], 10-11 décembre 2006, mis en ligne le 15 décembre 2006, consulté le 30 septembre 2016. URL : http://urmis.revues.org/220. « Pour cela, l'historien est confronté à un problème de sens puisque le mot stéréotype [Étymologie du terme : stéréo, solide ; type, empreinte.] a naturellement évolué hors de son milieu professionnel d'origine, les métiers de l'impression, pour désigner des actions répétées mécaniquement, des expressions non réfléchies, sortes de tics de la pensée et du geste, de trame pré-établie sur quoi repose une partie des comportements spontanés quotidiens. », Marcel Grandière, *Introduction. La notion de stéréotype* [in] *Le stéréotype : outil de régulations sociales* [en ligne].

représentant des groupes sociaux, les stéréotypes cherchent à simplifier ce qui est représenté afin d'en affronter la complexité[23]. Ainsi, intervenant au cœur de la part fictionnelle et plaisante du voyage, le stéréotype[24] est alimenté par le lecteur qui s'attend à retrouver une image connue de l'Indien. Or, les voyageurs sont souvent en lien avec les indigènes pour répondre à une visée commerciale ou politique ; s'ils ont une vision préconçue de l'Autre, elle doit, en Inde, ne pas complètement rebuter les futurs entrepreneurs qui pourraient faire rayonner la France. Il s'agira ici d'essayer de définir comment se crée un *ethos* de l'Hindou qui va permettre aux voyageurs d'intégrer ce dernier au sein d'une classification humaine, empreinte de la subjectivité de son auteur. Cependant, loin de se limiter à l'Autre, le stéréotype renseigne en miroir sur le Même : il est donc bien question pour le voyageur français de trouver sa place, par le biais d'une poétique théâtralisée du récit, au cœur d'une « course aux comptoirs » qui a déjà commencé sans lui.

De cette manière, Charles Dellon s'inscrit parmi les voyageurs qui témoignent avoir séjourné à Surate et en propose une description métonymique, centrée sur le peuple, partagé entre Musulmans et Hindous. D'un côté, l'auteur met au jour la domination musulmane qui oblige les Hindous à cacher la pratique de leurs cultes. Il s'appuie sur une poétique globalisante qui lui permet de présenter les habitants comme s'ils appartenaient à deux blocs religieux, sans distinction sociale. En revanche, le voyageur unifie le peuple indien à travers ses femmes en soulignant un paradoxe : d'un côté leur habitude de se laver[25] et de

Rennes : Presses universitaires de Rennes, 2004 (généré le 20 février 2017). Disponible sur Internet : <http://books.openedition.org/pur/20998>. ISBN : 9782753525436. DOI : 10.4000/books.pur.20998.

23 Georges Shadron, « De la naissance d'un stéréotype à son internalisation », *op. cit.*

24 Le stéréotype comprit dans son sens contemporain : « Le mot "stéréotype" n'apparaît dans la langue française qu'en 1796, et est alors utilisé dans son acception strictement typographique. C'est à partir de la seconde moitié du XXe siècle seulement qu'il est employé pour désigner un cliché. », Jean-François Dubost, *Les stéréotypes nationaux à l'époque moderne (vers 1500-vers 1800)*, [in] *Mélanges de l'École française de Rome. Italie et Méditerranée*, tome 111, n° 2. 1999. p. 668.

25 « [L]a propreté est cherie parmi elles, & les essences precieuses répandues sur tout leur personne. », « On ne peut rien voir de plus propre que leurs personnes, les riches se lavent chez elles, & les autres à la riviere depuis la naissance du jour jusqu'à la nuit, les Bramenes prient pour elles & gardent leurs habits ; c'est à dire ceux qu'elles apportent pour changer en sortant du bain [...] », Charles Dellon, *Relation d'un voyage des Indes orientales*, *op. cit.*, p. 72 et p. 74.

l'autre leur incorrigible volupté. De cette manière, Dellon insère une anecdote qui lui permet d'introduire la présence française en Inde, tout en montrant à quel point il est difficile de comprendre les indigènes. Le narrateur relate une intrigue entre le gouverneur de Surate et un peintre français : d'après le voyageur, le premier a sollicité le second pour obtenir un portrait de sa maîtresse. Cependant, apparaissant comme un personnage prototypique de la jalousie orientale, il refuse au Français de laisser la femme poser pour lui.

> Faites-moy conduire où est la personne que vous voulez qu'on represente, repliqua le Peintre : Quoy ! Interrompit le Gouverneur, en rougissant, vous avez prétendu voir ma femme ? & comment voulez-vous que je la peigne si elle m'est inconnuë, répondit le Français ? Retirez-vous, poursuivit le jaloux Indien, si vous ne la pouvez peindre sans la voir, j'aime mieux renoncer au plaisir d'avoir son portrait, que d'exposer ses charmes à la veuë d'aucun homme. Voilà jusques à quel point va la folie, ou plûtôt l'imbecilité des Mahometans. Le libertinage & les vices regnent cependant chez eux, & les femmes sçavent tromper la plus active vigilance de leurs maris[26].

L'intervention du discours direct pour transcrire le dialogue entre les deux personnages permet au voyageur de ridiculiser l'Indien, tout en permettant au voyageur de se retirer de la narration. De cette manière, il laisse au lecteur le soin de juger celui qui est ridiculisé et de s'amuser de son extrémisme. Il clôture enfin sa démonstration par deux phrases conclusives qui prétendent présenter les relations hommes/femmes, à travers un parallélisme de défauts propres aux uns et aux autres. S'il qualifie de perverses l'ensemble des Indiennes, « Celles des Parsis & des Gentils », paraissent sous sa plume comme des aguicheuses qui « sont religieusement attachées à leurs Loix, mais fort voluptueuses[27]. » Pourtant, l'auteur ne développe pas son accusation : il est possible de supposer qu'elles se trouvent un peu moins coupables à ses yeux, car bien qu'« elles soient presque toutes belles, le commerce en est libre. »

26 *Ibid.*, p. 73.
27 *Ibid.*, p. 74.

UNE DESCRIPTION GLOBALISANTE OU L'EFFACEMENT DE L'HINDOU

La description des Indiens ne sert pas les mêmes intérêts selon les voyageurs. Quelques-uns orientent leurs récits autour de questions politiques et commerciales ; sous leurs plumes, l'Indien échoue à devenir un personnage déterminant pour l'intrigue car il ne peut se démarquer de l'ensemble global et anonyme des indigènes. Les Hindous se voient alors effacés de la narration pour laisser place au personnage principal qui est le voyageur. Ainsi, certains d'entre eux, comme Victor Advielle, François Caron et Jacob de La Haye, ou Augustin Beaulieu concentrent leurs récits sur les échanges entre Européens, faisant alors cas des conflits se répercutant en Inde, sans proposer de description pertinente des Indiens. S'il n'a fait que longer les côtes Malabares, Beaulieu particularise un personnage auquel aucune description physique ou morale n'est proposée : le voyageur accole simplement à son nom son lieu de provenance. De cette manière, il fait du courtier indigène le représentant d'un système socio-culturel mis en place par les Portugais afin d'échanger avec les Indiens[28]. Dans un premier temps, il s'agit de « Pedro de la côte Malabar qui servait d'interprète aux Anglois lorsqu'ils avaient facturie en ce lieu[29]. » Au fur et à mesure de la progression du récit, ce personnage perd son identité sous la plume du voyageur qui l'envoie en mission auprès du Vice-Amiral d'Achen, et le renomme « Pedro Ferreiro de Goa interprète des Anglais, résident & marié à Ticou [...][30]. » Il est ensuite

---

28 « Sous la désignation de *linguas de Estado* (traducteurs d'État), l'étiquette impériale qui les classe en même temps qu'elle les caricature, on trouve à Goa les interprètes et traducteurs indigènes qui sont les informateurs et les espions, les émissaires et les diplomates, les secrétaires et probablement, les intellectuels aussi. Essentiellement, dans leurs activités, ils étaient censés assurer autant que possible des relations fluides entre les personnes qui parlaient des langues variées et qui avaient été formées au sein de cultures politiques manifestement différentes. », Jorge Flores, « "Le lingua" cosmopolite. Le monde social des interprètes hindous de Goa au XVIIe siècle » dans Corinne Lefèvre, Inès G. Županov et Jorge Flores (dir.), *Cosmopolitismes en Asie du Sud, sources, itinéraires, langues, (XVIe-XVIIIe siècle)*, Paris, Éditions d'École des Hautes Études en Sciences Sociales, coll. « Puruṣārtha », 33, 2015, p. 226.

29 Augustin Beaulieu (de), *Mémoires d'un voyage aux Indes orientales, dans Relation de divers voyages curieux qui n'ont point été publié ou qui ont été traduits d'Hacluit, de Puais, hollandais, portugais, allemands, espagnols et de quelques persans, arabes et autres auteurs orientaux de Melchisédec Thévenot*, Paris, Cramoisy, 1664-1666, IIe partie du vol. 1, p. 1-123 (Paris, BnF : G 1459 (3) et Rés. G 474 (3)); éd. Denys Lombard, Mémoires d'un voyage aux Indes Orientales (1619-1622) Augustin de Beaulieu, *Un marchand normand à Sumatra*, Paris, Maisonneuve et Larose, 1996, p. 37.

30 *Ibid.*, p. 40.

évoqué deux fois en tant que « mon Interprete Pedro que j'avais emmené de Ticou[31] », « mon Pedro de Ticou[32] » et « notre Interprete Pedro de Ticou[33]. » Mais il faut ajouter deux autres Pedro, « Pedro Lamenço[34] » également interprète et « Pedro Tamares[35] ». Le point commun à tous ces personnages c'est d'intervenir comme adjuvant du voyageur. Sans prouver l'appartenance indienne de son interprète, Beaulieu lui donne un nom emprunté au portugais. Bien que l'auteur précise le nom et le prénom du personnage, il ne lui permet pas d'être sur un pied d'égalité narrative avec lui. En effet, ajouté à la multiplication des Pedro, cette poétique, sous couvert de nommer l'indigène, le dépossède de son identité. De fait, l'écriture asymétrique de l'Hindou, permet aux voyageurs d'instrumentaliser ce dernier en vue de lui retirer sa parole : Beaulieu préfère donc le discours indirect pour retranscrire les propos de son interprète indigène. « Il me dit que les Anglais & les Hollandais avaient été mis hors d'ici par le Roi d'Achen il y avait environ deux mois, & qu'il y avait force poivre à terre, mais que nous n'en pourrions acheter sans une licence du Roi d'Achen, à qui toute cette côte appartient[36]. » Ce choix poétique permet alors aux voyageurs de mieux alimenter une observation ethnique, à travers le prisme du dominant, face à celui qu'il pressent comme son futur dominé. En effet, même dans les années 1690, les mots « hindou », « hindouisme », ne sont pas recensés dans le *Dictionnaire de l'Académie Française dédié au Roy*[37] ni dans le *Dictionnaire* de Furetière[38]. On y rencontre cependant le terme « gentil »*, en tant que « payen », très utilisé par les voyageurs pour nommer les Hindous qu'ils dépeignent. Par ailleurs, pour mieux marquer la différence de culte, et souligner la supériorité chrétienne, la description de ces derniers intervient souvent au moment où le voyageur cherche à expliquer « les superstitions » des indigènes. Ainsi, Vincent Le Blanc fait part de ses remarques concernant son séjour à Cambaye.

31 *Ibid.*, p. 47.
32 *Ibid.*, p. 53.
33 *Ibid.*, p. 57.
34 *Ibid.*, p. 46.
35 *Ibid.*, p. 61.
36 *Ibid.*, p. 37.
37 *Dictionnaire de l'Académie française, dédié au Roy, op. cit.*, 1694.
38 Antoine Furetière, *Dictionaire universel*, La Haye et Rotterdam, Tome Second, chez Arnout & Reinier Leers, 1690.

Pour les Cambayens, ils sont adonnés à beaucoup de superstitions & cérémonies, dont ils sont si fiers observateurs, qu'ils ne mangeraient pas pour rien du monde avec un Chrétien, quand ils le visitent, autrement ils s'estimeraient pollués : & même si on touchait leur viande, ils n'en voudraient pas manger, & tiennent cela des *Guserates*, en quoi ils sont plus superstitieux que les Juifs. [...] Tout ce pays est habité de Gentils & *Guserates*, qui est la nation la plus juste, raisonnable & religieuse de tout l'Orient ; car à la manière des anciens Pytagoriens, ils ne mangent chose qui ait eu vie. Leur viande n'est que riz blanc & noir, lait, fromage, herbage, & autres choses semblables. Ils ne font mal à personne, & ne répandent pas même le sang de leurs ennemis[39].

La question de l'impureté liée au partage du repas entre Chrétien et Hindou devient un *topos* auquel les voyageurs[40] opposent souvent un ton

39 Vincent Le Blanc, *Les voyages fameux du sieur Vincent Le Blanc Marseillois, qu'il a faits depuis l'aage de douze ans iusques à soixante, aux quatre parties du Monde, à sçavoir aux Indes orientales & occidentales, en Perse & Pegu, aux royaumes de Fez, de Maroc & de Guinée, & dans toute l'Afrique intérieure, depuis le cap de Bonne-Espérance iusques en Alexandrie, par les terres de Monomotapa, du Preste Iean & de l'Égypte, aux Isles de la Méditerrannée, & aux principales Provinces de l'Europe, & le tout recueilly de ses mémoires par le Sieur Coulon*, Paris : G. Clousier, 1648. – 3 parties en 1 vol. (Paris, BnF : G-6257 ; MICROFICHE M-8920 et NUMM-82272), p. 66.

40 « Les gentils [...] observent leur loi suivant leurs règles et coutumes anciennes, ne mangent ni viandes, ni poisson, ni aucune chose du monde qui ait eu vie, ni même d'autres choses qui auront été touchées par d'autres gens que de ceux de leurs castes, sans avoir fait mille simagrées et cérémonies aux choses qu'ils veulent manger avant de les cuire et les apprêtant. », Barthélémy Carré, *Second voyage en orient* dans *Le courrier du roi en Orient*, *op. cit.*, p. 865. François L'Estra, rendant compte des habitants de Surate explique : « Ils sont presque tous mahométan, mais on peut dire que leur Alcoran est réformé et qu'il est beaucoup plus superstitieux que celui des Turcs, puisqu'il leur défend de ne manger jamais avec les Européens et de ne point souffrir que nous touchions non seulement ce qu'ils peuvent manger, mais encore aucun ustensile. » Sa description des pratiques religieuses au cours de laquelle « il confond les interdits alimentaires coraniques et les prescriptions hindoues, ces dernières interdisant en effet de consommer une nourriture qu'un non hindou (ou même un hindou de caste inférieure) aurait touchée, voire regardée. », François L'Estra, *Voyage de François de l'Estra : Aux Indes Orientales (1671-1676)*, Paris, Chandeigne, coll. « Magellane », 2007, p. 89 et 289. Robert Challe explique, caustique, en parlant de trois Lascaris ayant donné des informations concernant des conflits maritimes : « Ces misérables nous tiennent impurs, & se laisseraient mourir de faim plutôt que de manger de ce qu'un chrétien aurait touché. Ils ne font pourtant point de difficulté de nous louer leurs femmes & leurs filles. Ne s'en servent-ils plus ? », Robert Challe, *Journal d'un voyage fait aux Indes orientales par une escadre de six vaisseaux commandez par M. Du Quesne, depuis le 24 février 1690, jusqu'au 20 août 1691, par ordre de la Compagnie des Indes Orientales. Ouvrage rempli de remarques curieuses sur quantité de sujets, et particulièrement sur la Navigation et sur la Politique de divers Peuples et de différentes Societez*, Rouen, Jean-Baptiste Macheul le Jeune, 1721. – 3 vol. (Paris, BnF : O2K-59 et 8-O2K-59 (A, 1-3)) ; éd. Frédéric Deloffre et Melâhat Menemencioglu, Paris, Mercure de France, 1979 ; Paris, Mercure de

offusqué. Le Blanc propose ici une description au prisme d'un ethnocentrisme partagé par la plupart des voyageurs français du XVIIe siècle en Inde. En effet, il établit une hiérarchisation des peuples, entre les deux groupes qu'il crée avec, d'un côté, les Cambayens et les Juifs, jugés inférieurs aux Guserates et aux anciens Pytagoriens. La place que le voyageur donne au Chrétien est centrale : il apparaît comme celui qui observe les us et coutumes des indigènes. Il peut ainsi rendre compte, par une accumulation détaillée, des habitudes alimentaires des autochtones apparaissant alors à l'image de leur tempérament pacifiste. Le Blanc dresse donc le portrait d'un peuple inoffensif.

L'HINDOU, UN OUTIL DISCURSIF POUR UN NOUVEAU STÉRÉOTYPE ORIENTAL

LES CASTES HINDOUES : UNE INÉQUITABLE SEGMENTATION DESCRIPTIVE DU PEUPLE

Majoritairement convoqué pour servir les intérêts narratifs du voyageur, l'Hindou devient un instrument discursif, intégré à un monde indien fictionnel, obéissant à un ensemble de codes récurrents. L'un des stéréotypes constitutifs de la représentation indienne par les Français est construit sur la division sociétale suivant la description imprécise du système des castes hindoues[41]. Jugée d'un point de vue souvent péjoratif

France, Le Temps Retrouvé, 1983, 2 vol. ; éd. Frédéric Deloffre et Jacques Popin, *Journal d'un voyage fait aux Indes Orientales. À Monsieur Pierre Raymond. Relation de ce qui est arrivé dans le royaume de Siam en 1688.* Textes inédits publiés d'après le manuscrit olographe, Genève, Droz, Textes Littéraires Français, 1998 ; éd. Frédéric Deloffre et Jacques Popin, *Journal d'un voyage fait aux Indes orientales : du 24 février 1690 au 10 août 1691 / Robert Challe*, Nouv. éd. Augm., Paris, Mercure de France, Coll. : « Le Temps retrouvé », 2002, 2 vol. (Paris, BnF : 2003-149044 (Vol. 1) et 2003-151326 (Vol. 2)), p. 38.

41 « [I]l n'est pas rare de lire que la société indienne est divisée en quatre castes. Une telle affirmation, [...] n'en reste pas moins problématique et certains ethnologues vont même jusqu'à affirmer qu'elle est à l'origine d'une incompréhension totale de la société indienne. Ce sont, en effet, ce que les Indiens appellent les jatis qui constituent les castes véritables et non les quatre varnas auxquels la plupart des gens ne se réfèrent guère. La caractéristique essentielle de la société indienne n'est pas sa structure quadripartite, mais bien son morcellement en une myriade de groupes endogames et hiérarchisés. [...] Les *jatis* constituent donc les castes véritables et l'on en trouve des centaines. [...] La plupart

et condamnée pour son fonctionnement considéré comme étant injuste, la répartition de la société indienne interpelle les voyageurs français. De fait, Vincent Le Blanc propose une définition des castes qu'il rapproche de la culture antique : « Les *Bramins* & *Banians*, qui sont comme leurs Prêtres & Religieux, ont beaucoup de choses semblables à ce que les Anciens nous content des *Bacmanes*, *Gymnosophistes*, & autres Philosophes Indiens, qui pouvaient habiter en ces pays-là ou aux environs, du temps des conquêtes d'Alexandre, & des voyages d'Apollonus Thyaneen[42]. » S'ils ne perçoivent pas vraiment la complexité du système hindou, certains voyageurs évoquent les différentes castes au prisme de leurs intérêts c'est-à-dire qu'ils évoquent principalement les Brahmanes* et les Banians*, pour faire l'état des lieux des représentants religieux et commerciaux autochtones avec lesquels ils auront des affaires à traiter. Ainsi, la comparaison est l'un des outils discursifs les plus utilisés pour hiérarchiser les indigènes.

Le mot « caste » n'est pas systématique dans l'usage courant de l'ensemble des voyageurs ; certains emploient les termes « sectes » ou « tribu[43] » pour en faire la description. Ce dernier terme est notamment

des Indiens ne connaissent pas les castes des autres régions et ne sont familiers qu'avec celles que l'on rencontre dans les villages autour du leur. Il n'y a donc pas de hiérarchie universelle des castes. On pourrait même dire que "le" système des castes n'existe qu'à travers une multitude de systèmes locaux. Le statut social peut varier d'une région à l'autre. Là où une caste est démographiquement majoritaire et contrôle une bonne partie des ressources, elle tend à jouir d'un statut supérieur à celui dont elle jouit là où elle constitue une minorité. », Robert Deliège, *Les castes en Inde aujourd'hui*, Paris, Presses Universitaires de France, 2015, p.

42 Vincent Le Blanc, *Les voyages fameux du Sieur Le Blanc…*, *op. cit.*, p. 66.

43 Jean-Baptiste Tavernier, *Ibid.*, p. 367. On le retrouve également dans l'ouvrage de François Sieur de La Boullaye le Gouz, *Les voyages et observations du sieur de La Boullaye Le Gouz gentil-homme angevien, où sont décrites les religions, gouvernements et situations des Estats et royaumes… Grand Mogol, Bijapour, Indes orientales des Portugais… et autres lieux… d'Europe, Asie et Afrique…*, Paris, G. Clousier, 1653, (Paris, BnF : G-6192 et MICROFILM M-18175) ; éd. Jacques de Maussion de Favières, *Les voyages et observations du sieur de La Boullaye-Le-Gouz, gentil-homme angevien*, Paris, Kimé, 1994, p. 151. Louis Dumont propose d'analyser l'histoire du mot « caste » : « Pour commencer par le mot qui a servi à désigner le fait, "caste" est d'origine espagnole et portugaise : "*casta*, proprement quelque chose de non mélangé, du latin *castus*, chaste" dit Littré (s.v.). Le mot semble avoir été utilisé dans le sens de race par les Espagnols, et avoir été appliqué à l'Inde par les Portugais au milieu du XVe siècle. En anglais on note un emploi (*cast*) au sens de race d'homme en 1555, et le sens indien se rencontre au début du XVIIe siècle ; l'orthographe française, *caste*, ne se rencontre guère avant 1800. En français, Littré signale que le mot n'entre au *Dictionnaire de l'Académie* qu'en 1740 et ne figure ni dans Furetière ni dans Richelet. Il est employé

employé par Jean-Baptiste Tavernier qui explique : « Une Caste est à peu prés parmi ces Idolâtres, ce qu'estoit anciennement une tribu parmi les Juifs ; & bien que l'on croye vulgairement qu'il y a septante-deux de ces caste, j'ay sçu des plus habiles d'entre leurs Prestres qu'on les peut reduire à quatre principales, dont toutes les autres ont tiré leur origine. » Pyrard de Laval décrit le peuple de Calicut qu'il associe à tout le reste du pays de Malabar et divise en deux grandes branches : ceux qu'il appelle les « étrangers » c'est-à-dire les Malabars mahométans vivant plutôt sur les côtes maritimes et les « ordinaires », ou les Gentils et païens, pratiquant la même religion que la plupart des habitants de l'Inde méridionale. Il propose alors un exposé qu'il veut le plus détaillé possible, en annonçant trois « sortes de personnes » et en revenant ensuite sur chacune d'elle pour les exposer strictement. Il compte donc ceux qu'il désigne comme les brahmanes, les « nayres »* et « le vil et commun peuple », lui-même partagé hiérarchiquement entre les poulia, curmbin, tivar et moucois. La description qu'il fait de cette dernière catégorie rend compte de leur apparence physique car les nayres sont décrits comme étant plus beaux[44]. Charles Dellon parle de « lignées » afin de mettre en avant le traitement immoral que subissent les « Pouliats [qui sont considérés] comme les derniers et les plus vils de tous [les Indiens] [...][45]. » L'auteur met alors en

---

au sens technique au moins dès 1700. En anglais comme en français, il y a eu longtemps indistinction entre caste et tribu, et une confusion avec la division ancienne de la société indienne en quatre catégories. », Louis Dumont, *Homo Hierarchicus, Le système des castes et ses implications*, Paris, Éditions Gallimard, 1966, p. 36-37.

44 Pyrard de Laval, *Voyage de Pyrard de Laval, contenant sa navigation aux Indes Orientales, aux Moluques et au Brésil : ses divers accidens, adventures qui lui sont arrivez en ce voyage en allant et retournant mesme pendant un long séjour, avec la description des païs, mœurs, loix, façons de vivre, police et gouvernement, du trafic et commerce qui s'y fait, éd. Jérôme Bignon*, Paris, R. Dallin, 1615. 2 vol. (Paris, BnF : 8-O2K-25) ; éd. Geneviève Bouchon, *Voyages de Pyrard de Laval aux Indes orientales, (1601-1611)*, Paris, Chandeigne, Coll. « Magellane », 2 vol., 1998, vol. 1, p. 343-360.

45 « La premiere est celle des Princes ; les Nambouris ou grands Prêtres composent la seconde, les Bramenes sont de la troisieme, & les Nahers ou Nobles de la quatrieme. Ceux-là qui naissent seuls avec le privilege de porter les armes, ne peuvent embrasser le party du commerce sans déroger, & ce n'est que par là ou par le changement de Religion qu'ils perdent leur Noblesse. Les Tives sont ceux qui cultivent la terre [...] Les Monconas ou Pecheurs ne peux habiter que les bords de mer, & ne vivent que de la pêche ; on les tient indignes de la guerre, & quelque besoin qu'on eût de Soldats, ils ne sont jamais choisis. Les Mainats ou Blanchisseurs composent une autre lignée, aussi bien que les Chets, c'est à dire les Tiserans, & les Tireurs d'huile. », Charles Dellon, *Relation d'un voyage...*, *op. cit.*, p. 122.

place une gradation de l'horreur pour décrire ces derniers. Il commence par expliquer le point de vue des castes supérieures en s'appuyant sur le pronom « il » qui renvoie au Naher[46] ou au Brahmane selon les éléments qu'il aborde. En même temps que s'accentue sa description, il change de pronom pour adopter le « on », comme pour souligner l'impuissance des Européens et préciser qu'il faut absolument garder une distance pour converser avec les indigènes. Mais ce passage à l'impersonnel permet à l'auteur d'entrer davantage dans le détail de sa description pour donner un degré supplémentaire à l'horreur : les Pouliats sont alors abordés à travers ce qu'ils mangent.

> Le mépris que l'on en fait les rend negligens & mal-propres, ils mangent indifferemment de toutes sortes de charognes, & d'insectes : mais ce qui augmente l'horreur des Gentils, c'est de leur voir manger des bœufs qui meurent naturellement. [...] On les croit sorciers, il n'y a point de malignité dont on ne les accuse ; & quoy qu'ils soient fort innocens, on les arrête sur le moindre soubçon, & le Prince les condamne à la mort. On n'est pas si severe pour les autres lignées, & il faut même qu'on ne leur impose que des peines civiles[47].

Ainsi, par le biais de leur mode alimentaire, le voyageur rapproche les Pouliats de charognards qui, en outre, cherchent à retrouver l'or enterré çà et là par les Nahers[48]. À leur impiété, Dellon ajoute la dimension renvoyant à la sorcellerie pour mieux toucher l'imaginaire de son lectorat : il prévient et justifie alors le besoin de répulsion ressenti par les Européens face à cette partie de la population hindoue. Par ailleurs, Robert Challe propose lui aussi un exposé dans lequel il choisit de distinguer les trois « classes » de personnes vivant en Inde et met en place une véritable démarcation entre les hautes et la basse.

> Après avoir parlé du pays & de ce qu'il produit, il faut parler de ceux qui l'habitent, & les distinguer en trois classes. La première, ces *gentils*, qui commandent aux autres ; ceux-ci ne sont ni circoncis, ni juifs, ni mahométans ; ils sont idolâtres. La seconde, des *Mores*, qui sont en même temps Mahométans, circoncis, & idolâtres ; ou plutôt qui professent une religion ridicule, à laquelle eux-mêmes n'entendent rien. Il faut parler de tous séparément, & ne pas

46 Il faut ici comprendre le Nāyar. En effet, les voyageurs n'emploient pas toujours la même orthographe alors qu'ils évoquent des personnages issus de la même caste. On trouve donc, selon les ouvrages le « nayre », le « naher », le « neher ».

47 *Ibid.*, p. 125.

48 *Ibid.*, p. 124.

> oublier les *esclaves* ou *Lascaris*, qui forment la troisième classe. [...] Ils sont cependant fort lubriques. Leurs femmes sont communes à tous les gentils & Mores ; & c'est dans leur ordre que se prennent les filles de mauvaise vie[49].

Cette description, sous forme de compte-rendu, dévoile une organisation de la société indienne répartie entre les deux pôles : Gentils et Lascaris. La structure montre un certain déséquilibre syntaxique entre les énumérations qui présentent l'abondance des premiers et l'absence des seconds. Le voyageur insiste à la fois sur l'opulence des Gentils et sur le misérabilisme des Lascaris. D'un côté, il compare l'abondance de l'or hindou avec le blé cultivé en Europe, de l'autre, il va jusqu'à déposséder les Lascaris de leur humanité en associant leur soumission à celle de « chiens ». Par ailleurs, les femmes sont réduites à un seul groupe extrêmement négatif, mais conforme à l'image diffusée par la plupart des voyageurs sur ces dernières. S'il crée un rapprochement entre les Gentils et les Européens qui ont élaboré un commerce ensemble, il souligne la lubricité des Lascaris. Sa hiérarchisation du peuple indien inclus donc les Européens qui ont leur part à jouer dans cette injustice : selon le voyageur, les Lascaris, bien que déjà défavorisé par leur condition sociale, se trouvent être les commanditaires du commerce sexuel de leurs enfants.

> Ici ce sont les hommes qui font cet infâme commerce ; & il n'y en a aucun qui, pour une roupie, ne vende sa sœur, sa fille ou sa femme, qui de leur côté s'abandonnent volontiers aux Blancs ou Européens. Qu'on ne s'étonne pas si je parle si savamment & si affirmativement sur ce sujet : qu'on ne fasse point non plus de jugement téméraire ; on aurait certainement tort. J'y ai été, mes yeux ont vu, mes mains ont touché : j'ai satisfait ma curiosité ; & c'est tout. Si je n'avais pas craint les suites, peut-être n'aurais-je pas été si sage. Je le dis naturellement, ce n'a point été la crainte de Dieu qui m'a retenu ; ç'a été, comme en Espagne, celle des chirurgiens. Belle confession ! Digne pourtant d'absolution, puisqu'elle est également intègre & sincère[50].

Le voyageur fait part de son expérience viatique. Son discours est parsemé de justifications attestant l'authenticité de son témoignage. Ainsi, il parvient à s'extraire du groupe d'Européens dont il semble incriminer les agissements. De leur côté, les femmes apparaissent sous les traits de grandes pécheresses dont la vertu est irrécupérable. L'ensemble

49 Robert Challe, *Journal d'un voyage...*, *op. cit.*, t. 2, p. 14 et 19.
50 *Ibid.*, p. 19.

de ces compte-rendu cloisonnent la société indienne selon les diverses castes que les voyageurs disent avoir observé et, bien qu'ils tentent de répertorier ces dernières, ils échouent à représenter la diversité indienne.

Par ailleurs, le voyageur peut s'appuyer sur sa position d'expérimentateur pour intensifier son discours ; en délivrant les rouages de la société commerçante indienne, il permet aussi aux futurs commerçants français de mieux appréhender le terrain. S'intéressant principalement aux castes commerçantes du Sud de l'Inde, Barthélémy Carré décompose ces dernières pour mieux représenter le public avec lequel sera confronté le lecteur qui voudrait faire fortune en Inde.

> Les talliars sont, comme j'ai déjà fait voir, des bandits qui vivent hors du commerce des autres hommes. Les Malabars, dont la plupart sont chrétiens [...] gens dociles et d'un grand travail et utilité dans le pays. Les parias sont gens pauvres qui servent aux emplois les plus bas et pénibles. [...] Outre ceux-là il y en a encore de plus bas qui sont les cheriperes [...] Les gentils sont aussi distingués entre eux suivant leurs négoces et emplois. Les chettis sont les marchands les plus considérables de tous. Les comtis sont les boutiquaires [...] Les palis sont les peintres [...] Gavarais sont les tisserands qui travaillent de la main droite et sont plus nobles que les autres métiers, comme sont les orfèvres, charpentiers et ferronniers qui travaillent de la main gauche[51].

L'effet énumératif et répétitif de la démonstration cherche à valoriser la grande variété qui structure la société marchande indienne. Le discours viatique adopte une dimension encyclopédique sans être anthropologique : il s'agit bien d'utiliser les données indiennes pour rendre le travail d'observation crédible aux yeux du lecteur. Ainsi, on remarque que les éléments fournis par l'auteur ne sont pas toujours exacts. De fait, Dirk van

51 Barthélémy Carré, *Voyage des Indes orientales, mêlé de plusieurs histoires curieuses...*, *op. cit.*, p. 866. Il s'agit d'« une tradition particulière à l'Inde du Sud, familière aux régions de langues Telugu, Tamil, Kannada. Une division entre caste "de la main droite", (Tam.) *valaṅkai*, et caste "de la main gauche", (Tam.) *iṭaṅkai*, recoupe l'ordre hiérarchique des castes. [...] La violence des rivalités entre les deux camps a frappé les premiers observateurs occidentaux, sans qu'ils réussissent à en comprendre les raisons. C'est à propos de privilèges rituels et de distinctions honorifiques, jalousement affirmés par les uns, usurpés par les autres, que des bagarres sanglantes éclataient. [...] La plupart des interprètes ont privilégié, dans leurs explications, les aspects économiques et politiques, y voyant surtout, on l'a vu, un conflit artisans-paysans, ou une opposition entre étrangers et gens du terroir [...] », Zimmermann Francis, « Géométrie sociale traditionnelle. Castes de main droite et castes de main gauche en Inde du Sud » dans *Annales. Économies, Sociétés, Civilisations.* 29e année, n° 6, 1974, p. 1381, 1392, 1394, 1399.

der Cruysse précise en notes que le terme « Gavarais » reste inconnu mais que « la distinction entre caste de la main gauche et de la main droite était bien réelle en Inde méridionale. » Jean-Baptiste Tavernier aussi évoque cette particularité castique : « Enfin pour derniere remarque & pour finir ce chapitre, je diray que tous les Malavares en general conservent soigneusement les ongles de leur main gauche, & laissent croître leurs cheveux comme les femmes. Ces ongles qui sont longs quelquefois d'un demi doigt leur servent de peigne n'en ayant point d'autres que cela ; & c'est de cette main gauche qu'ils font toutes les choses viles, ne touchant jamais leur visage ni ce qu'ils mangent que de la main droite[52]. » Il ajoute à sa description une dimension horrifique afin d'illustrer les bizarreries hindoues et relancer l'intérêt du lecteur. De son côté, Georges Roques s'attaque à dénoncer les inégalités subies par les membres des castes commerçantes : « Le tisseran est le plus miserable de tous les artisans, c'est sans contredir la maxime que les banians tiennent a les garder de ces pauvres maleureux est inhumaine pour les tenir toujours rempans leur oster les forces de travailler en leur particulier, afin qu'ils ne puissent destruire le gain qu'ils font dans leur commerce par la vente de leurs ouvrages[53]. » Soignant son *ethos*, Roques insiste sur le misérabilisme des tisserands exploités et souligne le traitement qui leur est réservé. Comme s'il se positionnait en prospecteur commercial, le voyageur semble suggérer à son lecteur les failles à exploiter pour toucher l'indigène et, peut-être, faire du commerce avec lui. En effet, ses mises en garde sont directement exprimées. D'un côté, il informe le lecteur par des remarques du type : « Voici l'expédient dont je me suis servi [...][54] », ce qui lui permet de souligner son retour d'expérience et accentue les chances de réussite de la négociation. *A contratrio*, il insiste tout au long de son ouvrage sur la méfiance qu'il faut maintenir à l'égard des banians en les opposant à leurs confrères musulmans. Il déclare en effet que « les Mores ne trempent pas dans ces malversations ouvertement[55] » car la fourberie concerne principalement les marchands hindous à qui il faut répondre « ruse pour ruse[56]. »

52 Dirk Van der Cruysse, *Voyage des Indes orientales, mêlé de plusieurs histoires curieuses...*, *op. cit.*, p. 867 et Jean-Baptiste Tavernier, *Les six voyages de Jean-Baptiste Tavernier...*, *op. cit.*, vol. 2, p. 414.

53 Georges Rocques, *La Maniere de negotier aux Indes*, *op. cit.*, p. 14.

54 *Ibid.*, p. 92.

55 *Ibid.*, p. 142.

56 *Ibid.*, p. 140.

LA THÉÂTRALISATION FRANÇAISE DE COMMERÇANTS HINDOUS RUSÉS

L'intérêt de la France pour l'Inde est valorisé par les récits des voyageurs qui développent le fastueux imaginaire indien hérité de l'Antiquité. Cependant, cherchant à justifier leur présence, les Français proposent souvent une description méfiante des autochtones avec lesquels ils doivent commercer. Ils façonnent alors des mises en scène représentant leurs échanges avec des commerçants principalement hindous et rusés face auxquels il convient de conserver une prudence. De cette manière, la description du commerce que propose Georges Rocques présente les tâtonnements d'une France qui débute ses échanges avec l'Inde. Ainsi, le voyageur ponctue son ouvrage avec l'état d'avancement commercial des autres puissances européennes. Il met aussi en avant la religion chrétienne par un discours comparatif, expliquant la présence des Chrétiens en Inde, pour sortir le peuple autochtone de l'idolâtrie. L'auteur valorise l'évangélisation comme un moyen de « tirer [les Hindous] des pattes de Satan par des inspirations divines[57] » et de défaire « la loi de Mahomet, ce faux prophète [...][58]. » Par ailleurs, ayant établi l'infériorité des Hindous, sur le plan religieux, il met en place des marchands indigènes prototypiques pour exposer au lecteur les meilleures façons de commercer avec ces derniers. Selon le témoignage du voyageur l'un des plus grands intérêts de la France, dans ses relations avec l'Inde, se trouve notamment dans le commerce des toiles indiennes. En effet, expliquant la composition des pannes de soie, il en dépeint la beauté : « J'oublierai peut-être en contemplant tant de merveilles, les peintres pour faire des robes à ces toiles qui sont émaillées de fleurs afin d'être bien parées pour faire ensemble le voyage[59]. » Cependant, s'il montre qu'il y a matière à établir un commerce prolifique, il émet des réserves en abordant la qualité des échanges mercantiles. Pour ce faire, il met en scène une transaction prototypique entre un marchand hindou et un européen, tout en laissant supposer qu'il peut s'agir indirectement de lui-même. Il peut alors rendre authentique son témoignage, tout en suggérant un processus descriptif à gros traits, étendu à l'ensemble de la communauté hindoue.

57 *Id.*, [Manuscrit], Bibliothèque nationale de France, Département des manuscrits, Français 14614, 1701, p. 150.

58 *Ibid.*, p. 130.

59 *Ibid.*, p. 100.

> Voyez donc notre Banian érigé en marchand, il fait fabriquer pour son compte, et dans huict jours aura une pièce de toille pendant qu'il continuera d'achepter du cotton fillé pour le donner à d'autres tisserans, et accroistre le nombre de ses pieces, se sentant asses fort pour traitter hardiement avec un marchand maure ou Européen qui fera naviguer d'Inde en Inde ou ces toilles auront cours, et sur ces echantillon de deux ou trois pieces, accordera avec eux pour cent counges qui font deux mil pieces ; il void son profit clair, car il demandera d'argent par avance, cette bonne coustume est establye parmy eux de ne rien entreprendre pour personne quils n'ajent la main garnye ; traiterront enfin avec vous pour cette quantité, & la charge de recevoir d'argent à l'avance [...][60].

Roques accentue la description de « ce filou de Banian[61] » par une adresse directe au lecteur avec l'emploi du pronom « vous ». En effet, l'apostrophe s'inscrit dans une situation de communication définie à la fois par son cadre spatio-temporel, les motivations de l'échange ainsi que le nombre de participants, leurs liens et leurs particularités individuelles[62]. De cette manière, le voyageur crée une situation d'énonciation artificielle, inscrite dans le cadre d'une interaction verbale biaisée avec le lecteur. Comme s'il démarrait un long monologue, il s'impose en unique actant doué de parole. Toutefois, le recours à l'apostrophe lui permet de recréer artificiellement une démarche de coproduction du discours : en s'adressant à « vous », l'auteur s'allie à son destinataire, le lecteur, pour mieux dénoncer les vices de « il », le banian. Sous sa plume, l'indigène devient une « non-personne », mise en opposition avec des « personnes[63] », selon la conception développée par Émile Benveniste. Par ce procédé, l'auteur témoigne donc d'une partialité selon laquelle le rédacteur et le lecteur doivent faire corps pour déjouer les stratégies nocives du marchand indien.

Par ailleurs, le voyageur ne manque pas de préciser la profusion des richesses de ce pays, laissées aux mains de ce peuple fourbe mais dont les tours de malice peuvent être déjoués par un Européen avisé.

---

60 *Ibid.*, p. 11.

61 *Ibid.*, p. 12.

62 Catherine Detrie, *De la non-personne à la personne : l'apostrophe nominale*, CNRS éditeur, coll. « Sciences du Langage », Paris, Broché, 2007, p. 5.

63 « La personne n'est propre qu'aux positions "je" et "tu". La 3e personne est, en vertu de sa structure même, la forme non-personnelle de la flexion verbale. De fait, elle sert toujours quand la personne n'est pas désignée et notamment dans l'expression dite impersonnelle. [...] La "3e personne" a pour caractéristique et pour fonction constantes de représenter, sous le rapport de la forme même, un invariant non-personnel, et rien que cela. », Émile Benveniste, *Problèmes de linguistique générale*, vol. 2 dans *Ibid.*

> Toutes les contrées de l'Inde ne sont remplyes que d'ouvriers, des tisserans, des fileuses et autres gens qui travaillent à la culture du cotton pour employer cette abondence qui envoist dans tout le pays, c'est le premier fondement du negoce qui fait subsister un nombre infini des peuples de toute ages, d'un et d'autre sexe, et qui fournit de l'occupation aux Banians en diverses manieres fuyant le capital d'un capital ou par leur industrye[64].

Il complète cette présentation par une explication des trois principes primordiaux à suivre pour déjouer les ruses hindoues qu'il différencie d'une approche plus confiante des marchands musulmans[65] dans le négoce de l'achat de toiles[66]. En se mettant en scène, Roques s'inscrit dans un *topos* de la déambulation du voyageur porté par « la curiosité, jointe à l'utilité ». Ainsi, la découverte des marchés indiens lui permet de découvrir les codes trompeurs des autochtones opposés à ceux de l'honnête homme qu'il représente[67]. C'est pourquoi le voyageur fait part de son analyse et délivre une sorte de liste de recommandations adressée au lecteur, ou plus précisément au novice découvrant les banians.

> Quand vous traiterez avec un Banian, faites-lui comme il a intention de vous faire, entretenez-le de bonnes paroles et promesses de lui fournir de l'argent. [...] Si vous commencez plutôt par la toile que vous voulez acheter, vous gâtez votre affaire. Mettez-les en telle confusion qu'ils ne puissent connaître votre penchant. [...] Enfin, ils mettent un honnête homme à l'épreuve par toutes [les] manières possibles et s'il est assez lâche pour accepter quelque chose à cette intention, il est perdu non seulement de réputation, mais dans ces affaires car cette connivence donne empire à votre courtier[68] qui est maître de vous et de votre bourse et fait ce qu'il lui plaît[69].

En choisissant la forme impérative des verbes adressés au lecteur, Roques guide les étapes de la transaction et oblige son destinataire à embrasser son point de vue. Le voyageur montre, par le biais du paradoxe maître/subalterne, que l'honnête homme doit se changer en banian

64 Georges Roques, *La Manière de négotier dans les Indes orientalles...*, *op. cit.*, p. 9.

65 « Vous y trouverez assurément plus de franchise et de bonne foi que [vous] en avez reconnu en tout ce que vous avez lu. », *Ibid.*, p. 60.

66 *Ibid.*, p. 36-39.

67 *Ibid.*, p. 41.

68 « On ne peut s'en passer [d'un courtier] parce qu'un courtier donne de la créance à vos paroles et se rend garant pour vous qui êtes étranger au pays si vous voulez, au moyen de 2 % que vous lui donnez, tant sur vos achats que sur les ventes. », *Ibid.*, p. 43.

69 *Ibid.*, p. 41, 43, 45.

pour mieux le tromper ; il doit donc perdre sa qualité d'Européen le temps de l'échange pour devenir l'Autre, l'Hindou.

> De sorte que par conclusion, il se trouvera que vous n'aurez rien retiré de cette marchandise engagée parce que les intérêts l'auront mangée et que l'opinion de faire de grands profits dans les Indes vous aura été trompeuse parce que vous n'êtes pas stylé dans toutes ces subtilités, dont les Banians se servent pour vous mettre à sec quand vous avez affaire à eux[70].

Pour Roques, le statut d'observateur aura donc servi à mieux dénoncer les abus dont peuvent être victimes les entrepreneurs français. Les jeux de rôles sont donc inversés temporairement : celui qui se positionne comme le dominant doit simuler le statut du dominé pour mieux reprendre sa place.

LA FOURBERIE DES BRAHMANES

Les portraits de brahmanes s'impose comme un motif récurrent du voyage en Inde, au même titre que l'évocation du rite de satī. Tous les voyageurs proposent donc la description de ceux qu'ils reconnaissent comme étant les figures emblématiques de l'hindouisme alors qualifiée de « religion des Gentils ». La plupart des voyageurs se posent comme témoins et cherchent à dénoncer ceux qu'ils associent à une forme de clergé abusif et oppresseur. De fait, les brahmanes sont décrits comme de fourbes représentants religieux qui profitent de la naïveté de leurs fidèles pour mieux les tromper. Par ailleurs, certains voyageurs prennent le parti de s'inclure dans leur description : ils peuvent alors ajouter à leur portrait une dimension scénique. Ainsi Jean Mocquet participe à l'élaboration de l'imaginaire androgyne dépeignant les brahmanes et mis en place par l'écriture viatique.

> Le lendemain matin, comme j'allais par la rue, je vis un yogi gentil qui était tout encendré et nu, accroupi devant un feu de bouse de vache sèche, et prenait de la cendre de ce feu et s'en saupoudrait tout le corps, ayant les cheveux longs comme une femme, et encendrés, avec des cornes au bout d'un bâton fort grandes et tortillées, qu'il tenait par-dessus ses épaules. C'était le spectacle le plus hideux et monstrueux qu'on eût su voir ; car il demeurait tout coi regardant toujours son feu, sans jamais tourner la tête ni çà ni là[71].

---

70 *Ibid.*, p. 55.
71 Jean Mocquet, *Voyage à Mozambique & Goa…*, *op. cit.*, p. 103.

L'auteur propose ici un portrait affreux du brahmane qu'il a vu. La répétition du participe « encendré », joint à la comparaison féminisante participent à déshumaniser l'indigène qui apparaît alors comme inversé sexuellement. Ainsi, relégué aux confins de l'extrême Autre, le brahmane entre dans le bizarre : le silence et l'effet hypnotisant du feu sont des éléments récupérés par l'auteur pour illustrer son propos. Par ailleurs, le fait que Mocquet précise le combustible permettant le rituel, montre qu'il a une connaissance des pratiques indiennes. En rapprochant son expérience d'un « spectacle », il donne cependant l'impression qu'il est lui-même l'un des membres d'un public venu se distraire, avide de sensations fortes.

Les voyageurs s'accordent en général pour souligner la malice des Brahmanes qui cherchent à gagner un quelconque profit sur leurs fidèles : le *topos* du brahmane fripon se retrouve donc au cours des récits et relations de voyages en Inde. En effet, Pyrard de Laval s'attache d'abord à faire une description précise de ceux rencontrés à Goa. Il choisit de développer leur variété de costumes, leur régime alimentaire et leur activité commerciale : les brahmanes n'apparaissent sous sa plume qu'à travers des éléments extérieurs.

> Entre les Indiens, Payens, les Bramenes sont estimez les plus honorables de tous, & il n'y a qu'eux à qui les Roys donnent présents & offices. [...] Ils marchent presques tous nuds, n'étant ceints que d'un linge qui couvre leurs parties. Quid ils sortent ils sont quelquesfois vestus d'un simple faye de toile de coton qu'ils appellent Cabaia qui leur va depuis la teste jusques aux talons, qui est l'accoutrement de quelques Indiens, Banianes, Gujarates & Decanins. Ils s'affublent d'un linge blanc plié en deux ou en trois, & laissent croistre leur chevelure à la mode des femmes. Ils portent des pendants d'or aux oreilles comme la plus part des autres Indiens. Ils ne mangent rien qui ait asme, & ne se nourrissent que d'herbes & de riz[72].

Le portrait des brahmanes permet au voyageur de superposer leur apparence démunie, conforme à leur statut religieux, avec la grande élaboration de ruses mises en place pour tirer bénéfice des dévots. Laval se montre le plus exhaustif possible. Il s'appuie notamment sur l'effet énumératif que met en place l'anaphore du pronom « Ils » : en exposant ainsi ses connaissances, il rappelle le pacte de confiance instauré avec son lecteur quant à l'objectivité de ce qu'il décrit.

72 Pyrard de Laval, *Voyage de Pyrard de Laval…*, *op. cit.*, p. 73.

Cette insistance répond à la volonté d'être cru du lecteur et entraîne les voyageurs à souligner la justesse des informations transmises. De cette manière, François Bernier dans la lettre qu'il adresse à Chapelain, dénonce une infamie pratiquée par les brahmanes sur les jeunes filles : à la malice des premiers, il oppose la bêtise des secondes.

> Les brahmanes, pour leur profit et intérêt particulier, je veux dire à raison des aumônes qu'on leur fait et du respect qu'on leur rend, comme à personnes attachées et consacrées aux mystères, entretiennent ces peuples dans ces erreurs et supersitions et passent même jusques à des fourberies et à des vilenies si infâmes que je ne les aurais pu croire si je ne m'en étais pleinement informé[73].

L'information, transmise pendant le séjour du voyageur lui permet de traduire en direct les pratiques autochtones indiennes. Ici, l'anecdote de Bernier donne aux brahmanes un statut supérieur aux dévots qui deviennent alors des proies faciles. Selon l'auteur, le viol de jeunes vierges juste avant leur mariage est justifié par un rituel religieux, fondé sur un mensonge. Ainsi, le voyageur adopte le statut d'observateur éclairé et peut révéler à son lecteur les sombres rouages du système religieux. D'après lui, s'attribuant un droit de déflorement, les représentants religieux choisissent les futures épouses pour leur beauté et agissent sous couvert de les offrir à leur divinité.

> [...] ils la laissent la nuit dans le temple où ils l'ont transporté en grande cérémonie avec l'idole, lui donnent à entendre que Jagannath viendra dormir avec elle et lui ordonnent de lui demander si l'année sera fertile, quelles processions, quelles fêtes, quelles prières et quelles aumônes il désire qu'on fasse pour cela ; cependant un de ces imposteurs entre là-dedans la nuit par une petite porte de derrière, jouir de cette fille et lui fait accroire tout ce que bon lui semble ; et le lendemain [...] ces brahmanes lui font dire hautement au peuple tout ce qu'elle a appris de ces fourbes, comme l'ayant appris de la bouche même de Jagannath[74].

Le voyageur montre à quel point la crédulité des femmes indiennes leur masque l'horreur du réel. Sous la plume de Bernier c'est une sorte de jeu de masques qui se dessine et donne à voir au lecteur la portée de la manipulation religieuse des dévots. En rapportant au discours indirect l'énumération de questions que la femme aura à poser au

73 François Bernier, *Voyages de François Bernier...*, *op. cit.*, p. 305.
74 *Ibid.*, p. 305-306.

dieu, l'auteur met en scène la violence psychologique exercée par les brahmanes. Il confirme alors que l'ascendance de ces derniers n'est pas uniquement financière, elle est aussi psychique : décrits comme inspirant une confiance aveugle à leurs dévots, ils peuvent en abuser. Par ailleurs, le dispositif scénique, avec la porte dérobée, permet à Bernier de dévoiler l'ensemble du stratagème indien. Tout en révélant les rouages du piège qui se referme sur la victime, il dévoile le pouvoir informationnel dont dispose le voyageur.

LE POUVOIR ARTIFICIEUX DES FEMMES : UN TOPOS ATTENDU DU LECTEUR

Loin d'être uniquement perçue à travers sa naïveté, la femme indienne est aussi décrite pour sa sournoiserie. La femme indienne s'inscrit dans cette logique descriptive. En tant que personnage de récit de voyage, elle est à la fois dépeinte comme une femme fatale et un objet de fantasme. Sous la plume des voyageurs, les indiennes deviennent bien souvent des personnages mystérieux, porteurs de vices, cherchant à influencer les hommes pour les mettre en danger. Soulignant leur bizarrerie, Vincent Le Blanc raconte que les femmes de Cambaye « sont fort respectées, surtout les grandes Dames, qui ne bougent de leurs maisons. Il y en a même qui ne se plaisent pas de voir la lumière du jour, & ne se servent que de la chandelle[75]. » Chez Pyrard de Laval, les femmes sont décrites à travers leurs tenues vestimentaires impudiques mais leur comportement débridé est associé au climat et à la nourriture.

> Les femmes allant dehors n'ont autre couverture qu'un linge depuis le haut de la teste jusques aux genoux, elles ont les narines percees d'un anneau, & se ceignent le col, les jambes, & les ortueils de pieds. [...] Au reste l'on peut assigner plusieurs raisons de ce que ces femmes sont d'une complexion si chaude & amoureuse ; mais les principales me semblent estre, de ce qu'elles sont fort oisives, & ne font autre chose que d'estre toujours couchées & de se faire bercer par délicatesse, puis elles mangent continuellement du bettel, qui est une herbe fort chaude, outre qu'en leur manger ordinaire, elles usent de tant d'épiceries, qu'à peine en pouvais-je quelquefois mettre en la bouche, & se servent encore d'aulx, oignons, & autres semblables qui sont fort chaudes[76].

75 Vincent Le Blanc, *Les voyages fameux du Sieur Le Blanc...*, *op. cit.*, p. 66.

76 Pyrard de Laval, *Voyage de Pyrard de Laval...*, [manuscrit], p. 73 et Pyrard de Laval, *Voyage de Pyrard de Laval...*, t. 1, p. 517-518.

La représentation de la femme indienne est intimement liée au *decorum* indien. Ici, il est bien question de souligner le lien qui relie la figure féminine à son cadre de vie. En effet, les caractéristiques climatiques deviennent constitutives d'un comportement jugé implicitement condamnable par le voyageur. Comme l'a démontré Sophie Linon-Chipon, les voyageurs français trouvent, avec les Indes orientales, un espace lointain où ils peuvent projeter sur le peuple qu'ils découvrent et décrivent, leur imaginaire bridé par la fermeté chrétienne[77]. De fait, la description de Laval dessine une image figée qui emprisonne l'Indienne. Sous la plume du voyageur, la femme est stigmatisée par une empreinte sexualisée : son attitude, jugée inconvenante, alimente et renforce le stéréotype de l'Indienne éminemment libidineuse.

> Et à la vérité toutes les femmes de tout le reste des Indes sont fort enclines naturellement à toutes sortes de lubricité et paillardise ordinaire. [...] [elles] se servent d'un certain fruit du pays, qu'ils nomment quella et nous banane dont il y en a tel long comme un [em]pan et gros comme le bras d'un enfant de dix ans ; et ce service est en façon si sale, vilaine et monstrueuse qu'honnêtement je n'en puis parler davantage[78].

Habile narrateur, le voyageur sait manier l'appel de mots indiens et les moments de silence dans son récit ; rendu ainsi plus crédible, authentique. La classe sociale élevée des femmes dont il parle, ainsi que leurs pratiques condamnables, donnent à l'anecdote une teinte acerbe qui pique l'intérêt du lecteur. Le jeu sur les émotions rendues insoutenable devant des coutumes jugées infâmantes permet à l'auteur de s'extraire de la scène dont il dit être témoin. Enfin, attestant avoir vu la justice être rendue, et les femmes punies, il rétablit la morale chrétienne dans cet ailleurs indien aux pratiques blâmables.

---

77 « Sous couvert d'un intérêt presque ethnologique, les relationnaires accordent aux mœurs sexuelles une importance particulièrement marquée avec en toile de fond l'éternel cliché d'un Autre forcément pervers. [...] À la chaleur extérieure correspond une chaleur intérieure accentuée par l'absorption d'aliments épicés qui augmentent la température du corps. Les épices jouent donc un rôle fondamental dans le conditionnement biologique des Indiens. Hormis l'intérêt commercial qu'ils suscitent, les épices assument également une fonction connotative majeure, route des épices voulant presque dire route de l'amour. La richesse du motif mérite d'être soulignée pour dire à quel point la conscience européenne fabrique autour d'un faisceau d'éléments convergents, une logique exotique à la fois ambiguë et imparable. » Sophie Linon-Chipon, *Gallia Orientalis...*, *op. cit.*, p. 473 et p. 476.

78 Pyrard De Laval François, *Voyage de Pyrard de Laval...*, *op. cit.*, t. 1, p. 284.

Les voyageurs évoquent la curiosité européenne ressentie face aux femmes exotiques sur lesquelles plane l'ombre d'une empreinte fourbe et manipulatrice. Elles sont souvent représentées par les danseuses intervenant dans le récit pour distraire les protagonistes, ce qui est retransmis par les voyageurs, devenus spectateurs. Si le recours au spectacle de la danse indienne, reflète un niveau social élevé, les danseuses en elles-mêmes se retrouvent souvent dans une description péjorative de la part des voyageurs. En effet, Pyrard de Laval propose de raconter la prestation de l'une d'elle et déclare qu'elle use « de quelque sort et art diabolique[79]. » Plus tard dans le siècle, les voyageurs se détachent sensiblement de l'imaginaire démonologique pour ne valoriser que l'opulence qui s'associe au spectacle des danseuses. Caron et de La Haye les évoquent en s'extrayant de la narration : « Une Troupe de femmes fut rencontrée dans ce temps qui étoient conduites au General pour lui donner le divertissement de la danse à leur mode, on leur laissa la liberté, & Mr le Viceroy défendit qu'il leur fût fait aucune insulte[80]. » En revanche, Charles Dellon raconte son arrivée à Mirseou, dans le royaume de Visiapour et sa rencontre avec le gouverneur persan Cojabdella. Le narrateur explique que ce dernier invite l'ensemble de l'équipage à dîner : il s'agit alors pour le lecteur d'entrer dans la fastueuse description du festin qui leur a été servi.

> Quand nous fûmes au Château, il nous mena dans une grande Salle tapissée des plus riches étoffes du levant, & nous fit asseoir autour de luy sur des Carreaux de la même beauté. Nos interpretes commençoient à peine à s'expliquer pour nous qu'on vit entrer une troupe de Danseuses qu'il avoit ordonnées pour le divertissement de ce jour : Ces femmes n'ont point d'autre occupation que celle de leur danse, qui est fort extraordinaire & tres peu modeste ; leurs habits sont superbes, elles sont toutes bien faites & parfaitement adroites. Ce bal qui nous parut une nouveauté fort bizarre, dura toute la journée, & nous fatigua extremement ; parce que nous étions à jeun, & plus disposez à faire un bon repas qu'à prêter nos yeux à un spectacle qui ne nous réjoüissoit point [...][81]

79 Pyrard de Laval, *Voyage de Pyard de Laval*, Tome 1, *op. cit.*, p. 340.

80 François Caron, Jacob de La Haye, *Journal du voyage des Grandes Indes, contenant tout ce qui s'y est fait et passé par l'escadre de Sa Majesté envoyée sous le commandement de Mr de la Haye, depuis son départ de la Rochelle au mois de mars 1670...* / par J. de La Haye et F. Caron. – Orléans, Paris, R. et N. Pepie, 1698, 2 parties en 1 vol. (Paris, [Microfiche] BnF : 8-O2K-45 (1-2)), p. 89.

81 Charles Dellon, *Relation d'un Voyage...*, *op. cit.*, p. 79-80.

Le narrateur développe la description du repas en une phrase, sans cesse prolongée par une double ponctuation afin de détailler le plus précisément possible sa représentation. Pourtant, s'il reconnaît la beauté des danseuses, il souligne également la souffrance ressentie par ses compagnons et lui face à ce spectacle qui s'éternise alors que le repas tarde à être servi. Alors que le récit prend des allures de banquet royal, il semble que la fracture entre les coutumes indiennes et françaises est mise en scène par Dellon. La séquence est encadrée par l'arrivée et le départ des Français accompagnés « de Gardes avec les Haut-bois & les Trompettes. » Toutefois, le traitement du divertissement contraste avec la réaction du voyageur et de ses compagnons. Placée au centre de son récit, l'affliction du voyageur l'empêche d'apprécier les plaisirs indiens : comme il dit avoir à lutter contre la faim, il parvient à s'extraire de la description et à garder son statut moral d'honnête homme.

D'UNE DÉMOGRAPHIE EN NOIR ET BLANC A UNE COLORÉE : L'ENTRÉE DANS LA MODERNITÉ

UNE CLASSIFICATION PICTURALE : L'ÉLABORATION DESCRIPTIVE D'UN MONDE EN NOIR ET BLANC

S'intéressant à l'histoire culturelle de la couleur noire, Michel Pastoureau met au jour son évolution symbolique au cours des siècles, à travers une étude linguistique, sociale, et artistique. Il montre en effet, que « le XVIIe siècle est un grand siècle noir, tant sur le plan social et religieux que sur le plan moral et symbolique. Jamais, probablement, les populations européennes n'ont été aussi malheureuses. L'envers du "Grand Siècle" est sombre, très sombre. En tous domaines, le noir est sa couleur[82] ». Cependant, le voyage en Inde offre à certains voyageurs l'occasion de réfléchir à la fois sur les différents peuples rencontrés mais aussi sur l'importance de leur attribuer une couleur comme facteur hiérarchisant de reconnaissance. Ainsi, l'un des principaux enjeux de

82 Michel Pastoureau, *Noir, Histoire d'une couleur*, Paris, Éditions du Seuil, 2008, p. 155-156.

la classification humaine qu'ils proposent d'élaborer se trouve dans l'opposition entre la couleur blanche et la noire. Thévenot indique que chaque jour la plupart des membres européens de l'équipage descendent à terre, ce qui lui donne l'occasion de s'adonner à l'observation des marins indiens.

> De cette manière, comme les Arméniens étoient tous à terre, & que nos Francs y alloient tous les jours, & n'en revenoient que le soir, souvent je restois seul de blanc avec les noirs du vaisseau, (c'est ainsi que l'on appelle tous les Indiens ;) & l'on fait aussi grande difference aux Indes entre un blanc & un noir, comme entre le maître & l'esclave ; ceux qui sont fils d'Européens, & qui sont nés aux Indes, on les appelle Métisses ; ils ne sont pas d'un si grand mépris que les veritables Indiens, c'est-à-dire, ceux qui sont nés de pere & mere Indienne ; mais après tout, les Européens les regardent encore comme des gens sans comparaison au-dessous d'eux[83].

L'inscription fictionnelle permet au voyageur de se mettre en scène. L'usage de la première personne l'aide à orienter le lecteur pour mieux l'amener à partager implicitement sa logique. L'auteur propose une description cloisonnée dans la dualité chromatique noir/blanc, elle-même renforcée par l'ancrage temporel de l'action qui a lieu « le soir. » Structuré par une poétique du clair/obscur, le récit acquiert une dimension picturale, enrichie par une mise en perspective qui fait du voyageur le point central du tableau. Par ailleurs, la pigmentation de la peau, plus particulièrement tournée dans un dégradé de noir, devient une figure à penser l'Hindou. Alors qu'il annonce aborder la description des « Peuples du Malabar, & de leurs coûtumes », Charles Dellon décrit les indigènes en associant des traits de caractère négatifs à la coloration corporelle.

> Les habitans du Malabar sont bien faits, presque tous noirs ou fort bruns, & n'ont rien de difforme comme les Affricains : Ils laissent croître leurs cheveux fort longs, & ne manquent point d'esprit, mais ils le négligent, ne s'adonnant

---

83 Jean Thévenot, *Suite du Voyage de Mr de Thevenot au Levant ; dans laquelle après plusieurs Remarques très singulieres sur des particularitez de l'Egpte, de la Syrie, de la Mesopotamie, de l'Euphrate & du Tigre, Il est traité de la Perse, & autres États sujets au Roi de Perse, ainsi que de sa Cour, & des Religions, Gouvernemens, Mœurs, Forces, Langues, Sciences, Arts & Coûtumes des Peuples de ce grand Empire ; Et aussi des antiquitez de Tschehelminar, de Nakschi Rustan & autres lieux vers l'ancienne PERSEPOLIS : & particulierement de la route exacte de cegrand Voiage, tant par Terre en Turquie & en Perse, que par Mer dans la Mediterranée, Golfe Persique & Mer des Indes*, Seconde partie Enrichie de figures en tailles douces, Paris, Chez Charles Angot, Librairie Juré, 1689, p. 630.

> ny aux Sciences ny aux Arts, leur grand penchant est à la trahison ; c'est une bagatelle parmy eux que de violer sa parole. Les Mahometans passent pour les plus infidelles, mais les Gentils ne sont guere de meilleure foy[84].

Intervenant comme la première propriété significative des Hindous, la noirceur de la peau est associée à un manque de Raison flagrant. L'indigène apparaît, sous la plume du voyageur, comme un être fourbe et peu enclin à l'étude. Enfin, Robert Challe utilise son statut de voyageur pour faire le compte-rendu des peuples indiens. Il s'appuie alors sur une taxinomie centrée sur le corps et les couleurs, tout en distinguant Hindous et Musulmans.

> On m'a dit, & même fortement assuré, qu'à cinq ou six lieues de la mer, en dedans des terres, les Mores & gentils sont aussi blancs que les Européens ; & que j'en trouverais à Bengale. Je suis déjà certain, par mes yeux, que ceux qu'on appelle Lascaris ou esclaves, qui sont à Pondichéry, sont noirs comme noir à noircir, tel qu'est le noir de fumée ; et que les Mores et gentils sont seulement fort basanés, mais ont les traits réguliers & les yeux bien fendus, plusieurs même ont le nez aquilin ; & que les Lascaris ont tous les lèvres grosses, le nez plat & camus, les yeux ronds & le front petit, étroit, rond & avancé. Ainsi, le lecteur peut voir, que quand on dit un More, on n'entend pas absolument un homme de couleur noire, ni un nègre de Guinée, tel qu'un Éthiopien ni un cafre[85].

La précision terminologique du voyageur s'appuie tout d'abord sur le *topos* de la description physique des Africains. En effet, on retrouve notamment ces mêmes caractéristiques dans le récit de François Leguat : « ces espèces d'hommes sont presque tous de taille que nous appelons médiocre. Ils ont le nez écrasé, les yeux ronds, la bouche grande et les oreilles de même, le front petit, très peu de barbe, noire et cotonnée, et les cheveux fort crépus[86]. » Comme l'a démontré Dominique Lanni, il s'agit plus pour les voyageurs, dans un souci d'authenticité, de réutiliser les critères de description antérieure afin de renforcer leur témoignage[87].

84 Charles Dellon, *Relation d'un voyage…*, *op. cit.*, p. 121-122.

85 Robert Challe, *Journal…*, *op. cit.*, t. 2, p. 29.

86 François Leguat, *Les voyages et aventures de François Leguat et de ses compagnons en deux îles désertes des Indes orientales, dans Dominique Lanni, Fureur et barbarie, Récits de voyages chez les Cafres et les Hottentots, 1665-1721*, Paris, Cosmopole Active Média, 2001, p. 144.

87 « Tout au long du dix-septième siècle donc, les représentations du Cafre et de l'Hottentot oscillent entre mythes et réalités, résultant moins de descriptions précises consécutives à une véritable observation que de l'efficace de techniques d'invention destinées à apporter la preuve que l'auteur a réellement effectué le voyage du Cap. […] Reprendre des éléments

Cependant, Challe propose ici une hiérarchisation raciale, fondée sur l'élaboration subjective d'un dégradé de la couleur noire. De fait, tout en inscrivant son récit dans une esthétique médiévale, il reprend à son compte la poétique de certaines chansons de geste dans lesquelles s'affrontent Sarrasins et chevaliers chrétiens. Il s'appuie donc sur son statut de voyageur-témoin pour redéfinir l'imaginaire du Maure et redessiner un nouvel ennemi épique : ainsi, il réutilise la même rhétorique tout en changeant l'opposant[88]. Ici, alors que la couleur noire est caractérisée par une homogénéité chromatique, le voyageur compose une accumulation d'hyponymes desquels « noir » serait l'hyperonyme. De cette manière, et par le biais d'un métalangage emprunté à la chanson de geste et centré autour de la couleur, Challe parvient à suggérer au lecteur sa propre classification humaine.

A contrario, la stigmatisation par la peau sert aussi au voyageur pour valoriser les Hindous. Ainsi, Jean Guidon de la Chambelle propose une typologie au sein même du « peuple indien. » Comme la pigmentation corporelle est un gage de description négative, le voyageur omet de la préciser lorsqu'il évoque les Malais, alors associés au concept de civilisation.

> Pour les Malabars, Bengals, Macassars, Mammelus, Candiots, Cafres et Nègres, [ce] sont nations qui sont toutes noires et allant tout nus [...] Ce sont gens lâches, pusillanimes, poltrons, paresseux et idiots, et se vendent eux-mêmes presque pour rien. [...] Les Maures, Japonais, Balinois, Siamois, Ambonais

d'un portrait contenu dans des récits de voyage, c'est confirmer ce qu'ont vu ceux qui font autorité. Apporter un élément neuf et le développer, c'est pour un voyageur apporter la preuve qu'il a véritablement effectué le voyage du Cap et rencontré ses Sauvages. », Dominique Lanni, « Le Cafre et le Hottentot dans le discours des voyageurs », dans Alia Baccar Bournaz (dir.), *L'Afrique au XVIIe siècle, Mythes et réalités*, Actes du VIIe colloque du *Centre International de Rencontres sur le XVIIe siècle*, Tunis, 14-16 mars 2002, Biblio 17-149, Gunter Narr Verlag Tübingen, 2003, p. 229.

88 « On retrouve ces deux attributs dans les chansons de geste, associés aux Sarrasins qui affrontent les chevaliers chrétiens : plus encore que les cheveux roux, ils ont la peau brune, sombre, voire franchement noire ; c'est là leur trait distinctif le plus fréquent et le signe patent de leur *mauvaiseté.* Plus cette peau est foncée, plus le personnage est redoutable. Certains auteurs multiplient même les formules comparatives pour souligner le caractère négatif de celui qui en est doté : sa peau est noire "comme corneille", noire "comme charbon [...] !" Ces clichés sont si récurrents que l'adjectif le plus ordinaire pour décrire cette couleur de peau – *mor, maure* – finit par se substantiver et constituer le terme ethnique servant à les désigner : les Sarrasins deviennent les *Maures.* », Michel Pastoureau, *Noir, Histoire d'une couleur...*, *op. cit.*, p. 95.

> et quelques Persiens tiennent la religion du Turc, et quelques-uns adorent le soleil et la lune. Les Malais, nation la plus civilisée de toute l'Asie, sont gens aimables, affables, bons, courtois, civils, grands esprits, ayant quelques livres entre eux fort anciens en langue syriaque. Il y [en] a beaucoup qui sont convertis au christianisme. [...] Ce sont gens à qui on peut se fier. Ils sont la perle du pays indien. Leur langue est la plus mignarde, coulante et fort amoureuse, et qui surpasse l'italienne. [...][89]

Le voyageur insinue un lien de cause à effet grâce à un parallélisme dont les deux composantes, la première énumération de nations et celle de leurs épithètes, sont unies par la répétition polyptotique de « toutes/tout » qui réduit ces dernières à la couleur noire et à la nudité. Cependant, Chambelle oriente sa description vers les malaisiens pour lesquels il élabore un portrait galant d'où la couleur est donc exclue. De la même manière, la description des femmes, centrée autour de l'oxymore « douce violence très innocente », cherche à adoucir l'image exotique féminine : l'auteur présente alors un peuple indigène particulier, tout entier tourné vers l'innocence et la galanterie.

LA PIGMENTATION, UN OUTIL POUR UNE PREMIÈRE DESCRIPTION HIÉRARCHISÉE DES « RACES » HUMAINES

Sans revenir sur la christianisation des couleurs définie par Michel Pastoureau[90], le traitement viatique de celles-ci intervient dans le *continuum* de l'élaboration d'un portrait de l'Autre. Dans son étude sur l'histoire des théories coloristes, Michel Pastoureau rappelle la conception aristotélicienne qui associe l'origine des couleurs à la lumière. Selon le penseur grec, l'ensemble de ces dernières seraient organisées de telle sorte qu'elles aient à leurs extrémités d'un côté le noir et de l'autre le blanc[91]. « Vers 1600, l'ordre normal des couleurs lorsqu'on les place sur un axe est donc, encore et toujours : blanc, jaune, rouge, vert, bleu, violet, noir[92]. »

---

89 Jean Guidon de la Chambelle, *Mercenaires français de la VOC Mercenaires français de la VOC : La route des Indes hollandaises au XVIIe siècle*, Paris, Chandeigne, Coll. « Magellane », 2004, p. 117.

90 Michel Pastoureau, *Noir, Histoire d'une couleur*, *op. cit.*, p. 99-104.

91 « Il existe certes quelques variantes, mais l'ordre le plus souvent proposé tout au long du Moyen-Âge et encore à la fin du XVIe siècle est l'ordre aristotélicien : blanc, jaune, rouge, vert, bleu, noir. Quel que soit le domaine concerné, ces six couleurs sont les couleurs de base. », *Ibid.*, p. 165.

92 *Ibid.*, p. 165-166.

Pastoureau montre que la découverte chromatique de Newton amène une nouvelle organisation des couleurs et le rejet du noir et du blanc, tout au long du XVIIIe siècle, avant que ces deux dernières ne réapparaissent « sur la scène artistique et littéraire par le biais de l'exotisme [après 1760][93]. » Il semble donc que les réflexions sur la colorimétrie aillent de pair avec une assimilation lexicale, développée par les voyageurs du Grand Siècle pour décrire les peuples indigènes. Ils peuvent alors représenter, et plus précisément classer l'Autre, au sein d'un axe hiérarchisé qui aurait pour extrémités d'un côté l'Européen et de l'autre l'Éthiopien. D'après l'historien, cet axe sera dépassé avec la réhabilitation du noir dans la frise chromatique, en même temps que sera en vogue le mythe du bon sauvage[94]. C'est cette entrée dans l'idéologie relativiste du siècle des Lumières que pressentent déjà certains des voyageurs du XVIIe siècle. En effet, ces derniers évoquent souvent des « cafres »* dans leurs anecdotes et utilisent leur description comme un papier témoin pour dresser le portrait des Hindous, tout en les évaluant au prisme de l'Africain. Ils tentent ainsi de se détacher de la confusion antique amalgamant l'Indien et l'Éthiopien. Cette erreur d'interprétation avait pour origine à la fois les ressemblances dans l'attribution des tâches pour les Mésopotamiens et les Grecs, mais aussi la couleur de la peau. De fait, Homère évoquait « deux peuples symétriques d'Éthiopiens, se répartissant au Levant et au couchant[95]. » Les Africains ont un rôle toujours secondaire dans la progression de l'intrigue viatique et sont bien souvent les représentants de l'esclavage. Il s'agit d'autant plus pour les relationnaires d'établir une classification humaine en s'appuyant sur des critères physiques, dont les couleurs fortement connotées, guident le lecteur vers une appréciation. En effet, comme l'a démontré Tzvetan Todorov, l'élaboration du racialisme comme « mouvement d'idées né en Europe occidentale, dont la grande période va du milieu du XVIIIe au milieu du XXe siècle[96] » a débuté dès le XVIIe siècle. Il s'appuie sur l'*Histoire naturelle* de Buffon, dans laquelle il trouve « une synthèse de très nombreux récits de voyage du XVIIe et du XVIIIe siècle, et parce que l'ouvrage exercera, à son tour, une influence

93 *Ibid.*, p. 187.

94 *Ibid.*, p. 188.

95 Entrée « INDE ET ÉTHIOPIE dans la littérature médiévale », *Ibid.*, p. 639.

96 Tzvetan Todorov, *Nous et les autres, Réflexion française sur la diversité humaine*, Paris, Éditions du Seuil, 1989, p. 134.

décisive sur la littérature postérieure, influence due tant à ses qualités de style qu'à son autorité scientifique[97]. » S'il reconnaît l'unité du genre humain[98], Buffon cherche à définir ce qui compose la diversité de ce dernier, et définit trois critères hiérarchisants : « la couleur de la peau, la forme et la grandeur du corps, et ce qu'il appelle le "naturel" (*De l'homme*, p. 223), c'est-à-dire les mœurs[99]. » Il s'agit pour l'essayiste de dévoiler la poétique du déterminisme moniste utilisée par Buffon qui s'attribue alors le statut et la rhétorique d'un scientifique. La suggestion comme première stratégie, couplée à l'affirmation, permet à l'auteur d'imposer ses théories au lecteur, tout en soignant la réception de son texte ; notamment grâce à l'usage de la coordination et de l'énumération en tant qu'outils d'argumentation détournée. Décrivant les indigènes vivant sur le cap de Comorin, Souchu de Rennefort explique : « Ils prétendent se faire passer pour blancs, quoiqu'ils soient presque aussi noirs que les africains. Ils sont néanmoins plus beaux, et ils auraient tous les cheveux longs, si les grandes chaleurs ne les obligeaient à les couper[100]. » L'Européen devient, pour les voyageurs, le référent d'une humanité supérieure et l'Africain celui d'une inférieure. Entre les deux : l'Indien des Grandes Indes, nouvellement rencontré par les voyageurs français du XVIIe siècle, cherche sa place dans l'un de leurs premiers classements humains.

Ainsi, dès le début du siècle, on retrouve avec Pyrard de Laval la systématisation d'une présentation hiérarchisée des populations autochtones rencontrées. Chaque nouvelle île, chaque nouveau pays est introduit par un commentaire sur les habitants. Toutes les remarques sont construites de la même manière : d'abord le nom de la ville ou

---

97 *Ibid.*, p. 141.

98 « Ce n'est pas pour des raisons théologiques que Buffon se fait le défenseur de la monogenèse mais justement parce que, assumant la position d'un naturaliste qui s'appuie sur des faits, il sait que Blancs et Noirs peuvent procréer ensemble : cela prouve déjà leur appartenance à une seule et même espèce. », *Ibid.*

99 « On ne sera donc pas surpris de voir que, à côté de l'unité du genre humain, Buffon affirme aussi sa hiérarchisation interne – dont la reconnaissance même de la hiérarchie est un premier indice. Puisque les hommes appartiennent à une seule espèce, on pourra les juger tous à l'aide des mêmes critères, et du coup les trouver différents, certains d'entre eux étant supérieurs aux autres : il y a pour Buffon solidarité entre unité de l'espèce et absolutisme des jugements de valeurs. », *Ibid.*, p. 142 et p. 147.

100 Souchu de Rennefort, *Histoire des Indes orientales, Histoire des Indes Orientales*, Leide, Frederik Harring, 1688 ; *Relation du premier voyage de la Compagnie des Indes orientales*, Paris, Hachette Livre BNF, Coll. « Histoire », 2012, p. 275.

de l'île, la religion pratiquée, la couleur attribuée par le voyageur aux peuples et une qualification adjectivale. On découvre notamment que les habitants de Ceylan sont « idolâtres, fort noirs et laids », ceux de Malacca sont « mahométans et chrétiens, basanés et bien disposés » et enfin ceux de Banten sont « mahométans, gentils et idolâtres de couleur jaunâtre et fainéants[101] ». Le recours à la couleur, associée à la religion pratiquée, donne au voyageur l'occasion d'établir un ordre de respectabilité des peuples. Par ailleurs, le marché de Goa offre également à Pyrard de Laval un espace multiculturel qui lui permet de mettre en place une classification ethnique. Cette place permet au narrateur de mettre en regard les indigènes avec l'esclavage et d'aborder les relations indo-africaines sur l'espace indien[102].

> Ils appellent ce marché *Leilão*, comme j'ai déjà dit, à cause des encans qui s'y font. Là se trouvent indifféremment toutes sortes de personnes, nobles et autres, de toutes nations et religions, pour vendre et acheter, ou rencontrer ceux à qui on a affaire, car ce lieu sert de place de change. [...] Mais c'est une chose remarquable, entre tous ces peuples indiens, tant mâles que femelles, et que j'ai observé, c'est que leur corps et leur sueur ne pue point, [là] où les nègres d'Afrique, tant deçà que delà le cap de Bonne-Espérance, sentent de telle sorte, lorsqu'ils sont échauffés, qu'il est impossible d'approcher d'eux, tant ils puent et sentent mauvais comme les poireaux verts[103].

La déshumanisation par le biais de la comparaison péjorative des peuples, permet à l'auteur d'opérer une classification sensorielle. L'Hindou

101 Pyrard de Laval, *Voyage de Pyrard de Laval aux Indes orientales...*, *op. cit.*, vol. 2, p. 656, 668 et 675.

102 Les rapports entre l'Inde et l'Afrique existaient déjà au XIVe siècle, c'est-à-dire qu'ils ne dépendent ni de l'établissement de l'Empire Mogol en Inde, ni de celui des Portugais en Afrique, d'après Sanjay Subrahmanyam. Il explique également que, liée à l'institution des Mamlouks, la présence africaine en Inde est d'abord caractérisée par des esclaves d'origine turque à partir de l'établissement du sultanat de Delhi au XIIIe siècle, jusqu'au XVe siècle et étendu sur l'ensemble des sultanats. On les trouve donc dans le Deccan puis en Inde du nord, où ils occupent de hautes fonctions politiques et s'intéressent particulièrement à la gestion militaire. Mais il est peu connu que quatre sultans ayant régné sur le Bengale dans la deuxième moitié du XVe siècle, étaient d'origine africaine. De plus, les Portugais participent à l'importation d'esclaves africains en Inde : il faut d'ailleurs distinguer ce genre d'esclavage (celui des « Cafres ») de l'esclavage Mamlouk. « L'Afrique au miroir de l'Inde : Connexions et malentendus. », [consulté le 13/05/2015] « Il était une fois. Les indépendances africaines... La fin des empires ? », Conférence organisée par Elikia M'Bokolo, Catarina Madeira-Santos, Jean-Claude Penrad, enregistrée les 21/10/2010 et 22/10/2010.

103 Pyrard de Laval, *Voyage de Pyrard de Laval aux Indes orientales*, *op. cit.*, vol. 2, p. 590 et p. 591.

n'est pas perçu comme un Autre soi-même mais comme un être « mâle ou femelle » qui émet des odeurs moins nocives à l'Européen que l'Africain. Ainsi, Laval montre que l'humanité indienne n'est pas encore tout à fait reconnue[104].

C'est avec François Bernier et son article dans le *Journal des Sçavants* paru en 1684, le débat autour de l'Autre prend un nouveau tournant. En effet, le voyageur insère « pour la première fois le mot "race" dans son sens moderne[105] » et tente de classer la diversité humaine à partir de critères physiques. La pigmentation de la peau devient un élément central car il est intrinsèquement rattaché à la culture dans la hiérarchisation des hommes. Ainsi, la couleur de la peau devient un référent servant la comparaison et justifiant les hypothèses de l'auteur. Il place alors l'Europe et le Cachemire dans la première catégorie de sa hiérarchisation, avec une réserve concernant les Indiens, puisque si certains d'entre eux sont noirs « cette couleur ne leur est qu'accidentelle, & ne vient qu'à cause qu'ils s'exposent au Soleil [...][106]. » Le classement qu'il avance se divise en cinq catégories : si, au sommet se trouvent l'Europe, l'Afrique du Sud obtient l'étiquette de la nation la plus primitive[107].

104 Le *Dictionnaire de l'Académie* le souligne, en donnant la définition du terme « femelle » : « animal destiné par la nature à concevoir & à produire son semblable par sa conjonction avec le masle. Il ne se dit proprement qu'en parlant des bestes. », p. 443. Par ailleurs, le *Dictionnaire Universel* de Furetière nuance cette définition : « le sexe qui conçoit et porte son fruit. L'animal qui engendre en soy s'appelle femelle, & celuy qui engendre en autruy s'appelle le masle. Quand Dieu créa l'homme, il le créa masle & femelle [...]. », p. 29.

105 Tzvetan Todorov, *Nous et les autres...*, *op. cit.*, p. 140. Louis Bouger propose avant Todorov une explication plus nuancée : « Encore faut-il s'entendre sur la signification que notre compatriote donne au terme "race", rien de bien net ni de scientifique dans son esprit ; ce mot *race*, usité jusque-là surtout dans la vénerie, n'est pour lui que le synonyme d'*espèce*, voire même de *sorte*. Cela ne nous étonne pas ; les naturalistes, jusqu'à lui, n'ont rien saisi des différences capitales que le monde végétal ou le monde animal offraient à leurs yeux ; leurs livres représentent une vaste compilation où chaque sujet est décrit par ordre alphabétique, sans trace de nomenclature ni de notion d'espèces. », Louis Bouger, *François Bernier, sa vie, ses voyages, sa classification des races*, [Texte imprimé], Thèse de médecine, Paris, L. Arnette, In-8, 1937, p. 61.

106 François Bernier, « Nouvelle division de la Terre, par les différentes espèces ou races d'hommes qui l'habitent, envoyée par un fameux voyageur à M. l'abbé de la *** à peu près en ces termes », *Journal des Sçavants*, du Lundy 24 Avril MDCLXXXIV, Gallica. bnf.fr, p. 133. [Consulté le 12/05/2013]

107 « Le Moyen-Âge en avait légué à la modernité une image où l'homme, intermédiaire entre Dieu et la matière, l'ange et l'animal, tenait un rôle sans équivoque. Il ne resterait plus d'ordre dans le monde si l'on ne pouvait y ranger correctement la majeure partie de l'humanité. Or, les voyageurs avaient achevé de convaincre les savants, à la fin du

Enfin, il détache une sixième et dernière catégorie pour les femmes, en les répartissant et en les décrivant selon des critères de beauté, rattachés à une alimentation convenable. À la manière d'un discours aristocrate le classement opéré par les voyageurs révèle que le Français se démarque de la population indienne. Au moyen d'une théâtralisation du récit, il s'agit alors non moins de décrire l'Autre que de mettre en place une auto-représentation inversée, en miroir avec la représentation qui est donnée des indigènes. En effet, le discours vantant l'idéal nobiliaire met en avant les qualités indispensables pour appartenir au microcosme social de l'élite : parmi celles-ci, l'appartenance à une lignée célèbre, l'éducation ainsi que l'honneur et la vertu[108] dont les Indiens semblent dépourvus d'après les voyageurs. Il s'agit donc pour ces derniers de marquer leurs différences en dénonçant les codes comportementaux qui ne correspondent pas à l'image de grandeur qu'adoptent indirectement les voyageurs.

En voulant le décrire, les voyageurs donnent à l'Indien les traits d'un personnage secondaire au sein du théâtre-monde qu'ils découvrent. S'ils sont déjà familiarisés avec les musulmans, ils n'ont de l'hindouisme que la connaissance diffusée par les Anciens ou les concurrents européens. C'est donc une nouvelle population qui s'offre à leur curiosité, qu'elle soit commerciale, politique ou culturelle. Par ailleurs, l'image qu'ils donnent de l'Autre s'appuie sur une théâtralisation de ce dernier : issu d'une société régie par un système hiérarchisant, le peuple hindou répond aux attentes narratives des voyageurs qui cherchent à classer leurs découvertes. La couleur s'avère également être un motif littéraire déterminant du voyage en Inde, à la fois pour le potentiel commercial qu'elle représente, avec la teinture des cotonnades, mais aussi parce qu'elle est un facteur descriptif capital dans l'élaboration du portrait de l'Indien. Ainsi, l'Inde, en tant qu'espace théâtralisé devient également

---

XVIIe siècle, de la diversité et de l'inégalité des races. Certaines ignoraient jusqu'à la parole et la raison, ces dons prétendument universels de Dieu. Une nouvelle hiérarchie, toujours favorable à l'Europe, s'esquissa alors. Elle était fondée sur la pluralité des cultures. […] Avec l'éclipse du souci de sauver les Gentils, le délire logique de la science succédait légitimement à celui de la théologie. », Jacques Solé, *Les mythes chrétiens de la Renaissance aux Lumières*, Paris, Albin Michel, 1979, p. 172.

108 Frédérique Leferme-Falguières, « La noblesse de cour aux XVIIe et XVIIIe siècles. De la définition à l'autoreprésentation d'une élite », *Hypothèses* 2001/1 (4), p. 87-98. DOI 10.3917/hyp.001.0087

un révélateur pour la classification des « races » humaines. Pourtant, il s'agit bien pour les voyageurs de soigner leur auto-représentation : en se positionnant au premier plan, ils s'approprient le sommet de la pyramide sociale indienne mais aussi mondiale, qu'ils ont créé grâce à leurs observations. Par ailleurs, les voyageurs trouvent en la veuve hindoue un sujet de fascination et lui accordent tous un statut particulier au sein de leurs récits.

LA REPRÉSENTATION FUNESTE D'UNE MORT ENVOÛTANTE COMME *TOPOS* DU SACRIFICE DES VEUVES HINDOUES

Tous les voyageurs français évoquent ou développent au moins une anecdote mettant en scène l'immolation d'une veuve hindoue par le feu. En effet, le voyage en Inde offre un motif littéraire de choix pour les voyageurs : la description du rite de satī* et le discours sur le veuvage des femmes indiennes.* Perçue par le regard français la coutume hindoue, visant à la crémation publique des veuves sur le bûcher de leur défunt mari s'impose en *topos* de la littérature de voyage en Inde. Toutefois, le récit de cette découverte, associée à la perception ethnocentrée des auteurs, les conduit à élaborer une représentation biaisée de ce qu'ils ne cherchent pas toujours à comprendre. Oscillant entre crainte et fascination, les descriptions se trouvent indirectement influencées par la culture occidentale et orientent fortement le lecteur vers une condamnation d'autrui. L'étude des procédés littéraires, employés comme facteurs troublants, montre comment l'analyse du rite est, en fait, une recréation argumentative et littéraire de ce dernier.

LA DESCRIPTION AMBIGUË DU RITE DE SATĪ

LE RITE DE SATĪ : ÉTAT DES LIEUX D'UN RITE HINDOU DEVENU UN *TOPOS* LITTÉRAIRE FRANÇAIS

Qu'ils aient été témoins d'une crémation ou qu'ils en rapportent le récit, les voyageurs montrent la même aversion et la même fascination face à ce rite. Sous leurs plumes, celui-ci devient le prétexte d'une description paradoxale mise en bascule avec deux impressions contradictoires. Le vocabulaire employé est généralement lié à l'horreur et au dégoût ressentis par l'écrivain qui reconnaît, bien que la jugeant exécrable, cette coutume comme étant particulière au peuple hindou. Mocquet le déclare : « Cette coutume de se brûler [a] passé en loi entre eux et [a] été remarquée de longtemps en ces peuples d'Inde par les Anciens[1] ». En effet, la connaissance du rite de satī était déjà répandue dans l'Antiquité mais non attestée dans la Haute Antiquité. Ainsi, comme l'ont montré Jean André et Jean Filliozat, la dénomination indienne de la crémation des veuves « n'a été connu en Europe qu'aux temps modernes et confondue souvent avec le nom de la cérémonie[2] ». Les deux théoriciens, dans leur ouvrage *L'Inde vue de Rome, Textes latins relatifs à l'Inde*, rendent compte des diverses évocations du rite par des auteurs antiques : une cinquantaine d'années avant J.-C., le poète latin Properce en propose un éloge[3], plus tard, au Ier siècle de notre ère, l'historien et moraliste romain, Valère Maxime met en avant le courage des veuves indiennes[4]. Par ailleurs, Jérôme de Stridon, en tant que défenseur d'une possibilité pour les femmes d'avoir une vie consacrée, trouva au IVe siècle, dans « la chasteté de l'Indienne préférant mourir plutôt que de contracter un nouveau mariage, [...] la confirmation de son enseignement[5] ». Au XIIIe siècle, Marco Polo explique que les veuves doivent offrir leur corps au flambant bûcher funéraire de leurs maris[6]. La connaissance du rite est également soulignée par Ibn Battûta dans la troisième partie de sa relation. Il évoque le sultan mourant qui invite ses femmes à le suivre dans la mort si elles le désirent : « on vit chacune de ces femmes se laver, se frotter le corps [...] baiser la terre [...] et se jeter dans le bûcher ; elles périrent toutes[7] ». Montaigne, défendant l'idée

1 Jean Mocquet, *Voyage à Mozambique et Goa*, *op. cit.*, p. 100.

2 André J. et Jean Filliozat, *L'Inde vue de Rome, Textes latins de l'Antiquité relatifs à l'Inde*, Société d'édition Les Belles Lettres, 2010, p. 340.

3 *Id.*, « Heureuse et unique loi, qui règle les funérailles des maris orientaux [...] Les épouses victorieuses brûlent et offrent leur poitrine à la flamme, et appliquent leurs lèvres brûlées sur le corps de leur mari » p. 32.

4 *Ibid.*, p. 42.

5 *Ibid.*, p. 402.

6 « Et il y a aussi des femmes, qui quand leur mari est mort et qu'on le met au feu pour le brûler, se font bruler avec lui : et les femmes qui font cela sont fort louées de tous », Marco Polo, *La description du monde* [Texte imprimé], texte intégral en français moderne avec introduction et notes par Louis Hambis, Éditeur : Paris : C. Klincksieck, DL 1955, p. 263.

7 Battûta Ibn, *Voyages, Inde, Extrême-Orient, Espagne et Soudan, III*, Éditions La Découverte & Syros, Paris, 1997, p. 71.

que les événements peuvent être vécus comme des maux ou des bienfaits selon la façon de les envisager par la personne qui les vit, trouve également l'opportunité de commenter le rite de satī : « Au royaume de Narsinque encore aujourd'hui les femmes de leurs prêtres sont vives ensevelies avec leurs maris morts. Toutes autres femmes sont brûlées vives non constamment seulement, mais gaiement, aux funérailles de leurs maris[8] ». Ainsi, le fait que la veuve avance « gaiement » vers son bûcher funéraire devient un exemple marquant de relativisation des mœurs pour le lecteur du XVIe siècle. Il apparaît, de manière non exhaustive[9], que le rite de satī soit devenu au cours des siècles, un référent servant à prouver l'authenticité du voyage en Inde. Cependant, il est possible de s'interroger avec Charles Malamoud quant à la véracité des descriptions rapportées. « À lire cette suite interminable de relations véridiques, on ne peut se défendre contre le sentiment que cette réalité décrite à satiété et même *ad nauseam* est devenue fiction[10] ». En effet, la limite entre l'exposé objectif et la recréation imaginaire prend un caractère poreux pour les voyageurs d'Ancien Régime qui décrivent le rite au prisme de leurs propres préjugés et filtres de compréhension interculturelle. Dans la plupart des récits du *corpus* étudié, le rite est expliqué avant de mettre en place l'anecdote qui introduit le voyageur en tant que témoin ou rapporteur d'une histoire entendue. Les voyageurs, qui rédigent généralement à la première personne[11], tentent de donner à leurs lecteurs un sentiment d'exhaustivité. De fait, les récits de voyage divergent uniquement dans l'apport de détails plus ou moins originaux : les diverses méthodes employées pour honorer le rite ou la limitation à la description du bûcher.

---

8 Michel de Montaigne, *Les essais*, tome I, Chap. XIV, Éditions Gallimard, 2009, p. 180.

9 On trouve d'autres exemples notamment dans *Le noble désir de courir le monde*, 2002, de Dirk Van der Cruysse p. 444-450.

10 Charles Malamoud, *La danse des pierres, étude sur la scène sacrificielle dans l'Inde Ancienne*, Paris, Seuil, 2005, p. 98.

11 Dans ce *corpus* d'étude, seuls Henri de Feynes et Souchu de Rennefort restent complètement extérieurs à la narration en utilisant exclusivement la troisième personne pour décrire le rite de satī.

LES DESCRIPTIONS RELIGIEUSES HORRIFIQUES

Le sacrifice des veuves est retranscrit par les voyageurs selon diverses variantes dépendant du balancement de leur regard entre dégoût et attraction. Par ailleurs, les voyageurs reconnaissent au rite son caractère religieux et, par leurs témoignages, cherchent à discréditer ce dernier. Certains voyageurs comme Pyrard de Laval ou Barthélémy Carré proposent une description succincte du rite[12], d'autres comme Jean Chardin ne font que l'évoquer au cours d'une liste regroupant l'ensemble des pratiques hindoues.

> Mais j'ai fait une autre observation dans mes longs Voyages, c'est que les plus mauvaises *Religions* sont également les plus austeres & les mieux servies. Il n'y en a pas de pire que celle des *Indiens* Idolatres, car ils n'ont point de vraie notion de Dieu Créateur du Ciel & de la Terre, & ils servent les Idoles ; cependant il n'y a nulle *Religion* qui prescrive de pareilles macerations, ni qui inspire un semblable zele [...] & pour comble leur zele les porte à se brûler vifs gayement de tous âges, & de tous sexes, comme font les femmes, depuis le fleuve *Indus* jusqu'aux extrémitez de la *Chine*, & du *Japon* quand leur mari meurt, encore qu'elles n'eussent couché qu'une nuit avec lui, & comme font les domestiques des Grands à leur mort, dans les lieux où l'Idolatrie est dominante[13].

Cette gradation des curiosités religieuses exercées par les dévots permet à Chardin d'asseoir la crémation des veuves au sommet de l'horreur. D'après le voyageur, c'est l'ensemble de la religion hindoue qui est condamnable. Mais, les stratégies narratives des voyageurs développent aussi une esthétique pathétique liée à un vocabulaire dépréciatif. Ainsi, Jean de Thévenot dénonce l'âge des veuves : « [Q]uoiqu'elles n'aient que cinq à six ans, elles sont obligées si elles ne se brûlent pas, à garder un perpétuel veuvage : ce qui arrive fort souvent[14] ». De son côté, Charles

12 Dirk Van der Cruysse, *Le noble désir de courir le monde, Voyager en Asie au XVIIe siècle*, Librairie Artème, Fayard, 2002, p. 447-448.

13 Jean Chardin, *Voyages de M^r le Chevalier Chardin, en Perse, et autres lieux de l'orient, Contenant la description de la Religion des Persans. Enrichi d'un grand nombre de belles figures en Taille douce, représentant les Antiquitez & les Choses remarquables du Pais*, À Amsterdam, chez Jean Louis de Lorme, vol. 7, 1711, p. 431-432.

14 Jean de Thévenot, *Relation d'un voyage fait au Levant... et de plusieurs autres lieux d'Asie et de l'Afrique... outre les choses mémorables arrivées au dernier siège de Bagdat, les cérémonies faites aux réceptions des ambassadeurs du Mogol et l'entretien de l'autheur avec celuy du Pretejan, où il est parlé des sources du Nil*, Paris, L. Billaine, 1664. [XVIII] (Paris,

Dellon choisit d'opposer deux anecdotes. La première met en scène une veuve du Nord, de plus de quarante ans, forcée à se brûler vive, alors que la seconde évoque des épouses âgées de moins de dix ans.

> Dans les lieux où les Gentils sont maîtres absolus, la loy est observée dans toute sa rigueur, l'on brûle par force celles qui ne se viennent point offrir ; mais ce qu'il y a d'étrange, c'est que les mariages se font souvent entre des hommes faits et des filles qui n'ont que sept ou huit ans, qu'on ne laisse pas d'immoler malgré l'innocence de l'âge, si elles perdent leurs maris, les parens se faisant un barbare honneur de les livrer aux rigueurs de la coutume[15].

Ici, la candeur d'une enfant est directement opposée à la pesante tradition, incarnée par le cadavre d'un mari d'âge mûr ; ce que le bon sens du voyageur français ne parvient pas à expliquer. La description présente le rite en le qualifiant d'« étrange », causé par un « barbare honneur », directement opposé à « l'innocence » qui va être brûlée au nom de l'idéologie religieuse. De plus, Dellon utilise le fait que la satī soit une enfant, pour remettre en question la détermination de celle-ci et interroger l'influence de ses pairs quant à sa décision de s'immoler par le feu. Ainsi, lorsque l'écrivain rend compte du rite honoré par une enfant, il en questionne indirectement les fondements. D'après lui, portés par le désir d'avoir la mémoire d'une satī dans leur entourage, les proches et les membres de la caste tirent un orgueil du sacrifice accompli. La description du rite oriente le lecteur : la grande jeunesse de certaines satī devient un argument pour les voyageurs qui veulent faire part de leur répugnance à l'égard des coutumes autochtones.

Les réactions des voyageurs traduisent une intense répulsion face à la découverte de la tradition indienne. Jean-Baptiste Tavernier, après avoir expliqué la croyance poussant les Hindous à brûler les morts, s'offusque en introduisant son sujet :

> Mais les Idolâtres ne brûlent pas seulement les corps qui sont morts, leur cruelle superstition va plus avant, et ils brûlent aussi les corps des vivants.

BnF : RES 4-O2-36 (1) ; MICROFILM M-19117 et NUMM-106525) ; éd. Françoise de Valence, *Les Voyages aux Indes orientales : contenans une description exacte de l'Indostan, des nouveaux Mogols, et des autres peuples et païs des Indes orientales, avec leurs mœurs et maximes, religions, fêtes, temples, pagodes, cimetiéres, commerce, et autres choses remarquables* [Texte imprimé] / Jean de Thévenot ; H. Champion, Coll. « Les Géographies du monde », 11, Paris, 2008, p. 204.

15 Charles Dellon, *Nouvelle relation...*, *op. cit.*, p. 68.

> Ils font scrupule de tuer un serpent et même une punaise, et tiennent pour une action de grand mérite de faire mourir dans le feu une femme vivante avec le corps de son mari défunt[16].

Selon le voyageur, la religion ne semble pas justifier la mise en application du rite. La répétition du lexème « corps », associé aux morts ou aux vivants permet à l'auteur de dresser un parallèle avec la pensée hindoue. Ainsi, le rapprochement entre la veuve que l'on sacrifie et l'insecte que l'on préserve incite le lecteur à prendre partit contre la culture indienne. La mise en parallèle des deux conceptions distinctes donne à la description une dimension ironique qui vise à dénoncer l'irrationalité du rite.

UN RITE PRÉDISPOSÉ À UNE NARRATION THÉÂTRALISÉE

Dans la culture hindoue, le rite de satī obéit à une série d'étapes. D'abord, le rôle de la parole s'impose comme un acte performatif qui engage la femme à se sacrifier. Par ailleurs, la méticulosité de la mise en place du rituel, avec les différentes étapes à franchir avant d'atteindre la scène du sacrifice, permet de dresser le décor. Enfin, le sacrifice en lui-même est offert à un public qui a son propre rôle à assurer. Par son dispositif scénique, le rite de satī semble donc propice à une narration théâtralisée de la part des voyageurs[17]. Directement liés à la veuve, les

---

16 Jean-Baptiste Tavernier, *Les six Voyages de Jean-Baptiste Tavernier, qu'il a fait en Turquie, en Perse et aux Indes… Avec les figures, le poids et la valeur des monnoyes qui y ont cours. Première partie, où il n'est parlé que de la Turquie et de la Perse*, Paris, G. Clouzier et C. Barbin, 1676. – 2 vol. Contient : « Suite ou Recueil de plusieurs relations » (Paris, BnF : G-6772-6773 ; MICROFICHE M-5810 (1-2) et NUMM-85325-85326) ; *Les Six Voyages de Monsieur J. B. Tavernier, … En Turquie, En Perse, Et Aux Indes*, Éditeur : Nabu Press, Paris, Broché, 2012, Livre III, t. 2, p. 381.

17 « […] la répétition ou la reprise par les hommes des actions des dieux est une forme d'imitation, cette imitation ne relève du théâtre, ne constitue une ébauche de théâtre que si les hommes prétendent non seulement transposer et représenter sur cette image du cosmos qu'est le terrain sacrificiel les façons de faire dont les dieux ont donné le modèle, mais encore prendre l'apparence des dieux, incarner des personnages divins, bref créer l'illusion de l'identité. » En tant que sacrifiée, la veuve détient un savoir particulier : son geste la pousse à se faire absorber par la divinité. Selon le mythe, la force occulte qui habite la femme devient concrète et le feu qui la consume provient, d'abord de son être intérieur, puis des torches des brahmanes : c'est donc le feu sacré qui s'impose ici entre le public et le spectacle du rite, afin de dissimuler la mort volontaire et sans douleur de la veuve qui brûle intérieurement. La réalité du peuple hindou est donc incitée à construire de multiples récits pour mettre en scène les Dieux afin d'expliquer le rôle du sacrifice dans

spectateurs sont des membres de sa belle-famille, de sa famille et de sa caste. Par ailleurs, le « spectacle[18] » est également ouvert à tous : ce qui devient un argument pour le voyageur qui peut aisément justifier son témoignage. Souchu de Rennefort souligne cette facilité d'approche du rituel par « beaucoup de gens de toutes les nations[19] ». La veuve est donc décrite comme se mettant en scène au cœur de la foule, qui participe également, en obéissant à un ensemble de codes pour mener à bien le rite. Après en avoir énoncé l'origine, Dellon décrit une cérémonie dont il a été témoin à Surate.

> La première fois que je fus témoin d'une de ces tragiques ceremonies, j'en observay soigneusement toutes les circonstances, celle qui se brûloit ne paraissoit pas avoir plus de vingt ans, elle regarda avec une confiance surprenante tout le spectacle de la mort, alluma le feu de sa propre main, & comme je m'étois placé fort près du bûcher, je vis qu'elle leva la tête de son mary, appuya son visage dessus, baissa son voile, & mourut sans faire paroître la moindre foiblesse[20].

L'idée de spectacle est ici reprise grâce à un effet de mise en abîme, marquée par l'accumulation des événements. Tout en cheminant vers son lieu de mort, la satī est d'abord présentée comme la spectatrice privilégiée de sa propre crémation à venir. Le récit donne l'image d'une femme envoûtante, remarquée par l'auteur, qui ne résiste pas à l'envie de s'approcher au plus près du bûcher. En effet, en choisissant une écriture théâtralisée, le voyageur peut se mettre en scène et créer un jeu de miroirs : il fait partie du public présent pour la crémation, ce qui donne au lecteur l'impression d'être lui aussi un figurant de la scène.

Selon les récits, sont décrites diverses façons d'exécuter la crémation, mais Tavernier donne l'un des exposés le plus représentatif. En effet, il explique qu'une variété de méthodes s'observe selon les régions indiennes

---

la vie du dévot. Le recours à la fiction semble alors un bon moyen de rendre accessible le savoir divin par voie souvent orale, au sein de la société hindoue. (Charles Malamoud, *La danse des pierres*, *op. cit.*, p. 132.)

18 Le terme est employé ou décliné par de nombreux voyageurs comme Robert Challe, « la relation m'en a été faite par deux officiers français qui en ont été spectateurs », « un pareil spectacle nous faisait horreur », *Journal*, *op. cit.*, tome 2, p. 16, ou Charles Dellon : « La première fois que je fus témoin d'une de ces tragiques cérémonies [...] », « [...] le spectacle de sa mort [...] », *Relation d'un voyage*, *op. cit.*, p. 67.

19 Souchu de Rennefort, *Relation du premier voyage*, *op. cit.*, p. 331-332.

20 Charles Dellon, *Nouvelle...*, *op. cit.*, p. 67.

où le rite de satī sera appliqué et le voyageur utilise ce dernier pour illustrer les bizarreries du peuple hindou. Pour répondre à une volonté d'exhaustivité, il élabore donc une cartographie du spectaculaire, en attribuant à chaque méthode une zone géographique différente. Il reprend tout d'abord l'image prototypique de la veuve qui, parée de ses plus somptueux atours, arrive en dansant sur son lieu de crémation, accompagnée de musiciens[21]. Si Barthélémy Carré témoigne de l'agitation et des cris incompréhensibles de l'assemblée[22], Souchu de Rennefort rapporte que la foule danse et chante pendant la procession[23]. Mais Tavernier détaille la mise en scène du corps de la veuve et celle du public, puisqu'ensemble, tous doivent respecter le préparatif cérémonial. « Toutes les parentes & amies de la veuve qui veut mourir après son mari viennent auparavant la feliciter du bonheur qu'elle va posseder en l'autre monde [...] Elle se pare comme pour le jour de ses noces, & on la conduit comme en triomphe au lieu où elle doit estre brûlée[24] ». Ainsi, selon lui, dans la région « du Guzerate jusqu'à Agra et à Delhi », la veuve s'installe dans une cabane montée, spécialement pour l'occasion, au bord d'une rivière ou d'un étang. Le voyageur souligne qu'une fois assise à l'intérieur, la dépouille de son mari lui est amenée et qu'après un temps de silence, elle demande instamment à ce que l'installation soit enflammée : le public s'exécute[25]. Le royaume de Bengale, permet à l'auteur de développer une isotopie de l'odorat pour mieux accentuer l'étrangeté de ce qu'il observe.

---

21 Jean-Baptiste Tavernier, *Les Six Voyages*, *op. cit.*, p. 386, 388 et 391.

22 « Les gentils firent les funérailles d'un de leurs principaux avec de grandes cérémonies et profusions de mille sortes de liqueurs fort exquises qu'ils versèrent sur le bûcher, où ce misérable corps fut accompagné de la mort cruelle d'une de ses femmes qui se jeta toute vive au milieu de ces brasiers ardents. Pendant que ces corps furent réduits en cendre, tous ceux de la caste firent des hurlements et un tintamarre épouvantable autour de ce feu avec des cérémonies et superstitions étranges. Lorsqu'il meurt un de la caste, sa femme principale n'est point obligée de mourir et se brûler toute vive avec lui si elle a des enfants ou qu'elle ait passé trente-cinq ans. », Carré Barthélémy, *Voyage des Indes orientales...*, *op. cit.*, p. 865. L'Estra, *Voyage de François de l'Estra : Aux Indes Orientales (1671-1676)*, Paris, Chandeigne, Coll. « Magellane », 2007, p. 97.

23 Souchu de Rennefort, *Relation du premier voyage de la Compagnie des Indes orientales*, *op. cit.*, p. 331.

24 Jean-Baptiste Tavernier, *Les Six Voyages*, *op. cit.*, vol. 2, p. 385, 391. La plupart des voyageurs s'accordent sur le fait que la famille encourage la veuve à rejoindre son mari dans la mort. Henri de Feynes, *Voyage faict par terre depuis Paris jusques à la Chine par le Sr. De Feynes gentilhomme de la maison du Roy, avec son retour par mer*, Paris, Pierre Rocolet, 1636, (Paris, BnF : RES-O2N-8), p. 81.

25 *Id.*, p. 385.

> J'en ay vû venir au Gange de plus de vingt journées de chemin, ces cadavres estant alors tout pourris & jettant une puanteur insupportable. Il y en eut une qui venant des montagnes du Nord vers les frontieres du Royaume de Boutan, avec le corps de son mari qu'elle faisoit porter dans une charrete, vint toûjours à pied & sans manger pendant quinze ou seize jours jusqu'à ce qu'elle fut arrivée au Gange, où aprés avoir lavé le cadavre qui puoit horriblement & s'estre lavée aussi, elle se brûla avec luy avec une constance qui surprit ceux qui la virent. J'estois alors sur les lieux[26].

Le voyageur ponctue sa description de précisions géographiques et temporelles qui lui permettent de renforcer l'effet d'authenticité de son discours. La théâtralisation, outre la mise en scène des corps, s'élabore aussi par la parole car la veuve doit demander à trois reprises si toutes les offrandes sont terminées avant d'ordonner la mise à feu[27]. Enfin, le voyageur décrit le rite de satī, exécuté sur la côte de Coromandel, autour d'une fosse remplie de combustibles.

> Comme elle a achevé le troisieme tour [de la fosse] les bramins jettent dans le feu le corps du deffunt, & la femme ayant le dos tourné vers la fosse y est aussi poussée par les mesmes Bramins & y tombe à la renverse. Alors tous les parens y jettent des pots d'huile & d'autres drogues de cette nature, comme j'ay dit que l'on le pratique ailleurs, afin que les corps en soient plustot consumez[28].

L'auteur précise la dimension spectaculaire avec la chute de la veuve et l'empressement de la foule à alimenter le feu. Il apporte une dernière nuance en soulignant que dans la plus grande partie de la côte, la veuve ne meurt pas dans les flammes mais se fait enterrer vivante aux côtés de son mari[29]. Thévenot ajoute une énième méthode pour honorer le rite : la femme est enterrée vivante aux côtés de son mari, mais seule sa tête sort de terre ; une fois l'enterrement terminé, le brahmane s'assure qu'elle ne pourra plus s'échapper, avant de l'étrangler et d'ensevelir son cadavre[30].

26 *Id.*, p. 386.
27 *Id.*, vol. 2, p. 387.
28 *Id.*, vol. 2, p. 388.
29 « Il choisissent d'ordinaire un lieu sablonneux, & quand ils ont devalé l'homme & la femme dans ce trou, chacun de ceux qui les ont accompagnez ayant empli un panier de sable, le jettent sur ces deux corps jusqu'à ce que le trou soit plein & un demi-pied plus haut que le sol, aprés quoy ils sautent & dansent dessus jusqu'à ce qu'ils jugent que la femme soit etoufée. », *Id.*, p. 388.
30 Jean de Thévenot, *Relation d'un voyage fait au Levant*, *op. cit.*, p. 207.

UNE TYPOLOGIE COMPLEXE DE LA VEUVE HINDOUE

Dans l'ensemble, les voyageurs restent ambivalents sur leur positionnement car la veuve exerce souvent sur eux une attraction, notamment par la grande beauté qu'ils lui reconnaissent presque tous. Pourtant, même s'ils revendiquent une observation objective, ils structurent leurs récits autour de leur implication à la vue d'une satī allant vers son bûcher funèbre. La typologie des veuves hindoues proposée ici est inspirée par l'analyse de Joëlle Weeks qui met au jour certaines représentations proposées par les voyageurs. Elle montre que les représentations de la veuve indienne caractérisent autant le statut de la femme que celui du voyageur. Sous la plume de l'écrivain, elle incarne parfois la figure persécutée d'une femme sacrifiée au nom d'une idéologie discutée. Mais, pour d'autres voyageurs, elle se rapproche d'une héroïne tragique inspirée des grandes figures féminines antiques. Enfin, elle peut aussi indirectement apparaître sous les traits d'une sorcière dont il faut punir la lubricité. « Confronté à ces rites, le voyageur les observe, tantôt en témoin impuissant, plein de terreur et de pitié, tantôt il intervient, comme *dramatis personae*, et tente par la persuasion ou la force d'arracher les veuves à leurs fins, se posant en figure chevaleresque[31]. »

L'EMPOISONNEUSE CONDAMNÉE

La plupart des voyageurs cherchent à rapprocher le rite de satī d'une interprétation raisonnable et l'identifient à une coutume injuste dont il faut dénoncer les abus. En effet, tout au long du XVIIe siècle, les exposés viatiques du rite dépossèdent celui-ci de son caractère religieux. Il s'agit davantage de présenter un ensemble de portraits de veuves hindoues afin d'alimenter un discours argumentatif qui condamne ces pratiques indiennes. La réécriture des origines du rite indien conduit les voyageurs, se prêtant à l'exercice, à donner au rite un caractère juridique. L'exécution des veuves serait la conséquence de l'application d'une ancienne loi

31 Joëlle Weeks, *Représentations européennes de l'Inde : du* XVIIe *au* XIXe *siècle*, Paris, L'Harmattan, 2009, p. 100-104.

impériale visant à prévenir les multiples cas d'empoisonnements de maris par leurs épouses. Bellanger de Lespinay généralise ces tendances féminines à l'ensemble du peuple oriental : « Cela est fort estimé dans tous les pays orientaux, à cause qu'ils s'adonnent fort aux poisons, sur tout les femmes ; de là vint aussi la loy dans les estats du Grand Mogol, que les femmes se devoient brusler quand leur mary estoit mort, comme j'ay desjà dit[32]. » On voit ici que la coutume hindoue est ici rattachée à la culture musulmane. Il ne s'agit donc pas, pour le voyageur, de transmettre une information exacte mais bien d'illustrer son propos en mobilisant un cliché viatique. Charles Dellon conte l'origine de ce qu'il identifie comme une loi établie par les rois pour lutter contre un fait de société : « Les Histoires des Indes apprennent que dans les premiers Siècles, ces pays furent gouvernés par des Princes Gentils, & que les femmes ennuyées de voir trop vivre leurs maris, les empoisonnoient sans scrupule [...][33]. » De son côté, Jean Guidon de Chambelle énumère une série d'anecdotes tout en prenant à parti son lecteur. La veuve hindoue apparaît, sous sa plume, comme une meurtrière dont il faut guider l'expiation en l'exécutant. Après avoir évoqué les mœurs d'Asie, il intitule le chapitre abordant le rite : « Histoire d'un marchand qui fut empoisonné par une Malaise », et l'introduit par une adresse au lecteur[34]. Au cours de ce récit à visée pédagogique, le voyageur parvient à imposer une figure féminine incorruptible.

> Mais le jeune homme prêt à partir, ne pouvant oublier son premier amour puisqu'il en avait eu des fruits, nonobstant la défense du général se résout d'aller visiter sa première maîtresse et lui dire adieu [...] Un peu après, qui n'était que six semaines qu'il était parti, on le voit devenir à vue d'œil tout jaune, sec, les yeux enfoncés, la vue trouble et comme le sens renversé et tout hébété. [...] [O]n la fit revenir, et lui offrit-on beaucoup d'argent afin de le désempoisonner, et qu'elle consentît qu'il ne l'épousât point. Elle répondit [...] qu'elle aimait mieux mourir que de souffrir cela, et que si on ne lui accordait, ils mourraient tous deux ensembles. Ce que voyant la Compagnie,

---

32 Louis Auguste Bellanger de Lespinay, *Mémoires de L.A. Bellanger de Lespinay. Vendômois. Sur son voyage aux Indes Orientales (1670-1675)*, Publiés sur le manuscrit original & annotés par Henri Froidevaux, Vendôme, 1895, p. 215.

33 Charles Dellon, *Nouvelle Relation*, *op. cit.*, p. 63.

34 « Il faut que tu saches, ami lecteur, que le fils d'un riche marchand d'Amsterdam, s'étant amouraché d'une Malaise, fut un an avec elle [et] en eut un enfant qu'il fit baptiser. », Jean-Guidon de la Chambelle, *Mercenaires français de la VOC*, *op. cit.*, p. 118.

> après mûre délibération, demanda à ce jeune homme s'il la voulait épouser, ne voyant point d'autre moyen pour le sauver[35].

Sous la plume du voyageur les personnages se dressent en modèles : il s'agit bien d'exposer les retranchements dans lesquels les conduisent leurs mauvaises prises de décisions. L'anecdote de Chambelle adopte implicitement le ton de la mise en garde au lecteur. La stratégie d'écriture s'appuie sur un imaginaire galant qu'elle fait basculer vers l'horreur. D'après le voyageur, le personnage, insouciant, désobéit à sa hiérarchie pour aller saluer sa maîtresse indigène qu'il compte épouser à son retour. Mais celle-ci, conformément au cliché de la femme orientale, le soupçonne de trahison et préfère prendre les devants en l'empoisonnant. L'amoureux est alors décrit comme malade et contraint d'épouser l'autochtone s'il souhaite vivre. Ainsi, le récit présente une intrigue en spirale au cours de laquelle le personnage principal se fait piéger alors qu'il se croyait en sécurité et libre. La femme indigène apparaît donc sous les traits d'une créature patiente, vicieuse, attendant le retour de sa proie qu'elle sait imminent.

De son côté, le récit de Guy Mocquet se termine sur l'idée que les Hindous ne tiennent pas vraiment à la vie. Le voyageur raconte sa rencontre avec une personne qui lui explique l'agitation alentours : un père de famille se trouvant offensé avait voulu se noyer. Et Mocquet de conclure : « c'est l'ordinaire de ces peuples-là de se noyer ou empoisonner, ou mourir en quelque autre manière que ce soit, quand il leur arrive quelque chose de sinistre, ne se souciant plus alors de vivre[36]. » Grâce à cette mise en abime du récit, le voyageur se présente bien comme le témoin d'une vérité certaine ; selon lui le poison est un outil coutumier pour ces personnes. Par ailleurs, lorsqu'il commence son récit sur le rite de satī, il précise retransmettre les propos d'un brahmane goanais devenu chrétien : de cette manière l'influence religieuse assoit la véracité de l'histoire contée. Enfin, dans la lettre qu'il écrit à Monsieur Chapelain, Bernier précise l'hypothèse selon laquelle le rite de satī cherche à prévenir les empoisonnements et se perpétue de mère en fille, bien qu'il soit d'origine masculine. Il apparaît donc que, d'après lui, la culpabilité des femmes soit avérée, ce que pourrait souligner sa position supérieure

35 *Id.*, p. 121.

36 Jean Mocquet, *Voyage à Mozambique et Goa*, *op. cit.*, p. 99.

d'observateur occidental lors de la crémation de la veuve accompagnée de ses servantes[37].

Le voyageur tente de donner un aperçu historique du rite afin de le contextualiser et l'on remarque que l'idée de la veuve-empoisonneuse s'étiole au fur et à mesure du siècle. De fait, Robert Challe propose une désacralisation du rite, qu'il invite à relativiser. Après avoir fait le portrait du mariage, il commence celui du rite de satī en en soulignant l'inégalité dans les relations hommes/femmes puisque les veufs sont libres de se remarier[38]. S'ensuit alors une minutieuse description à laquelle se joint un commentaire critique de l'auteur :

> Voilà ce qui m'a été bien assuré & certifié ; si on obligeait en Europe les femmes à se brûler après la mort de leurs maris, les morts subites ne seraient pas si fréquentes ; et notre France n'aurait pas produit de mon temps des monstres tels qu'une Constantin, une Gorgibus, une Voisin, une Philibert, et une infinité d'autres dont la Chambre ardente nous a rendu justice[39].

Par le biais d'un argument historique, construit à partir de l'évocation d'empoisonneuses célèbres dans l'actualité française d'Ancien Régime, Challe interroge les préjugés du lecteur occidental. En effet, ajouté à la version primitive de son *Journal*, cet extrait devient pour Challe un moyen de provocation. Il donne ici une perspective qui abolit les distances faisant de l'Autre une créature terrifiante, et impose la reconsidération du jugement interculturel. De fait, il cite de nombreux noms d'empoisonneuses célèbres en France en soulignant que « la Chambre ardente » a su « rendre justice » à ce « nous » auquel s'apparente Challe ainsi que tous les Français, en punissant ces femmes mais également « une infinité d'autres. » Le recours à l'hyperbole permet à l'auteur de recréer l'imaginaire de l'Inde, transmis par ses prédécesseurs qui en faisaient un lieu isolé où vivraient des êtres emprunts de mystère et de barbarie.

---

37 François Bernier, *Voyages de François Bernier*, *op. cit.*, p. 311.

38 Robert Challe, *Journal d'un voyage fait aux Indes orientales*, *op. cit.*, vol. 2, p. 15.

39 *Id.*, p. 17.

LA VEUVE SACRIFIÉE : UNE RÉPONSE NARRATIVE À LA JALOUSIE DES MARIS

Pour expliquer l'origine du rite, nombreux sont les voyageurs qui associent la crémation des veuves à une justice voulue par les maris, afin de contrôler la fidélité de leurs femmes. Cette représentation de la veuve coupable de son immolation est ainsi déclinée par François de L'Estra. En effet, ce dernier déclare que les maris ont mis en place ce rite afin de palier à un manquement juridique concernant les droits et devoirs des époux.

> Pour les femmes, il n'y a point de loi qui les oblige à garder la même fidélité à leurs maris, si ce n'est leur bonne foi qui n'est pas à l'épreuve de la cajolerie. La contrainte où elles ont rendu cette liberté de pécher assez inutile, puisque les hommes ne les perdent jamais de vue. Mais leur jalousie, n'étant pas encore en sûreté ni satisfaite de cette importune vigilance, leur a fait inventer une barbare précaution pour se préserver de la punition que leur tyrannie méritait, en inspirant à leurs femmes un point d'honneur mille fois plus cruel que les lois les plus rigoureuses, et leur persuadant par de faux raisonnements et de vaines et superstitieuses promesses d'une grande récompense de gloire et de réputation, de ne pas survivre à leurs maris[40].

Ainsi, l'auteur souligne le caractère jaloux des Hindous qui veulent s'assurer que leurs femmes ne connaîtront plus aucune tentation amoureuse après le décès de leurs époux. Mais le resserrement discursif autour de l'obligation permet à l'Estra de discréditer la croyance hindoue. En effet, il semble, sous la plume du voyageur, que le rite n'a lieu qu'en réponse à un manquement juridique, ne prévoyant pas les mêmes droits conjugaux pour l'homme et la femme. Selon l'auteur, les Hindous paraissent donc assujettis à une justice défaillante et une religion douteuse qui poussent les femmes à engager leurs vies sur une argumentation hors de la Raison.

L'ÉCHEC D'UNE POÉTIQUE DE L'OPPOSITION

Certains voyageurs se rendent plus précis dans leur description et attribuent aux brahmanes, plutôt qu'aux « hommes », la responsabilité irrationnelle de valoriser une gloire *post-mortem* auprès des veuves. Les récits révèlent que toutes tentative d'opposition contre l'ordre religieux se solde par un échec. Ainsi, Thévenot souligne le rôle des brahmanes

---

40 François de L'Estra, *Voyage*, *op. cit.*, p. 91.

dans la crémation des veuves[41]. Tavernier rapporte la cupidité de ces derniers qui « ont intérêt que ces malheureuses femmes demeurent dans la résolution qu'elles prennent de se bruler[42] », puisque, selon le voyageur, ils héritent de tous les bijoux et vêtements précieux de la satī, qui les leur a offerts, avant ou après sa crémation. Selon les récits, elle apparaît même comme étant dans l'impossibilité de refuser de se brûler vive car elle serait aussitôt reniée par sa communauté et elle perdrait non seulement sa propre réputation, mais entraînerait aussi avec elle celle de sa caste. Ainsi, Jean Guidon de la Chambelle affirme que les veuves qui ont refusé d'honorer le rite de satī sont très rares, mais se voient « marqu[ées] et sont estimées putains publiques, n'osant aller un voile sur leurs têtes, mais toutes découvertes[43]. » Il ajoute qu'elles sont vouées à continuer leur vie dans le déshonneur, ce que confirme Jean Mocquet. En effet, le voyageur explique : « [c]elles qui ne le veulent faire demeurent infâmes toute leur vie, sans s'oser jamais trouver devant les autres, ni devant leurs parents et amis qui leur disent mille injures et leur crachent aux yeux[44] », précisant qu'il ne reste donc plus qu'aux moins courageuses de se suicider en s'empoisonnant. De cette manière, Mocquet témoigne plus avant dans le récit avoir été assourdi par les pleurs de veuves à qui le bûcher avait été refusé. Sous la plume du voyageur, le fait de rester en vie afin de pouvoir élever leurs enfants, semble donc secondaire à ces femmes soupçonnées d'avoir assassiné leur mari par le biais du poison. En moralisateur, il ajoute, pour conclure son exposé, que ces dernières, bien que restées impunies par la loi des hommes, connaissent une vie tellement misérable, que l'auteur laisse supposer un joug divin[45]. Néanmoins, cette image de la veuve n'est pas partagée par l'ensemble des voyageurs : lors de son voyage au début du siècle, Pyrard de Laval se posant en témoin, déclare que les femmes ont en fait le choix de se brûler ou non et quand elles préfèrent le bûcher, c'est par souci de soigner leur réputation. Il souligne néanmoins que

41 Jean Thévenot, *Relation d'un voyage fait au Levant*, *op. cit.*, p. 204.

42 Pour mieux marquer son insistance, il répète à deux reprises le bénéfice des brahmanes suite à la crémation des veuves. Tavernier Jean-Baptiste, *Les Six Voyages de Monsieur J. B. Tavernier*, *op. cit.*, p. 385.

43 Jean Guidon de la Chambelle, *Mercenaires français de la VOC*, *op. cit.*, p. 122.

44 Jean Mocquet, *Voyage à Mozambique et Goa*, *op. cit.*, p. 100.

45 « [e]lles ne font que gémir, pleurer et lamenter tout le reste de leur vie, et à certaines heures du jour et de la nuit se mettent à crier d'une si étrange sorte que cela fait pitié de les ouïr. », *Id*, p. 101.

« la plupart » d'entre elles optent pour « l'infamie » et rejettent l'idée de la crémation. Enfin, Thévenot explique que dans des cas extrêmement rares, si une veuve refusait de se brûler vive et voulait se remarier, elle devrait renier sa religion d'appartenance pour suivre celle d'un homme chrétien ou musulman[46]. Pourtant, aucun voyageur de ce corpus ne témoigne d'avoir vu ou entendu un tel cas de figure.

LA SATĪ ENTRE VICTIME ET TRAGÉDIENNE

Sous la plume de nombreux voyageurs, la représentation de la veuve paraît liée à son fatal destin[47]. Souvent qualifiée de « victime[48] » ou d'« infortunée[49] », la veuve est aussi décrite par les voyageurs comme appartenant à une haute caste : elle est donc femme de brahmane ou de banian. Même si la plupart d'entre eux ne précise pas cette appartenance castique, ils reconnaissent, avec plus ou moins de subjectivité, l'audace de la femme à assumer sa propre crémation et la placent donc indirectement dans un haut rang. Laval déclare d'ailleurs qu'il n'existe pas de satī dans « le vil et commun peuple[50]. » Ainsi, se met en place une description la voulant forcée par la tradition, mais forte de l'orgueil dû à son nouveau statut de satī : la veuve hindoue cherche, sous la plume des voyageurs un équilibre entre sa position de femme soumise et un rayonnement digne d'une héroïne antique. En effet, se retrouve à plusieurs reprises, dans divers écrits viatiques, l'idée que ce rite est un « spectacle[51] » ou une « tragédie[52] ». L'une

46 Jean Thévenot, *Relation d'un voyage fait au Levant*, *op. cit.*, p. 204.

47 C'est ce qu'avait déjà tenté de faire Souchu de Rennefort en intitulant son chapitre : « Un femme gentille », comme s'il décrivait dans son chapitre une femme hindoue pour toutes les autres. Souchu de Rennefort, *Relation du premier voyage…*, *op. cit.*, p. 331.

48 « Quand on est arrivé, il faut poser le mort sur le bord de l'eau, où la victime le va laver & elle ensuite [...] les spectateurs chantent le Bonheur & la gloire de la victime. », Charles Dellon, *Relation d'un voyage*, *op. cit.*, p. 66-67.

49 « on y joignit l'intérêt de la Religion, promettant à ces infortunées une félicité parfaite après leur mort. », *Ibid.*, p. 64.

50 Pyrard de Laval, *Voyages de Pyrard de Laval*, *op. cit.*, t. 1, p. 363.

51 Dellon introduit l'idée de « spectacle de la mort », *op. cit.*, p. 67, Rennefort évoque le public : « beaucoup de gens de toutes les nations assistaient à cette action », *op. cit.*, p. 332, L'Estra : « ce dernier et cruel spectacle », *op. cit.* p. 91, Challe rapporte que « pareil spectacle faisait horreur », *op. cit.*, p. 16.

52 François Bernier parle « d'effroyable tragédie », « [d']infernale tragédie » et « [d']une autre tragédie », *op. cit.*, p. 309-311, Dellon décrit une « tragique cérémonie », *Relation d'un voyage des Indes orientales*, *op. cit.*, p. 68.

des caractéristiques récurrentes à la description d'un rite de satī est la grande détermination de la veuve à vouloir se brûler vive pour sauver l'honneur de sa famille et suivre son mari dans la mort. De cette manière, les voyageurs témoignent avoir vu ou entendu le récit de veuves mettant elles-mêmes le feu à leur bûcher. Selon eux, cette grande assurance doit apparaître clairement aux personnes venues assister au rite : la satī doit entrer en scène en ne trahissant aucune appréhension.

Par ailleurs, dans la lettre à Chapelain, François Bernier choisit d'utiliser diverses stratégies narratives selon les cas de sacrifice qu'il retransmet. Il montre ainsi sa volonté d'impliquer le lecteur par le biais de la représentation : la vue devient, sous sa plume, le meilleur des cinq sens qui permette une approche et une retransmission du rite les plus pertinentes. En effet, la vue permet d'abord de justifier les dires du voyageur aux yeux du lecteur, car en tant que témoin, il obtient toute crédibilité. De fait, il rend lui aussi compte d'anecdotes représentant la détermination d'une veuve : il raconte l'histoire d'une femme sacrifiée par le rite de satī présentée comme étant tellement sûre d'elle qu'elle s'avance franchement vers le bûcher et y met le feu de sa propre initiative. L'auteur confesse à plusieurs reprises son grand étonnement face à tant d'assurance.

> De vous représenter cette intrépidité bestiale et gaieté féroce qui se remarquait sur son visage, avec quelle fermeté elle marchait, se laissait laver, parlait à l'un, parlait à l'autre, avec quelle assurance et insensibilité elle nous regarda, considéra sa petite cabane faite de grosse paille de millet bien sèche, entrelacée de menu bois, entra dans cette cabane, s'assit sur le bûcher, prenant la tête de son mari dans son giron, prit un flambeau à la main, et mit le feu elle-même par dedans [...] de vous représenter, dis-je, tout cela, c'est ce qui ne m'est pas possible, à peine même le puis-je croire à présent, quoiqu'il n'y ait pour ainsi dire que trois jours que je l'ai vu[53].

Le traitement narratif de l'anecdote permet au lecteur de suivre la progression de la femme vers le bûcher et donc vers sa mort, en même temps que l'a perçue Bernier. Par un effet de mise en abime, le lecteur se sent alors devenir l'un des spectateurs présents au moment raconté par l'auteur. De cette manière, la femme s'impose au regard : c'est par

53 François Bernier, *Voyages de François Bernier...*, *op. cit.*, p. 306.

sa prestance que la vie semble ne pas avoir beaucoup de valeur. Décrite à travers ses actions, elle apparaît prenant la tête de son mari pour la poser dans son giron, avant de mettre le feu au bûcher et l'homme se voit donc, en quelques sortes, réduit à l'état d'objet. Elle paraît ainsi parfaitement convaincue, ou obsédée, par sa réincarnation dans une vie postérieure, où elle aura atteint un niveau de perfection supplémentaire vers la libération de son âme. Cependant, si elle est généralement dépeinte comme étant résolue et sûre d'elle, la satī est aussi présentée à travers un système religieux qui fait horreur aux voyageurs. Bernier rapporte ainsi :

> Il est vrai que j'en ai vu quelques-unes qui, à l'aspect du bûcher ou du feu, témoignaient avoir quelque appréhension, et qui eussent peut-être bien voulu s'en dédire, mais souvent il n'est plus temps : les démons de brahmanes qui sont là avec leurs grands bâtons les étonnent, les animent, ou les poussent même dedans, comme j'ai vu à une jeune qui avait reculé cinq ou six pas du bûcher, et à une autre qui se tourmentait quand elle vit prendre le feu autour d'elle et à ses habits, ces bourreaux la repoussant deux ou trois fois avec leurs fregons[54].

Selon le voyageur, tant qu'elle assume pleinement sa décision, la veuve peut incarner l'allégorie de la fidélité, devenant la fierté des membres de sa famille et de sa caste. Mais après avoir succinctement évoqué les deux femmes hésitantes, le voyageur en présente une troisième qui semble l'avoir touché davantage : celle-ci entre alors directement en opposition avec le stéréotype de la veuve décidée. Annonçant ce qui commence déjà à devenir un *topos* littéraire au siècle suivant, les voyageurs évoquent leur implication pour sauver les veuves du bûcher[55]. Le sauvetage de la veuve avant son immolation devient un motif récurrent mais pas encore symptomatique de la littérature de voyage en Inde. C'est sous la forme d'anecdotes que les voyageurs introduisent cette scène : L'Estra raconte qu'à la mort du mari, si elle vit dans une région à domination musulmane, la veuve doit demander l'autorisation aux autorités d'honorer le rite. L'auteur fournit alors une anecdote significative racontée en deux temps. Il raconte qu'après le décès de son époux une jeune femme, d'une grande beauté, ce qui est répété tout au long du récit, vient demander au

54 *Id.*, p. 314.
55 Robert Challe, *Journal*, *op. cit.*, p. 293.

gouverneur l'autorisation d'honorer le rite de satī. Cependant, ce dernier, éblouit par le charme et la détermination de la dame, se retrouve tiraillé entre son devoir politique et son désir. Il prend donc du retard dans sa prise de décision, espérant parvenir à faire changer d'avis la belle veuve. Ainsi, commence à poindre la crainte d'une sédition dans la ville, de laquelle des étrangers pourraient profiter. Puis le récit change de forme avec l'intervention de la première personne du singulier : le voyageur se pose alors en témoin et entre dans la description physique, vestimentaire de la femme et celle du rite en lui-même. François Martin évoque lui aussi deux tentatives de sauvetage dont un réussi[56]. Au XVIIe siècle, les voyageurs témoignent plutôt de leur échec, alors qu'à partir du siècle suivant, l'aboutissement du sauvetage sera une marque d'héroïsme et d'entrée romanesque dans la romance interculturelle[57].

> Un Mogol n'oserait pas les faire sauver, ni les recevoir, de crainte de s'attirer quelque mauvaise affaire. Il n'y a eu que les Portugais qui, sur les ports de mer où ils étaient les plus forts, en ont enlevé plusieurs fois ; pour moi, j'ai eu quelquefois de telles rages contre ces maudits brahmanes que, si j'avais osé, je les aurais étranglés. Il me souvient entre autres que je vis brûler à Lahore une femme qui était très belle et qui était encore toute jeune : je ne crois pas qu'elle eût plus de douze ans. Cette pauvre petite malheureuse paraissait plus morte que vive à l'approche du bûcher ; elle tremblait et pleurait à grosses larmes, et cependant trois ou quatre de ces bourreaux, avec une vieille qui la tenait par-dessous l'aisselle, la poussèrent et la firent asseoir sur le bûcher et, de crainte qu'ils avaient qu'elle ne s'enfuît, ou qu'elle ne se tourmentât, ils lui lièrent les pieds et les mains, mirent le feu de tous côtés et la brulèrent toute vive[58].

---

56 François Martin, *Mémoires de François Martin, fondateur de Pondichéry 1665-1695*, éd. A. Martineau, Paris, Société d'éditions géographiques, maritimes et coloniales, coll. « Bibliothèque d'histoire coloniale », 3 vol., 1931-1934, vol. 3, p. 573.

57 Frédéric Tinguely a étudié ce phénomène : « Cette tension entre réprobation et admiration ne peut dès lors se résoudre qu'à travers le fantasme d'un sauvetage *in extremis* débouchant dans le meilleur des cas sur un heureux mariage. Gayatri Spivak a étudié ce phénomène dans les textes britanniques du XIXe siècle et a proposé une formule choc afin de caractériser cette ébauche de roman où l'idéal chevaleresque rencontre avec bonheur l'idéologie coloniale : *White men save brown women from brown men.* À l'époque qui nous occupe, quelques rares voyageurs comme le médecin vénitien Niccolo Manucci racontent de telles opérations de secours, mais les rapports de force sont tels que la plupart des tentatives se limitent à des interventions verbales ne portant guère de fruit. », Frédéric Tinguely, « Aux limites du relativisme culturel : les Lumières face à l'immolation des veuves de l'Inde », *Dix-huitième siècle* 2006/1 (n° 38), p. 449-462. DOI 10.3917/dhs.038.0449, p. 451.

58 François Bernier, *Voyages de François Bernier*, *op. cit.*, p. 314.

Par le biais de l'anecdote, le voyageur dresse un réquisitoire du sacrifice des veuves à travers une satī marquée par sa grande jeunesse. Cette dernière devient, sous sa plume, le symbole de de l'injuste sacrifice décrit à partir d'une lente marche pathétique, alourdissant ainsi la progression de l'enfant. L'auteur cite également Lucrèce, pour comparer la jeune veuve à Iphigénie, sacrifiée par son père en vue de servir l'intérêt des Grecs. De cette manière, le voyageur retransmet son expérience à travers l'interprétation de ce que ressent la veuve en voyant son lieu de crémation, ce sentiment souvent associé à de la détermination ou de la peur. Ainsi selon la réaction du personnage, Bernier change sa tactique narrative : il cherche à émouvoir en démontrant la cruauté religieuse de ce rite, il attise la curiosité avec l'histoire de la femme qui, trahie par son amant, le tire avec elle dans les flammes, étonne avec le récit de la veuve tellement sûre d'elle qu'elle allume le feu froidement à son bûcher ou émeut avec l'histoire de la veuve-enfant.

L'INTERPRÉTATION BIAISÉE DES VOYAGEURS CONCERNANT LA PRATIQUE RELIGIEUSE

UNE NARRATION FAISANT ÉCHO AUX CONNAISSANCES DU LECTEUR

Les voyageurs cherchent aussi à répondre aux attentes du lecteur et à l'intéresser au rite. De cette manière Jean Guidon de la Chambelle devient le conteur d'événements dont il n'a pas directement été témoin : l'histoire de la jeune femme malaisienne qui empoisonne son amant, de même que celle des quarante veuves se précipitant dans les flammes pour suivre le roi décédé, lui ont été rapportées[59]. Il s'est pourtant réapproprié ces récits afin de créer des personnages fictifs, dont les noms, supposés réels, sont tus. François Martin s'appuie donc sur l'ensemble des connaissances acquises sur le rite, par son témoignage d'une part, mais aussi à partir des récits antérieurs au sien.

59 Jean Guidon de Chambelle, *Mercenaires français de la VOC*, *op. cit.*, p. 122.

> Les personnes qui ont lu les histoires des Indes sont bien informées des coutumes de certaines tribus entre les gentils, dont les femmes se brûlent avec le corps de leurs maris morts ; cette coutume qui passait autrefois pour une loi, mais plus de politique que de religion, n'est pourtant pas générale. À l'exception des femmes des grands seigneurs qui sont forcées de s'exposer au feu, les autres femmes en usent souvent à leur volonté, il est vrai que celles qui refusent de se brûler passent le reste de leur vie misérablement comme esclaves, à servir dans la maison des parents de son défunt mari, rasées et sans pouvoir porter à sa main aucun ornement ; c'est une tache aussi dans la famille qu'un refus de même, on les y regarde après avec indignation[60].

Aborder la crémation des veuves hindoues c'est donc aussi, pour le voyageur, montrer qu'il peut transmettre une somme d'informations minutieusement récoltées.

Afin de transmettre leurs récits, les voyageurs utilisent divers positionnements narratologiques : ils sont conteurs mais également témoins d'une réalité lointaine amenant perpétuellement le lecteur à s'interroger sur le balancement entre les aspects imaginaires et réels du texte. Dans un premier temps, il est intéressant de remarquer la superficialité de toute structure temporelle : certains voyageurs demeurent relativement lacunaires concernant les datations, ce qui suppose une volonté de laisser le lecteur dans un flou fictionnel. Ce dernier a donc des difficultés à s'inscrire au sein d'une réalité aux fondements aléatoires. En revanche, Souchu de Rennefort fait partie des rares voyageurs à fournir un cadre précis à son récit : il donne non seulement la date et le lieu de l'événement mais aussi le nom des personnes présentes, tout en précisant qu'il ne l'a pas été[61]. Cependant, la plupart des écrivains restent imprécis quant à leurs sources. Ainsi Mocquet, qui déclare ne pas avoir vu, mais entendu l'histoire de la crémation des veuves, ne donne pas le nom du brahmane devenu chrétien qui lui en a fait le récit[62]. De même Robert Challe déclare

60 François Martin, *Mémoires*, *op. cit.*, vol. 3, p. 571.

61 Souchu de Rennefort, *Relation du premier*, *op. cit.*, p. 331.

62 « J'ouïs dire à un bramine, qui s'était fait chrétien à Goa, que celles qui ont perdu un enfant pleurent vingt ans durant. Il me contait aussi d'une certaine femme de celles qui servent les pagodes, qu'après s'être retirée en une maison où elle passent leur temps avec les hommes qui les veulent aller voir, elle en reçut un chez soi qui s'échauffa si bien avec elle qu'il en mourut tout à l'heure, dont elle fut si affligée que, comme on le brûlait, elle eut le courage de se brûler avec lui puisqu'il était mort pour l'amour d'elle, encore qu'elle ne lui fût que bonne amie. », Jean Mocquet, *Voyage à Mozambique et Goa…*, *op. cit.*, p. 101.

retransmettre les dires d'autres Français, dont il rapporte le témoignage, sans décliner leur identité. « Je n'ai point vu celui-là, mais, m'ayant été rassuré par plusieurs Français dignes de foi, qui l'ont vu, je ne fais nulle difficulté de le donner pour vrai. [...] [J]e vais rapporter mot pour mot la relation qui m'en a été faite par deux officiers français qui en ont été spectateurs, aussi bien que ceux qui étaient à leur suite[63]. » Henri de Feynes dresse quant à lui, un portrait détaillé du rite avec des précisions historiques qu'il impose comme généralisées à l'Inde entière mais sans jamais expliquer d'où il tire ces informations[64].

Dans son étude *Burning women, widows, witches and early modern European travelers in India*, Pompa Banerjee s'interroge sur le regard des quelques quarante voyageurs qu'elle a recensés. Remarquant la récurrence du dispositif littéraire visant à décrire l'Ailleurs par voie d'analogie avec des éléments connus du lecteur, comme les animaux indiens comparés aux européens etc., elle cherche à comprendre pourquoi les voyageurs, témoins d'un rite de satī, n'ont pas souligné celle existant avec le brûlement des sorcières dans leur propre pays, afin de donner une meilleure explication de cet événement peu familier à leurs lecteurs européens. En effet, depuis le XVe siècle l'Europe poursuit assidument la sorcellerie, notamment au cours des « deux périodes critiques se situ[ant] respectivement entre 1480 et 1520 puis 1580 et 1670[65] », faisant des milliers de morts. D'autant plus que s'il existait diverses méthodes de mise à mort des sorcières, le bûcher était favorisé par certaines régions européennes comme la France, l'Écosse et l'Allemagne[66]. Après avoir fait l'étude des convergences et des dissemblances entre les deux rites, Pompa Banerjee en conclut que malgré l'omniprésence d'une réalité mêlant des croyances à des actes de mises à mort, les voyageurs n'établissent pas de lien explicite avec le rite de satī.

---

63 Robert Challe, *Journal*, *op. cit.*, t. 2, p. 15 et 16.

64 Henri Feynes (de), *Voyage faict par terre depuis*, *op. cit.*, p. 80-81.

65 J.-M. Sallmann, *Les sorcières fiancées de Satan*, Découverte Gallimard Histoire, 1989, p. 36.

66 Pompa Banerjee, *Burning women, widows, witches and early modern European traverlers in India*, Palgrave Macmillan, printed in the United States of America, first edition 2003, p. 39.

LE COMIQUE DE SITUATION COMME OUTIL DE CRITIQUE INATTENDU

La crémation des veuves, en tant que spectacle, peut également être abordée par le biais de la comédie : il s'agit alors de souligner le ridicule des superstitions grâce au comique de situation, principalement. François Bernier trouve ainsi le moyen de critiquer le fanatisme religieux. Déplorant l'attachement religieux de la veuve tout en dénonçant leur asservissement aux hommes, il diminue la gravité de son récit et prépare le lecteur à rire. De fait, il introduit son propos par une apostrophe au lecteur : « Mais passons, s'il vous plaît, à des folies d'une autre espèce[67]. » Il alimente alors, pour mieux la détourner, la réflexion occidentale datant de l'Antiquité, construite sur l'idée que le rite de satī a été mis en place pour préserver les hommes des empoisonneuses. De fait, il s'appuie sur une anecdote où il met en scène une femme trompant son mari avec un voisin : un jeune tailleur et joueur de tambourin musulman. Réutilisant le *topos* de la femme rusée, Bernier pousse son personnage à empoisonner son mari pour prolonger son amourette. Rappelant l'amour tragique entre Roméo et Juliette, l'intrigue met ici en scène l'idylle impossible entre un homme musulman et une femme hindoue mariée. Loin d'incarner la pureté des protagonistes de Shakespeare, qui subissent le joug d'une opposition massive, la femme adultère de Bernier, voulant vivre sa passion, prévoit et commet le meurtre de son mari. Le voyageur crée alors un retournement de situation : suite à la mort de l'époux, l'amant quitte la nouvelle veuve qui doit alors se brûler vive. Le voyageur réutilise la mise en scène du rite pour alimenter son intrigue. Ainsi, comme celui-ci est public, l'amant est dans l'assemblée et joue placidement du tambourin pour accompagner la veuve à son immolation. C'est alors que Bernier fait intervenir la chute de son histoire : tandis que la veuve fait ses adieux à chaque personne présente, elle agrippe le musicien et plonge avec lui dans la fosse. Le voyageur donne ainsi un aspect comique et ironique à la scène. En créant la surprise finale, la description du rite perd de sa gravité et l'évènement n'a plus la même portée tragique. Au contraire, l'empoisonneuse se punit délibérément tout en châtiant celui qui lui a inspiré le meurtre : elle est celle qui déclenche et dénoue l'action en rendant justice par la mort et n'a plus à choisir entre son mari et son amant.

---

67 François Bernier, *Voyages de François Bernier*, *op. cit.*, p. 306.

Le détournement des motifs littéraires décrivant le sacrifice des veuves hindoues peut être aussi un outil pour répondre aux enjeux impérialistes défendus par le voyageur. François Martin raconte le cas d'un rite de satī en reprenant méthodiquement chaque étape commune aux autres récits de ses prédécesseurs. En effet, la veuve est décrite comme appartenant à la caste des brahmanes et apparaît fermement résolue à honorer le rite funéraire. Bien que Martin souligne son implication pour la dissuader, il échoue et la femme hindoue se montre inébranlable.

> C'est quelque chose de surprenant que la fermeté de cette femme dans cette action. [...] [E]lle distribua le peu qu'elle avait aux personnes qui lui étaient apparemment les plus chères ; elle monta elle-même sur le bûcher, elle s'y coucha proche le corps de son mari. Le feu mis ensuite au-dessous du vent et le bois vert et mouillé (c'était la saison des pluies), il y avait plus de fumée que de flamme. Cette femme, d'un courage au-delà même de l'imagination, reconnut que l'on s'y était mal pris ; elle avertit les brahmes de mettre le feu au-dessus du vent afin qu'il portât partout. On le fit de même ; les matières combustibles qu'on y jeta ensuite embrasèrent tout le bûcher ; les deux corps furent réduits en cendre sans qu'on entendît aucune plainte ni cris de cette femme[68].

Le récit est marqué par le *topos* horrifique commun à la description de la veuve hindoue ; sa résolution à mourir incite le voyageur à abandonner toute envie de sauvetage. La lenteur qui rythme la progression de la veuve vers son bûcher impose au récit une gravité imposante. C'est pourquoi se crée un décalage entre les éléments naturels du paysage et la détermination du personnage. Ainsi, l'assurance de la veuve lui permet de prendre le contrôle de sa propre crémation : à aucun moment il n'est question de la présenter comme un être subissant son sort. En précisant les raisons qui ont conduit à manquer le démarrage du feu, l'auteur souligne la bêtise de l'assistance, dont il s'exclut. Cependant Martin montre implicitement son admiration en dessinant les traits fermes et décidés du portrait de l'indienne.

UNE POÉTIQUE DIABOLISÉE POUR UNE INTERPRÉTATION AU PRISME DE L'HORREUR

La représentation, à la fois fascinante et terrifiante, d'une veuve allumant elle-même son propre bûcher est, en général, difficilement acceptable

68 François Martin, *Mémoires*, *op. cit.*, vol. 3, p. 572-573.

par les voyageurs qui laissent alors supposer une influence démoniaque. L'Estra, en souligne la démesure, en assurant véridique l'anecdote présentant une veuve heureuse de monter sur le bûcher qui aurait été suivie par trois cents femmes[69]. Il évoque, par ailleurs, l'attraction du public face à l'exécution du rite et souligne « la grande volupté[70] » ressentie à sa vue. Par ailleurs, le sacrifice des veuves est associé par les voyageurs à l'idée qu'elles se font droguer par les brahmanes pour leur donner du courage. Chambelle explique donc que « les femmes prennent pour les encourager à la mort un breuvage[71]. » Mocquet lui, évoque la rivière que Satan utilise pour tromper les dévots, reniant donc le fondement des convictions sacrées des Hindous.

> Je fus après pour m'embarquer au lieu de la pagode qui est un certain endroit le long de la rivière, fort creux, et dont on ne peut trouver le fond. On y fait des degrés grands et spacieux le long de la rive ; et là les gentils viennent tous les ans de 200 ou 300 lieues pour se laver en certain temps, et s'y assemblent quelquefois plus de cent mille hommes, femmes et enfants, jetant force fruits dans cette rivière, et croyant qu'au bout de l'an, ils reviennent sur l'eau. C'est ainsi que Satan les trompe, car il y en aura toujours quelques-uns qui y demeurent pour les gages, se noyant et [se] perdant ordinairement en ce lieu-là, où ils croient qu'il y a de la sainteté[72].

Il s'appuie également sur un vocabulaire de l'étrange, remettant indirectement en question le caractère humain des femmes.

> Pour le regard des femmes, c'est la coutume que l'on brûle les corps de leurs maris défunts, elles se jettent dans le feu et se brûlent toute vives, après s'être premièrement parées de leurs plus riches accoutrements et joyaux, dansant au son des instruments, et meurent ainsi avec une constance merveilleuse, parlant toujours dans le feu même. [...] Ainsi, on remarque que le corps de la femme a une telle propriété huileuse de nature, que pour brûler cinq ou six corps d'hommes il faut jeter un corps de femme qui sert comme d'huile ou de greffe pour les faire aussitôt consumer[73].

L'aspect huileux et combustible du corps de la femme par rapport à celui de l'homme, réduit la première à l'état d'objet et justifierait presque

69 François de L'Estra, *Voyage de François de l'Estra*, *op. cit.*, p. 94.
70 *Ibid.*
71 Jean-Guidon Chambelle (de la), *Mercenaires français de la VOC*, *op. cit.*, p. 122.
72 Jean Mocquet, *Voyage à Mozambique et Goa*, *op. cit.*, p. 102.
73 *Ibid.*, p. 99-100.

la mise en place de ce rituel, sous la plume du voyageur. Nombreux sont les voyageurs qui s'accordent à trouver un sous-entendu maléfique à ce rituel. Tavernier développe sa description dans le sens de l'étrange, au cours de trois anecdotes qui lui auraient été racontées. Dans la première, il rapporte que onze femmes auraient demandé à honorer le rite de satī afin de suivre dans la mort le Raja de Velu. Selon le voyageur, leur requête aurait été refusée, suite à quoi, elles ont été retrouvées mortes allongées les unes à côté des autres, sans qu'il soit possible d'en expliquer la cause. L'auteur suppose donc que la veuve serait mue par une force négative qui la dépasserait, et insinue : « Il faut assurément qu'en cette rencontre le malin esprit ait joué son jeu[74]. » Par ailleurs, il raconte l'histoire d'une jeune femme d'une grande beauté qui, venant demander l'autorisation au gouverneur musulman de se brûler vive aux côtés de son mari, doit prouver sa détermination. Tavernier, accentuant alors la bizarrerie de l'anecdote, souligne « une autre étrange action qui se passa en ma présence à Patna[75]. » Il présente la veuve comme tenant à convaincre son auditoire et accepte d'être mise à l'épreuve lorsqu'un conseiller en suggère l'idée, à la manière des procès de sorcellerie qui ont cours en Europe à la même époque. Un domestique apporte alors un flambeau au-dessus duquel la jeune femme met son bras et le brûle.

Le rite de satī n'adopte pas sa valeur sacrée aux yeux des voyageurs qui lui attribuent un caractère singulier. Dans certains cas, alors que le mari brûle, il est suivi par plus d'une femme : Jean Guidon de Chambelle évoque la crémation du rajah accompagné sur le bûcher par « quarante de ses favorites et de ses femmes, [qui se brulèrent] pour montrer leur affection vers le défunt roi[76]. » De même, Tavernier explique qu'en 1642 deux rajas rajpoutes vinrent à Agra, à la Cour de Chagetan ; suite à une bagarre, les deux monarques meurent. Une fois que leurs corps furent ramenés aux Rajpoutes, la cérémonie funéraire put avoir lieu et treize femmes arrivent en dansant, entourant le bûcher avant de se jeter dedans[77]. Il semble alors, qu'à l'image des sorcières, évoquées par de Lancre, allant à un « festival de plaisir » par amour, les satī décrites par les voyageurs, allaient vers leur mort telles de jeunes mariées[78]. Alors

74 Jean-Baptiste Tavernier, *Les Six Voyages*, *op. cit.*, p. 390.
75 *Ibid.*
76 Jean-Guidon Chambelle (de la), *Mercenaires français de la VOC*, *op. cit.*, p. 121.
77 Jean-Baptiste Tavernier, *Les Six Voyages*, *op. cit.*, p. 390.
78 Pompa Banerjee, *Burning women*, *op. cit.*, p. 53.

qu'il en fait une brève évocation dans la première chronique, c'est dans sa lettre à Monsieur Chapelain, du 4 octobre 1667, que Bernier reprend le *topos* de l'immolation des veuves hindoues[79]. Il se place d'abord en témoin et commence par démentir la rumeur concernant la grande quantité de femmes immolées, en rappelant que le gouvernement moghol interdit officiellement ce rituel. L'auteur introduit ensuite son récit en déclarant ne présenter que quelques-uns des cas de veuves qu'il a vu se brûler vives. La première anecdote présente une veuve tellement déterminée à s'immoler par le feu, qu'elle refuse d'écouter les instances de sa famille voulant la décourager. Désespérés par l'obsession de leur bru, les beaux-parents font appel à Bernier, en tant que représentant de Daneshman Khan, pour qu'il la convainque de changer d'avis. Mais à son arrivée, le voyageur est surpris.

> Je vis en entrant un sabbat de sept ou huit vieilles horribles à voir, avec quatre ou cinq vieux infatués et écervelés de brahmanes qui criaient tous par reprises et en battant des mains à l'entour du mort, et la femme toute échevelée, le visage pâle, les yeux secs et étincelants, qui était assise et qui criait en battant aussi des mains en cadence comme les autres aux pieds de son mari[80].

Bernier énumère par la suite une série d'arguments afin de détourner la veuve de son obstination, mais face à l'opiniâtreté de la dame (« [q]uelle diabolique fureur te possède ! disais-je à part moi[81] ».), il prend le parti inverse et l'engage à se brûler vive avec ses enfants, en la menaçant de faire interrompre les pensions versées à ces derniers si elle meurt. Ces paroles, jointes à son départ de la pièce, lui permettent de créer un effet théâtral : entraînant la surprise, ce dernier a su dissuader la veuve de s'immoler. Cependant, par le biais de son anecdote, Bernier a donné au lecteur un premier aperçu de l'état d'esprit dans lequel se trouve une veuve hindoue, aveuglée par son devoir religieux et marital. Le lexique employé par l'auteur relève de la sorcellerie, amenant ainsi le lecteur à tisser un lien indirect avec la possession de certaines femmes européennes. Le fait qu'à son entrée, Bernier se trouve confronté à un sabbat de plusieurs femmes et hommes aux allures étranges, présents afin de mettre en place un rituel par le feu, donne un aspect démoniaque

79 François Bernier, *Voyages de François Bernier*, *op. cit.*, p. 306.
80 *Id.*, p. 308.
81 *Id.*

aux évènements. Il crée de plus, une mise en scène avec son entrée, la représentation maléfique des personnages et la femme devenue folle. Leur description physique, associée au thème de la folie, évoque le stéréotype des sorcières ; ces femmes s'étant offert corps et âme au Diable. Soignant la progression narrative, Bernier introduit ensuite les cas de femmes qu'il a vu se sacrifier. Il déclare alors : « il n'y a que la vue seule qui en puisse faire prendre quelque idée[82]. » L'auteur fait donc appel au thème du regard pour partager son récit. Il souligne qu'il tient à rendre compte du « spectacle », évoquant le théâtre non seulement comme meilleur support narratif, mais aussi comme moyen d'expression du rite. Ce dernier dévie alors de sa fonction première : il ne s'agit plus, sous la plume du voyageur, de la description d'une coutume religieuse mais bien d'un sujet de représentation théâtrale, dont les personnages, envoutés par une force diabolique, incitent une veuve au sacrifice de sa vie. Bernier explique que la femme suit alors les invocations de ses pairs, d'abord par obéissance au culte religieux mais aussi parce qu'elle est convaincue que son acte lui permet de purifier son âme. Ainsi, le rituel de satī est perçu par le lecteur à travers le regard de l'auteur qui propose, au prisme de ses propres préjugés : il oriente donc le lecteur à percevoir cette tradition. En outre, l'auteur ne fait que continuer une tendance littéraire, puisque le personnage du Diable et ses multiples manifestations, inspiraient alors de nombreux dramaturges[83]. Il semble donc que le narrateur cherche à reproduire ce genre de tragédie en s'appuyant sur le rite de satī. Cette coutume, propice à l'interprétation des voyageurs français, devient un moyen de transposer une réalité sur un imaginaire. L'auteur dénature alors complètement la pratique hindoue, pour lui donner une allure évoquant l'imaginaire magique européen. Mais il parvient à détourner le système dramatique lui-même en donnant un aspect comique à la situation : Bernier semble détourner deux systèmes : le rite de satī, présenté comme un rite démoniaque, et la mise en scène diabolique.

---

82 *Id.*, p. 309.

83 « Satan fut toujours un héros de théâtre, dans les mystères médiévaux comme dans les pièces baroques du XVIIe siècle : tragédies, tragi-comédies, pastorales ou ballets faisaient alors une grande consommation de diableries sans gravité, qui traduisaient surtout un goût pour les métamorphoses. », Robert Muchembled, *Une histoire du diable, XIIe-XXe siècles*, Paris, éd. Du Seuil, 2000, p. 253.

> Je vis en bas dans ce réservoir qui était presque à sec une grande fosse pleine de bois, un corps mort étendu dessus, une femme qui de loin me parut assez bien faite, assise sur ce même bûcher, quatre ou cinq brahmanes qui y mettaient le feu de tous côtés, cinq femmes de médiocre âge et assez bien vêtues qui se tenaient par la main en chantant et en dansant à l'entour de la fosse, et une grande foule de monde d'hommes et de femmes qui regardaient. Le bûcher fut incontinent tout en feu [...] Je vis tout cela et ne remarquai point que la femme s'inquiétât et se tourmentât en aucune façon ; l'on disait même jusque-là qu'on lui avait entendu prononcer avec beaucoup de force ces deux paroles « cinq, deux », pour donner à entendre suivant certains sentiments particuliers et populaires dans la métempsycose que c'était pour la cinquième fois qu'elle se brûlait avec son même mari et qu'il n'en restait plus que deux pour la perfection, comme si elle eût eu alors cette réminiscence ou quelque esprit prophétique. Ce ne fut pas là la fin de cette infernale tragédie ; je croyais que ce n'était que par cérémonie que ces cinq femmes chantaient et dansaient à l'entour de la fosse, mais je fus bien étonné lorsque [...] les unes après les autres, elles se précipitèrent dans le feu [...][84].

Par sa présentation, Bernier crée une narration centrée sur une mise en abyme du regard, notamment ponctuée par la répétition de « je vis ». En se mettant en scène, il intègre donc le lecteur et l'incite à devenir le spectateur d'une cérémonie de crémation. Si le voyageur accourt vers le lieu du rite, il arrive face à une scène étrange, qui rappelle indirectement la scénographie d'un sabbat. En effet, la mise en scène de la ronde des femmes qui se déplacent en chantant et en dansant autour de la fosse enflammée inspire l'effroi. Le personnage de la veuve est déterminé à mourir par le feu et ne montre aucune marque de doute ou de peur. Ainsi, l'évocation du discours direct donne une voix à l'Indienne. Bien que son intervention soit de courte étendue, le décompte de ses vies passées et à venir met en relief la veuve. De son côté, l'effet de surprise causé par le saut dans la fosse des cinq esclaves, crée une rupture avec l'action linéaire décrite à travers les chants, les danses, la ronde, le public silencieux et la veuve tranquille. Sous la plume du voyageur, le récit accompagne les rebondissements par les réactions du narrateur. S'il souligne son effort pour comprendre la signification de tous ces évènements, Bernier, en traducteur des mœurs hindoues, conserve sa posture de curieux ; il s'assure ainsi l'attention rigoureuse de son lectorat mondain[85].

---

84 François Bernier, *Voyages de François Bernier*, *op. cit.*, p. 311.

85 Faith Beasley s'est intéressée à l'influence du lectorat mondain sur l'écriture du voyage aux Indes orientales. Voir notamment : Faith E. Beasley, « Bernier re-contextualisé :

LA MISE EN SCÈNE PATHÉTIQUE : UNE CRITIQUE DE L'ENTÊTEMENT RELIGIEUX PAR CHALLE

La scénographie du rite indien peut servir les intérêts auctoriaux du voyageur qui le retranscrit. Robert Challe s'appuie sur le registre pathétique pour élaborer une représentation du rite hindou qui résonne sur le lecteur. Il utilise ainsi un procédé littéraire comme un miroir grossissant les propres défaillances religieuses de son destinataire. Les nombreuses différences constatées entre la version dite primitive de son récit de voyage en 1690-1691, adressée à son oncle, et la version retravaillée et publiée une trentaine d'années plus tard, permettent à Robert Challe d'émettre un jugement critique sur les religions. Selon lui, l'ensemble de ces dernières se valent en ce qu'elles forment souvent un prétexte à s'enrichir pour leurs représentants. Le 24 août 1690, arrivé en Inde depuis douze jours, Challe souligne qu'il repart de Pondichéry. Il explique n'avoir pas écrit depuis son arrivée parce qu'il était à terre, et fait donc une synthèse de ce qu'il vient de découvrir ; notamment le récit d'une mise à mort afin d'honorer le rite de satī. En effet, il précise qu'il n'en a pas été témoin et n'est que le rapporteur des faits dont il soutient l'authenticité car ils lui ont été contés par « deux officiers Français[86]. » Comme le veut la coutume de l'écriture viatique, il commence par un résumé succinct du rite, avant de développer ce dernier en le sortant du cadre strictement descriptif pour entrer dans la narration. Ainsi, tout en utilisant la première personne, Challe devient le conteur et amorce le récit en faisant entrer en scène le cadavre du mari, les brahmanes et la jeune veuve. L'auteur crée une mise en abîme à l'image de laquelle la progression narrative respecte le mouvement allant du plus général au particulier. De cette manière, le voyageur théâtralise son récit : la scène se produit sous les yeux d'officiers, l'un d'eux la raconte à Challe qui l'écrit à son Oncle, lui-même désigné par « Monsieur » tout en s'adressant également à un lecteur anonyme qui, se

conversations mondaines sur l'Inde », in Mathilde Bedel, Mathilde Morinet et Sylvie Requemora (dir.), Revue XVIIe Siècle [à paraître] et Faith Beasley, *Versailles Meets the Taj Mahal : François Bernier, Marguerite de La Sablière and Enlightening Conversations in Seventeenth-Century France*, (University of Toronto Press 2018.

86 Robert Challe, *Journal du Voyage des Indes Orientales à Monsieur Pierre Raymond* [manuscrit autographe conservé à la Bayerische Staatsbibliothek de Munich], édition critique par Jacques Popin et Frédéric Deloffre : Genève, Droz, coll. « Textes littéraires français », 1998, p. 177.

voyant impliqué, n'est pas ennuyé par une longue description ennuyeuse et impersonnelle. Il commence son récit par une description globale avec le portrait de la jeune femme, sa beauté, sa jeunesse. Sous la plume de l'auteur, elle apparaît jeune, d'« environ vingt-six ou vingt-sept ans [...], fort belle, blanche comme les Françaises, parfaitement bien faite et jeune[87]. » En soulignant la beauté de la jeune femme l'auteur incite fortement le lecteur à ressentir une forte pitié pour celle-ci ; la tournure pathétique accentue donc la cruauté du rite. La veuve indienne devient alors comparable à une Française et elle perd donc son altérité. Par la suite, le voyageur explique que la femme ne cède pas à la tentation des officiers pour se dédire mais au contraire, chérit le corps de son défunt mari avant de se défaire de ses atours et de monter sur le bûcher que ne tarde pas à allumer le brahmane. Challe donne une texture à la description structurée par l'énumération des faits, en une seule phrase. En revanche, la seconde version du *Journal* apporte une vision personnelle à cette exposition du rite.

> Nous fîmes enfin notre possible pour lui faire changer de résolution. Véritablement, elle nous faisait pitié : elle était aimable, parfaitement bien faite, & toute jeune, n'ayant au plus que dix-sept ou dix-huit ans. Notre peine fut inutile : elle parut cependant nous en témoigner de la reconnaissance, par des regards gracieux qu'elle jeta sur nous, en nous saluant en riant. Sa constance alla jusqu'au bout. [...] Mais, ce qu'il y eut d'étonnant dans celle-ci, c'est qye quoique le feu fût plus d'un Miserere avant que d'être assez fort pour l'étouffer, & qu'elle restât tout ce temps dans des douleurs plus faciles à imaginer qu'à décrire, elle ne donna aucune marque d'impatience, & ne changea point de situation[88].

Tout d'abord, le voyageur modifie sa description de la jeune femme qui devient « aimable, parfaitement bien faite, & toute jeune, n'ayant au plus que dix-sept à dix-huit ans[89]. » Cette stratégie modifie, tout en la conservant, l'accentuation du *pathos* de la description : représentée avec presque dix ans de moins que dans la version primitive du *Journal*, le sacrifice de la veuve paraît d'autant plus injuste au lecteur. Il complète en outre son récit : le feu, au lieu de mettre un « gros quart d'heure » pour étouffer la jeune femme, met ici « plus d'un *Miserere.* » Enfin, cette

87 *Id.*, p. 178.
88 Robert Challe, *Journal*, *op. cit.*, p. 17.
89 *Ibid.*

modification participe à la critique religieuse établie par l'auteur. En effet, il utilise une référence chrétienne pour exposer un fait « plus facile à imaginer qu'à décrire » et donc facilite les compétences imaginatives du lecteur ; il se sert d'un élément plus habile avec le chant sacré. Le voyageur condescendant, feint d'abord de juger le rituel.

> Ce que disent plusieurs relations est certainement faux. [...] Ainsi, ce n'est que par un honneur ridicule, & une vaine ostentation, que ces femmes se font mourir ; mais, la volonté du prince n'a aucune part à leur zèle mal conduit ; mais cette mort est volontaire, puisqu'il ne dépend que de ces femmes de mourir ou de ne mourir pas. Aussi, ne se brûlent-elles pas toutes : il n'y a que celles qui sont assez bêtes pour croire qu'elles vont jouir, avec un saint, d'un bonheur éternel, après avoir partagé avec lui ses peines d'une vie mortelle[90].

Dans la réédition de son récit de voyage, Challe s'appuie sur l'imaginaire construit autour de l'immolation de la veuve hindoue pour mieux accuser le fanatisme religieux. Soignant son *ethos*, il remet d'abord en question les écrits viatiques de ses prédécesseurs en les accusant d'avoir véhiculé de fausses informations. Ainsi, il cherche à démonter l'idée selon laquelle la création du rite est le fruit des hommes au pouvoir, et à démontrer qu'il a été créé par le corps religieux. Il dépeint les veuves comme étant secondées par la bêtise et donc seules responsables de leur mort.

Par ailleurs, l'auteur introduit le véritable enjeu de son réquisitoire et atténue son propos en soulignant que ces veuves sont influencées par leur entourage. Il expose donc clairement sa position face à ce rituel car bien qu'il tienne à rétablir les faits dans leur contexte, c'est-à-dire à les sortir d'un imaginaire qui les dénature, il utilise l'évocation de ce dernier pour en faire le symbole de l'aveuglement fanatique religieux. De fait, il accuse les brahmanes d'induire en erreur les dévots. Sous la plume de Challe, ces derniers passent du statut d'hommes pieux, représentants de la divinité, à celui de « fripons », voulant valoriser et conserver leur statut privilégié dans le système des castes. Cependant afin de clore sa description, Challe reprend une citation de Lucrèce, déjà utilisée par Montaigne[91] : « Tant la religion a pu inspirer de crimes[92] ! » Alors que Montaigne s'appuyait sur le *De*

90 *Ibid.*, p. 18.
91 Michel de Montaigne, « Apologie de Raymond Sebon », *Les Essais*, *op. cit.*, p. 382.
92 Lucrece, *De Natura rerum, I.101* dans Robert Challe, *Journal*, *op. cit.*, vol. 2, p. 18.

Natura pour illustrer les coutumes religieuses amérindiennes visant à sacrifier des enfants aux divinités, Challe relativise ainsi le fanatisme hindou étendu à toutes les religions, devenues pour lui, un domaine de cruautés criminelles. De cette manière, il invite le lecteur français à remettre en question son propre rapport au sacré et développe cette idée en soulignant que les veuves sont influencées par « une infinité de bigotes » : le recours à l'hyperbole illustre l'accusation renforcée par la chute de son discours « il n'y a point de religion qui n'ait les siennes[93]. » En outre, Challe met en relief la multitude de « bigotes » et la théorie de Pythagore, dont il s'inspire pour justifier l'idée de métempsychose. De fait, l'idée de transmigration des âmes devient pour le voyageur un argument enseigné par les brahmanes pour mieux convaincre les dévotes à se sacrifier. Ainsi, sous la plume de l'auteur, à l'image de l'univers régi par la matière innombrable, la religion serait bâtie sur la bêtise et la manipulation : les bigotes et les fripons de brahmanes, multipliés à l'infini, répandraient leur influence négative sur un peuple déraisonné, en mal de croyances. La religion aurait donc, selon Challe, des fondations malsaines et fourbes, en complet désaccord avec les textes sacrés.

Les fondements du rite de satī demeurent un mystère pour les voyageurs du XVIIe siècle qui le découvrent et le transforment peu à peu en *topos* littéraire du voyage en Inde. Étant eux-mêmes issus d'une culture où les superstitions se mêlent à des applications de peine par le feu, il leur fut presque impossible de considérer le culte indien pour ce qu'il était, en se détachant de leurs projections culturelles. « On remarque que les voyageurs étrangers n'ont manifestement pas connecté les deux formes de brûlement. De plus, ils ont même réécrit leur propre culture en éradiquant les brûlements de sorcières : leurs récits sont hantés par ce phénomène de sorcellerie supprimé et fréquemment mentionné obliquement, découvrant subversivement l'affinité entre les deux évènements[94]. » Ils narrent ainsi leur expérience en donnant plus ou moins d'importance à la tenue du rite ; certains ayant assisté à une mise à mort d'une satī et d'autres ne faisant que mentionner des propos rapportés. Comme l'a montré Frédéric Tinguely, ils sont une source d'inspiration pour les philosophes des Lumières qui voient dans le sacrifice des veuves

93 *Ibid.*
94 Pompa Banerjee, *Burning women*, *op. cit.*, p. 54. (Traduction personnelle)

hindoues, un argument de critique en faveur de la Raison[95]. Leurs écrits seront réutilisés au cours des siècles suivants, mais ce n'est qu'à partir de la seconde moitié du XIXe siècle qu'un regard scientifique se pose sur le rite. Grâce aux récentes études de textes sacrés, traduits du sanskrit, les auteurs de manuels d'histoire des religions de l'époque peuvent enfin accéder aux écrits décrivant directement la religion hindoue. De fait, ils renoncent à utiliser leurs sources jusqu'alors habituelles, tels les récits de voyage[96].

95 Frédéric Tinguely, « Aux limites du relativisme culturel : les Lumières face à l'immolation des veuves de l'Inde », *Dix-huitième siècle* 2006/1 (n° 38), p. 449-462.

96 Michel Gardaz, « La Satī et l'immolation du corps », *Religiologiques*, n° 12, p. 111-125.

ENTRE CATABASE ET PASTORALE

La genèse française des antipodes indiens

L'Inde des antipodes est une idée empruntée à Catherine Weinberger-Thomas[1] d'après qui la représentation occidentale de l'Inde est structurée par deux extrêmes. « Issue de l'enchevêtrement des *realia* et des *mirabilia*, l'image archétypale de l'Inde se caractérise par deux traits particulièrement saillants, ou plutôt deux thèmes [...] : monstruosités et sagesses[2]. » Abordée sous un autre angle, ce thème antipodique s'intéresse ici aux pérégrinations en Inde qui ont pour objectif de vérifier des mythes ancestraux. Reconnue comme un territoire de contrastes par les relateurs français, l'Inde incarne sous leur plume, un espace antithétique dans lequel peuvent se trouver à la fois le Paradis Terrestre et des terres infernales. Pour ce faire, leurs récits ont principalement recours à deux motifs littéraires qu'ils réactualisent : la pastorale et la catabase qui transportent ainsi le lecteur d'un bout à l'autre des antipodes indiens entre Paradis et Enfer. L'errance devient alors le prétexte littéraire pour démonter les fantasmagories de la quête édénique ou pour dénoncer les abus coloniaux des rivaux européens.

1 Catherine Weinberger-Thomas, « Les yeux fertiles de la mémoire. Exotisme indien et représentations occidentales », Catherine Weinberger-Thomas (dir.), *L'Inde et l'imaginaire*, Paris, Éditions de l'École des Hautes Études en sciences sociales, coll. « Puruṣārtha », nº 11, 1988, p. 9-33.

2 *Ibid.*, p. 11.

ENTRE PARADIS ET ENFER : L'INDE COMME TERRE INITIATIQUE POUR LE VOYAGEUR

LE PARADIS TERRESTRE OU LE POINT CULMINANT D'UNE PASTORALE EN INDE

L'Inde est reconnue par les voyageurs comme étant un espace d'abondance : aux diamants décrits par Tavernier, s'ajoutent les denrées commercialisables. Le témoignage de Le Blanc décrivant Cochin est un exemple qui révèle que l'abondance indienne est incontestable « Le pais abonde en bétail & en fruits ; il est vray que le bled y manque, qu'on y apporte de Cambaye en abondance. Le poivre y croist en quantité, & il s'y en trouue de trois sortes : du long se sont de tres bonnes conserues. En toute la coste de Malabar, qui est depuis Goa iusqu'à Comori, on trouube le poivre noir & blanc[3]. » De fait, l'Inde entraîne certains voyageurs à un nouvel extrême : celui de la découverte du Paradis Terrestre. Il s'agit pour eux de mettre en place une pastorale située en Inde en développant une description édénique. L'espace indien est décrit comme regorgeant de richesses naturelles dont l'abondance, sans cesse renouvelée, est touchée par la bénédiction chrétienne. Ainsi, Martin de Vitré déclare : « Le 8 [juillet], nous nous trouvâmes au travers de l'île de Ceylan, qui est proche du cap de Comorin de 38 lieues, et entre ledit cap et l'île, il se fait la pêcherie des perles les plus belles et fines qui se voient. Cette île est peuplée de gentils. [...] Les Indiens tiennent que c'est le lieu du Paradis terrestre et que les pas de notre premier père y sont encore marqués sur les pierres en perpétuelle mémoire[4]. » L'auteur laisse entendre que le paradis indien aurait des résonnances fondamentales avec le paradis chrétien, ce qui permettrait aux voyageurs de transformer le lointain en un terrain familier. De son côté, Le Sieur Luillier fait part de sa satisfaction à retrouver la transposition de son pays d'origine en Inde, lors de sa découverte de Pondichéry.

3 Vincent Le Blanc, *Voyages*, *op. cit.*, p. 91. Le voyageur explique également les dessous de la pêche des perles précieuses, p. 100.

4 Martin de Vitré, *Relation du voyage de Martin de Vitré* dans Pyrard de Laval, *Voyage de Pyrard de Laval*, *op. cit.*, Vol. 2, p. 916. Par ailleurs, une étude sur la recherche de la confirmation de mythes à travers le voyage a été faite dans le mémoire de Mirella Witek soutenu en 2007 et dirigé par Marie-Christine Pioffet : *Mythes et réalités dans les voyages fameux du Sieur Vincent, Pierre Bergeron et Louis Coulon.*

> C'est un vray plaisir de se trouver d'une même patrie dans un Païs éloigné, la conversation ne manque point de matiere, l'on s'y donne tout entier, & l'on sent alors cette douce affection que l'on conserve toûjours pour sa patrie. Nous allâmes plusieurs fois nous promener dans un jardin un peu éloigné du Couvent, il y avoit de la vigne, je fus curieux d'en manger du fruit, qui ne me parut pas mauvais, ce n'est que depuis quelques années qu'on en a planté, elle y vient beaucoup mieux qu'à Bengale, & produit deux fois l'an à cause qu'il n'y a point d'hyver[5].

L'évocation du jardin dans lequel déambulent le narrateur et ses compagnons annonce un cadre édénique. Ce dernier est d'ailleurs accentué par la présence de la vigne ainsi que la dégustation de ses fruits dont le goût, décrit par le biais d'une litote, laisse présager les effets enchanteurs au lecteur. Ici, le climat devient un atout qui repousse le froid, afin de favoriser la béatitude ressentie par les protagonistes français, lors de leur promenade. Mais c'est finalement la recréation d'une atmosphère de salon en Inde, qui permet la mise en place du ravissement de la conversation. Luillier continue son récit en développant une réflexion galante sur les conséquences de l'amour qui défait la raison.

> Plusieurs Officiers du Comptoir nous firent l'honneur de nous accompagner jusqu'au Vaisseau : autant qu'ils pûrent joüir de la presence de nos deux belles personnes, ils n'en negligerent pas l'occasion, & leur assiduité étoit d'autant plus naturelle, qu'il y avoit long-tems qu'ils n'en avoient vû de pareilles, la beauté, la propreté, & le bon air François étant rares dans ce Païs éloigné. [...] Ils sçavoient le sujet du voïage que ces Demoiselles avoient entrepris, & quoique cette raison dût les empêcher de se laisser rendre à leurs attraits, l'amour fut plus fort que la raison, & si peu que ces Dames eussent encore resté, le bruit des passions qu'elles auroient excitées, eût retenti jusques dans l'Europe[6].

Décrivant le moment où les officiers et le voyageur, suivi notamment par ses deux accompagnatrices, doivent se quitter, le narrateur met en place une réflexion sur l'amour. Sous la forme de questions rhétoriques, il s'interroge et emploie la répétition de certains termes pour mieux traduire ses hésitations tout en transcrivant l'organisation de sa pensée. Sous la plume de l'auteur, l'Europe devient ainsi l'espace inversé qui fait référence à l'éloignement et symbolise la force de la passion, dépassant les frontières. Les femmes françaises sont donc les inspiratrices d'un

---

5 Le Sieur Luillier, *Voyage dans les Indes orientales*, *op. cit.*, p. 47.
6 *Id.*, p. 49-50.

amour sincère que favorise le territoire indien ; ici complètement occulté au profit du sentiment décrit. La séparation due au cheminement dans le pays à découvrir annonce donc le *topos* littéraire qui sera développé au cours des siècles suivants.

LA DÉCONSTRUCTION D'UN CADRE UTOPIQUE PAR FRANÇOIS BERNIER

La déambulation de François Bernier, en quête du Paradis terrestre, débouche alors sur un nouvel espace indien : le Cachemire déjà étudié par Sylvie Requemora-Gros et Frédéric Tinguely[7]. Intervenant comme un cadre utopique, il est perçu à travers une observation libertine et se trouve donc déconstruit par le voyageur. La neuvième et dernière lettre que Bernier envoie à Monsieur de Merveille, concernant le Cachemire, a été écrite trois mois après son arrivée dans cette région décrite favorablement. Mais, s'il s'appuie sur des données géographiques vérifiables, il oriente sa description pour en faire un royaume utopique. En effet, l'utopie est souvent définie tel le fruit d'une réalisation impossible dont l'organisation, en opposition avec la Nature, rejette tout désordre et s'impose alors comme étant idéale. À l'instar de Sadeur dans *La terre australe connue* de Gabriel Foigny, le voyageur occidental arrive souvent par hasard sur la terre utopique, qu'il découvre et décrit. De fait, il lui faut d'admettre l'existence d'autres mondes possibles, au sein même de celui d'origine, ou d'admettre, comme le propose Cyrano de Bergerac dans *L'autre monde ou les États et Empires de la Lune, et les États et Empires du Soleil*, un échange entre différents mondes possibles. Pour ces romanciers, l'utopie se présente comme un macrocosme à part, rendu secret par un emplacement difficile d'accès. Ainsi, après avoir éprouvé les souffrances du désert, Bernier s'accorde avec les Indiens pour donner au Cachemire l'appellation de « Paradis terrestre[8] » : il recrée alors, à partir du royaume, un Eden qu'il place en Inde. Pourtant, d'après le voyageur,

7 Sylvie Requemora-Gros, « Voyage et libertinage, ou l'usage du genre hodéporique comme "machine à déniaiser" dans la littérature française du XVIIe siècle », *Annali d'Italianistica*, 21, 2003, p. 117-136 et Frédéric Tinguely, « Un paradis sans miracles : Le Cachemire de François Bernier », Revue *Études de Lettres*, n° 3, 2006, p. 55-69.

8 « De tout ce que je viens de dire, on peut assez conjecturer que je suis un peu charmé de Cachemire et que je prétends qu'il n'y a peut-être rien au monde de pareil, ni de si beau pour un petit royaume. IL mériterait encore de dominer toutes ces montagnes circonvoisines jusques à la Tartarie et tout l'Hindoustan jusqu'à l'île de Ceylan, comme il

il semble que le caractère utopique du lieu soit dû à la transposition de l'Europe sur le Cachemire.

> Mais ce qui m'a surpris davantage dans ces montagnes, c'est de m'être trouvé tout d'un coup comme transporté des Indes en Europe, car à voir la terre couverte de toutes nos plantes et arbrisseaux, excepté l'hysope, le thym, la marjolaine et le romarin, je m'imaginais être en quelques-unes de nos montagnes d'Auvergne, au milieu d'une forêt de toutes nos espèces d'arbres, de sapins, de chênes verts, d'ormeaux, de platanes et j'en étais d'autant plus étonné que dans ces campagnes brûlantes de l'Hindoustan, d'où je venais, je n'avais presque rien vu de tout cela[9].

Le récit de Bernier est fondé sur une structure répétitive jointe à une esthétique énumérative, lui permettent d'insister sur son idée principale : démontrer la supériorité de l'Europe sur cet espace indien et la création d'un nouveau lieu utopique grâce à l'union de ces deux nations. Sa description s'appuie sur deux axes : le mouvement ascendant/descendant et l'opposition entre zone torride et zone tempérée pour traduire sa découverte du Paradis Terrestre indien. La narration se structure sur la troisième dimension jouée par l'étonnement du voyageur qui, candide, décrit le paysage européen découvert au fur et à mesure de sa descente de la montagne. En effet, si le Cachemire semble, dans un premier temps être une terre exceptionnelle, que Bernier localise géographiquement[10], il donne l'impression d'appartenir à un autre monde, autonome qui n'aurait pas besoin d'échanges commerciaux avec les autres régions de l'Inde ou du monde, puisque chaque habitant occupe une place qui lui convient. D'autre part, la présentation du décor indien impose un lieu aux allures intemporelles et interculturelles.

> Les premières montagnes qui l'entourent, je veux dire celles qui sont les plus près de la plaine, sont de médiocre hauteur, toutes vertes d'arbres ou de pâturages, pleines de bétail de toute sorte, comme vaches, brebis, chèvres et chevaux, de gibier de plusieurs espèces, comme perdrix, lièvres, gazelles et de quelques animaux qui portent le musc. Il y a aussi des abeilles en très grande

a fait autrefois ; et ce n'est pas sans quelque raison que les Mogols l'appellent le Paradis Terrestre des Indes [...] », François Bernier, *Voyages de François Bernier*, *op. cit.*, p. 410.

9 *Id.*, p. 414.

10 Il l'évoque comme étant située « dans l'extrémité de l'Hindoustan au nord de Lahore et qui est enclavée dans le fond des montagnes du Caucase, entre celles des rois du Grand Tibet, du Petit Tibet et du raja Gamon, qui sont ses plus proches voisins. », *Ibid.*, p. 404-406.

> quantité et, ce qui est très rare dans les Indes, il ne s'y trouve ni serpents, ni tigres, ni ours, ni lions, si ce n'est très rarement, de sorte qu'on peut dire que ce sont des montagnes innocentes et découlantes de lait et de miel, comme étaient celles de la Terre de promission[11].

La description de la prospérité régnante donne à cet espace un caractère éternel, sans cesse renouvelé par l'association des hommes et des bêtes qui maintiennent l'opulence générale. Lorsqu'il décrit le Cachemire, Bernier alterne les comparaisons avec l'Europe afin de se référer à ce qu'il connaît, pour mieux aborder ce qu'il découvre. Par ailleurs, le tableau qu'il dresse de la capitale met en valeur une géométrie sur laquelle se base le royaume entier, entouré par les montagnes. De fait, il met ainsi en place des analogies avec l'Europe concernant les plantes, les arbres et les fleurs qu'il énumère pour mieux en dévoiler l'abondance : sa construction d'un territoire utopique est donc indissociable d'une comparaison avec son monde d'origine. Cependant, cette typologie garde une structure hiérarchisée par l'auteur qui utilise l'art de jardiner pour rendre ce peuple inférieur au sien.

> Tout y est parsemé de nos plantes et de nos fleurs d'Europe, et couvert de tous nos arbres, pommiers, poiriers, pruniers, abricotiers et noyers, chargés de leurs propres fruits et de vignes et de raisins dans la saison. Les jardins particuliers sont plein de melons, de pastèques (ou melons d'eau), de chervis, de betteraves, de raiforts, de la plupart de nos herbes potagères et de quelques-unes dont nous n'avons pas. Il est vrai qu'il n'y a pas tant d'espèces de fruits que chez nous et qu'ils ne sont pas même si excellents que les nôtres, mais je crois que ce n'est pas la faute de la terre et que s'ils avaient d'aussi bons jardiniers que nous, qui sussent cultiver et enter les arbres, choisir les endroits et les solages propres et faire venir des greffiers des pays étrangers [...][12].

Cette réflexion par analogie s'étend donc sur la description des Cachemiris qui, par leur physique et leur sensibilité, sont jugés supérieurs aux autres Indiens[13]. Le voyageur sous-entend ainsi une ressemblance avec les Européens et ce rapprochement entre les deux civilisations fait que les Cachemiris se démarquent de la plupart des peuples indiens ou tibétains, eux-mêmes dévalorisés par Bernier. Ainsi, la construction utopique de l'auteur permet à ce dernier de mettre en place un Paradis

---

11 *Id.*, p. 406.
12 *Id.*, p. 407.
13 *Id.*, p. 411.

Terrestre en Inde. L'imaginaire paradisiaque, associé au voyage, lui permet de nourrir la curiosité du lecteur, concernant ce territoire lointain, encore à découvrir.

Alors qu'il est étranger aux coutumes indiennes, Bernier raconte comment il s'amuse à troubler de différentes façons l'ordre établi. Comme si le lieu se prêtait parfaitement à la représentation, le narrateur lui donne des allures théâtrales[14]. Introduisant alors la notion de divertissement, il expose diverses anecdotes le mettant en scène, tel un enquêteur qui passe en coulisses et démasque des vérités cachées par la magnificence du lieu. Le voyageur propose le récit de deux anecdotes rendant compte d'une mission dont l'a chargé son protecteur : constater les miracles reconnus par les dévots cachemiris par le biais de deux excursions. Ainsi Bernier, qui vient à peine de terminer son périple dans le désert, explique qu'il se voit contraint de démarrer un nouveau voyage. Pourtant, il montre que si le désert a mis à l'épreuve ses capacités physiques, ces explorations interrogent ses facultés réflexives. Lors de la première historiette, le voyageur s'appuie à nouveau sur la symbolique de la montagne à grimper, pour donner de la hauteur à sa pensée. En ayant atteint le sommet, il peut débuter sa démonstration scientifique, basée sur trois temps : l'expérience des sens, l'imagination, la raison[15]. Son second récit est très différent. Il explique alors que revenant de la première excursion, Daneshmend Khan satisfait, lui demande d'aller constater un autre miracle très célèbre. Il semble donc que Bernier soit envoyé d'un côté ou de l'autre du royaume, tel un chercheur qui devrait observer des phénomènes sacrés, afin d'en dévoiler les rouages. Ainsi, il donne à sa narration une dimension ironique grâce à laquelle il peut ridiculiser les onze mollahs créateurs du miracle selon lequel ils parviennent à guérir les malades en soulevant avec un doigt chacun une « grosse pierre ronde. » Bernier explique qu'il lui faudra mettre au jour la duperie et prouver que ces derniers cachent leur doigt avec leurs vêtements pour ne pas montrer qu'ils soutiennent la pierre avec leur pouce également : il devient donc le personnage qui, avertit de la probable duperie cherche à dévoiler le stratagème trompeur.

> Pour moi qui ouvrais bien les yeux et qui y regardais de bien près, je m'apercevais assez qu'ils faisaient grand effort et il me semblait qu'ils y ajoutaient le pouce

14 *Id.*, p. 415.

15 Frédéric Tinguely, « Un paradis sans miracles… », *op. cit.*, p. 63.

> qu'ils tenaient bien ferme sur le second doigt plié et serré, et néanmoins je ne laissais pas de crier comme les mollahs et tous les assistants, « Karamet ! Karamet ! Miracle ! Miracle », donnant en même temps une roupie pour les mollahs et les priant bien dévotieusement de me faire cette grâce que je pusse être une fois un des onze qui soulèveraient cette pierre. [...] Néanmoins, comme je vis que tout le monde me regardait de travers et qu'on ne savait quel homme j'étais, je ne laissai pas de crier encore « Karamet ! » comme les autres et de jeter encore une autre roupie de crainte d'être lapidé et, m'étant retiré tout doucement, je montai au plus vite à cheval sans boire, ni manger et laissai là le saint et ses miracles [...][16]

Le récit de Bernier accuse les mollahs et avec eux l'ensemble des représentants religieux. Le fait qu'il utilise à plusieurs reprises le lexique de l'observation montre l'importance du regard dans le jeu des déductions. L'auteur montre que même si le manège des mollahs fonctionne depuis toujours, il est faussé et présente une réalité biaisée aux dévots. Dénonçant la mise en scène du pouce et le fait que les dévots n'aient pas la possibilité de voir la supercherie, le voyageur choisit de participer au jeu des représentants religieux. Il confirme alors par l'expérience, la véracité de ses observations et opte pour l'ironie et le comique de répétition comme armes dénonciatrices de la corruption des prêtres musulmans. En effet, le narrateur explique que ces derniers l'autorisent à se joindre à eux, étant donné qu'il leur a donné « une seconde roupie » mais aussi parce qu'il les a priés « dévotieusement » et a assuré « être pleinement persuadé de la vérité du miracle » : insidieusement, il montre donc au lecteur la corruption des représentants religieux. Par ailleurs, il s'amuse à expliquer que la pierre penchait toujours de son côté, ce qui étonnait les mollahs, jusqu'à ce qu'il mette son pouce et stabilise l'opération. C'est donc par le biais d'une observation précise et de l'expérimentation que le voyageur défait, aux yeux du lecteur, le miracle.

Ce récit, rapporté selon une narration théâtralisée, interroge le rapport entre l'homme et la vérité lorsque celle-ci est filtrée par la religion : alors qu'ils se disent hommes de foi, les mollahs diffusent une fausse rumeur de miracle. D'après Bernier, le peuple musulman croit cette dernière et les malades accourent, espérant se faire guérir mais ils ne font qu'enrichir les mollahs. Le stratagème est constaté par l'auteur qui a acquis un savoir médical lui permettant donc doublement d'établir

16 François Bernier, *Voyages de François Bernier*, *op. cit.*, p. 422-423.

un diagnostic : d'abord celui concernant le sort des malades, et ensuite l'autre, sur l'état de conscience du peuple. Il dénonce alors l'ignorance des fidèles, qui ne peuvent voir le pouce caché par le vêtement, étant donné qu'ils sont aveuglés par leurs croyances. Néanmoins, nouveau venu, ne partageant pas les coutumes autochtones, Bernier se propose de mettre à jour la vérité et d'accuser la mise en scène mensongère. L'intrigue se complique alors, parce que l'auteur se trouve confronté à un nouveau dilemme en constatant que les gens ne veulent pas voir cette vérité. Pourtant, il s'est lui-même mis en scène, c'est-à-dire qu'il cherche à montrer par l'expérience, et non par les mots, puisqu'il ment avec ses derniers en criant au miracle. Il doit enfin choisir de sauver sa propre vie en fuyant, sans apporter sa connaissance aux indigènes dupés. Ainsi, cette anecdote n'aura pas servi les Cachemiris, mais permet au lecteur européen de s'interroger, à travers elle, sur les miracles de sa propre religion. En racontant une histoire indienne, située dans un cadre édénique, Bernier incite donc son destinataire à nourrir une réflexion sur ses propres coutumes et sa relation à la religion.

Par ailleurs, après avoir raconté l'une et l'autre anecdote, Bernier évoque le « chemin[17] » pour signifier son déplacement. Sachant qu'il y a un certain nombre de mensonges à éclaircir, il avance sur les routes et ne fait de halte qu'aux endroits concernés. Il n'est donc plus le candide voyageur allant au hasard ; mais se fait indiquer les lieux à visiter pour démanteler une intrigue. De cette manière, Bernier observe un ermitage construit sur un lac au milieu duquel coule la rivière allant à Baramula. Il évoque un ermite qui vivrait en son sein, sans jamais en sortir[18]. Puis, il continue dans le but de trouver une fontaine particulière parce qu'elle bout de façon irrégulière, ramenant un sable fin avant de s'arrêter et de recommencer. Le miracle vient de l'alternance entre le bouillonnement et la stagnation, puisque cette dernière est associée aux bruits que peut faire un humain par la parole ou en frappant le sol avec son pied. L'eau de la fontaine serait donc capable de reconnaître un être humain et de se mettre en mouvement à son contact. Cependant, Bernier constate à nouveau l'échec de ce miracle, donnant une explication scientifique du phénomène, il rapproche la fontaine miraculeuse d'une fontaine artificielle. Le voyage à travers le Cachemire prend fin alors qu'il envisage

17 *Id.*, p. 420-423.
18 *Id.*, p. 423.

la visite d'une grotte, étant donné que Daneshmend Khan le rappelle à ses côtés. Mais avant de rejoindre son hôte, le voyageur découvre un dernier miracle : il raconte que, traversant « la montagne de Pir Panjal[19] », il rencontre un vieil ermite mystérieux, aux allures de dieu olympien et qui maîtrise les éléments naturels avec, de plus, le bénéfice d'être reconnus des empereurs qu'il conseille. Ainsi, d'après Bernier, alors qu'il a une influence sur les monarques, l'ermite préfère rester au sommet de la montagne plutôt que d'instruire le peuple, préférant laisser ce dernier à la portée des « fourbes mollahs. » L'utopie cachemirie représente un lieu où règnent l'opposition entre la beauté de la Nature et l'ignorance des hommes. L'environnement naturel a dessiné un théâtre pour que ses habitants se mettent en scène. Sous la plume de Bernier, ces derniers jouent parfaitement le jeu, étant aveuglés par la religion et le prestige, ils accomplissent leurs rituels, honorent leur coutume. L'insistance du voyageur, concernant l'ignorance des Cachemiris, leur induction en erreur et leur cécité volontaire, donne à ces personnages un aspect déplorable. L'auteur laisse donc sous-entendre qu'à la manière du mythe de la caverne de Platon, les Cachemiris sont prisonniers au sein des montagnes, d'un monde dont ils ne comprennent pas l'intelligence. De cette manière Bernier, qui bénéficie d'un statut privilégié puisqu'il est le premier étranger à accéder au Cachemire, parcours le royaume et défait les fausses croyances. Pourtant, il se fait rejeter, ne parvient pas troubler l'ordre établi mais repart du Paradis Terrestre en ayant percé une grande partie de ses mystères. Le fait qu'il insiste autant sur l'ignorance cachemirie, entretenue par une cécité religieuse, interroge le rapport occidental à la chrétienté. L'auteur recrée une image de Dieu, demeurant au sommet de sa montagne, gérant les tempêtes et les orages, tout en conseillant les monarques, mais sous la plume de Bernier, c'est au philosophe qu'appartient la tâche de cheminer dans le monde, afin d'éclairer les Hommes par un travail d'observation et d'écriture[20]. Le

19 *Id.*, p. 416.

20 Le désenchantement du voyageur français croyant trouver le paradis terrestre en Inde, sera déclinée tout au long des siècles suivants. Catherine Champion montre qu'au début du XXe siècle, *L'Inde éblouie* de Judith Gauthier présente une intrigue qui pose un regard teinté de mélancolie sur un passé colonial qu'il vaut peut-être mieux avoir perdu : « [Elle] perçoit l'Inde comme "un paradis sur terre, s'il en est un". Ce lieu, reconnu comme le berceau de du monde et détenteur de spiritualité inconnu en Europe, et une maîtrise des phénomènes extra-mondains propre à nous étonner. Mais très vite, à cette affirmation

voyageur insiste sur sa responsabilité de participer aux événements pour en comprendre les causes, les penser et en diffuser le savoir démystificateur, permettant ainsi aux personnes d'avoir les outils culturels pour se positionner dans leur société. Mais paradoxalement, l'auteur souligne la difficulté à accomplir cette tâche, face à la foule qui tient à conserver ses illusions comme fondement de sa réalité.

LES PÉRÉGRINATIONS MACABRES DANS LE RÉCIT DE VOYAGE

Lors de leur séjour en Inde, la plupart des voyageurs racontent avoir eu à remplir un ensemble de missions les entraînant à arpenter le pays. Ils retracent alors, au sein d'un récit devenu initiatique, leurs pérégrinations aux allures macabres au sein d'un décor indien lugubre et inhospitalier. Au cours du chapitre VIII de sa *Relation de voyage*, Monseigneur Jacques Bourges raconte sa traversée maritime de l'océan Indien, au départ de Masulipatam jusqu'à Tennasserim[21]. Pour mieux mettre en valeur le degré de danger qu'il a dû surmonter, le voyageur, en homme d'Église, offre une représentation construite au prisme de sa religion. Il met en parallèle l'horreur de ce qu'il découvre : c'est de cette manière qu'il introduit son aventure dans l'océan indien. Cette aventure, enrichie par deux anecdotes, relève un intérêt car l'auteur se fait le témoin d'une pratique religieuse et opère un retournement de conception : celui qui juge l'Indien comme un impie, devient à son tour l'hérétique pour l'Indien. Suivant la progression narrative conventionnelle, le voyage commence sous de bons hospices. « Notre navigation fut

---

d'une terre spirituelle, va succéder la constatation d'un pays politiquement irresponsable et batailleur, soumis à un système de caste oppressant. [...] La conquête de Judith Gauthier se veut résolument pacifique. Il s'agit d'en imposer, non de verser le sang. Elle découle de la supériorité des Français qui leur vaut une double conquête : une conquête individuelle, celle du galant officier beau et chevaleresque à souhait, [...] ; une conquête collective et politique [...]. » Catherine Champion, *L'Inde éblouie* ou le rêve d'une colonie : le roman exotique au service de la mission civilisatrice dans Denys Lombard (dir.), *Rêver l'Asie ; Exotisme et littérature coloniale, aux Indes, en Indochine et en Insulinde*, avec la collaboration de Catherine Champion, Henri Chambert-Loir Paris, École des Hautes Études en Sciences Sociales, 1993, p. 223-225.

21 Jacques Bourges, *Relation du voyage de Monseigneur l'évêque de Béryte, vicaire apostolique du royaume de la Cochinchine, par la Turquie, la Perse, les Indes, etc. jusqu'au royaume de Siam et autres lieux, par M. de Bourges*, Paris : D. Béchet, 1666, (Paris, BnF : 8-O2L-54) ; éd. Jean-Pierre Duteil, *Relation du voyage de Mgr l'évêque de Béryte au royaume de la Cochinchine : par la Turquie, la Perse, les Indes...*, Paris, Gérard Monfort, 2001, p. 121.

douce et sans tempête, nous souffrîmes seulement d'ennuyeux calmes, surtout quand nous eûmes le Soleil au Zénith[22]. » Après avoir précisé que la traversée a pris « trente-trois jours », avec un arrêt à Mergui au bout du « vingt-huitième », l'auteur revient dans le détail sur le récit de son périlleux périple au cœur d'un territoire marin extrêmement hostile. Il montre d'abord que le capitaine du navire n'est pas digne de confiance car il s'agit d'un « Portugais, mais peu habile [...] ayant à se pourvoir d'un sous-pilote : il nous confessa qu'il avait choisi le plus ignorant, de crainte (disait-il) d'avoir un maître au lieu d'un compagnon[23]. » Dans un premier temps, le récit est construit autour du « Pilote » et de son incompétence. Lorsqu'intervient le *topos* de la tempête en mer, ce n'est pas ce dernier qui sauve l'équipage comme pourrait s'y attendre le lecteur, mais « un particulier » qui a « aperçu (quoi que de nuit) [...][24] » la terre proche des Îles Andamans[25]. « C'était fait de nous si nous eussions brisé à terre, car les habitants en sont si farouches, qu'ils mettent à mort et massacrent sans pitié les Etrangers qui abordent leur Îles, ou qui y sont portés par la tempête, et font aussi bonne chère de ceux qu'ils ont tué[26]. » L'auteur introduit alors une digression dans son récit afin d'amplifier la cruauté des Indiens vivants sur ces Îles Andamans. Il utilise ainsi le cas d'un autre navire qui aurait accosté sur l'une de ces dernières et explique comment l'équipage entier fut décimé et victime du cannibalisme des autochtones sanguinaires. Ce récit lui étant probablement parvenu du seul survivant[27].

> On fit descendre à terre 37 personnes des plus résolues, entre lesquels il y avait quelques Portugais : à peine eurent-ils mis pied à terre, qu'une petite armée de ces Sauvages vient fondre sur eux, se saisissent d'abord de la chaloupe qu'ils brisent en pièces, puis les attaquent à coups de flèches, et quoique les gens du vaisseau furent fort bien armés, ils furent tous massacrés sur le champ, et rôtis et grillés, pour assouvir la fureur de ces barbares [...][28]

---

22 *Id.*

23 *Ibid.*, p. 122.

24 *Id.*

25 « Les Îles Andamans sont en grand nombre, et s'étendent du Septentrion au Midi, depuis onzième degré de latitude, jusqu'au treize. » *Id.*, p. 124.

26 *Id.*, p. 122.

27 « un seul échappa dans le bois, et de nuit se retira à la nage dans le vaisseau qui n'ayant pu se pourvoir d'eau, fut contraint de retourner à Masulipatam, parce qu'étant au-dessous du vent, quoique plus proche du port de Meriguy, il crut pouvoir arriver en moins de temps. », *Id.*, p. 123.

28 *Id.*

Le voyageur souligne la simultanéité entre l'arrivée des Européens et celle des autochtones belliqueux. Il montre bien que c'est l'effet de surprise qui a confondu le personnel du navire jusqu'à causer leur perte. De fait, insistant sur la petite taille des groupes d'attaquants : ici il évoque une « petite armée » et plus tard, il raconte l'attaque « d'une multitude effroyable de petites barques pleines de gens armés de flèches », qui poussèrent les Hollandais à quitter ces mers[29]. En outre, le voyageur insiste sur ce qui l'a le plus touché durant sa pénible traversée : être confronté à d'autres cultes religieux que le sien[30]. Il témoigne alors des tensions naissantes au sein du navire.

> Cependant il fallait prendre patience, et nous ne pouvions nous empêcher de craindre que le mauvais esprit qui possédait ces gens-là, ne leur mit dans la tête que c'était nous qui arrêtions le vent et retardions la navigation, c'eût été assez que de proposer, pour être immolé à leur fureur. Dieu par sa bonté nous a retiré de ces dangers[31].

L'auteur crée ici un effet de miroir dans sa narration. En effet, après avoir fait la description des indigènes, il se retrouve à imaginer leurs pensées et les diabolise. Il ne remet pas en question ses préjugés mais finit par s'en remettre à Dieu qui intervient ici dans son rôle de sauveur : il ne laisse pas ses fidèles au cœur d'un territoire malveillant.

Cette pérégrination au cœur d'un peuple hostile devient un *topos*, également rapportée par Thévenot. En effet, alors qu'il n'est sorti de Surate que quelques jours après son arrivée en Inde, le voyageur entreprend une expédition terrestre pour rejoindre Amedabad. Traversant plusieurs villages, il explique sans emphase, avoir traversé des contrées peuplées de créatures étranges.

> Les Habitans de ce Bourg, estoient autrefois de ceux qu'on nommoit Merdi-Coura ou Antropofages, mangeurs d'hommes ; & il n'y a pas grand nombre d'années qu'on y vendoit encore de la chair humaine dans le Marché. Il semble que ce lieu soit une retraite de Voleurs : Ses habitans qui portent presque

29 *Id.*, p. 124.

30 « Ce qui nous affligea et perça le cœur de douleur, fut la nécessité que nous avions de voir les étranges superstitions que les Gentils et les Mores et autre pratiquaient sous nos yeux pour obtenir un vent favorable […] », et « ce nous fut une peine plus grande qu'il ne se peut dire, de voir tant de profanations, sans pouvoir les empêcher […] », *Id.*, p. 124-126.

31 *Id.*, p. 126.

> toûjours l'épée, sont très impudens : En quelque posture que vous soyez, ils vous regardent continuëllement au visage, & avec une hardiesse si grande, que quelque chose qu'on leur dise, on ne peut les faire retirer : Les passagers qui les connoissent, sont toûjours sur leur garde, & ils sont même obligez de porter une lance avec eux, quand ils vont à leurs necessitez[32].

Le récit de Thévenot présente le peuple rencontré comme s'il était en arrière-plan de l'action. En effet, les Indiens sont ici associés à une stagnation temporelle marquée par la répétition de « toujours », « continuellement », l'emploi de l'imparfait et la référence à une dénomination surannée, couplée à une rumeur qui renforce cette dernière. Ainsi, plus nuancée que celle de Bourges, la description de Thévenot surprend par le détachement dont il fait preuve : à aucun moment ne se traduit la peur ou même l'inquiétude du voyageur, circulant pourtant en milieu hostile. De cette manière, il se donne le rôle principal en menant l'action, notamment avec l'intervention du passé simple associé à un verbe d'action. Les indigènes figés dans leurs statures à la fois menaçantes et inoffensives, semblent condamnés par la description à porter des masques de comédie. Alors devenus de simples personnages rappelant la *comedia dell'arte*, ils endossent le rôle de « Voleurs », des « rusés », desquels le voyageur ingénieux se démarque.

Enfin, la Nature peut également servir aux voyageurs de cadre narratif menaçant. Lors des trois premières lettres qu'il écrit à Monsieur des Merveilles, Bernier décrit d'abord la mise en place du voyage au Cachemire entrepris par l'empereur et son opulente Cour[33], puis la marche allant de Delhi à Lahore. Enfin, une série de six autres lettres décrit le trajet allant de Lahore au Cachemire. Ce voyage devient le prétexte pour l'auteur de développer une poétique de la traversée de l'Enfer, avant d'arriver dans un Paradis Terrestre que le libertin teinte de critiques.

---

32 Jean Thévenot, *Troisieme Partie des Voyages de M. de Thevenot contenant la Relation de l'Indostan, des nouveaux Mogols, & des autres Peuples & Pays des Indes*, Paris, chez Claude Barbin, 1689, p. 18-19.

33 Bernier apprend donc à son interlocuteur que quelques temps après son ascension au trône, Aurangzeb tombe gravement malade et surprend plus d'un conspirateur en guérissant : mais, étant donné que la saison chaude va commencer, les médecins préconisent qu'il séjourne dans des régions plus fraîches afin de prévenir une éventuelle rechute. Il est donc convenu que la destination sera le Cachemire. Le narrateur explique alors que la marche du Grand Mogol est soumise à la pression politique car ce dernier, en s'éloignant de la Capitale, laisse ses ministres responsables du maintien de l'emprisonnement de son père Shah Jahan, récemment destitué de ses fonctions.

Même si, dans la première partie du voyage, un aspect ludique est sauvegardé par les chasses de l'Empereur, l'expédition demeure fastidieuse et l'auteur lui-même en souligne les difficultés, notamment celle très matérielle, consistant à débâtir puis reconstruire sans cesse les tentes. Ainsi, selon Bernier, la description de la magnificence de la Cour sert deux objectifs : d'abord représenter fidèlement l'exubérante richesse du Grand Moghol et montrer à quel point cette dernière devient pesante lorsqu'il s'agit d'une mettre en place une marche impériale. L'auteur y dépeint un paysage lugubre et plus qu'inhospitalier, commençant par la traversée de Lahore, présentée comme une ville fantôme dont « beaucoup de bâtiments tombent par terre[34]. » Mais au fur et à mesure de la progression, se dessine le tableau d'une nature malveillante empreinte de « chaleurs excessives[35] » et comparée à « une fournaise ardente[36] » et où les obstacles s'ajoutent à la pénibilité du trajet. Ainsi, Bernier ajoute à l'horreur de la traversée en personnifiant le « sable mouvant qui, à force de marcher dessus et de le remuer, glissait dans l'eau et laissait une fosse[37]. » En outre, la description de Lahore permet au voyageur de mettre en place un paysage infernal au cœur duquel l'avancée est d'une pénibilité extrême.

> Je croyais qu'après avoir surmonté les chaleurs de Moka, proche de Bab el-Mandeb, je pourrai braver celles du reste de la terre, mais depuis ces quatre jours que l'armée est partie de Lahore, je me suis bien trouvé éloigné de mon compte et j'ai expérimenté au hasard de ma vie que ce n'est pas sans raison que les Indiens même appréhendaient les onze ou douze journées de marche d'armée qu'il y a depuis Lahore jusqu'à Bhimbar, l'entrée des montagnes de Cachemire. Je vous proteste en vérité et sans exagérer que les chaleurs ont été si excessives qu'elles m'ont déjà quelquefois réduit à l'extrémité et à ne savoir le matin si je serais en vie le soir[38].

Les chaleurs indiennes, en surpassant les africaines, supposent l'élaboration d'un non-lieu invivable, parallèle à l'espace géographique, amplifiée par une temporalité étirée : il faut par exemple, deux mois au roi et sa troupe pour faire la route de Delhi à Lahore, qui ne demande

34 François Bernier, *Voyages de François Bernier…*, *op. cit.*, p. 397.
35 *Id.*, p. 398.
36 *Id.*, p. 401.
37 *Id.*, p. 399.
38 *Id.*, p. 398.

en général que deux semaines environ[39]. En effet, selon l'auteur, les chaleurs indiennes dépassent les africaines ; il touche alors particulièrement l'imaginaire démoniaque du lecteur qui place le siège de l'Enfer en Afrique[40]. De fait, Bernier associe son cheminement au danger et à la souffrance qu'il endure constamment. La route paraît pénible, fatigante, décisive ; elle demande à l'auteur de développer ses capacités d'endurance, ce qu'il souligne et amplifie par des comparaisons aux connotations diaboliques. Ainsi, lorsqu'il s'agit de traverser un fleuve, Bernier laisse supposer qu'il procède au passage du monde des vivants vers celui des morts[41].

> Je passai hier un des grands fleuves des Indes qu'on appelle la Chenab ; l'excellence de son eau, dont les grands *omerahs* se chargent au lieu de celle du Gange dont ils ont bu jusques à présent, m'empêche de croire que ce ne soit quelque fleuve pour passer aux Enfers plutôt que pour passer à Cachemire, où l'on nous veut faire croire que nous trouverons des neiges et de la glace ; car je vois que c'est tous les jours de pis en pis, et que plus nous avançons, plus nous trouvons de chaleur[42].

---

39 « cela s'appelle marcher avec gravité et, comme on dit ici, à la mogole », écrit Bernier avec ironie. *Id.*, p. 373.

40 « Dominique Lanni a rassemblé des textes qui, entre Renaissance et Classicisme, dans les siècles où l'Europe humaniste se découvrit universelle, témoignent de la permanence des anciennes peurs de l'autre aux marges du monde connu. Le noble sauvage de l'Amérique, le rusé habitant de l'Empire du Milieu renvoient à des modèles humains imaginables. On ne peut "imaginer" les populations du Sud de l'Afrique : elles semblent n'avoir rien d'humain et être les victimes les plus dégénérées de la malédiction de Cham, le fils malaimé de Noé. Hottentots ou Cafres suscitent horreur et dégoût, comme s'ils présentaient à l'observateur le miroir d'une bestialité invraisemblable. » François Moureau, « Préface » dans Dominique Lanni, *Fureur et barbarie. Récits de voyages chez les Cafres et les Hottentots. 1665-1721*, Paris, Cosmopole Active.Média, 2001, p. 6.

41 Robert Challe exploite également cet imaginaire infernal pour décrire un rituel hindou, honoré par un Intouchable. Le voyageur joue donc sur une rhétorique du souterrain, accentuée par le choix de son personnage qui est issu de la plus basse caste, auquel il donne un caractère endiablé : « [i]ci, on ne tue rien, crainte de tuer l'âme de père, mère, ou autre. Ils ont sur eux des boîtes faites exprès, où ils renferment toute cette vermine, & le deuxième jour au plus tard, ils la portent dans une espèce de grange fort basse ; &, par des trous qui sont en haut, & qui se bouchent par de petites planches qui servent de chute, ils y vident ce qu'ils ont renfermé dans leurs boîtes. Ces animaux encore vivants : ils leur assurent leur subsistance par l'exposition d'un Lascaris, qui se fait lui-même un point de religion & de dévotion de s'en laisser dévorer. Il entre le soir par un trou : il y passe la nuit ; & ne pouvant se soutenir, en un mot, sans figure humaine : &, comme il reste quelquefois plus d'un mois sans pouvoir travailler, on lui donne une roupie pour récompenser sa charité. », Robert Challe, *Journal...*, t. 2, *op. cit.*, p. 28.

42 François Bernier, *Voyages de François Bernier*, *op. cit.*, p. 398.

L'auteur donne alors à son récit une dimension fictionnelle, construite sur un sous-entendu grâce à laquelle il ne semble plus décrire ce qu'il voit de l'Inde, mais ce que son voyage lui inspire. Le lieu n'est pas décrit en lui-même ; mais en ce que le narrateur lui donne comme matérialité. Il superpose donc l'imagination à la réalité, et partage avec le lecteur un spectacle suscitant la peur. Développant une esthétique pathétique, Bernier se met en scène tel le protagoniste de la pièce infernale, dont la survie n'est pas certaine : « Adieu, l'encre se sèche au bout de ma plume et la plume me tombe de la main. Adieu[43]. » Comme s'il était seul à marcher, le narrateur se met continuellement en avant et fait passer en arrière-plan la Cour et l'armée, qu'il valorisait au début de sa lettre. En outre, il met en place une écriture du corps rendu cadavérique et desséché, il fait d'ailleurs son inquiétante description et montre que lorsqu'il boit, l'eau sort de lui par tous les pores de sa peau : le voyageur se déclare donc dépossédé de son propre corps[44]. Il impose donc une écriture empreinte de la même lourdeur que le voyage pour mieux montrer que chaque jour de marche est une nouvelle épreuve dont l'issue est incertaine pour tous. Comme l'a démontré Sophie Linon-Chipon, l'exposition de la mise à l'épreuve du corps du voyageur permet à ce dernier d'exposer au lecteur son courage et ses efforts[45]. Recentrant la narration sur lui, Bernier utilise le support épistolaire pour s'épancher et s'interroger sur ses motivations. L'effet de suspense ainsi généré, incite le lecteur à continuer sa lecture pour voir renaître, sous ses yeux le voyageur qui, en dépassant les obstacles, s'impose en héros. Néanmoins, Bernier se positionne comme étant contraint de poursuivre l'avancée, puisqu'il est engagé au service d'Aurangzeb. Cette lente traversée infernale lui est donc rendue obligatoire : oscillant entre la vie et la mort, il hésite à croire qu'il va rejoindre le Paradis Terrestre. Ainsi, les conceptions se modifient avec l'expérience du voyage qui prend peu à peu des allures

43 *Id.*, p. 401.

44 « Mon corps est devenu un vrai crible, sec et aride, et je ne me suis pas plutôt jeté une pinte d'eau dans l'estomac (car on n'y va pas à moins) que je la vois en même temps sortir de tous mes membres comme une rosée jusques au bout des doigts. [...] Le soleil ne fait que de se lever ; cependant il est insupportable [...] tout mon visage, mes mains et mes pieds sont pelés, et mon corps est tout couvert de petites pustules rouges qui me piquent comme des aiguilles. », *Id.*, p. 400.

45 Voir le chapitre intitulé « Le voyage comme souffrance » de Sophie Linon-Chipon dans *Gallia orientalis*, *op. cit.*, p. 348.

initiatiques étant donné que tous les participants à la marche ne pourront pas entrer dans le royaume de Cachemire. De cette manière, se met en place la gradation d'un cadre chaotique au sein duquel s'inscrit la mort d'un grand nombre de personnes, desquelles Bernier détache, pour mieux illustrer son propos, un « pauvre cavalier qui n'avait point de tente [et qui] fut trouvé mort au pied d'un petit arbre dont il s'était saisi[46] », de même que les animaux qui « n'en peuvent plus[47]. » Le voyageur ajoute une dernière étape à ce parcours en racontant que seuls quelques élus, choisi par Aurangzeb obtiennent la permission de sortir de la région brûlante, en passant un contrôle à l'entrée de la montagne qui mène à Cachemire. « [U]n *omerah* en garde à l'entrée des montagnes qui compte tout le monde un à un et empêche de passer ce grand nombre de *manseb-dars* (et autres cavaliers) qui voudraient bien venir jouir de la fraîcheur de Cachemire [...][48]. » Bernier explique que ces derniers se voient alors obligés d'établir un campement au sein de la « vraie fournaise ardente[49] », derrière l'« affreuse muraille du monde [...] cette haute et escarpée, noire et pelée montagne de Bhimbar[50] », pendant que les autres continuent à progresser vers leur destination.

LES RÉCITS DE CAPTIVITÉ EN INDE POUR UNE POÉTISATION DE L'ENFER

LES RIVALITÉS EUROPÉENNES COMME FACTEUR DE TENSION NARRATIVE

Selon les périodes où les voyageurs empruntent l'océan Indien, ils nourrissent leurs récits de la tension narrative due aux guerres européennes, reproduites en Inde. Robert Challe témoigne de la frustration française face aux Portugais : « Quelle humiliation pour une nation aussi brave que la nôtre d'être obligée de céder le pas, & même de

46 François Bernier, *Voyages de François Bernier*, *op. cit.*, p. 400.
47 *Id.*
48 *Id.*, p. 402.
49 *Id.*, p. 401.
50 *Id.*, p. 414.

mendier l'assistance de gens qui sans nous languiraient encore dans les fers d'une nation étrangère & dure[51] ! » Il rappelle ainsi l'aide apportée par de nombreux Français lors de la guerre d'indépendance du Portugal qui avait obtenu la paix en 1668[52]. Par ailleurs, le *Journal* de François Caron et Jacob de La Haye, montre comment se met en place la circulation des informations concernant l'actualité européenne en Inde : « Le 3 [septembre] est arrivé en la rade de Madrasparan un Navire Anglois venant d'Europe qui donne nouvelle de la guerre déclarée entre la France, l'Angleterre & la Hollande & de l'alliance entre les deux Couronnes[53]. » Le Sieur Luillier exprime son inquiétude lors de son départ de Pondichéry, alors que le navire sillonne la rade de Ballassor. « Nous avions quitté l'Étoile à Pondichéry, & nous appréhendions la guerre dont le bruit se répandoit déjà dans les Indes : c'est pourquoi ce retardement ne plaisoit point à nôtre Capitaine, qui craignoit de rencontrer quelques Vaisseaux Anglois ou Hollandois[54]. » L'Inde recompose donc le théâtre des tensions européennes et les protagonistes doivent réajuster leurs positions, selon les informations qu'ils reçoivent. Par ailleurs, le récit présente le conflit entre les Maures et les Français qui se sont établis à Saint Thomé.

> Le 4 [septembre]. Les Mores ont encore paru & ont brûlé quelques villages à la portée du canon, Mr le Viceroy sortit avec quelques volontaires, mais l'ennemi se retira. [...] Le 14 au matin quelques Cavaliers & Fantassins Mores sont venus brûler quelques villages près de cette ville, on a sorti sur eux, mais ils ont fui à leur ordinaire. Les 16 & 17. Les Mores se tiennent aux environs et empêchent les vivres, néanmoins nous recevons toujours assez. Le 18, les Mores ont pris un de nos Cascarins, auquel ils ont coupé la tête & l'ont mise près d'une Chappelle nommée Sainte Marie de Lumière. [...] Le huit [octobre] nos Cascarins ont pris deux Cascarins mores, à l'un desquels ils ont coupé la tête[55].

Le récit, construit sur un effet de redondance donne au texte une structure en miroir où les actions des uns sont répétées à l'identique

51 Robert Challe, *Journal*, *op. cit.*, vol. 2, p. 92.
52 *Id.*, p. 289.
53 Jacob de La Haye, *Journal du voyage des Grandes Indes, contenant tout ce qui s'y est fait et passé par l'escadre de Sa Majesté envoyée sous le commandement de Mr de la Haye, depuis son départ de la Rochelle au mois de mars 1670...* / par J. de La Haye et F. Caron. – Orléans, Paris, R. et N. Pepie, 1698, 2 parties en 1 vol. (Paris, [Microfiche] BnF : 8-O2K-45 (1-2)), p. 10.
54 Le Sieur Luillier, *Voyage dans les Indes orientales*, *op. cit.*, p. 50.
55 Jacob de La Haye, *Journal du voyage des Grandes Indes*, *op. cit.*, p. 10-16.

par les opposants. La présence française est présentée par le narrateur comme une menace pour les autochtones qui se montrent offensifs. De fait, bien que l'ennemi des Français paraisse imposant et violent, il ne parvient pas à lutter durablement contre les nouveaux arrivants qui parviennent à lui rendre coup pour coup.

Dans son article *Les stéréotypes nationaux*, Jean-François Dubost propose une analyse de l'image de l'Autre à l'échelle européenne[56]. Il démontre ainsi que le stéréotype est avant tout lié aux rivalités politiques, ce qu'il illustre par l'exemple de l'Anglais dont la représentation reste imprécise jusqu'au XVIIIe siècle. De la même manière, les voyageurs français en Inde s'accordent, pour la plupart, à faire une description négative, voire péjorative des Portugais, leur premier rival commercial. Au cours de la narration, ces derniers deviennent des opposants du voyageur et le mettent en difficulté, voire en danger. De cette manière, après avoir dépeint la ville de Calicut, Pyrard de Laval explique que ses compagnons et lui sont remis entre les mains de Maniassa, l'interprète, courtier des Hollandais qui parle bien portugais. Ce dernier est donc chargé par le roi de loger et de prendre soin de ses protégés durant quelques jours. Cependant, ils s'aperçoivent d'un complot mené par les Portugais à leur encontre : le voyageur raconte alors qu'ils ont dû quitter l'endroit pour un autre plus sécurisé, le temps d'être rejoint par leurs autres compagnons[57]. Ici l'auteur joue sur l'imaginaire du lecteur car il ne donne aucune preuve de la conspiration portugaise, mis à part le témoignage de l'interprète et des compagnons qu'il n'a pas nommé et dont l'identité reste floue.

Les voyageurs français découvrent l'Inde au moment où l'Empire portugais amorce son déclin sur le territoire indien[58]. Sans faire un rapprochement direct avec ce constat, les voyageurs remarquent par ailleurs que beaucoup d'émigrés portugais se sont intégrés à la population indienne en se mariant avec des Hindoues dont ils ont eu des enfants métis. Ainsi, le Portugais est souvent décrit en des termes dépréciatifs qui

---

56 Jean-François Dubost, « Les stéréotypes nationaux à l'époque moderne (vers 1500-vers 1800) » dans *Mélanges de l'École française de Rome. Italie et Méditerranée*, tome 111, n° 2. 1999, p. 671-673.

57 Pyrard de Laval, *Voyage*, *op. cit.*, p. 338.

58 Sanjay Subramanyam a étudié la présence portugaise en Inde, notamment dans son ouvrage *L'Empire portugais d'Asie, 1500-1700 : histoire politique et économique*, [« The Portuguese Empire in Asia, 1500-1700 : A Political and Economic History »], trad. de Marie-José Capelle, Paris, Éditions Maisonneuve & Larose, coll. « Monde asiatique », 1999, p. 251-309.

donnent l'image de l'homme rabaissé au dernier échelon de son humanité. La Boullaye-Le-Gouz choisit de dénoncer les persécutions portugaises sur les indigènes par le biais du discours direct. En effet, après avoir dressé l'énumération des superstitions étranges auxquelles s'adonnent les Portugais, il donne la parole à un Brahmane qu'il vient d'interroger.

> [J]'avois fait amitié avec un habille Bramen, auquel un jour je demanday pourquoy il ne se faisoit pas Chrétien, vu qu'il estoit sçavant Medecin & Astrologue, & devoit par consequent connoistre & suivre la verité. Il me fit cette response, Ibrahin Beg, toute creance que l'on a de Dieu est bonne, je ne m'estonne pas pourquoy donc vous estonnez-vous de ce que je ne me fais pas de la vostre, il faut laisser le monde comme il est, il y a plusieurs chemins pour aller à Birampour les uns plus droicts & plus courts que les autres, mais enfin l'un y peut venir, de mesme, est-il du Ciel & du Paradis où chacun peut monter de quelle Nation ou Religion qu'il soit, parce que c'est la patrie commune, & la demeure destinée aux âmes de ceux qui auront bien fait en cette vie [...][59].

Ainsi, à travers son personnage, le voyageur incite à la tolérance religieuse. Rappelant que l'Inde est un territoire où se côtoient de nombreuses religions, il souligne le désordre imposé par les Portugais qui cherchent à imposer le christianisme aux dépens des autres cultes.

> [L]e Roy de Portugal se rend protecteur des enfans orphelins, lesquels on enleve des mains de leurs parens pour les mettre dans des seminaires entretenus par la Couronne de Portugal, où ils sont instruits dans la Foy Catholique, & baptisez à mesme jour tous les ans, puis l'on leur donne chacun un habit ou quelque autre chose equivalente, n'osans plus retourner dans la Gentilité à peine du feu, parce que l'Inquisition les feroit punir comme apostats & renagats de la Foy ; Voilà pourquoy il se fait des Baptesmes prodigieux de deux à trois cens enfans : mais pour les Gentils qui sont aagés il s'en convertist peu [...][60].

Le voyageur témoigne de l'échec des missionnaires portugais qui échouent dans la conversion des Hindous. La mise en parallèle du discours du brahmane avec l'énumération des persécutions portugaises montre que

59 La Boullaye-Le-Gouz, *Les voyages et observations du sieur de La Boullaye Le Gouz gentil-homme angevien, où sont décrites les religions, gouvernements et situations des Estats et royaumes... Grand Mogol, Bijapour, Indes orientales des Portugais... et autres lieux... d'Europe, Asie et Afrique...* Paris, G. Clousier, 1653, (Paris, BnF : G-6192 et MICROFILM M-18175) ; éd. Jacques de Maussion de Favières, *Les voyages et observations du sieur de La Boullaye-Le-Gouz, gentil-homme angevien*, Paris, Kimé, 1994, p. 224.

60 *Id.*, p. 223.

l'auteur préfère valoriser la liberté de culte à la contrainte de l'adhésion à la foi chrétienne par la peur[61]. Sous sa plume, les Hindous paraissent obligés de fuir les territoires occupés par les Portugais, pour rejoindre l'Empire du Grand Moghol, qui leur laisse exercer leur religion. De fait, le témoignage de La Boullaye-Le-Gouz apporte des informations essentielles sur le comportement à adopter, en tant que conquérant français, pour gagner l'approbation des indigènes.

Robert Challe choisit de mettre en situation cette tension entre les rivaux européens, par le biais d'une anecdote au cours de laquelle le roi de Golconde met à l'épreuve deux représentants : un anglais et un hollandais, sous les yeux d'un officier français. C'est donc grâce à ce dernier que le voyageur dit avoir eu connaissance de l'histoire.

> [C]e prince leur avait donné dîner à sa table, où lui-même fut convié : qu'à la fin du repas, ce roi les avait piqué d'honneur sur les richesses de l'une & l'autre nation, & leur avait enfin dit qu'il en jugerait par un achat qu'il voulait leur faire faire, & voir celui qui mettrait le plus d'argent. Sur quoi il avait fait entrer une fille, fort jeune, blanche, & parfaitement belle ; & leur avait déclaré que la marchandise qu'il voulait leur faire acheter était le pucelage de l'aimable enfant qu'ils voyaient. L'endroit était tentatif ; il fallait s'en tirer. L'Anglais offrit mille écus, le Hollandais deux mille ; & ils se piquèrent si bien l'un et l'autre que le pucelage fut vendu à l'encan sept mille écus. [...][62]

Structurée par une scénographie démonstrative propre à l'esthétique du conte, l'anecdote de Challe lui permet de mettre en scène trois personnages à travers le regard d'un quatrième qui est le témoin de l'action. Dans sa thèse, Christine Rousseau propose de faire une analyse stylistique des contes en tant que « genre mondain alors en plein essor à la fin du XVIIe siècle[63]. » S'intéressant d'abord à l'hypertrophie quantitative, elle

---

61 « Les persecutions que les Portugais font aux Indou, Parsis & Mansulmans, les contraignent d'abandonner leurs terres, pour aller demeurer sur l'Empire de Schah Geaann ou d'Adel Schah, où ils ont libre exercice de leur Religion, Temples, Sacrifices, lavoirs, &c. & à present entre Damaon & Bassain, il y a si peu de naturels Indou que la pluspart des aldées sont en friche sans estre cultives, je suis certain que les Indou aiment mieux les Portugais que les Mansulmans, ny les Anglois, Hollandois, ou Danois, mais leur conscience les oblige souvent à chercher un Asile où ils puissent servir leur Dieu, suivant les rites & les ceremonies des Bramens. », *Id.*, p. 225.

62 Robert Challe, *Journal*, *op. cit.*, t. 2, p. 29.

63 Christine Rousseau, *Les enchantements de l'éloquence : contes de fées et stratégies hyperboliques au XVIIe siècle*, Thèse soutenue publiquement le 19 octobre 2013, Université de Grenoble, Sous la direction de Christine Noille-Clauzade, p. 6-7.

démontre notamment que le recours aux nombres « cent » et « mille[64] » est une marque structurelle du genre. Ainsi, dans un contexte de surenchère, ils entretiennent « la galanterie ambiante » et « surenchérissent les codes et valeurs de l'apologie héroïque[65]. » Il apparaît également que trois des quatre personnages en présence portent des dénominations génériques : « le roi de Golconde », « l'Anglais » et « le Hollandais » sont dépossédés de leurs individualités pour devenir dépendants de l'énonciateur[66]. Par ailleurs, en apposant deux adjectifs qualificatifs au Hollandais, l'auteur recrée ainsi « une entité à part entière et une conception particularisante de l'être dénommé dans la narration[67]. » Il amorce indirectement une classification des peuples européens selon laquelle pour sauver l'honneur de la nation, l'Anglais quitte le jeu et perd sa mise, le Français reste spectateur et le Hollandais, bien qu'ayant remporté la partie reste « sage et prudent. » Le quatrième personnage en présence, le Français, est lui désigné par un nom propre : « M. de Saint-Paul. » Il est le témoin silencieux de la mise au défi du roi. Or, en choisissant de nommer ainsi le représentant de la Compagnie française, Challe fait indirectement le portrait d'une France pieuse aux ambitions évangélisatrices. En outre, étant le seul personnage identifié par un patronyme, le Français bénéficie d'une individualisation héroïque[68] : n'ayant pas été inclus dans l'épreuve imposée par le souverain indien, il peut offrir dignement son témoignage au voyageur qui va alors le transmettre à son lectorat. Il semble donc que Challe a recours à la poétique du conte pour recréer la course menée par les divers pays européens voulant obtenir les faveurs des dirigeants indiens.

64 « Les nombres "cent" et "mille" n'expriment pas une quantité juste mais un degré supérieur qui figure l'amplification par leur simple utilisation. Ils sont des marqueurs hyperboliques du fabuleux, définitoires de l'intention merveilleuse. Ils expriment ainsi la mesure de la démesure féerique et favorisent l'emphase généralisée constitutive du récit. [...] "Cent" et "mille" ne sont pas vides de sens ou même vidés de leur sens, mais au contraire doublement, multiplement remplis par une sur-sémantisation de la forme-sens qui convoque l'imaginaire et les repères culturels du lectorat actif. », *Id.*, p. 39.

65 *Id.*, p. 42-43.

66 « Il s'agit de symboliser des figures aux traits caricaturaux pour présenter au lecteur des types identifiables [...] De nombreux personnages possèdent ainsi un nom programmatique ou un surnom dont la valeur caractérisante est forte car, outre la désignation du personnage, il induit un énonciateur garant de cette vérité descriptive. », *Id.*, p. 70 et 72.

67 *Id.*, p. 76.

68 *Id.*, p. 71.

L'ESPACE INDIEN : UNE SCÉNOGRAPHIE DIABOLISÉE REPRÉSENTANT L'ADVERSAIRE EUROPÉEN

Les voyageurs ayant connu une période d'emprisonnement et ayant dû séjourner dans des prisons indiennes, réactualisent la littérature de captivité en lui donnant, notamment, un nouveau cadre spatio-temporel. La rétention, ordonnée par l'adversaire européen et non par l'Indien, inspire une théâtralisation diabolisée de l'espace carcéral, accentuant ainsi les traits de l'ennemi. Décrivant la ville de Diû, où il vient d'arriver, Vincent Le Blanc recrée la réalité européenne qu'il transpose sur l'indienne. Cependant, sous la plume du voyageur, l'Autre inhospitalier, est ici le Portugais qui exerce une justice impitoyable sur son propre peuple.

> La ville est grande comme Marseille, un peu moins que Goa. Il y a nombre de belles Eglises, & les Jésuites y en ont une très belle. [...] Les Portugais s'étant faits de cette ville sur Baduris Roi de Cambaye, dès leur établissement aux Indes, y ont mis l'Inquisition à la mode d'Espagne, si rigoureuse qu'il faut être bien avisé pour s'en garder. J'y ai vu brûler un pauvre marchand Portugais que son esclave avait accusé d'avoir mis une croix dans un oreiller, & s'être assis dessus par mépris, ce que toutefois le misérable patient ne confessa jamais au supplice, disant toujours qu'on le faisait mourir pour ses richesses, qui étaient grandes[69].

Renforcé par le témoignage de l'auteur, ce récit présente le supplicié comme la victime d'un système juridictionnel d'une extrême sévérité et dont il faut connaître les codes pour pouvoir l'éviter. Ainsi, cette anecdote permet à Le Blanc de mettre en place une représentation pyramidale de la parole : celle du marchand portugais, celle de son esclave au-dessus desquelles s'élève la parole de l'Inquisition qui impose son joug aveuglément.

Pyrard de Laval s'attache à décrire la ville de Goa comme étant « la capitale de toute la Coste de l'Inde Orientale où les Portugais

---

69 Vincent Le Blanc, *Les voyages fameux du sieur Vincent Le Blanc Marseillois, qu'il a faits depuis l'aage de douze ans iusques à soixante, aux quatre parties du Monde, à sçavoir aux Indes orientales & occidentales, en Perse & Pegu, aux royaumes de Fez, de Maroc & de Guinée, & dans toute l'Afrique intérieure, depuis le cap de Bonne-Espérance iusques en Alexandrie, par les terres de Monomotapa, du Preste Iean & de l'Égypte, aux Isles de la Méditerranée, & aux principales Provinces de l'Europe, & le tout recueilly de ses mémoires par le Sieur Coulon*, Paris : G. Clousier, 1648. – 3 parties en 1 vol. (Paris, BnF : G-6257 ; MICROFICHE M-8920 et NUMM-82272), p. 64.

frequentent[70]. » Après avoir évoqué la ville dans ses dimensions géographiques et démographiques, il explique l'influence de la loi portugaise sur les conversions au christianisme.

> Les Portugais y usent de mesmes loix & coustumes qu'en Portugal. Ils y demeurent meslez avec les Indiens, Payens, Mores, Juifs, Armenies, Gujarates. Banians, Bramenes, & autres peuples des Indes, qui frequentent & habitent avec liberté de leur religion, excepté qu'on n'y souffre pas les brulements des corps humains morts ou vivants, ni les ceremonies de leurs mariages ni autres superstitions diaboliques, surquoy l'Evesque a inspection, depeur que quecun ne s'avance par temerité de faire quelque chose qui tourne en scandale aux nouveaux Chrétiens. Et quant aux loix civiles des Portugais ils s'y assujettissent tous[71].

Selon le voyageur, Goa apparaît comme une transposition diabolisée du Portugal en Inde. En effet, malgré la multiculturalité apparente de la ville, Laval souligne que l'Évêque a regard sur l'ensemble des rites : il en fait donc une figure d'autorité qui peut abattre son joug au nom de l'Inquisition.

POUR UNE ESTHÉTIQUE INFERNALE : LA DESCRIPTION DES PRISONS DE L'INQUISITION

Le tribunal catholique est une institution qui inspire une crainte particulièrement marquée à travers les récits. Les voyageurs s'étant trouvés aux prises avec la Sainte Inquisition en soulignent les importants paradoxes. Certains d'entre eux comme Charles Dellon vont jusqu'à dénoncer les abus en donnant à la description des prisons une esthétique diabolisée, révélant au public l'enfer physique et psychologique de l'incarcération inquisitoriale. Charles Dellon est recruté en tant que second chirurgien sur le navire La Force en 1668. Engagé par la Compagnie Française des Indes orientales, il atteint Surate en septembre 1669. En 1673, il choisit de découvrir les comptoirs portugais pour rejoindre le Bengale en passant par Goa, mais il se fait arrêter à Daman le 24 août. Accusé d'hérésie, le voyageur devine qu'il a été dénoncé par le gouverneur de la ville suite à une rivalité amoureuse[72] Le récit de captivité de Charles Dellon au sein

70 Pyrard de Laval, *Voyage de Pyrard de Laval*, *op. cit.*, vol. 2, p. 55.
71 *Ibid.*, p. 56.
72 « [B]ien que ne se considérant pas coupable et rejetant la faute de son emprisonnement sur le compte de la jalousie du gouverneur de Daman, amoureux d'une dame qui lui accorde

des prisons de l'Inquisition à Goa, Daman et au Saint-Office recrée le parcours d'un homme accusé à tort et qui attend la mise au jour de son innocence pendant un peu plus de deux ans. Basée sur une trahison[73], l'incarcération de Dellon est vécue par ce dernier comme une injustice. Par ailleurs, comme l'a souligné François Moureau, ce récit « brosse un tableau halluciné de l'univers carcéral, et surtout des méthodes de torture morale annonçant, près de deux siècles plus tôt, le récit d'Arthur London dans *L'Aveu*[74]. » En effet, préfigurant le *Candide* de Voltaire, le narrateur détaille chaque étape de son emprisonnement et donne une double dimension à la narration : il explique à la fois les trahisons subies et les désillusions que ces dernières entraînent. La forme syntaxique redondante trouve en son centre la conjonction « mais » pour créer le déséquilibre narratif[75]. Le voyageur se présente donc comme un homme empreint d'une naïveté qui l'empêche de prévoir les actions qui sont menées contre lui et accentue la solitude dans laquelle il se trouve, face

ses faveurs, il reconnaît les faits [...]. », Jean-Pierre Dedieu. « Charles Dellon, *L'inquisition de Goa. La relation de Charles Dellon (1687)* », dans *Bulletin Hispanique*, tome 100, n° 1, 1998, p. 203.

73 « Comme je n'avais que des ennemis cachés, ils se mêlèrent aisément parmi mes meilleurs amis. Le gouverneur et le prêtre noir, qui ne souhaitaient rien tant que mon éloignement, surent admirablement bien dissimuler leur haine et leur jalousie, le premier en m'envoyant des officiers de sa maison pour m'assurer qu'il prenait beaucoup de part à ma disgrâce et pour m'offrir tout ce qui dépendait de lui, et l'autre en venant à la grille répandre quelques fausses larmes, que la joie plutôt que la tristesse lui faisait verser. », Charles Dellon, *L'Inquisition de Goa : La Relation de Charles Dellon, 1687*, Chandeigne, Coll. « Magellane », 1998, p. 139.

74 François Moureau, « L'Estra et Challe sur la route des Indes : Naissance d'une écriture », *Idées et réprésentations coloniales*, Paris, PUPS, 2009, p. 32.

75 « Le sujet ou le prétexte de la jalousie de Manuel Furtado de Mendonça furent les fréquentes, mais innocentes, visites que je rendais à une dame qu'il aimait et dont il n'était que trop aimé [...] » p. 137, « je me flattais avec assez de fondement que Manuel Furtado, qui m'avait toujours témoigné beaucoup d'amitié, ne permettrait pas que je restasse seulement une nuit en prison, mais quand celui qui m'y avait conduit me déclara que c'était par ordre de l'Inquisition, mon étonnement fut si grand que je restai pendant quelques temps immobile. » p. 138, « Ma lettre fut fidèlement rendue, mais contre mon espérance et le désir de mes amis, l'on ne me fit point de réponse, et on me laissa languir [...] » p. 141, « Le père commissaire ne m'avait pas trouvé criminel dans la confession que j'étais allé lui faire de mon propre mouvement [...] je devais demeurer libre selon les lois de l'Inquisition, mais comme ce n'était pas l'intention du gouverneur ni du prêtre noir, ce bon père passant par-dessus toutes les lois m'avait accusé comme hérétique dogmatisant. » p. 142, « [...] je commençais à me flatter que je pourrai bien y rester jusqu'à ce que mon affaire fût terminée, mais je vis évanouir toutes mes espérances [...] » p. 149, *Ibid.*

à ses nombreux opposants. Cependant, cet *ethos* entre diamétralement en contradiction avec celui qu'il développe par la suite, pour conclure son expérience inquisitoriale. Il apparaît alors déterminé à dénoncer les abus dont il a été victime et propose un compte-rendu structuré, reprenant étape par étape le récit de sa détention[76]. Il se fait alors l'informateur du système inquisitorial et assure les données qu'il transmet car il les a expérimentés[77]. Son incarcération prend alors l'aspect d'un voyage initiatique, duquel Dellon est passé du statut d'homme ignorant, à celui d'auteur réprobateur d'un réquisitoire acerbe.

Par ailleurs, le voyageur propose un exposé général sur le fonctionnement détaillé de l'Inquisition : il se retire alors de la narration et souligne de manière plus générale, l'importance des sens dans le traitement qui est fait aux suspects. D'abord la parole, en ce qu'elle condamne ou sauve de la mort. Mais cette parole est accompagnée d'une mise en scène scabreuse élaborée pour déstabiliser le suspect afin de lui soutirer des aveux.

> Pour bien éclaircir cette matière, je suppose qu'un chrétien nouveau, mais qui pourtant est très sincèrement et très véritablement chrétien descendu de ces familles infortunées, soit arrêté par ordre de l'Inquisition et qu'il soit accusé non seulement par sept témoins, mais par cinquante si l'on veut ; cet homme, qui est convaincu de son innocence, qu'il espère voir indubitablement reconnue [...] Quelques mois s'étant ensuite écoulés, on appelle cet homme à l'audience pour lui demander s'il sait pourquoi on l'a mis en prison, à quoi il ne manque pas de répondre qu'il n'en sait rien ; [...] On le conjure ensuite par les entrailles de la miséricorde de Notre Seigneur Jésus-Christ – car ce sont là les propres termes dont on affecte d'user dans cette sainte maison – de confesser volontairement ses crimes, puisque c'est la seule voie qui lui reste pour sauver sa vie, et que le Saint-Office cherche tous les moyens possibles pour ne la lui faire pas perdre[78].

Dellon met en lumière les techniques de manipulation utilisées par les agents de l'Inquisition. Pour ce faire, il insiste sur le caractère

76 *Ibid.*, p. 218-223.

77 S'appuyant sur l'anecdote d'un religieux qui a été trompé par une absolution feinte de la part des juges pour mieux le déposséder de ses biens : « [...] cet exemple doit apprendre à ceux qui voyagent, ou qui vivent dans les pays où l'Inquisition est établie, à être non seulement circonspects dans leurs paroles et dans leurs actions, mais encore à ne se jamais fier aux assurances et aux sauf-conduits que les inquisiteurs ou leurs commissaires voudraient leur accorder, pour peu qu'ils crussent avoir sujet d'appréhender. », *Ibid.*, p. 224.

78 *Ibid.*, p. 165-166.

innocent du personnage accusé à tort et sur sa chrétienté. Selon l'auteur, celui-ci se trouve confronté à machine inquisitoriale : dénoncé à tort, il se retrouve déplacé d'un cachot à une salle d'audience et déposé devant un juré prêt à le condamner à mort. La détresse de l'accusé est montrée indirectement par le narrateur qui retransmet le procès en expliquant l'empressement avec lequel l'homme répond à des questions dont il ne peut pas saisir les enjeux puisqu'il ignore le motif d'inculpation. Cependant, Dellon intervient insidieusement à plusieurs reprises pour montrer au lecteur les enjeux du double discours tenu par les juges. Il se permet une précision entre parenthèses pour rappeler les termes précis à utiliser « en cette sainte maison », il répète également la locution « c'est-à-dire » afin d'annoncer une précision à son propos. Sous la plume de Dellon, ce captif accusé de judaïsme, prend valeur de paradigme applicable aux autres chefs d'accusation : il met au jour le caractère aléatoire des dénonciations et leur élaboration[79]. De cette manière, le lecteur comprend que les juges sont des imposteurs qui, en hypocrites, jouent un rôle bienveillant pour mieux participer à l'élaboration d'un système totalitaire et faussement religieux.

Le récit, construit sur une esthétique théâtralisée, suit l'évolution du protagoniste et narrateur dans son cheminement au cœur d'une incarcération aux allures infernales. En effet, lorsqu'il s'agit de se mettre lui-même en scène, le voyageur teinte sa narration de références à l'Enfer. Il dresse une gradation de l'horreur dans les descriptions qu'il fait des prisons de Daman où il passe quatre mois[80], Goa et du Saint-Office.

> La prison de Daman est plus basse que la rivière qui en est proche, ce qui la rend humide et malsaine. [...] Les murs de cette prison sont fort épais. Cette triste demeure consiste en deux grandes salles basses et une haute, proche

79 « Tout ce qui se pratiquent contre les personnes rendues suspectes de judaïsme et tout ce qui vient d'en être dit doit être entendu des personnes rendues suspectes de sortilège, parce qu'elles sont censées avoir été aux assemblées superstitieuses dont j'ai parlé, et l'embarras de nommer leurs témoins est encore plus grand, parce qu'ils n'ont pas comme les nouveaux chrétiens à chercher leurs témoins et leurs complices dans une certaine espèce d'hommes, mais il faut qu'ils les trouvent au hasard et indifféremment dans tout ce qu'ils connaissent, amis, parents, ennemis, indifférents, de toute profession, ce qui embarrasse encore plus d'innocents dans ces accusations fortuites et forcées, parce qu'il en faut nommer un plus grand nombre pour rencontrer dans cette foule d'innocents les témoins sur lesquels on est interrogé. », *Ibid.*, p. 169.

80 *Ibid.*, p. 143.

> de laquelle est l'appartement du geôlier. [...] Nous étions dans cet espace environ quarante personnes, et il n'y avait point d'autre lieu pour satisfaire aux nécessités ordinaires que celui-là. Les prisonniers rendaient leur eau au milieu de cette salle, et le ramas de ces eaux croupies y faisait une espèce de mare. Les femmes n'avaient point d'autre commodité dans leur étage, et il n'y avait entre elles et nous que cette différence, que leurs eaux s'écoulaient de leur salle haute, et tombaient à travers du plancher dans la nôtre, où toutes ces différentes eaux croupissaient[81].

La description métonymique des détenus, à partir de leurs déjections excrémentielles, impose un espace quadrillé par les matières fécales, où le temps semble arrêté dans une vie stagnante. L'écriture de la pourriture, portée à son faîte par l'évocation hyperbolique des vers en surnombre au point d'envahir la salle, permet au narrateur de mettre sur un même plan l'homme et le lombric, au sein d'un espace en putréfaction[82]. Ainsi, lorsque le voyageur use de superlatifs pour donner une image de la prison de Goa où il est transféré en janvier 1674, il donne au lecteur le moyen d'imaginer un lieu encore plus horrible. Dellon raconte son entrée dans l'*Ajube*, accompagné de son « infortunée troupe » et leur confinement au cœur d'une salle encore une fois décrite à partir du traitement des excréments et de l'occupation de l'espace par « la vermine dont la prison était remplie [...][83]. » Il insiste néanmoins ici sur le manque de lumière, due à l'absence de fenêtres.

> C'est une espèce de cave, où l'on ne voit le jour que par une fort petite ouverture, où les rayons les plus subtils du soleil ne pénètrent point et où jamais il n'y a de véritable clarté [...] cependant, tout horrible qu'est cette demeure, je l'aurais volontiers préférée aux cellules propres et éclairées de la Sainte Inquisition, parce qu'il y avait de la compagnie et de la conversation dans l'*Aljube* et que j'étais informé qu'il n'y en avait point dans les prisons du Saint-Office[84].

81 *Ibid.*, p. 140.

82 Tavernier expliquant les pénitences des fakirs, a également recours aux vers pour parfaire sa description. L'Inde devient alors une sorte de non-lieu peuplé par des fakirs, créatures hybrides qui respectent la vie des vers, un animal pourtant jugé extrêmement répugnant. « Ils se servent fort rarement de bois, de peur qu'il ne s'y trouve quelque animal vivant que l'on fit mourir ; & celuy que l'on employe à faire brûler les morts est d'un certain bois flotté qui n'engendre point de vers. », Jean-Baptiste Tavernier, *Les six voyages de Jean-Baptiste Tavernier*, *op. cit.*, p. 376.

83 Charles Dellon, *L'Inquisition de Goa*, *op. cit.*, p. 149.

84 *Ibid.*, p. 148-149.

Ainsi, après un séjour dans ces deux cachots obscurs et envahies par l'ignominie, Dellon annonce le point culminant de la monstruosité et déroute le lecteur. En effet, il oppose ces espaces de pourriture à un lieu propre et éclairé : le fait qu'il fasse part de ses craintes concernant ce dernier, crée une antinomie qui accentue l'inquiétude du lecteur concernant le sort du personnage. Par ailleurs, la description du Saint-Office présente un lieu constitué de galeries, de chambres et d'antichambres à traverser avant d'arriver dans la salle d'audience. Sous la plume du voyageur, cette dernière apparaît, non pas effrayante ou rebutante, mais immense et agencée de manière sobre. Les objets immenses qui la meublent, accentuent l'effet de soumission attendu du détenu par les juges : le gigantesque crucifix « élevé presque jusqu'au plancher » incite le voyageur à se « jeter à genoux aux de son juge[85] » afin de mieux le toucher pour obtenir ses faveurs. Mais, si le décor n'est pas décrit pour choquer le lecteur, c'est en racontant la façon dont l'Inquisition préserve les captifs qu'elle s'apprête à condamner, que Dellon développe une écriture de la torture psychologique. Cette dernière s'élabore sur une mise en place du paradoxe : l'ensemble du récit où le voyageur se met en scène, est structuré par le balancement entre une poétique du mutisme et une écriture du mensonge qui poussent toujours plus loin celui-ci dans ses retranchements intérieurs. Par ailleurs, il explique que les détenus sont à la fois nourris convenablement et soignés : il dévoile alors les rouages du système inquisitorial.

> L'on a grand soin dans l'Inquisition de donner aux malades toutes les choses nécessaires : les médecins et les chirurgiens ne manquent pas de les visiter quand il le faut, et si les maladies deviennent dangereuses, on leur donne des confesseurs, mais l'on n'administre à personne dans cette sainte maison ni le viatique ni l'extrême-onction, de même qu'on n'y entend jamais ni sermon ni messe. Ceux qui meurent dans les prisons sont enterrés dans la maison, sans aucune cérémonie, et si selon les maximes de ce tribunal ils sont jugés dignes de mort, on les désosse et l'on conserve leurs ossements pour être brûlés au premier acte de foi[86].

À l'image du traitement médical qui est réservé aux prisonniers, Dellon met au jour toute la machination voulue par le Saint-Office. De fait, il montre le jeu construit autour des apparences ; d'un côté les

85 *Ibid.*, p. 151.
86 *Ibid.*, p. 157.

malades sont soignés mais de l'autre, ils ne bénéficient pas de la charité chrétienne s'ils meurent. D'après l'auteur, les juges peuvent tout de même établir la culpabilité du suspect et ordonner que son cadavre soit dépecé pour que soient brûlés ses os, afin de lui fermer définitivement les portes du Paradis. Cette écriture du corps violenté, apparaît aussi pour amorcer la descente aux Enfers de Dellon. En effet, il raconte qu'à l'issue de sa première audience, il se trouve conduit à travers « une longue galerie », d'une pièce à l'autre. Dans cette dernière, le voyageur explique comment, en silence il se fait dépouiller de ses effets personnels par les officiers qui l'encadrent[87], avant de subir une modification corporelle inattendue.

> [...] je demandai [aux gardes] des livres et mes peignes, mais j'appris d'eux qu'on ne donnait les premiers à personne [...] et que les seconds ne me seraient pas nécessaires : en effet, ils me coupèrent mes cheveux sur le champ, et cela se pratique à l'égard de tous les prisonniers de quelque sexe ou condition qu'ils soient dès le premier jour qu'ils entrent dans les saintes prisons, ou le lendemain au plus tard[88].

Dellon témoigne du décalage auquel il doit faire face entre les membres de l'Inquisition et lui, qui ne connaît pas les codes de ce nouveau milieu dans lequel il est enfermé. Par ailleurs, il explique que les officiers ne lui donnent pas d'ordres pour se déplacer mais « [le] pren[nent] par la main et [l]e condui[sent][89] » dans son cachot. Il montre donc qu'il est progressivement dépossédé de son corps jusqu'à douter de sa santé mentale : c'est précisément parce qu'il est maintenu dans une solitude extrême, que le voyageur expérimente des émotions humaines extrêmes, atteignant le désarroi ultime qu'est le suicide[90].

87 « [...] on me fouilla exactement, on m'ôta tout ce que j'avais sur moi, jusqu'aux boutons de mes manches et une bague que j'avais au doigt, sans qu'il me restât autre chose que mon chapelet, mouchoir et quelques pièces d'or que j'avais cousues dans un ruban et que j'avais mises entre ma jambe et mon bas, où l'on ne s'avisa pas de regarder ; de tout le reste, on en fit sur le champ un inventaire et un mémoire aussi exact qu'il a depuis été inutile, puisque ce qu'il y avait et qui était de quelque valeur ne m'a jamais été rendu [...] », *Ibid.*, p. 152.

88 *Ibid.*, p. 153.

89 *Ibid.*, p. 152.

90 « [...] je ne voulais plus vivre, et l'extrême désir que j'avais de mourir troubla ma raison, de sorte que j'imaginai un milieu entre le désespoir qui donne la mort tout d'un coup et la mort naturelle que je ne pouvais me résoudre à attendre, et j'espérais que Dieu me pardonnerait si je me la procurais lentement et par le ministère d'autrui. » p. 181, « [...]

Le voyageur trouve donc pertinent de remettre en question la sainteté de cette église tout au long de son ouvrage, mais il dresse précisément le parallèle entre la parole du Christ et celle qui est appliquée par les inquisiteurs[91]. Il file alors ce procédé en dévoilant la façon dont intervient la parole au sein des geôles de l'Inquisition ; ainsi, il retranscrit principalement cette dernière sous la forme indirecte afin de mieux en souligner l'aspect ambivalent, dans ce contexte inquisitorial. D'après Dellon, elle sert tout d'abord à traiter la procédure administrative lors de l'entrée des détenus[92] et dès ce premier échange oral, il montre qu'une mécanique mensongère fonde la base du système du Saint-Office[93]. Mais la parole joue aussi le rôle public de la condamnation à mort ; une sentence dénoncée par le voyageur.

> L'on lut les procès de ces infortunés, qui étaient tous terminés par des paroles : que [l'Inquisition] ne pouvant leur faire de grâce, à cause de leur rechute, ou de leur impénitence, et se trouvant indispensablement obligée de les punir selon la rigueur des lois, elle les livrait, quoiqu'à regret, au bras et à la justice séculière, qu'elle priait pourtant instamment d'user de clémence envers ces misérables, et que si elle leur imposait une peine de mort, ce fût au moins sans effusion de sang. [...] Grande bonté de l'Inquisition, d'intercéder ainsi pour des coupables ! Condescendance extrême du magistrat, d'aimer mieux, pour complaire à l'Inquisition, se contenter de brûler ces coupables jusqu'à la moelle des os que d'user du pouvoir qu'il de répandre leur sang[94] !

Ici l'auteur retranscrit la voix inquisitoriale, montrant à quel point son discours est ambigu et joue sur la culpabilisation des détenus. Mais,

---

j'étais d'ailleurs si transporté de colère de me voir ainsi joué, que si l'on m'eut fait retirer aussitôt après avoir signé ma déposition, peut-être n'aurais-je pu m'empêcher de dire des injures à mon juges, et si j'avais eu autant de force et de liberté que ma passion me donnait de courage, peut-être n'aurait-il pas été quitte pour des paroles outrageantes. », *Ibid.*, p. 192.

91 « On ne peut se dispenser de faire encore une petite réflexion sur le titre de sainte que l'Inquisition s'attribue. En effet, il est assez malaisé de comprendre en quoi consiste cette sainteté, et comment on peut appeler saint un tribunal qui viole les lois sacrées de la charité et les ordonnances de Jésus-Christ et de l'Église. », *Ibid.*, p. 221.

92 *Ibid.*, p. 161.

93 « L'inquisiteur, prenant la parole, me dit que l'on me donnait du temps pour penser à ce qui regardait le souverain pontife, mais qu'il ne pouvait assez admirer mon impudence en ce que j'assurais avoir confessé ce qui regardait l'Inquisition, puisqu'il était très certain que je n'en avais pas ouvert la bouche et que si j'eusse fait ma déclaration sur cet article dans le temps que je disais l'avoir fait, je n'aurais pas demeuré si longtemps en prison. Je me souvenais si bien de ce que j'avais dit et de ce qu'on m'avait répondu [...] », *Ibid.*, p. 192.

94 *Ibid.*, p. 212.

s'imposant en traducteur de la fourberie des inquisiteurs, Dellon joue d'ironie pour accuser la fausseté de ses représentants de Dieu. Par ailleurs, il s'appuie sur des images renvoyant au corps mutilé pour accentuer son propos. Enfin, sous la plume du voyageur, le silence est également rompu par les cris des détenus torturés qui viennent le hanter dans son attente purgative.

> Pendant les mois de novembre et de décembre, j'entendais tous les matins les cris de ceux à qui on donnait la question, qui est si cruelle que j'ai vu plusieurs personnes de l'un et l'autre sexe qui en étaient demeurées estropiées, et entre autres les premiers compagnons qu'on m'avait donnés pendant ma prison. L'on n'a aucun égard dans ce saint tribunal à la qualité, à l'âge ni au sexe ; on y traite tout le monde avec une égale sévérité, et tous sont indifféremment appliqués à la torture, presque nus lorsque l'intérêt de l'Inquisition le requiert[95].

Enfin, la parole peut être rassurante en faisant comprendre au captif qu'il sera libéré bientôt[96]. Il s'avère ainsi que sous la plume de Dellon, les inquisiteurs sont les représentants d'un totalitarisme religieux extrême qui crée un monde clôt, au sein du territoire indien et ne permet pas une diffusion pertinente de la chrétienté. Mais ils sont aussi des envoyés maléfiques qui jouent sur une mise en scène diabolique pour mieux maintenir les détenus dans une tension psychologique extrême. Le voyageur décline cette description infernale en racontant l'exécution de l'autodafé. En effet, au cours de ce dernier, l'importance des costumes, particulier à chaque chef d'accusation, ainsi que le rituel à suivre impose une théâtralité effrayante. À travers son récit, le voyageur semble avoir trouvé l'emplacement du Purgatoire : ce lieu où les âmes sont en transite et attendent de se défaire de leurs pêchés pour entrer au Paradis.

95 *Ibid.*, p. 194.
96 *Ibid.*, p. 204.

CONCLUSION DE LA PREMIÈRE PARTIE

Le récit de voyage en Inde propose de dévoiler un territoire marqué par une organisation antipodique à travers lequel le voyageur peut soit atteindre le Paradis pour mieux le critiquer, soit connaître les affres de l'Enfer. De fait, si la description idéale de l'Inde enrichit la *mirabilia india* des voyageurs, l'analyse libertine de Bernier s'inscrit dans une déconstruction scientifique et ironique de l'illusion édénique. Racontée par les voyageurs l'Inde peut être un espace de magnificence et de découvertes fabuleuses. En revanche, lorsqu'il est teinté par des descriptions infernales évoquant les pérégrinations funestes ou les séjours carcéraux des voyageurs, le récit incite le lecteur à concevoir le territoire indien comme un théâtre de l'horreur. L'ennemi devient alors tour à tour un personnage indien ou européen, au sein d'une terre hostile. Le voyageur raconte ainsi sa longue traversée infernale et la lutte pour sa propre survie : l'Inde, principalement à travers la ville de Goa, devient alors un espace où peut se dire l'horreur et les abus causés par les agents de l'Inquisition portugaise.

La découverte française de l'Inde s'inscrit dans une volonté politique européenne, principalement orientée vers le commerce. La rencontre avec les Indiens conduit les voyageurs à représenter ces derniers par le biais d'une narration tronquée : se revendiquant authentique, cette littérature est en fait empreinte d'interférences théâtrales, poétiques et romanesques[1]. Il s'agit moins pour les voyageurs de reproduire le portrait culturel d'un peuple avec lequel ils ont interagi, que de recréer une illusion référentielle dont la vraisemblance devient l'une des entrées en littérature. Cependant, affirmant retranscrire le réel, les auteurs s'appuient

1 « Mais le genre viatique n'est pas que romanesque, il est aussi théâtral et poétique. Il interfère avec les textes dramatiques et la poésie en général, en participant ainsi d'une écriture mêlée qui touche tous les genres. », Sylvie Requemora-Gros, *Voguer vers la modernité*, *op. cit.*, p. 246.

sur des représentations démoniaques ou au contraire édéniques pour traduire ce qu'ils comprennent des codes culturels et sociétaux hindous.

De cette manière, le recours au sensationnel se lie à l'étude typologique de l'Autre, narré par le biais d'une théâtralisation permettant la création de la figure stéréotypée de l'*homo indianus*. Ce dernier apparaît donc principalement, sous la plume des voyageurs, comme un être rusé et obnubilé par sa religion : la veuve hindoue incarnant, pour eux, l'un des symboles majeurs de cet extrémisme. Le voyageur se présente donc comme le personnage principal de l'intrigue et montre un espace indien divisé par deux antipodes touchant aux goût du lectorat français qui retrouve les traits d'une littérature connue ; entre pastorale édénique et catabase infernale. *A contrario*, le voyage en Inde est aussi l'occasion de développer une nouvelle sorte de héros, tout en renouvelant le goût littéraire pour la mise en scène de figures royales indiennes.

DEUXIÈME PARTIE

L'INDE COMME LABORATOIRE LITTÉRAIRE FRANÇAIS

LE JEU DES PASSIONS ENTRE ÉCRITURE DU VISIBLE ET HISTOIRES SECRÈTES

> Le Grand Mogol est assurement le plus puissant & le plus riche Monarque de l'Asie, tous les Royaumes qu'il possede faisant son domaine, & estant maître absolu de toutes les terres dont il reçoit les revenus[1].

Considérée selon l'approche transgénérique de Raphaël Baroni[2], la tension narrative est ici analysée comme le garant de l'unité du récit car elle crée et entretient l'exaltation du lecteur. La réceptivité de ce dernier est donc centrale : il faudra nécessairement qu'il puisse prévoir l'articulation de la tension[3]. La poétique du voyage en Inde s'appuie sur les codes littéraires du récit historique et de l'épopée, tout en renouvelant les genres par les particularités de la transposition en Inde. La représentation de figures royales indiennes, parmi lesquelles se distinguent deux souverains ennemis, Aurangzeb et Shivaji, devient alors le gage d'une entrée dans la fictionnalisation. Ainsi le personnage d'Aurangzeb, par son appartenance à la religion musulmane, rappelle aux voyageurs la menace turque : ceux-ci trouvent donc sous les traits du Grand Moghol une figure tyrannique qui sert leurs intérêts narratifs. Cependant, le portrait proposé par François Bernier se démarque car, en interrogeant l'art d'accéder au pouvoir de l'empereur indien, il met en scène un espace indien, épique et crypté, afin de mieux critiquer la monarchie absolutiste française. Il s'agira donc de mettre au jour les enjeux littéraires, philosophiques et politiques abordés par le voyageur à travers un imaginaire recréant l'Inde moghole grâce à une écriture

1 Jean-Baptiste Tavernier, *Les six voyages*, *op. cit.*, Livre Second, partie 2, p. 205.

2 Raphaël Baroni, *La Tension narrative. Suspense, curiosité et surprise*, Paris : Éditions du Seuil, coll. « Poétique », 2007.

3 « Pour que l'interprète remarque qu'il y a transgression, détournement ou incomplétude, il lui faut être familier avec la forme prototypique des récits à intrigue et, même, anticiper cette forme prototypique. », Viviane Asselin, « L'intérêt du récit », *Acta fabula*, vol. 8, n° 6, Novembre-Décembre 2007, URL : http://vlib.fabula.org/revue/document3619.php, page consultée le 23 mai 2017.

complexe. Par ailleurs, le second chapitre s'intéresse à Shivaji, l'opposant historique du Grand Moghol, principalement décrit par Barthélémy Carré et Thévenot. Sous la plume des voyageurs français, il incarne, suite au choc généré par la Fronde des années 1650, un nouveau *topos* ; celui du héros hindou en tant que transfert fantasmagorique contrastant avec « la démolition du héros » de Paul Bénichou. Enfin, l'écriture du « moi » permet d'étudier l'émergence variée d'un *ethos* des voyageurs en Inde, durant la période où la France cherche sa place sur le territoire indien et interroge ses réseaux de surveillance. À l'instar de l'étude de Marie-Christine Pioffet[4], la cartographie imaginaire de l'Inde s'organise autour de ces trois pôles narratifs.

4 Marie-Christine Pioffet (dir.), *Geographiae imaginariae – Dresser le cadastre des mondes inconnus dans la fiction narrative de l'Ancien Régime*, Paris : Hermann, 2014.

L'ÉLABORATION NARRATIVE DU MYTHE DU GRAND MOGHOL

Alia Baccar a montré l'attrait que pouvait exercer le motif oriental sur la littérature française du XVIIe siècle[1]. Construite en parallèle de l'actualité historique, la représentation littéraire de l'Orient musulman, oscillant entre classicisme et baroque, s'est développée tout au long du siècle[2]. Si l'imaginaire « classique » se tourne vers des intrigues théâtrales où le politique met en scène la problématique turque, l'époque « baroque » se pourvoit de rebondissements pour exposer le spectaculaire des aventures barbaresques vécues par les personnages[3]. Les voyageurs français en Inde déportent donc cet intérêt suscité par le lectorat et implantent une nouvelle figure tyrannique dans le champ littéraire français : d'après le discours viatique, le Grand Turc cède la place au Grand Moghol. Si la plupart des voyageurs reconnaissent sa magnificence et sa puissance, ils s'attardent plus ou moins précisément à en faire un portrait détaillé. Seul François Bernier introduit l'empereur indien dans son ouvrage, au point d'en faire le protagoniste principal par lequel se construit l'intrigue.

1 Alia Baccar, « D'une esthétique à l'autre. L'Orient dans les écrits français du XVIIe siècle », Anne Duprat, Khadhar Hédia, *Orient baroque / Orient classique, Variations du motif oriental dans les littératures d'Europe (XVIe-XVIIe siècles)*, Paris, Éditions Bouchène, 2010, p. 177-189.

2 *Ibid.*, p. 186.

3 « L'Orient, on le sait, a été un thème dont étaient friands les sujets de Sa Majesté, dans un XVIIe siècle où baroque et classicisme se disputaient l'onirisme des écrivains français (P. Martino, *L'Orient dans la littérature française au XVIIe et aux XVIIIe siècles*, Slatkine Resprint, Genève, 1970.) De l'inspiration baroque procèdent les voyages sur terres et sur mer, la description des pays lointains, l'apparition de l'Autre, le traitement de l'amour, la fréquence des enlèvements et des combats et le règne d'un hasard capricieux sur les évènements. », *Ibid.*, p. 177.

LE GRAND MOGHOL : UN PERSONNAGE PROTOTYPIQUE ATTENDU

La figure du Grand Moghol est mise en place par la littérature viatique à travers les siècles. Confirmée au XVIIe siècle par les voyageurs français, elle devient incontournable et doit au moins être évoquée par chacun. Par ailleurs, uniformément associé à une immense richesse, l'empereur indien est également perçu comme un tyran impitoyable dont il faut craindre la colère. Jacques Bourges, racontant son arrivée à Delhi, propose une description sublimée du palais royal, vu de l'extérieur.

> Au-delà du pont, l'on voit sur une éminence le Palais où loge le Roy : il paraît magnifique ; on nous assura que les peintures, les verrous et les barreaux sont d'or massif. Cela se peut croire d'un Roy qui possède en son État la mine de diamants, dont il tire des richesses qui égalent celles des plus grands Princes[4].

En soulignant la magnificence du monument, le voyageur donne indirectement une idée de la puissance économique de l'empereur. Cette dernière paraît constamment en expansion, notamment à cause du caractère conquérant du Grand Moghol, comme l'explique Vincent Le Blanc.

> Aujourd'hui la *Cambaye* & les autres pays voisins obéissent au grand *Mogor*, qui depuis soixante ou quatre-vingt ans a conquis une bonne partie de cette Inde Orientale, & menace le reste tous les jours. Le *Malabar* tient toute la côte Occidentale, depuis *Goa* jusqu'à *Comori*, comme est de l'autre côté vers l'Orient le *Coromandel*, où sont les Royaumes de *Bisnagar* ou *Narsingue*, d'*Orixa*, *Mando*, & plusieurs autres : d'*Ormuz* à *Goa* il y peut avoir cinq cents lieues de chemin[5].

L'auteur donne à l'empereur un caractère ambitieux et effrayant. Par le biais de sa description, il montre la division entre le Nord et le Sud des Grandes Indes et énumère le nom des territoires du sud, comme s'ils étaient prévus sur la liste des conquêtes du Grand Moghol. En revanche, Thévenot prend le parti inverse, pour la même finalité : il propose une

4 Monseigneur Jacques Bourges, *Relation du voyage de Monseigneur Bourges Jacques*, *op. cit.*, p. 112.

5 Vincent Le Blanc, *Les voyages fameux de Vincent Le Blanc*, *op. cit.*, p. 73.

énumération précise des possessions de l'Empire moghol, tout en en précisant les dimensions topographiques. « Cet Empire a plus de quatre cens lieuës de l'Orient à l'Occident, & en a plus de cinq cens du Nors au Midy, & cet espace, à quelques montagnes & deserts prés, est remply de tant de Villes, de Châteaux, de Bourgs & de Villages, & par consequent d'habitans qui cultivent les terres, ou qui s'employent à faire valoir par les Manufactures & par le commerce ce que le pays produit, qu'il est aisé de juger de la puissance du Roy qui en est le maître[6]. » Thévenot dédie à Aurangzeb, qui dirige alors l'empire moghol, le troisième chapitre du dernier tome de ses *Voyages*. En effet, après avoir décrit son arrivée à Surate, son fastidieux passage de la douane et l'Inde dans ses caractéristiques géographiques, il annonce la magnificence de l'empire du Grand Moghol avant de débuter le portrait de celui-ci[7]. Cependant l'auteur crée un effet de suspension dans son récit et entame une étude détaillée de la généalogie de l'empereur indien à laquelle il reconnaît sa grande puissance. « Le Grand Mogol vient en ligne directe de Tamerlan, dont les descendans qui se sont établis aux Indes, se sont fait appeler Mogols [...] & qui sous ce titre avoit commencé le plus grand & le plus puissant Empire du Monde[8]. » De cette manière, il parvient à maintenir l'attention du lecteur tout en valorisant celui dont il a annoncé la description. Pourtant, fort de vouloir rendre compte d'une description authentique, Thévenot se démarque de ses prédécesseurs : il ralentit donc son enthousiasme pour mieux traduire le réel.

> L'exageration de plusieurs Voyageurs, sur l'étenduë des pays de ce grand Roy des Indes, a fait que je me suis attaché à consulter les plus habiles gens, pour apprendre ce qu'il pensoient de sa grandeur, & ce que j'en écris, est leur sentiment[9].

6 Jean Thévenot, *Troisième partie des Voyages*, *op. cit.*, p. 12-13.

7 Dans le chapitre intitulé : « Representation des vingt diamans que l'Auteur a vendu au Roy au retour de son dernier voyage des Indes. Les figures que le Lecteur voit icy montrent le poids, l'étenduë, & l'épaisseur de chaque pierre. », Jean-Baptiste Tavernier offre un exposé détaillé des pierres précieuses que possède le Grand Mogol et procède également aux conversions en livres pour en expliquer la valeur au lecteur. Jean-Baptiste Tavernier, *Les six voyages*, *op. cit.*, p. 336-339.

8 Jean Thévenot, *Troisième partie des Voyages*, *op. cit.*, p. 9-10.

9 « Outre cela j'ay appris d'un Indien qui pretend sçvoir la Carte de son Pays, que l'on ne compte pas plus de vingt Provences dans l'étendue du Mogolistan des Indes, & que ceux qui en ont compté d'avantage, ont esté peu instruits de leur nombre, puisque d'une seule Province ils en ont fait deux ou trois. », *Ibid.*, p. 13.

Le voyage et le statut d'observateur auront permis à Thévenot de se positionner comme celui qui allait démentir la magnificence du Grand Moghol. Ainsi, il amorce une description amoindrissante de l'Empire, en miroir de la première. De cette manière, Thévenot montre à son lecteur que ce souverain n'est pas aussi puissant que se le figure l'imaginaire français. À contrario, Barthélémy Carré évoque la ferme prise de pouvoir d'Aurangzeb lors de son *Premier voyage en Orient.* Cependant, le portrait moral qu'il dresse du Grand Moghol cherche à créer un effet miroir sur Shivaji, le grand seigneur de guerre hindou, afin de mettre en valeur la vaillance de ce dernier[10]. Aurangzeb est donc décrit par le voyageur comme un puissant empereur illégitime qui a mis en place une tyrannie au sein de son royaume[11]. En outre, cette représentation est la plupart du temps enrichie par les voyageurs qui lui associent une cruauté sanguinaire.

> Le roi a grand nombre d'éléphants, desquels il se sert pour aller à la guerre, étant attaqué par son ennemi ; mais on le laisse et craint à cause qu'il est grandement fort et de grand courage, et sait tout ce qu'on dit de lui. Il exerce une justice envers les larrons : pour la moindre chose, il leur fait couper pieds et mains. Il est permis à un qui trouve un autre avec sa femme de le tuer ; et si un voleur en tue un autre, il est mis et assis sur un pal pointu et finit là sa vie ; j'en ai vu mettre sur un bois taillant attaché par les deux mains, afin qu'il ne tombât, et le laisser finir sa vie : et celui-là avait secrètement injurié le roi[12].

Il semble donc que la figure tyrannique du Grand Moghol soit utilisée par les voyageurs pour donner une représentation figée de l'empereur : la seule dénomination est déjà un indice cloisonnant. En effet, cette dernière témoigne de la volonté qu'avaient les voyageurs de restreindre une dynastie entière en une seule figure régnante prototypique. Ainsi,

---

10 Voir le chapitre intitulé « L'émergence de l'écriture du moi », p. 197.

11 « Aurangzeb s'étant fait roi du Grand Moghol et s'étant mis sur la tête une couronne qui ne lui appartenait pas, il ne songea plus qu'à établir son autorité et à se mettre hors d'état de rien craindre. Il débuta par où commence presque tous les rois de l'Orient. Il fit enfermer son père dans un château pour le reste de ses jours, et ôta la vie à ses deux frères qui, pour se venger eux-mêmes de l'injustice qu'il leur faisait et sur le prétexte de délivrer leur père, ne l'auraient pas jeté dans un médiocre embarras. Il tourna donc ensuite ses pensées du côté de la guerre, moins pour reculer les limites de son empire que pour occuper ses sujets dans le commencement de tyrannie et de les soumettre en les appauvrissant. », Barthélémy Carré, *Voyage des Indes orientales*, *op. cit.*, p. 164.

12 Éric Ripon (dit capitaine), *Voyages et aventures aux Grandes Indes (1617-1627), éd. Yves Giraud, Voyages et aventures aux Grandes Indes. Journal inédit d'un mercenaire (1617-1627)*, Paris, Les Éditions de Paris, 1997, p. 142.

basée sur diverses stratégies descriptives, cette démarche ne se limite pas uniquement au souverain du nord des Grandes Indes, mais englobe toute une moitié du territoire qui est alors réduite à la crainte du pouvoir en place.

L'*AURANGZIADE* DE BERNIER : UNE POÉTIQUE PAMPHLÉTAIRE HYBRIDE, ENTRE TRAGÉDIE ET ÉPOPÉE[13]

DU VOYAGEUR ANGEVIN À L'ÉCRIVAIN POLÉMISTE ET POLITIQUE

À l'instar de Marie-Christine Pioffet qui a démontré la présence irrégulière de l'*epos* dans les chroniques coloniales des jésuites en Nouvelle-France afin d'expliquer « l'hybridation formelle et les débordements narratifs[14] » de ces textes, il s'agira ici d'étudier la chronique épique de François Bernier racontant la guerre fratricide qui conduisit Aurangzeb au pouvoir. Devenu le chroniqueur de l'empereur indien, le voyageur se sert de son statut privilégié pour construire un récit complexe, au prisme de ses divers positionnements d'auteur. En effet, en tant que voyageur-écrivain, médecin du roi, il adopte à la fois le regard de l'observateur de cour, de chroniqueur patriotique et de narrateur omniscient. Mais il est aussi le conteur de l'ascension au trône d'Aurangzeb qui devient sous sa plume un personnage épique tout autant héroïque que stratège et méthodique. Le voyageur puise son inspiration dans plusieurs sources

13 « L'action réside dans l'objet dans le cas des récits d'événements historiques – en l'occurrence, principalement dans l'Histoire de la dernière révolution… (Épopée de la prise de pouvoir par Aurangzeb), et dans une moindre mesure dans sa "suite" (les Évenemens particuliers) et dans la relation de voyage à "Kachemir" (Lettres à Merveilles). Bernier présente en effet son "histoire" (c'est ainsi qu'il l'appelle et s'y réfère) commme une pièce de théâtre : "Arang Zebe, qui doit être le héros de la pièce et le Roy des Indes…" (I.23) et "tous ceux qui feront un peu de réflexion sur toute cette pièce" (I.268) », Sylvia Murr, « Le Politique "au Mogol" selon Bernier », dans Jacques Pouchepadasse et Henri Stern (dir.) *De la royauté à l'État dans le monde indien*, Paris, École des Hautes Études en Sciences Sociales, 1991, p. 254.

14 Marie-Christine Pioffet, *La tentation de l'épopée dans les Relations jésuites*, Québec, Bibliothèque national du Québec, Septentrion, 1997, p. 275.

littéraires : des figures de l'épopée antique aux turqueries, du prince machiavélique au burlesque satirique de certains jeux de pouvoir, il donne à son texte une hybridité générique dense, censée révéler au lecteur le dessous des cartes du politique. S'appuyant sur une stratégie libertine d'écriture, Bernier, sous couvert d'une critique de la tyrannie indienne, parvient à dissimuler sa remise en cause de l'absolutisme français. En proposant une description épique de l'ascension d'Aurangzeb, Bernier semble vouloir plaire à son lectorat. En effet, dans les années 1650, une vague d'épopées historiques déferle dans laquelle se perçoit l'influence du Tasse, en particulier dans l'usage du merveilleux chrétien. L'épopée apparaît alors comme le genre des Modernes, mettant en récit l'histoire nationale dans un esprit chrétien. [...] Entre 1515 et 1723, Klara Csuros recense plus de 300 épopées, et René Bray relève une poussée de « fièvre épique » vers 1630-1640, suivie d'un « torrent » entre 1650 et 1660 environ. Même en tenant compte que Csuros donne une définition accueillante incluant des poèmes burlesques, descriptifs et didactiques, le nombre reste important. Elle divise ce corpus foisonnant en trois grandes branches selon leur sujet : le poème historique, le poème encyclopédique et le poème sacré[15].

L'*Aurangziade* est une construction stylistique à partir du nom de l'empereur et du suffixe « -ade » qui marque l'entrée dans le genre épique conforme à la conception voltairienne, c'est-à-dire que le héros est dépouillé de sa dimension sacrée pour devenir un personnage historique[16]. Annonçant les *Henriades* de Voltaire, le projet d'écriture de Bernier se démarque de ses contemporains. En effet, ni tout à fait proche de la *Mazarinade* en tant que « l'épopée de Mazarin comme l'*Iliade* est celle d'Ilion, c'est-à-dire une parodie d'épopée, puisque Mazarin n'est pour Scarron qu'une caricature de ministre[17] », ni vraiment comparable

15 Jean-Marie Roulin, *L'épopée de Voltaire à Chateaubriand : poésie, histoire et politique*, Oxford, Voltaire Foundation, coll. « Studies on Voltaire & Eighteen Century », n° 3, 2005, p. 5-6.

16 « Il faut en effet que le merveilleux soit conforme aux croyances d'une époque. Ainsi, alors que le titre original du poème de Klopstock est Mesias ("Le Messie"), on a adopté, depuis la traduction de Mme Kourzrock en 1801 et De l'Allemagne de Mme de Staël, celui de La Messiade en français, apposer le suffixe "-ade", comme dans La Henriade ou La Colombiade, c'est ramener Jésus à un héros historique alors que "Le Messie" insiste sur la dimension sacrée du personnage. », *Ibid.*, p. 140.

17 « [L]ancée par Scarron contre le ministre en 1651. », Hubert Carrier, Mazarinade, dans François Bluche (dir.), *Dictionnaire du Grand Siècle*, Paris, Librairie Arthème Fayard, 1990, p. 1002.

aux *Franciades* de Ronsard, le récit épique de Bernier contient ses propres enjeux tout en s'inspirant de ses pairs : le choix de la forme épique peut être perçu comme un moyen de toucher un lectorat avide de nouvelles connaissances. Le voyageur se pose alors en aède expérimentateur qui interroge de manière détournée sa propre société. Ainsi, en décidant que son épopée ne serait pas une projection fictive de ce que pourrait être la conquête de la France dans cette nouvelle contrée indienne, Bernier semble en montrer le chemin. En observateur de cour, il a le meilleur poste pour analyser et transmettre les rouages d'un système politique lointain : son récit devient alors une pièce primordiale au roi de France. Cependant, considérant la portée libertine de ce texte, il apparaît dans un premier temps que l'auteur dresse un pamphlet contre l'absolutisme royal de Louis XIV[18].

LES TURQUERIES REVISITÉES POUR L'ÉLABORATION D'UNE CHRONIQUE ROYALE THÉÂTRALISÉE EN INDE

S'inspirant des turqueries, alors en vogue dans le cercle littéraire français, François Bernier propose l'étude théâtralisée de la royauté moghole. Dans sa chronique[19], présentant la prise de pouvoir d'Aurangzeb, il commence d'abord par installer ses personnages dans une esthétique théâtrale[20]. En outre, le voyageur fait une allusion au Moyen-Orient

18 « Le pamphlet est un spectacle ; le pamphlétaire y "fait une scène", au sens hystérique de ce mot. Tout le pamphlet tient alors à une dénégation : il dénonce un pouvoir abusif en se posant comme hors des pouvoirs et même réduit à l'impuissance. [...] Le pamphlétaire ne critique pas l'erreur, il la transmue en usurpation, c'est dire qu'il est affamé de légitimité. [...] Face à la violence des appareils, le pamphlétaire joue une violence verbale qui doit le dédouaner. », Paul Bleton, *Études littéraires* [en ligne], vol. 18, n° 2, 1985, p. 443-448, compte-rendu de Marc Angenot, *La Parole pamphlétaire. Typologie des discours modernes*, Paris, Payot, 1982, 2016, p. 342. [Consulté le 03/01/2017] Disponible sur : http://id.erudit.org/iderudit/500711ar.

19 François Bernier quitte la France en 1658 afin de gagner l'Éthiopie mais, le contexte politique l'oblige à modifier ses projets. Il rejoint donc l'Inde et y intègre, en tant que médecin impérial, la cour de l'empereur Aurangzeb où il demeure huit ans avant de retrouver Toulon en 1669. À son retour, il fait publier sa relation de voyage, composée par le regroupement de l'ensemble des lettres envoyées à ses correspondants français et de la chronique de la prise de pouvoir de l'empereur indien.

20 Comme l'a souligné Frédéric Tinguely, le voyageur propose « une présentation ordonnée des protagonistes, avant le début de l'action, qui évoque immanquablement celle d'un personnel dramatique », « Introduction » dans François Bernier, *Un libertin dans l'Inde moghole : Les Voyages de François Bernier (1656-1669)*, Paris, Chandeigne, coll. Magellane, 2008, p. 24.

par le biais d'une anecdote galante où il compare les femmes indiennes du sérail à celles de Constantinople[21]. De cette manière, il parvient à accentuer la théâtralisation de son récit qui ne peut être perçu comme exclusivement « galant et comique[22] » par le lecteur, puisque le sérail doit représenter une « histoire relev[ant] de l'histoire tragique[23]. » Il convoque ainsi l'esthétique littéraire dite turque, s'étendant à l'Orient entier dans l'imaginaire européen, qui en fait d'ailleurs le lieu « de *la tragédie vivante*[24]. » Le recours aux « turqueries[25] », permet donc au voyageur de s'appuyer sur une structure familière à son public et d'en renouveler le genre grâce à une transposition en Inde. En effet, la plupart des turqueries ne mettent pas en scène un voyage, mais créent un cadre exotique qui n'est pas forcément lié à une mobilité des personnages. L'espace dramatique s'adresse à l'imaginaire du spectateur par le discours et les décors. Le déplacement devient alors secondaire : seule importe la vraisemblance du récit, conformément aux attentes du public[26]. L'intérêt est davantage tourné vers le séjour des personnages que

---

21 François Bernier, *Ibid.*, « [...] les femmes dans les Indes ayant fort souvent, aussi bien qu'à Constantinople et en d'autres endroits, la meilleure part de ce qui se passe de plus grand [...] » p. 53.

22 *Ibid.*, p. 50.

23 Sylvie Requemora-Gros, *Voguer vers la modernité*, *op. cit.*, p. 185.

24 David Chataignier, « Le sujet Turc sur la scène française des XVIe et XVIIe siècles : un voyage dans le tragique, du récit d'Orient à la tragédie », Sylvie Requemora-Gros, Loïc Pierre Guyon (dir.), *Voyage et théâtre*, Paris-Sorbonne, PUF, 2011, p. 69. En effet, l'Empire ottoman exerce une influence duale sur l'esprit français : d'un côté, son opulence attire, mais la cruauté conquérante dont fait preuve le Sultan, inquiète. Celui-ci, à travers les récits de la plupart des voyageurs, devient le protagoniste tyrannique d'un empire décrit comme un lieu propice à la tragédie sous divers aspects. D'abord par son statut intimidateur exercé sur l'Europe, puis par son fonctionnement autodestructeur, anéantissant le destin de ses personnages principaux, notamment par le principe fratricide. Le système turc, associé à cet ensemble tragique construit donc le « contre-modèle politique » d'une altérité négative.

25 « Entre les années 1621 et 1656, une dizaine de pièces proposent au public un transfert de l'action au cœur du sérail ottoman. Il s'agit essentiellement de tragédies, mais aussi de quelques tragi-comédies qui ont toutes pour point commun de situer leur lieu à Constantinople et de décliner les intrigues politico-amoureuses du clan de Soliman II, dut le Magnifique. Ces pièces préparent des "images de puissances" raciniennes ç l'œuvre dans la plus célèbre tragédie du sérail, *Bajazet.* », Sylvie Requemora-Gros, « Scènes de sérail : la construction d'un Orient théâtral et romanesque au XVIIe siècle », Anne Duprat (dir.), *Récits d'Orient dans les littératures d'Europe* (XVIe-XVIIe *siècles)*, Paris IV-Sorbonne, 16-18 mars 2006, PUPS, 2008, p. 249-262.

26 « Dans l'ensemble de la production théâtrale française, une vingtaine de pièces empruntent leur thématique à un chapitre de l'histoire ottomane au cours des XVIe et XVIIe siècles. » David Chataignier, « Le sujet Turc sur la scène française... », *op. cit.*, p. 53.

vers leurs déplacements, ce qui implique une adaptation de la structure ternaire des récits de voyage par le dramaturge[27].

Il se met également en scène pour incarner un personnage arrivé *in medias res* dans une région indienne où la guerre fratricide, entamée par les quatre héritiers prétendants au trône, fait des ravages. Dès l'épître au Roi, le voyageur annonce qu'il présente « une tragédie[28] », issue de l'un « des plus grands théâtres du monde[29] » et ayant pour sujet « une famille royale des plus illustres de l'Asie ». Ainsi, tout au long de son récit, se décline une catégorisation tragique des personnages[30] et des événements, ponctuellement réactivée par le narrateur, qui annonce le rebondissement ou la péripétie « funeste[31] » à venir. Il est également possible de départager les protagonistes en deux catégories : d'un côté les personnages associés au « feu », soit les trois frères d'Aurangzeb et la première de ses sœurs Beghum Saheb, de l'autre côté Aurangzeb, lié au « savoir[32] », sa seconde sœur qui l'informe et leur père Shah Jahan qui ne parvient pas à empêcher les mésaventures qu'il prévoit. Bernier se fait donc le dramaturge de cette dualité classique où passion et raison s'affrontent dans une lutte qui conduit le nouvel empereur à accéder au pouvoir. Le personnage d'Aurangzeb permet à Bernier de réactualiser la figure du monarque tyrannique et exotique, en nuançant ses traits de Grand Turc[33] pour les fondre dans ceux du Grand Moghol.

---

27 Sylvie Requemora-Gros, « Théâtre du séjour ou théâtre du parcours : réflexions sur la naissance du "théâtre de voyage" en France », dans Sylvie Requemora-Gros, Loïc Pierre Guyon (dir.), *Voyage et théâtre*, *op. cit.*, p. 141.

28 On le trouve aussi au cœur du récit (p. 53) et le voyageur en annonce également la « conclusion », p. 127.

29 François Bernier, *Voyages de François Bernier*, *op. cit.*, p. 39.

30 Le terme de « personnage » est employé par Bernier lui-même. *Ibid.*, p. 53.

31 *Ibid.*, p. 68.

32 Aurangzeb est associé à « savoir », conjugué à l'imparfait (p. 56, 57, 78, 89). Cette association ne se fait qu'une fois avec Dara, mais au conditionnel (p. 88). Il apparaît donc que pour l'auteur, le pouvoir est fondamentalement lié à la connaissance.

33 « En somme, la tragédie turque du XVIIe siècle n'a pas atténué la peur du Turc à travers un processus de stylisation ; elle l'a plutôt laissée s'exprimer avec force pour mieux la retourner et opérer en quelque sorte la *catharsis* des pulsions turcophobes. » Frédéric Tinguely, *La peur du Turc (XVIe-XVIIIe siècles)*, dans Madeleine Bertaud (dir.), *Travaux de littérature, Les grandes peurs*, Genève, Droz, Publications de l'ADIREL, 2004, vol. 2. p. 302.

L'ÉMERGENCE DU HÉROS ÉPIQUE INDIEN POUR LE PLAISIR DU LECTORAT FRANÇAIS

Dès la dédicace au Roi, Bernier s'attache à « réactive[r] le *topos* ovidien de la langue corrompue par un séjour lointain[34]. » En effet, la littérature épique du Grand Siècle cherche à renouveler le plaisir du lectorat en transformant l'espace de la narration[35]. Par ailleurs, la première bataille dite de Samugarh, permet au voyageur de décrire les armées et le combat en lui-même ce qui lui donne l'occasion d'une seconde référence à l'épopée antique. En effet, comme l'a souligné Frédéric Tinguely[36], lorsque Bernier explique : « Et c'est ce qui fait qu'à présent je ne trouve plus si étrange et si incroyable ce qu'on nous dit des dix mille Grecs et de ces cinquante mille soldats d'Alexandre firent contre les six ou sept cent mille de Darius [...][37] », il évoque l'*Anabase* de Xénophon. Ce parallèle permet donc au voyageur de placer ses personnages dans un ailleurs indien, aux résonances antiques dans l'imaginaire de son lecteur. Par ailleurs, le récit prend des allures de texte chanté. En effet, il se structure autour de certaines phrases qui sont répétées tel un refrain malgré l'évolution de l'action. Ainsi, l'empereur Shah Jahan, voulant garder le pouvoir et éviter le conflit fratricide entre ses fils, écrit des lettres pour les dissuader d'entamer ou de continuer la marche vers son trône[38]. Cette rengaine est accentuée, lorsque Dara décide d'aller affronter seul ses frères : Shah Jahan le met en garde et le somme d'attendre un renforcement de troupes. Or, l'auteur explique que Dara ne tient pas compte des recommandations de son père, perdant ainsi la bataille et sa chance d'obtenir la couronne.

---

34 « Mais j'espère que Sa Majesté ne jettera principalement les yeux que sur la matière et qu'Elle considérera que ce ne serait pas chose trop extraordinaire que, depuis si longtemps que j'ai été errant par le monde ou attaché à une cour étrangère, ma langue fût devenue demi barbare [...] », Frédéric Tinguely, *Un libertin dans l'Inde moghole*, *op. cit.*, p. 461.

35 « On voit apparaître en peu d'années une série d'épopées françaises. Pour l'invention, on écartait les sujets trop connus ou déjà moralisés par la littérature antique. », Jean Mesnard, *Précis de littérature française du XVIIe siècle*, Paris, Presses Universitaires de France, 1990, p. 181.

36 François Bernier, *Voyages de François Bernier*, *op. cit.*, p. 469.

37 *Ibid.*, p. 86.

38 « Shah Jahan a beau écrire lettres sur lettres qu'il se porte mieux, qu'ils aient à s'en retourner chacun dans son gouvernement et qu'il approuve et oubliera tout ce qui s'est fait jusques à présent : toutes ces lettres n'empêchent pas qu'ils (ses fils) n'avancent [...]. », *Ibid.*, p. 67 mais aussi p. 60 (deux fois) et p. 90.

> Les deux armées furent là trois à quatre jours à la vue l'une de l'autre sans combattre. Cependant, Shah Jahan écrivit plusieurs fois à Dara que Suleiman Shikoh n'était pas loin ; qu'il ne précipitât rien ; qu'il s'approchât d'Agra et qu'il choisît un lieu avantageux pour se bien fortifier en l'attendant. Mais Dara lui fit réponse que trois jours ne se passeraient pas qu'il ne lui amenât Aurangzeb et Murad Bakhsh pieds et mains liés pour en prendre telle satisfaction qu'il jugerait à propos et sans attendre davantage, il commença à l'heure même à ordonner son armée et à la mettre en bataille[39].

Bernier oriente le lecteur d'un côté et de l'autre de l'action pour mieux créer un effet de mise en place structuré du combat final. La forme orale qu'il donne au discours, se manifeste notamment par des balancements de la focalisation externe à la focalisation interne, cadencée par le rythme soutenu de l'énoncé, et grâce auxquels le voyageur met en place une écriture de l'intériorité, symbolisé par la lettre. Par le biais de cette dernière, l'auteur donne au lecteur l'impression d'avoir accès aux plus secrètes intrigues de la cour royale indienne[40]. Bernier propose donc de rendre compte des réseaux de communication à l'intérieur de la cour moghole. Ainsi, les échanges de courriers sont un autre élément

39 *Ibid.*, p. 79.

40 De plus, les échanges épistolaires de Bernier avec ses destinataires restés en France pendant la durée de son séjour, lui permettent de témoigner d'une réalité lointaine et de rester informé des actualités françaises. Par ailleurs, Jean Chapelain lui demande : « Le 13 novembre 1661 [...] un ambitieux programme de recherche : le voyageur devra se renseigner sur "l'histoire et les révolutions de ce royaume [...]" : il lui faudra se rendre "habile dans la langue du pays" et réunir les meilleurs livres afin d'y puiser un savoir encyclopédique sur l'Inde (sciences, morale, religion, géographie et organisation politique) ; lorsque l'information livresque fera défaut, comme ce sera sans doute le cas pour "le détail de leurs arts mécaniques", il faudra s'appliquer à composer des relations originales ; enfin le degré de raffinement de la langue et des lettres devra être mesuré, ainsi que la part prise par les femmes – pour autant qu'"elles y reçoivent les visites d'autres que de ceux de leur maison" – dans la dynamique mondaine du polissage linguistique. » (*Ibid.*, p. 18) Envisageant une durée de séjour conséquente, Chapelain fait part à Bernier de l'importance de ce voyage pour le cercle des savants français. « C'est ainsi que ce que l'on appelle les *Voyages* de François Bernier se présente sous la forme d'une collection de lettres écrites par lui de l'Inde, à l'exception des trois premiers textes dédiés au roi et à Colbert et qui constituent, du fait de leur destinataire, un bloc nettement à part dans le style et dans son sujet. » (Sylvia Murr, « Le politique "au Mogol" selon Bernier », *op. cit.*, p. 246.) En effet, Bernier se trouve partagé entre le devoir qui lui incombe d'instruire ses amis et la nécessité de rester conforme aux exigences du pouvoir monarchique absolutiste en place en France. Il doit donc, afin de répondre au mieux aux attentes du projet de Chapelain mêler la vraisemblance historique à une argumentation ludique qu'il adapte selon son destinataire.

structurant du récit[41] : la lettre devient un outil narratif permettant au lecteur d'accéder ou non, selon la volonté de Bernier qui les retranscrit, à l'espace intérieur des personnages : le voyageur joue à se faire l'informateur du roi français tout en gardant le contrôle des données qu'il rend publiques.

En outre, tout au long du récit, l'auteur trie les épisodes qu'il rapporte car il tient à ne transmettre que l'essentiel[42] ; cheminant aux côtés de ses personnages, il alterne donc les stratégies d'écriture pour mieux rendre compte de leurs stratégies de combat et de complots. La chronique de Bernier propose une temporalité assez vaporeuse car bien qu'il inscrive précisément la date de son arrivée[43], il reste très lacunaire concernant les datations tout au long du récit ; il laisse donc le lecteur dans un flou fictionnel[44]. En effet, il signale que la maladie de Shah Jahan s'est étendue sur « près d'une année[45] », que la guerre fratricide « a duré environ cinq ans[46] », il témoigne des cinq premières années de règne d'Aurangzeb et il reste plutôt vague sur la fin du conflit,

> C'est ainsi que finit cette guerre que le désir de régner avait allumée entre ces quatre frères, après avoir duré cinq ou six ans, c'est-à-dire depuis 1665, ou environ, jusques en 1660 ou 1661, qui laissa Aurangzeb dans la paisible possession de ce puissant État[47].

De plus, comme l'a souligné en note Frédéric Tinguely « l'indication chronologique est erronée et ne sera pas reprise dans l'édition d'Amsterdam.

41 L'évocation de lettres ou la traduction de certaines autres permettent à Bernier de rendre compte des enjeux de la correspondance mogole dans la prise de pouvoir d'Aurangzeb. François Bernier, *Voyages de François Bernier…*, *op. cit.*, p. 53, 55, 59, 60, 61, 65, 67, 69, 74, 79, 87, 88, 89, 90, 94, 95.

42 « je ne parlerai point », « je n'en rapporterai pas […] je dirai » (p. 59) ou même « je ne dirai pas les particularités de ce combat, dans la suite de cette histoire nous serons obligé d'en décrire de plus considérables […] », *Ibid.*, p. 68.

43 « [j]e m'embarquais sur un vaisseau indien, je passai le détroit et, en vingt-deux jours, j'arrivai au port de Sourate dans l'Hindoustan, empire du Grand Mogol, en l'an 1665. », *Ibid.*, p. 44.

44 Voici quelques occurrences de marquage temporel : « Shah Jahan, quelques années avant les troubles […] » (p. 52), « Après qu'on eut employé quelques jours à la poursuite de Shuja […] » (p. 69), « Il s'en retourna tout court avec son armée, où il demeura longtemps […] » (p. 106), « le pauvre prince fur blessé, fut saisi et amené à Delhi, où il fut emprisonné dans Salimgarth […] » (p. 125), *Ibid.*

45 *Ibid.*, p. 45.

46 *Ibid.*

47 *Ibid.*, p. 132.

En réalité, Bernier n'arrive à Sourate, dans le Goujarat, que fin 1658 ou début 1659[48]. » Il s'avère ainsi que l'auteur débute son récit en donnant un cadre temporel biaisé et le termine sur une incertitude, alors qu'il devrait maîtriser ces informations. Le fait que Bernier ne parvienne pas à donner une date exacte sur la fin de la guerre traduit une volonté narrative de l'auteur : il semble qu'il cherche à rendre son histoire vraisemblable[49] et qu'il se sert d'une réalité lointaine pour mieux y inscrire son récit. Ainsi, il bâtit le portrait d'un Aurangzeb magnifié, sans cesse rattaché à des épithètes héroïques lui accordant des qualités surhumaines : perpétuellement aidé par la Fortune, il parvient toujours à éviter les écueils[50]. Sa puissance, d'après le récit de Bernier, paraît donc liée à une force divine qui donne l'impression de guider le prince et d'enlever les obstacles sur son passage. Nombreux sont les personnages qui apparaissent ponctuellement, afin de lui donner la solution à une situation le menant apparemment à l'échec, car même lorsqu'il semble dépassé par un événement survenu indépendamment de ses prévisions, il sort vainqueur du conflit : l'apparition soudaine de Champat, un raja rebelle, en est un exemple. En effet, Bernier relate qu'aux prémices de la bataille de Samugarh, l'armée d'Aurangzeb est en mauvaise posture face à celle de Dara. C'est alors que survient son adjuvant qui, en tant qu'autochtone, guide Aurangzeb et lui permet de dépasser la rivière discrètement, puisqu'il a laissé une partie de son campement à la vue de ses ennemis. Les rôles sont alors inversés : Dara qui menait le jeu stratégique a été dépassé par celui qu'il croyait avoir piégé[51]. En outre, lors de cette

48 *Ibid.*, p. 462.

49 « Selon Aristote, l'épopée (*épopoiia*) repose sur trois critères : le mètre utilisé ; l'idéalisation, le grandissement, puisque Homère représente les personnages meilleurs qu'ils ne sont ; et la narration – le narrateur y est le poète lui-même. […] Il y a en outre une exigence d'unité de l'histoire (muthos). […] Cette idée sera reprise par les poètes classiques sous le nom d'unité d'action ; elle deviendra l'objet d'intenses débats à l'époque de l'Arioste et du Tasse en Italie (on reprochera en particulier à l'Arioste de n'avoir justement pas respecté le principe d'unité.) Le poète ne doit pas dire ce qui a eu lieu réellement, mais ce qui pourrait avoir lieu dans l'ordre du vraisemblable et du nécessaire. De cette façon, Aristote ménage une liberté pour le choix du sujet : celui-ci doit seulement être *possible.* », Judith Labarthe, *L'épopée*, Paris, Armand Colin, 2007, p. 44, 45.

50 Le mot « Fortune » apparaît à diverses occurrences tout au long du récit, François Bernier, *Voyages de François Bernier…*, *op. cit.*, p. 69, 77, 84, 86, 127, 139 et à l'inverse, l'« infortune » p. 87, 88.

51 « Il pratique un certain rebelle de raja nommé Champat, lui fit de grands présents et lui promit mille belles choses s'il lui voulait donner passage par ses terres, afin qu'il pût aller

même bataille, Bernier le rapproche de deux généraux français avant de le comparer à Alexandre le Grand luttant contre Darius[52]. Il donne alors à ses personnages une texture antique, actualisant l'esthétique classique, tout en y dérogeant à la fois. En effet, le caractère galant de Dara est mis au jour dès la présentation de son personnage alors qu'Aurangzeb lui est directement opposé, apparaissant plus sombre. Cette transposition entre en résonance avec la querelle des Anciens et des Modernes, au cours de laquelle est notamment discutée la question de la galanterie des héros mythologiques[53]. À l'instar des « Grecs [qui] ont emprunté au Proche-Orient quelques noms de héros [...] [pour] transposer leurs exploits dans de nouvelles directions de l'aventure grecque[54] », Bernier réussit à recréer la lutte opposant l'Occident à une image naissante de l'Orient, qu'il situe alors en Inde[55].

promptement gagner un certain endroit où il savait que la rivière se pouvait facilement passer à gué. Champat tomba en temps d'accord et s'offrit de lui venir montrer lui-même le chemin au travers des bois et des montagnes de son pays. » *Ibid.*, p. 78.

52 « Et c'est ce qui fait qu'à présent je ne trouve plus si étrange et si incroyable ce qu'on nous dit des dix mille Grecs et des cinquante mille soldats d'Alexandre [...] » et « les voilà tous étonnés [les soldats] ; ou bien, comme fit Alexandre [...] », *Ibid.*, p. 86.

53 « Les héros mythologiques grecs connus pour leur bravoure militaire et leur héroïsme viril, tels Achille et Hercule, sont francisés au XVIIe siècle et peints galants, notamment dans le grand genre qu'est la tragédie. Cette peinture est néanmoins contestée, dans le domaine de la littérature, par Boileau, qui crie au crime de lèse-Antiquité. Vider les héros antiques de leur substance historique ou mythologique en ne conservant que leur nom, leur prêter des amours imaginaires, voilà qui n'est pas sérieux. », Barbafieri Carine, « Hercule et Achille, héros français au XVIIe siècle : De la vraisemblance à l'âge classique », *L'information littéraire*, 3/2008 (Vol. 60), p. 54.

54 Tourraix Alexandre. *Le mirage grec. L'Orient du mythe et de l'épopée.* [e-book] Besançon : Institut des Sciences et Techniques de l'Antiquité, Collection « ISTA » 756, 2000. Date de mise en ligne : 2005, consulté le 28/12/2016.

55 « Aux origines du couple Orient-Occident, comme tout au long de l'histoire du monde méditerranéen, fiction et réalité s'entrecroisent étroitement. Plus on remonte dans le temps, plus les sources directes se raréfient, et plus il devient difficile de faire la part de l'imaginaire et du réel, plus large est la place que prend le mythe. Le mythe remplis dès lors sa pleine fonction explicative : peu importe que cette explication soit juste ou fausse, son pouvoir de représentation s'impose à la mémoire collective et pèse d'un poids réel sur l'avenir. », Thierry Hentsch, *Orient-Occident : origines mythiques d'un couple réel*, Études internationales, vol. 16, n° 3, 1985, p. 506. URI : http://id.erudit.org/iderudit/701881ar, DOI : 10.7202/701881ar

LE VOYAGE AUX MILLE RUSES

L'ART LIBERTIN DE LA *DISSIMULATIO* POUR TISSER L'INTRIGUE ET TROMPER LES PERSONNAGES

Le récit de Bernier lui permet de se réapproprier les personnages et les situations auxquelles ils sont confrontés, afin de les faire entrer dans la fiction. S'appuyant sur l'*êthos* du conquérant, principalement construit sur la *philotimia* ou l'amour des honneurs, le voyageur-écrivain façonne le portrait d'une fratrie en compétition dans une course au pouvoir. À l'instar des *Vies parallèles* de Plutarque, il fait progresser symétriquement Dara et Aurangzeb, guidés par leur ambition, avec notamment les deux sœurs leur servant de renfort ; les deux autres frères ayant des rôles secondaires dans l'intrigue. Lors de leurs présentations liminaires, l'un apparaît comme « ne manqu[ant] pas de bonnes qualités [...] galant dans la conversation, subtil en rencontres, très civil et extrêmement libéral[56] » alors que l'autre « n'avait pas cette galanterie d'esprit ni cet abord surprenant qu'avait Dara », il « parai[ssait] plus sérieux », « plus mélancolique[57] ». Cependant Aurangzeb se démarque de ses frères car il est « beaucoup plus judicieux, secret, rusé et dissimulé au possible[58]. » De fait, le récit est entièrement articulé autour de ce dernier : quand l'auteur détourne l'attention du lecteur vers d'autres personnages, c'est pour mieux montrer de quelle manière le prince réussit à prendre le dessus sur ses adversaires.

Mais la ruse ne peut exister si elle demeure un élément extérieur au protagoniste qui veut la dominer. Ainsi, Bernier fait d'Aurangzeb un héros complexe : le faisant double, il crée un personnage public et son contraire en privé. En effet, il lui fait adopter l'apparence d'un homme religieux, pour mieux éteindre les méfiances de la cour. Il lui offre dès lors une voie sans obstacle vers l'accession à l'autorité royale.

> Il était secret, rusé et dissimulé au possible, jusque-là qu'il fit longtemps comme profession d'être fakir, c'est-à-dire pauvre, derviche ou dévot qui a

56 François Bernier, *Voyages de François Bernier*, *op. cit.*, p. 46.
57 *Ibid.*, p. 48.
58 *Ibid.*

> renoncé au monde, feignant de n'avoir prétention aucune à la couronne, mais seulement de vouloir doucement passer sa vie dans la prière et la dévotion. Cependant, il ne laissait pas de faire ses brigues à la cour, principalement lorsqu'il se vit vice-roi du Deccan, mais il les faisait avec tant d'adresse et de secret qu'à peine pouvait-on apercevoir[59].

Sous la plume du voyageur, ce personnage devient une incarnation de la *mètis* grecque étudiée par Marcel Detienne et Jean-Pierre Vernant[60]. En effet, le personnage d'Aurangzeb semble donc parfaitement maîtriser l'art de la dissimulation : comme s'il portait constamment un masque, il garde cachées ses intentions. De cette manière, selon l'auteur, il sait taire et cultiver sa dualité, n'exposant au monde que la face plaisante et inoffensive d'une personnalité qu'il a entièrement construite pour tromper[61]. En se faisant passer pour un homme religieux dénué de volonté politique, il détourne donc l'attention de ses adversaires.

Au demeurant, Bernier fait du prince un maître de l'anticipation et un calculateur fourbe, « comme tout n'était qu'artifice[62] » : il peut en conséquence, devancer à plusieurs reprises ses ennemis. De cette manière, le voyageur raconte que suite à l'annonce de la maladie de son

59 *Ibid.*, p. 48-49. Barthélémy Carré évoque également ce double jeu incarné par Aurangzeb alors que l'empereur cherche à se venger d'un raja soupçonné de s'être associé à Shivaji lors du pillage de Surate en 1670 : « Mais comme sa qualité de roi ne lui avait point changé son naturel caché et l'ambition de vouloir toujours paraître fakir et dévot, cela lui faisait prendre d'autres mesures et de grandes précautions dans ces sortes d'affaires, ne voulant pas qu'on dît de lui qu'il faisait mourir ceux qui l'avaient bien servi et ceux qu'il voulait dépouiller de leurs trésors et richesses. », *Voyage des Indes orientales…*, *op. cit.*, p. 198.

60 « La présence de la mètis au sein de l'univers mental des Grecs peut bien être déchiffrée dans le jeu des pratiques sociales et intellectuelles où son emprise se manifeste de façon parfois obsédante. Elle n'est pas donnée dans un texte qui en livrerait d'emblée les fondements et les ressorts. […] La mètis est bien une forme d'intelligence et de pensée, un mode du connaître ; elle implique un ensemble complexe, mais très cohérent, d'attitudes mentales, de comportements intellectuels qui combinent le flair, la sagacité, la prévision, la souplesse d'esprit, la feinte, la débrouillardise, l'attention vigilante, le sens de l'opportunité, des habiletés diverses, une expérience longuement acquise […]. » Marcel Detienne et Jean-Pierre Vernant, *Les ruses de l'intelligence, La mètis des Grecs*, Paris, Flammarion, 1974, p. 9-10.

61 « La mètis est elle-même une puissance de ruse et de tromperie. Elle agit par déguisement. Pour duper sa victime elle emprunte une forme qui masque, au lieu de le révéler, son être véritable. En elle l'apparence et la réalité, dédoublées, s'opposent comme deux formes contraires, produisant un effet d'illusion, *ἀπάτε*, qui induit l'adversaire en erreur et le laisse, en face de sa défaite, aussi éberlué que devant les sortilèges d'un magicien. », *Ibid.*, p. 29.

62 François Bernier, *Voyages de François Bernier*, *op. cit.*, p. 64.

père, Aurangzeb alors en faiblesse, convoque son vizir et général Mir Jumla car il a besoin de ses soldats. Cependant, ayant sa famille retenue en otage par Shah Jahan et Dara, l'ancien vizir de Golconde ne peut pas suivre le rival de l'Empereur. Alors qu'Aurangzeb témoigne d'une entière compréhension devant les conseillers, il explique, en privé et au discours direct sa stratégie à Jumla : l'émir devra simuler une trahison et accepter de se faire emprisonner par les gardes du prince. Bernier crée alors une fiction dans la fiction ; officiellement accusé d'avoir comploté avec Shah Jahan et Dara, Jumla est officieusement consentant à son incarcération[63]. Il devient alors un adjuvant d'Aurangzeb qui hérite donc de ses armées. De plus, son projet permet à la famille de l'émir d'être protégée : étant donné qu'il est captif, il semble aux yeux de la cour être la victime du prince. Enfin, Bernier confirme les qualités de stratège de son personnage puisque ce dernier avait prévu que Shah Jahan, peiné de la captivité de Jumla, empêcherait Dara d'exécuter sa propre famille[64].

En une seule phrase, Bernier expose l'emportement de Dara ainsi que son apaisement grâce à Shah Jahan. Mais il affine aussi l'opposition entre les deux frères. En effet, il apparaît ici que les personnages sont conscients du caractère fourbe d'Aurangzeb et comme ce dernier, ils s'essaient à la ruse : Dara se laisse convaincre par son père qu'il est préférable de garder en vie la famille de Jumla. C'est également avec de « l'adresse » que Shah Jahan parvient à expliquer à son fils qu'il se trompe sur les intentions de l'émir, alors considéré comme étant pris au piège.

LA PROGRESSION LABYRINTHIQUE DES PERSONNAGES : UNE STRATÉGIE ÉCHIQUÉENNE VERS LE TRÔNE

Bernier propose un récit complexe, structuré par une une avancée non linéaire des personnages et de l'intrigue. Il élabore ainsi une poétique où la stratégie se mêle aux jeux de pouvoirs de sorte que se dessine, par le biais d'un métalangage, une métaphore échiquéenne de la narration. En effet, Bernier démarre son récit comme un joueur effectuant

63 « L'émir, [...] consentit à tout ce que voulait Aurangzeb et approuva l'expédient de se laisser emprisonner, si bien qu'Aurangzeb ne se fut pas plutôt retiré qu'on vit le grand maître de son artillerie s'approcher fort fièrement de l'émir, lui faire commandement de la part d'Aurangzeb de le suivre le resserrer dans une chambre, lui donnant de fort bonnes gardes, tout ce qu'Aurangzeb avait là de gens de main se rangeant sous les armes autour de la maison. », *Ibid.*, p. 63.

64 *Ibid.*, p. 74.

son développement au cours de l'ouverture du jeu, mais indique rester extérieur à ce qu'il raconte[65]. Il se fait donc implicitement à la fois le guide du lecteur au sein de cette intrigue labyrinthique, et l'arbitre de la partie entre les frères : ses multiples interventions permettent de rediriger constamment la narration[66]. Par ailleurs, il garde sous silence les origines de la maladie de Shah Jahan tout en incitant le lecteur à comprendre qu'il a les informations et qu'il les tait délibérément[67]. De la même manière, il déclare ne pas encombrer son récit de la description de la première bataille entre les frères car « dans la suite de cette histoire nous serons obligés d'en décrire de plus considérables[68]. » En tant que narrateur du récit, il se fait le seul détenteur du fil d'Ariane et crée l'unité narrative autour d'Aurangzeb, pressenti comme le vainqueur du jeu. C'est le voyageur qui donne l'orientation de son récit mais son statut d'observateur fait qu'il laisse ses personnages au cœur des initiatives[69]. Pour ce faire, il utilise aussi des présentatifs qui lui permettent de conclure une étape du parcours, « Voilà ce que j'ai cru devoir dire dans ce commencement touchant ces quatre frères et leur père Shah Jahan, parce que cela est nécessaire pour l'intelligence de tout ce qui suivra[70]. » Bernier utilise souvent le même changement de perspective : la plupart du temps, lorsqu'il estime avoir terminé une partie de son récit, il en débute une autre en annonçant un événement futur ou simultané. Cette méthode lui permet bien souvent d'expliquer comment l'événement a été vécu par ses différents protagonistes. Ainsi, alors que la bataille de Khajwah est sur le point de commencer, l'auteur fait un détour retors pour mettre au jour les soubassements de ce combat.

---

65 « Je trouvai encore à mon arrivée que ce Roi du Monde, Shah Jahan, âgé de plus de soixante-dix ans, avait quatre fils et deux filles [...] qu'il y avait près d'une année qu'il était tombé dans une grande maladie [...] ce qui avait mis de la division entre ces quatre frères qui prétendaient tous à l'empire, et avait allumé entre eux une guerre qui a duré environ cinq ans, et que j'entreprends d'écrire, m'étant trouvé à quelques-unes des plus considérables occasions et ayant été huit ans à la cour [...]. », *Ibid.*, p. 45.

66 Ce rôle d'arbitrage est notamment marqué par les épithètes associées aux personnages et qui évoluent en même temps que la progression de ces derniers dans l'intrigue.

67 « [...] je ne parlerai point ici de sa maladie [celle de Shah Jahan] et je n'en rapporterai pas les particularités. Je dirai seulement qu'elle était peu convenable à un vieillard de soixante-dix ans et plus, qui devait plutôt songer à conserver ses forces qu'à les ruiner comme il fit. », *Ibid.*, p. 59.

68 *Ibid.*, p. 68.

69 « Voyons de quelle manière Mir Jumla se prit à jeter les premiers fondements de la royauté d'Aurangzeb. », *Ibid.*, p. 53.

70 *Ibid.*

> Aurangzeb prévoyait bien aussi la même chose et c'était la raison pourquoi il se pressait tant, mais voici bien un autre surcroît d'embarras. Dans ce même temps, on lui apprend que le raja Jaswant Singh, qui en apparence s'était accommodé avec lui, donne sur l'arrière-garde et qu'il pille le bagage et le trésor[71].

L'auteur tient donc à montrer au lecteur tous les replis du circuit indien dans lequel il l'entraîne : il n'hésite pas à l'inclure dans sa narration, comme si tous deux devenaient spectateurs des actions faites par les personnages. Il le fait principalement de deux façons : soit il pose des questions au lecteur, soit il utilise la première personne du pluriel pour clôturer une partie du récit. De fait, le voyageur déambule accompagné de son lecteur[72].

Le voyageur commence son récit en mettant l'empereur Shah Jahan sur la touche : il est déclaré malade, il ne sera donc pas l'un des protagonistes du jeu. Pourtant, Bernier utilise ce personnage pour relancer la narration en rappelant à diverses reprises que la guerre fratricide pourrait être annulée à tout moment, pourvu que l'empereur prouve au monde qu'il est vivant et se montre à sa fenêtre. Les quatre princes se trouvent donc directement mis en concurrence pour accéder au pouvoir royal ce qui déclenche, selon Bernier, une course effrénée afin de constituer une armée et d'amorcer la longue route menant en Agra, capitale de l'empire où siège l'empereur. Cependant, le personnage d'Aurangzeb se démarque des autres car Bernier lui attribue un regard omniscient sur les actions de ses adversaires. En effet, le voyageur le décrit comme un prince qui ne semble pas agir selon les avis de ses conseillers mais qui sait s'entourer d'espions et d'alliés fidèles en usant de menaces et de présents. L'auteur en fait un héros qui sait aussi diriger son regard, organiser ses actions autant dans l'espace que dans le temps : par un effet de mise en abîme, il est présenté comme celui qui se joue des autres personnages. Un nouveau parallèle s'instaure alors entre Aurangzeb et son frère Murad Bakhsh. À l'issue de la bataille de Dharmat, alors que ce dernier est décrit comme voulant poursuivre rapidement son avancée vers Agra, il s'oppose à Aurangzeb qui demande le repos des troupes.

71 *Ibid.*, p. 103.

72 Ainsi, relatant la déroute de Dara, il conclut : « Laissons-le poursuivre son chemin vers Delhi et nous arrêtons en Agra pour y considérer l'adresse avec laquelle Aurangzeb se va prendre aux affaires. », *Ibid.*, p. 88.

Cette modération n'est pourtant pas irréfléchie : au contraire elle est le prétexte, caché à Bakhsh, pour camoufler sa prise de renseignements et de mesures, dans le but de répondre à un meilleur résultat d'action. Cette technique d'opposition entre le personnage fixé dans son approche et le personnage mouvant, correspond à l'image développée par Détienne et Vernant du prédateur et de sa proie[73]. En effet, Aurangzeb est décrit par Bernier comme imposant une prestance inflexible, aux allures inébranlables. Il semble que personne ne peut le faire douter de la marche à suivre pour accéder au pouvoir. Ainsi, construit sur une stratégie narrative reproduisant une partie d'échecs, le récit présente tout autant une course au trône qu'une avancée pour mettre le roi « échec et mat ». Tel un joueur avisé, le personnage d'Aurangzeb construit son avancée selon une connaissance certaine du terrain et peut, par ce système, prévoir les réactions des uns, des autres et choisir ceux des personnages qu'il va piéger. Selon Bernier, un fois qu'Aurangzeb a fait emprisonner son père, il domine le point central du conflit et doit alors s'imposer face aux divers groupes pour obtenir leur adhésion à son parti tout en évinçant ses nouveaux ennemis. Il est donc tout d'abord présenté dans la nécessité d'éliminer ses frères et de s'approprier leurs alliés : pour ce faire, il délègue certaines autorités notamment à Mir Jumla, devenu son vizir. Cependant, il devient sous la plume de Bernier le personnage dont la toute-puissance va croissant. Il sait se mouvoir au sein de cette multitude de personnages et de situations, prévoyant aussi bien les actions physiques que les projets stratégiques des uns et des autres, « donnant ordre à tout et s'assurant de tout[74]. » Ainsi, selon le voyageur, lorsqu'Aurangzeb se trompe, ce n'est que par excès d'anticipation sur les agissements de ses adversaires. L'éclatement de la focalisation permet au voyageur de rendre le prince omnipotent. En effet, la chronique dans son ensemble présente une disparité que l'auteur segmente en plusieurs épisodes. La multitude de personnages, le partage de leurs points de vue et de leurs intentions sont évincés au fur et à mesure de l'avancée du prince. Le personnage Jaswant Singh est décrit comme faisant partie de ceux qui

73 « Être silencieux et toujours à l'écoute, rester invisible, sans que rien échappe à la vue, se tenir sans cesse sur le qui-vive, c'est là que ce recouvre un terme technique de la chasse et de la pêche dont nous avons déjà marqué l'importance dans le vocabulaire homérique : *dokeuein*, épier, guetter. », Détienne & Vernant, *Les ruses de l'intelligence, la Mètis des Grecs*, *op. cit.*, p. 37.

74 François Bernier, *Voyages de François Bernier*, *op. cit.*, p. 106.

représentent une crainte pour le prince. D'abord annoncé comme un de ses ennemis[75], il vient ponctuer le récit en apparaissant à plusieurs reprises, associé à l'appréhension d'Aurangzeb[76], qui, en excellent joueur à l'aveugle, ne s'est pas trompé en hiérarchisant ses priorités d'actions : ses inquiétudes sont bien fondées et Bernier crée ce moment de tension narrative où Jaswant Singh aurait pu sauver Shah Jahan, annulant alors les projets d'Aurangzeb, mais ne saisit pas cette opportunité. L'auteur conclut cet épisode par l'exécution moralisatrice du traître et donne à son prince l'occasion de faire sortir un autre adversaire de la course[77].

Bernier structure son récit autour de deux pôles fonctionnant comme deux doubles antithétiques et adversaires : ainsi l'ascension d'Aurangzeb se fait en parallèle de la régression de Dara[78]. De fait, le portrait de Dara prédispose le personnage à devenir le héros du récit.

> Il était galant dans la conversation, subtil en rencontres, très civil et extrêmement libéral, mais il avait trop bonne opinion de lui-même, se croyant seul capable de tout et ne se pouvant qu'à peine imaginer qu'il n'y eût personne qui lui pût donner conseil ; il nommait même assez indiscrètement ceux qui lui donnaient des avis, de sorte que ses plus affectionnés avaient de la peine à se hasarder à lui découvrir les secrètes intrigues de ses frères. De plus, il s'emportait facilement, menaçait, injuriait et faisait des affronts, même aux plus grands *omerahs*, ou seigneurs, et puis tout comme un feu de paille. Quoiqu'il fût mahométan, et qu'en public dans les exercices ordinaires de la religion il témoignât de l'être, néanmoins, en particulier, il était gentil avec les gentils et chrétien avec les chrétiens. [...][79]

Cependant, Bernier en soulignant l'aspect instable de cette figure royale qui ne contrôle pas ses nerfs et qui adopte maladroitement une religion avant l'autre afin de se faire accepter du plus grand nombre, annonce déjà ses faiblesses. Dara apparaît au lecteur comme

75 *Ibid.*, p. 70.

76 *Ibid.*, p. 100, p. 105, p. 138.

77 « Le cruel barbare ne sachant pas que si les rois souffrent quelquefois de semblables actions pour leurs intérêts, ils les ont pourtant en horreur et que tôt ou tard ils les savent punir. », *Ibid.* p. 124.

78 Comme le souligne Frédéric Tinguely : « Sans nier la centralité de la figure d'Aurangzeb, dont l'irrésistible ascension confère à la chronique son unité d'action, il importe de préciser que le sentiment tragique est davantage associé à la figure de Dara, victime d'improbables revers de fortune qui l'entraînent irrémédiablement vers une fin misérable. Aurangzeb est bien le héros de la tragédie mais il n'en est pas le grand héros tragique. », *Ibid.*, p. 24.

79 *Ibid.*, p. 46.

un personnage qui se positionne mal face à ses conseillers en ne les traitant pas avec assez de ménagement. En effet, alors que son frère est associé au « secret », Dara « nomme assez indiscrètement ceux qui lui donnaient des avis. » Bernier montre donc que le prince ne peut que constater son échec lors de la bataille de Deorai[80]. C'est au seuil de cette dernière qu'il s'aperçoit ne plus avoir d'alliés, étant donné qu'Aurangzeb les a tous soudoyé. Le narrateur accentue le décalage entre les deux frères car bien avant cette prise de conscience de Dara, il avait annoncé qu'Aurangzeb possédait des alliés dans le camp de son frère[81]. Bernier présente alors un Dara démuni : ceux qui lui avaient promis fidélité se sont dédits, et son armée, constituée « pour la plupart de gens ramassés[82] », n'est pas complétée par celles des amis sur lesquels il comptait[83]. Ainsi, il ne peut repartir, puisque les terres alentours appartiennent à ses nouveaux ennemis. Le personnage d'Aurangzeb se révèle donc empreint d'une grande puissance sous-jacente qui ne se manifeste pas directement car elle est d'abord mentale, c'est parce que les rajas le craignent, qu'ils lui obéissent et prennent l'initiative de trahir leurs propres alliés en sa faveur. Le voyageur montre bien que Dara se retrouve constamment surpris par les évènements : selon l'auteur c'est là sa principale faiblesse face à son frère. D'après le portrait fait par Bernier, Dara fait de son orgueil un moteur le poussant à agir seul en rejetant ceux qui l'entourent il se trouve donc limité dans ses axes de réflexion. En effet, la ruse demande un champ de vision étendue, qui peut rappeler la figure du chasseur développée par Marcel Détienne et Jean-Pierre Vernant dans leur étude sur la mètis

80 *Ibid.*, p. 112.

81 « Aurangzeb, outre cela, pour encourager davantage ses soldats, se vantait hautement qu'il avait trente mille Mogols à sa dévotion dans l'armée de Dara, et il en était bien quelque chose, comme il parut par la suite. », *Ibid.*, p. 74.

82 *Ibid.*, p. 111.

83 « Dara, qui avait déjà fait une armée nombreuse (quoiqu'elle ne fût pourtant pour la plupart que de gens ramassés) et qui espérait qu'en approchant d'Agra plusieurs de ses anciens amis, qui le verraient avec Jaswant Singh, viendraient infailliblement le joindre, part aussitôt d'Ahmedabad et s'en alla en diligence à Ajmer, [à] sept ou huit journées d'Agra. Mais Jaswant Singh ne lui tint pas parole ; le raja Jai Singh alla s'entremettre pour faire son accord avec Aurangzeb et l'attirer tout de bon à son parti, ou du moins empêcher son dessin qui était capable de le perdre lui-même et de faire remuer tous les rajas, et qui écrivit plusieurs fois, lui faisant connaître le grand danger où il s'allait mettre en épousant un parti ruiné comme était celui de Dara [...] », *Ibid.*, p. 111.

des Grecs à partir d'un corpus de textes antiques[84]. D'après Bernier, Dara ne possède pas les capacités d'anticipation sur ses adversaires : même quand il est, à maintes reprises, mis en garde par ses alliés, sa femme et même son petit-fils de quinze ans, il les rejette comme s'ils n'avaient pas les capacités de le conseiller[85]. *A contrario*, selon le narrateur, il choisit de suivre des personnes qu'il associe à un sentiment de reconnaissance ou d'amitié, établissant une sorte de jeu de pouvoir affectif implicite, sur lequel ses ennemis prennent appui pour le séduire. De fait, étant donné qu'il se limite aux apparences, ne cherchant pas le sens caché des choses, il est décrit comme un personnage dont la vision est faussée par l'émotionnel et le conduit toujours plus dans l'erreur et l'échec. Ainsi, comme le souligne Bernier, il préférera faire confiance à Jiwan Khan[86], à qui il avait déjà sauvé la vie par deux fois. En rappelant que Dara s'était opposé à son propre père pour le sauver, le narrateur montre qu'une relation de confiance s'est établie avec ce nouveau personnage. Dara se fait donc surprendre par la trahison de celui-ci : c'est chez lui qu'il se fait piéger, avant d'être emprisonné et déporté à la Cour d'Aurangzeb, où il sera exécuté. L'auteur construit son récit autour de la détermination de Dara, montré comme un prince aveuglé par sa décision et plus généralement par la fatalité. Après avoir énuméré l'ensemble des personnages qui tentent de lui faire renoncer à son projet[87], Bernier se pose en narrateur prédictif et

84 « Dans ce monde de la chasse et de la pêche, la victoire ne s'acquiert que par mètis. Pour les animaux comme pour les hommes, chasseurs et pêcheurs, la règle est de fer : one triomphe d'un *polúmētis* que si l'on a fait preuve de plus de mètis que lui. [...] La première qualité du chasseur comme du pêcheur, c'est l'agilité, la souplesse, la rapidité, la mobilité. [...] La seconde qualité du chasseur et du pêcheur, c'est la dissimulation, l'art de voir sans être vu. [...] La troisième qualité de ce même type d'homme, ce sera la vigilance. [...] Maîtres en finesses, chasseurs et pêcheurs feront preuve d'une duplicité sans rivale ; ils multiplieront les stratagèmes, ils seront capables d'inventer les mille astuces qui leur permettront de faire pièce aux roueries de la mètis animale. », Marcel Détienne et Jean-Pierre Vernant, *Les ruses de l'intelligence...*, *op. cit.*, p. 35-40.

85 « Mais Dara était trop malheureux pour suivre un bon conseil [...] », François Bernier, *Voyages de François Bernier...*, *op. cit.*, p. 99.

86 « Un *pathan* ou guerrier. », *Ibid.*, p. 119.

87 « Son petit-fils Siphir Shikoh, quoique peu âgé, voyant son dessein, se vint jeter à ses pieds, le suppliant au nom de Dieu de n'entrer point sur les terres de ce Pathan. Sa femme et sa fille firent la même chose, lui remontrant que c'était un voleur, un révolté, qu'infailliblement il le trahirait ; qu'il ne fallait point s'opiniâtrer à faire lever ce siège, mais bien tâcher de gagner vers Kaboul ; que la chose ne serait pas impossible, d'autant que Mir Baba apparemment ne quitterait pas ce siège pour le suivre et l'empêcher d'y

moralisateur, par le biais d'une phrase conclusive[88] avant de changer le point de vue sa narration. Il peut alors transcrire le récit selon la perception de Jiwan Khan dont les épithètes significatives annoncent la couleur négative du personnage[89]. Par ailleurs, ce dernier est évoqué à plusieurs reprises dans le récit : il devient pour l'auteur une référence créant la connivence avec le lecteur[90].

Par ce récit, le voyageur souligne donc que, se laissant guider par ses affects, Dara ne peut être porteur d'un destin positif. De cette manière, son statut se dégrade au fur et à mesure du récit, jusqu'à ce que le narrateur en vienne à la constatation que « Dara [est] comme entraîné par la force de son malheureux destin[91]. » Cette destinée peut être symbolisée par l'éléphant sur lequel siègent les princes durant les combats. Bernier, théâtralisant la narration, présente deux batailles mettant en scène Aurangzeb contre ses frères. La première des deux se situe à Samugarh. Alors que les deux armées ennemies campent l'une en face de l'autre pendant plusieurs jours, Dara s'impatiente et désobéit à Shah Jahan qui l'exhorte à attendre encore l'armée de Suleiman Shikoh avant d'attaquer. L'auteur présente ce prince sûr de sa victoire, très puissant parce que disposant d'une armée bien structurée et d'une stratégie intéressante dans son organisation[92]. À la suite d'une longue description militaire, Bernier introduit un nouveau personnage, Khalilullah Khan, le commandant de trente mille soldats placés sur l'aile droite de Dara. Puis, l'auteur donne la structure tactique d'Aurangzeb, soulignant que la disposition est à

---

arriver. » L'auteur oppose ici le *pathos* développé par la succession de supplications des proches de Dara, et les arguments rationnels que ces derniers lui présentent pour le faire changer d'avis. Cette construction du récit permet donc à l'auteur d'accentuer l'erreur dans laquelle le prince se trouve le prince. *Ibid.*, p. 119.

88 « Il partit malgré tout ce qu'on lui put dire et s'en alla éprouver aux dépens de sa vie qu'il ne faut jamais se fier à un méchant homme. » *Ibid.*

89 En effet, il est qualifié par le voyageur de : « révolté », « méchant homme », « voleur », « ce traître », *Ibid.*, p. 119-120.

90 En effet, Bernier explique dans Les événements particuliers, ou ce qui s'est passé de plus considérable après la guerre, pendant cinq ans ou environ dans les États du Grand Mogol, « Ce grand homme, après avoir achevé 'affaire de Bengale avec Sultan Shuja, non pas comme un Jiwan Khan, cet infâme Pathan au regard de Dara, ou comme le raja de Srinagar à l'égard de Suleiman Shikoh, mais comme un grand capitaine et adroit politique [...] » La comparaison entre les deux personnages permet à l'auteur de solliciter le lecteur. *Ibid.*, p. 172.

91 *Ibid.*, p. 119.

92 *Ibid.*, p. 79.

peu près similaire si ce n'est l'occurrence de deux artifices stratégiques. La bataille commence selon la coutume indienne, mais l'auteur fait intervenir un coup de théâtre : la pluie qui provoque l'annulation du combat[93]. D'après le narrateur, il semble que les forces entre les deux armées indiennes soient équivalentes. Ainsi, la construction narrative se base sur un effet de surprise sans cesse renouvelé : le narrateur oriente le lecteur dans un sens, puis dans un autre, ponctuant le rythme par des coups de théâtre. La bataille commence, mais doit être arrêtée à cause de l'averse, à l'issue de laquelle Dara apparaît comme transperçant le brouillard, sur un éléphant majestueux. Cependant, le narrateur explique qu'à l'image de son orgueil et de son courage, cette première impression se révèle sans fondement : car « à dire le vrai » Dara n'est pas celui qu'il donne à voir. Bien que combattant valeureusement, ce personnage ne porte que des coups sans conséquence, ce qui est accentué par l'hyperbolisation de la description. Cependant, l'auteur rappelle qu'il est suivi par son armée, à laquelle il sert de repère : ce qui amène différents angles d'approche d'une même action. D'un côté il est perçu comme un ennemi redoutable et un meneur d'hommes par les protagonistes alors que le narrateur souligne son incompétence à viser juste. Bernier s'amuse alors en décrivant la manière dont Dara perd la bataille à cause d'un abus de confiance. En effet, au moment où il est en position de force après une lutte longue, difficile mais lui donnant l'avantage, Khalilullah Khan le trahit. Bernier décrit cette partie de la bataille à travers le regard de ce dernier : commandant l'aile droite, qui « se tint à l'écart les bras croisés, comme s'il n'eût pas été de la partie, sans permettre qu'aucun de ses cavaliers tirât un seul coup de flèche [...] » pendant que « Dara et son aile gauche combattaient avec tant de force et même avec tant de bonheur[94] ». Alors que Bernier en fait le premier spectateur de la bataille, Khalilullah Khan se souvient des raisons qui le poussent à vouloir se venger du prince. Utilisant la focalisation interne, le narrateur explique que « la véritable cause [qui pousse le général à ne pas envoyer ses troupes combattre], était ce qu'il tenait caché dedans son cœur, [à] savoir cet ancien affront que lui avait fait Dara quand il lui avait fait donner des coups de babouche (c'est la chaussure des Moghols) [...][95]. » L'auteur crée donc un décalage entre

93 *Ibid.*, p. 81.
94 *Ibid.*, p. 84.
95 *Ibid.*

l'affront et la vengeance : il explique au lecteur que si le commandant des armées renonce en pleine bataille à son alliance avec le prince en passe de gagner, c'est parce que ce dernier lui avait donné des coups de chaussures. Ainsi, non seulement il n'envoie pas ses soldats combattre, mais en plus il accourt vers Dara et lui annonce leur victoire. Ici, le narrateur introduit un passage de discours direct pour faire entendre la voix du personnage[96]. De fait, le prince crédule, d'après Bernier, descend de son éléphant afin de poursuivre les fictifs fuyards à cheval. Le voyageur explique que c'est pour cela que l'armée de Dara, n'ayant plus son point de repère à la vue de leur seigneur sur le pachyderme, panique et quitte la bataille. Selon Bernier, la déroute du prince ne tiendrait donc qu'à quelques coups de babouche[97]. Cette ironisation due à un manque de mise en perspective culturelle, entre en résonance avec l'isotopie du jeu associée à Aurangzeb tout au long du récit. À plusieurs reprises, Bernier explique que son personnage « amuse » les ennemis pour mieux les tromper[98] jusqu'à ce qu'il obtienne la victoire : « il ne restait plus d'épine au pied à Aurangzeb[99]. »

96 *Ibid.*, p. 85.

97 *Ibid.*, p. 86.

98 *Ibid.*, « [...] son armée n'était pas encore toute arrivée qu'il les fit saluer de quelques volées de canon, son dessein étant de les amuser un peu dans la crainte qu'il avait qu'ils ne voulussent eux-mêmes passer la rivière, non seulement afin de lui couper l'eau mais aussi pour empêcher que son armée ne se reposât et ne prît un poste avantageux. », p. 70. « Après qu'Aurangzeb eut fait reposer son armée deux ou trois jours seulement, et qu'en amusant l'ennemi, il l'eut disposée pour passer la rivière, il fit jouer toute son artillerie [...] », p. 71. « Aurangzeb décampa la même nuit sans faire de bruit, laissant quelques-unes de ses tentes pour amuser Dara et, marchant jour et nuit, fit une telle diligence qu'il se trouva quasi aussitôt au-delà [de] la rivière [...] », p. 78.

99 *Ibid.*, p. 127.

UNE ÉPOPÉE DÉTOURNÉE POUR RÉPONDRE AUX ENJEUX PHILOSOPHIQUES LIBERTINS

UNE CHRONIQUE SOUS FORME D'ÉPOPÉE INVERSÉE LIBERTINE

L'épopée de Bernier fonctionne sur une double lecture mise en miroir au sein même du récit : il semble que pour l'auteur, il s'agit moins de renouveler le genre épique que de chercher un support à l'épanouissement de la philosophie libertine. De fait Bernier met en place une épopée, implantée en Inde, mais, tout en reprenant à son compte les codes du genre, il les détourne pour mieux servir ses intentions de critiques libertines. Comme l'a montré Frédéric Tinguely, Aurangzeb n'est pas à proprement parler un héros épique traditionnel mais plutôt un héros libertin[100]. Le récit de sa montée au pouvoir reprend certains des éléments constitutifs de la narration tragique : le narrateur expose les exploits guerriers de celui qu'il rebaptise « le héros de la pièce », guidé par une force surnaturelle l'aidant à réussir toutes les épreuves sur son parcours. Cependant, contrairement à la magnificence d'Alexandre le Grand[101], à qui il est comparé, l'Aurangzeb de Bernier, incarne un héros composé d'autres caractéristiques qui en font un personnage ambigu. En effet, tel un Tartuffe, il se targue d'être un homme pieux qui ne tient au trône que pour mieux le céder à son frère et allié Muradh Baksh[102]. Ce dernier est décrit comme un prince « courageux », qui n'hésite pas à entrer dans la bataille pour soutenir vaillamment ses hommes[103].

100 « À défaut d'être un héros tragique, Aurangzeb fait à certains égards figure de héros libertin. », *Ibid.*, p. 26.

101 « D'un autre côté, Alexandre dont le courage ne se pouvoit modérer, conjuroit son Pere de ne pas laisser perdre une si belle occasion de gloire ; & enfin ayant obtenu que l'on combattroit, il donna le premier sur ses ennemis. On combattit long-tems avec beaucoup de chaleur, & en doute de la victoire, jusqu'à ce que ce jeune Prince, à qui son Père avoit donné le commandement de l'une des pointes avec des troupes d'élite [...] ouvrit le chemin à la victoire. », Quinte-Curse, *De la vie et des actions d'Alexandre le Grand, de la traduction de M de Vaugelas avec Les Supplémens de J.Freinshemius sur Quinte-Curce*, Traduits par feu Monsieur Du Ryer, Lyon, Les Frères Perisse, 1761, Liv. I, p. 41.

102 François Bernier, *Voyages de François Bernier...*, *op. cit.*, p. 49, 61, 66, 87.

103 *Ibid.*, p. 87.

L'auteur structure son récit autour de deux ascendants mis en opposition : le sens de la vue et celui de l'ouïe. Ces derniers deviennent, sous la plume du voyageur, deux forces contraires qui reflètent les personnages d'Aurangzeb et de son frère Dara ainsi que tous ses autres opposants. De fait, d'après l'auteur la lutte pour le pouvoir royal semble se jouer entre ceux qui voient et peuvent donc déjouer les pièges tendus par leurs ennemis, contre ceux qui sont portés par les rumeurs vers l'erreur et la défaite. En effet, Bernier fait de la rumeur l'outil de la Fortune pour ternir ou magnifier l'image de certains personnages qu'elle mène ou non vers l'erreur et l'échec. Ainsi, l'auteur centre l'intrigue autour de la rumeur de la maladie de Shah Jahan : c'est cette dernière qui provoque la confusion dans la cour. En effet, suite à l'annonce faussée de sa mort prochaine, des clans se créent et Dara se voit accusé, par certains, du mal de l'empereur[104]. La rumeur entraîne les quatre frères à entrer en guerre, développant un processus duquel l'empereur ne peut plus s'extraire. De cette manière, Bernier raconte que lorsqu'Aurangzeb parvient en Agra et demande à rencontrer son père, ce dernier communique son enthousiasme à retrouver son fils. Cependant, alors que l'empereur demeure dans le palais, le prince décide de rester à l'extérieur, les obligeant ainsi à correspondre par lettres. Bernier souligne que les deux partis se méfient l'un de l'autre : d'un côté, Shah Jahan connaît « bien l'humeur cachée et rusée d'Aurangzeb, et la passion secrète qu'il [a] de régner[105] », de l'autre Aurangzeb, qui n'obéit qu'à ses propres stratégies.

> Cependant, il continuait ses brigues secrètes et sondait l'esprit de tous les plus grands *omerahs*, jusqu'à ce qu'enfin, après avoir bien et secrètement disposé toutes choses pour son dessein, l'on fut fort étonné qu'un jour il avait envoyé Sultan Mahmoud, son fils aîné, à la forteresse sous prétexte d'aller parler à Shah Jahan de sa part [...] Si jamais homme fut étonné, ce fut Shah Jahan voyant qu'il était tombé dans le piège qu'il préparait aux autres, que lui-même se trouvait emprisonné et Aurangzeb maître de la forteresse[106].

D'après le voyageur, ce sont son sens de l'observation, sa mémoire et ses capacités d'anticipation qui l'amènent à se souvenir que Shah

104 Frédéric Tinguely souligne que dans les faits, Shah Jahan est touché par une maladie vénérienne, non par un empoisonnement. Il cite d'ailleurs le récit de Tavernier et du père Catrou, voir « note 2, p. 59 », *Un libertin dans l'Inde moghole*, *op. cit.*, p. 465-466.

105 François Bernier, *Voyages de François Bernier*, *op. cit.*, p. 91.

106 *Ibid.*, p. 91-92.

Jahan, toujours conseillé par sa fille Begum Saheb, s'est ouvertement prononcé contre lui puisqu'il avait aidé Dara au moment de sa déroute. À travers la réflexion d'Aurangzeb, Bernier montre donc ce qui est caché : comme Shah Jahan affiche sa joie à l'idée de revoir son fils il y a officiellement deux partis opposés ; celui d'Aurangzeb et celui de Begum Saheb. Pourtant, officieusement il s'agit bien pour Aurangzeb d'anticiper à nouveau sur son père pour ne pas se laisser piéger par ce dernier. L'auteur le rappelle, Shah Jahan avait toutes les armes en mains car il connaissait les véritables intentions de son fils : il aurait donc pu le devancer en se montrant au peuple, ce qui, à tout moment, aurait fait cesser cette quête au pouvoir et la guerre fratricide. Pourtant, comme le montre Bernier, il a voulu jouer contre son fils et tenter de le piéger en l'attendant et en le regardant agir. De son côté, Aurangzeb est décrit comme le héros épique qui a dépassé tous les obstacles mis sur sa route et qui arrive au centre de son parcours, c'est-à-dire devant le palais de son père. Au lieu d'y entrer précipitamment, Bernier lui fait engager une nouvelle bataille, cette fois mentale, lente et structurée, avec les annonces répétées de son arrivée et ses multiples désistements. L'avancée du prédateur se faisait par étapes, mais le coup de théâtre est incarné par son fils, Sultan Mahmoud, qui crée soudainement l'effet de surprise en entrant alors qu'il n'est pas attendu. Ainsi Bernier renverse les forces et le piège se referme brutalement sur la proie : Shah Jahan se retrouve prisonnier au sein de son propre palais, comme le fut son propre père en son temps, alors qu'Aurangzeb resté hors de portée avait envoyé son fils agir pour lui. De fait, alors que l'intrigue se crée sur une fausse rumeur : la mort de Shah Jahan, une succession d'autres rumeurs se sur-ajoutent à la première. Renouvelant constamment la narration, bien que l'une soit vérifiée et démentie, il y en a toujours une nouvelle pour raviver la flamme du conflit. Le voyageur donne à la rumeur la matérialité d'un masque posé sur le visage d'Aurangzeb. Ce dernier trouve alors en elle un outil de protection favorisant son ascension, comme si l'objectif était de conserver une apparence le plus longtemps possible, afin de terminer la course, déguisé. Par la suite, lorsqu'il a atteint son objectif Aurangzeb est directement mis en parallèle avec son père ; comme lui son statut de souverain est mis en danger par la rumeur de la cour. Dans *Les évènements particuliers*, l'auteur met en scène la convalescence d'Aurangzeb et la façon dont il a réussi à conserver le trône, se montrant donc plus perspicace que son père. Bernier présente les faits de manière à amener le lecteur à établir des équivalences entre les personnages comme si l'histoire se répétait presque à l'identique. Le voyageur rapporte qu'Aurangzeb tombe « extrêmement malade » en 1662 (p. 137), ce qui déclenche la rumeur de sa mort prochaine dans tout l'Empire Mogol. De même que pour Shah Jahan, les ministres commencent alors à envisager les dispositions qu'ils vont prendre, et Bernier rend compte des trahisons qui se mettent en place petit à petit. Le narrateur montre que si l'empereur vient à mourir, les *omerahs* ne se tourneront pas vers Shah Jahan, lui préférant le jeune fils d'Aurangzeb. : l'ancien souverain étant maintenu emprisonné, il n'est désormais plus question de le libérer. Néanmoins, Aurangzeb ne tombe pas dans les mêmes travers que son père. Le narrateur présente la faute stratégique de l'empereur qui a préféré rester cacher plutôt que d'apparaître en public puor annuler le conflit de succession. A contrario, le personnage d'Aurangzeb tente de garder le contrôle de la situation. Pour ce faire, il donne des ordres, veille à la sécurité de son père et prévoit certaines directives à appliquer s'il mourrait. En outre, il s'attaque directement à la rumeur, cherchant à la devancer sans cesse, de sorte qu'il continue de surprendre chacun en « se [faisant] voir ». Cette force est rendue de manière stylistique par l'auteur qui utilise un rythme soutenu pour décrire la lutte d'Aurangzeb en une phrase. Afin de maintenir l'intérêt du lecteur, Bernier augmente le mérite de l'empereur en faisant le décompte des jours de convalescence, allant de pair avec une aggravation de l'état de santé. Enfin, le voyageur se positionne ici en témoin : « j'étais alors proche de mon agha quand on lui donna toutes ces nouvelles […] », ce qui augmente encore la prestance du souverain indien[107]. Car en effet, sous la plume de Bernier, tous les personnages qui ont montré leur vrai visage sont tombés sous le joug du prince.

LA CARTOGRAPHIE BIAISÉE D'UN HORIZON MOBILE INDIEN : UN ANCRAGE NÉO-ÉPICURIEN DU RÉCIT

À la lumière de l'analyse de Jean-Charles Darmon sur l'influence du gassendisme dans la littérature du Grand Siècle, il est possible de relire l'*Aurangziade* de Bernier. Cette dernière, fondée sur une

107 *Ibid.*, p. 139.

poétique géométrique, s'impose comme un modèle fictif de la littérature d'imagination. Il semble alors que l'Inde est utilisée par Bernier tel « un horizon mobile, une référence fluide et métaphorique s'associant à des points de vue très divers[108] », tout comme l'épicurisme au Grand Siècle a su se manifester en dehors de l'œuvre de Gassendi. De fait, se dresse l'hypothèse selon laquelle la déambulation labyrinthique proposée par Bernier, servirait à dévoiler les rouages du système politique absolutiste français, afin de permettre au lecteur l'accès de la connaissance par les sens. Jean-Charles Darmon propose de s'intéresser au statut de l'imagination et de sa puissance heuristique pour comprendre la portée de l'épicurisme, perçu comme une forme expérimentale de la littérature, dans les œuvres de La Fontaine, Cyrano et Saint-Évremond[109]. La chronique de Bernier s'inscrit dans cette logique sur les mêmes critères d'expérimentation.

> Expérimentations heuristiques sur les images elles-mêmes et sur les signes sensibles ; expérimentations « anthropologiques » sur des séries de proportions et d'analogies où la « nature » de l'homme et les formes de l'humain sans cesse déplacées, sont mises à l'épreuve [...]. Dimension expérimentale qui affecte à la fois les savoirs mobilisés par ces textes et les effets moraux et esthétiques qu'ils induisent[110].

Par ailleurs, en mettant au cœur de son récit la dimension sensorielle, essentiellement tournée vers le jeu des apparences auquel se livre les personnages, l'auteur expérimente le paradoxe du double critère développé par son maître à penser. L'emprunt de Bernier à cette théorie gassendiste semble vouloir rendre le monde intelligible en l'expliquant à travers un double mouvement rappelant l'esthétique du clair-obscur. D'une part la perception sensible et de l'autre le raisonnement : « Il faut à la fois percevoir le signe et comprendre en raisonnant ce qu'il peut désigner. Percevoir et raisonner, voilà deux critères qui se "corrigent"

108 Jean-Charles Darmon, *Philosophie épicurienne et littérature au* XVIIe *siècle en France, Études sur Gassendi, Cyrano de Bergerac, La Fontaine, Saint-Évremond*, Paris, presses Universitaires de France, 1998, p. 9.

109 Jean-Charles Darmon, « Philosophie épicurienne et littérature au XVIIe siècle », dans Anthony Mc Kenna et Pierre-François Moreau (dir.), *« Libertinage et philosophie, Gassendi et les gassendistes » et « Les passions libertines »*, Saint-Étienne, Publications de l'Université de Saint-Étienne, vol. 4, 2000, p. 23.

110 Jean-Charles Darmon, « Philosophie épicurienne et littérature... », *op. cit.*, p. 23.

mutuellement mais ne vont pas l'un sans l'autre[111]. » Les personnages se divisent alors en groupes distincts : ceux qui se laissent porter par leurs sens, avec Dara en tête de proue, et Aurangzeb qui, selon Bernier, sait raisonner sur les signes sensibles qu'il perçoit. Ainsi, par un effet de mise en abîme, le lecteur est invité, à travers le parcours de l'œuvre, à utiliser ses sens notamment la vue, afin de parvenir à une connaissance plus fine de la réalité contemporaine.

En outre, à la manière d'un philosophe atomiste, Bernier cherche à esquisser le réel à travers des éléments à priori invisibles. Le recours à la métaphore comme figure structurante du récit permet au voyageur de ramener l'inconnu de l'ailleurs indien au connu du lecteur français. Il donne donc à son public l'occasion d'assister à la représentation des jeux de cour moghole, qu'il présente comme une scène de théâtre. La métaphore, comme outil figurant l'invisible, permet donc à Bernier de recréer un monde lointain pour permettre à son lecteur de percevoir le dispositif caché du système tyrannique. Il semblerait alors que le lecteur suive en fait le voyageur non dans un circuit politique indien mais bien dans « le labyrinthe d'un cerveau » : la chronique de Bernier peut donc se lire comme une allégorie de la pensée gassendienne. De même qu'Aurangzeb a apprivoisé la rumeur jusqu'à en faire un outil stratégique, l'auteur propose au lecteur de goûter au plaisir de la connaissance.

L'*Aurangziade* de Bernier, éclairée par les thèses gassendistes, semble ouvrir un chemin au lecteur. Par le recours à la chronique historique,

---

111 « Quelle que soit la nature du signe envisagé, il faut d'abord se référer à un même critère initial (la sensation). En une parenthèse piquante, Gassendi signale du reste que Platon lui-même, pour qui la science est réminiscence, admet que celle-ci est réveillée par la perception, par le sensible. Même pour Platon, le signe sensible est un commencement, c'est lui qui "force à penser" […] Le signe sensible doit amorcer le processus cognitif où s'engage l'esprit (*mens*), guidant celui-ci en sa recherche, lui indiquant que quelque chose est à chercher au-delà du signe lui-même, du côté de ces choses qui sont non manifestes aux sens (81 *b*, 1.28). Tout en étant enraciné dans le sensible, au même titre que le signe commémoratif, le signe indicatif ouvre l'espace référentiel de l'"insensible" où rien n'est plus directement perceptible, mais où la raison opère logiquement : les "objets" "cachés par nature" tels que le vide, les pores de la peau, l'âme, Dieu supposent une faculté qui complète logiquement les données sensibles : la raison. Ainsi, dans le mouvement du texte gassendien, on remonte de *deux types d'objets* (les uns cachés selon les circonstances, *ad tempus*, les autres cachés par la nature) à *deux types de signes* (commémoratifs, indicatifs) permettant de les identifier dans le sensible, et de ces deux types de signes à *deux critères* ou plutôt à un critère double (*duplex*) dont chaque sujet humain dispose : les sens et la raison. », Jean-Charles Darmon, *Philosophie épicurienne et littérature*, *op. cit.*, p. 58 et 62.

Bernier se propose de recréer un monde basé sue un dualisme de l'apparence. De cette manière, il se réfère à Épicure « dans la mesure où pour le fondateur du jardin l'accumulation des explications possibles et le fait de rendre compte des phénomènes sont liés à la fin des terreurs[112]. » Le lecteur paraît invité par l'auteur à comprendre l'absolutisme monarchique qui lui est contemporain, à travers l'appréhension d'éléments lointains : Bernier utilise l'invisible en ce qu'il mobilise l'inconnu et l'intangible pour ses lecteurs, afin que ceux-ci, à travers leurs sens, puissent capter le réel monarchique. Ce cheminement intellectuel auquel est convié le lecteur est également un moyen pour l'auteur de faire expérimenter à ce dernier l'hédonisme de la connaissance.

LA POÉTIQUE DIALOGIQUE : UN OUTIL CRYPTANT LA CRITIQUE DU SYSTÈME MONARCHISTE ABSOLUTISTE

Au cours des *Évènements particuliers*, Bernier explique qu'après sa prise de pouvoir, Aurangzeb entretient une correspondance avec son père, alors que celui-ci demeure prisonnier dans le sérail. Il réoriente alors l'esthétique de son récit pour donner la prédominance à une poétique dialogique entre les personnages, afin de mieux crypter la critique indirecte qu'il fait du système monarchique français. De cette manière, selon l'auteur, Shah Jahan, accordant son pardon, peut conseiller son fils, nouvellement empereur, en ce qui concerne les décisions de l'État. Bernier se permet de retranscrire une lettre écrite par Aurangzeb à son père[113]. Cette mise en abyme du récit est l'occasion pour l'auteur d'introduire une anecdote qui fait la critique du système tyrannique. Il crée donc un parallèle entre la relation qu'il a avec son père et celle que Timur entretenait avec Bajazet. Reconnaissant alors la puissance divine dans l'attribution du pouvoir royal en citant le *Akbar Nama* soit

112 Sylvie Taussig, « Histoire et ΙΣΤΟΡΙΑ dans les lettres latines de Gassendi » [in] Anthony Mc Kenna et Pierre-François Moreau (dir.), *« Libertinage et philosophie, Gassendi et les gassendistes » et « Les passions libertines »*, Saint-Étienne, Publications de l'Université de Saint-Étienne, vol. 4, 2000, p. 51.

113 « Ce n'est pas pourtant qu'Aurangzeb le flattât toujours ; au contraire, il lui faisait quelquefois des réponses très fortes lorsqu'il trouvait que ses lettres tenaient un peu trop de ce naturel altier et plein d'autorité qui ne le pouvait quitter, et qu'elles étaient un peu trop rudes ou trop piquantes. On en pourrait juger par la lettre que je sais de très bonne part qu'il lui écrivit un jour à peu près en ces termes [...]. », François Bernier, *Voyages de François Bernier*, *op. cit.*, p. 170.

les *Mémoires d'Akbar*, il s'interroge sur sa fonction de souverain. Bernier pousse ainsi son personnage à citer un passage de l'ouvrage, au cours duquel les deux princes sont en présence juste après la défaite de Bajazet.

> « Ne te ris point de ma fortune, Timur ; sache que c'est Dieu qui est le distributeur des royaumes et des empires, et qu'il t'en peut autant arriver demain qu'il m'en arrive aujourd'hui. » Que sur cela Mir Timur lui fit cette sérieuse et galante réponse : « Je sais aussi bien que toi, Bajazet, que Dieu est le distributeur des royaumes et des empires ; je ne ris pas de ta mauvaise fortune, à Dieu ne plaise, mais c'est qu'en considérant ainsi ton visage, ceci m'est tombé en pensée qu'il faut que ces royaumes et ces empires soient devant Dieu et peut-être en eux-mêmes bien peu de chose, puisqu'il les distribue à des gens si mal faits que nous sommes tous deux, à un vilain borgne comme toi et un misérable boiteux comme moi[114]. »

L'auteur fait d'autant plus entrer ces personnages historiques dans la fiction, pour servir son propre intérêt, que cet épisode est absent des *Mémoires d'Akbar*[115]. Une fois que le voyageur estime qu'il a délivré son message, il clôture la lettre assez brutalement : « Le reste ne m'est pas tombé entre les mains[116]. »

Par ailleurs, Bernier fait intervenir Aurangzeb au discours direct. Il le met ainsi en scène en train de s'adresser à son ancien précepteur. En donnant la parole à son personnage, le voyageur peut alors dresser une critique de l'éducation des princes et remettre en question l'exercice de la tyrannie[117]. Pour ce faire, il cherche à convaincre son lecteur et donne à son texte une forme paradoxale, mêlant le marquage temporel imprécis du conte ainsi que les références historiques[118]. Dans un premier temps, la narration est donc construite sur un décalage entre Mallah Salé, l'ancien précepteur d'Aurangzeb et ce dernier. En effet, le

---

114 *Ibid.*, p. 171.

115 Comme le souligne Frédéric Tinguely en note : « Le Sultan ottoman Bayezid Ier fut fait prisonnier par Tamerlan à la bataille d'Ankara en 1402. Il mourut un an plus tard, après une captivité des plus humiliantes. Le *Akbar Nama* relate bien la victoire de Tamerlan et la capture de Bayezid (ch. XVI), mais ne mentionne pas l'échange entre les deux souverains rapportés par Bernier. », *Ibid.*, note 2, p. 479.

116 *Ibid.*, p. 171.

117 « C'est bien assez de cette inclination naturelle que nous avons tous à vivre longuement et agréablement sans souci et sans embarras ; elle ne nous donne que trop souvent de ces sortes de conseils sans qu'il soit besoin d'autres conseillers, et nos femmes ne savent que trop souvent nous faire pencher de ce côté-là. », *Ibid.*, p. 142.

118 « Ce fut dans le temps que l'ambassadeur de Perse s'en retournait qu'Aurangzeb fit cet admirable accueil à son précepteur Mallah Salé : l'histoire est rare. », *Ibid.*, p. 161.

premier est décrit par Bernier comme étant enjoué à l'idée de retrouver son élève, devenu l'empereur des Moghols. Adoptant un point de vue interne, le récit retrace en la résumant, l'ascension d'Aurangzeb jusqu'au trône, perçue par Mallah Salé. Puis en une seule phrase, structurée par l'accumulation des flatteries de cour mises en place par celui-ci, Bernier crée un effet de chute avec la rupture causée par l'adverbe « cependant » qui introduit le déplaisir d'Aurangzeb à le recevoir[119]. De cette manière, il pousse le récit à prendre la forme d'un monologue d'où l'alternance entre la première et la deuxième personne permet à l'auteur de s'exprimer directement à son lecteur à travers la voix de l'empereur. L'auteur crée alors un jeu de miroirs par lequel sont dévoilés les préjugés indiens sur la France et l'Europe.

> Tu m'as d'abord appris que tout ce Frangistan n'était je ne sais quelle petite île dont le plus grand roi état autrefois celui de Portugal et après celui de Hollande, et qu'ensuite venait celui d'Angleterre ; et pour ce qui est des autres rois, comme celui de França et celui d'Andalous, tu me les as figurés comme de nos petits rajas, me faisant entendre que les rois d'Hindoustan étaient bien au-dessus de tout cela [...][120]

Ponctué par la déclinaison du verbe « apprendre[121] », le texte dévoile l'*ethos* d'un prince déniaisé qui impose sa parole à son ancien maître à penser. Sous la plume de Bernier, l'empereur entame donc une sévère

---

119 « Il fait sa cour, il brigue, il fait parler tous ses amis ; il n'y a pas jusques à Raushanara Begum qui ne s'emploie dans son affaire et, cependant, trois mois entiers se passent sans qu'Aurangzeb fasse seulement semblant de le regarder, jusques à ce qu'enfin ennuyé de l'avoir ainsi toujours devant ses yeux, il se le fit amener dans un endroit retiré où il n'y avait que Hakim-ul-Moulouk, Daneshmend Khan et trois ou quatre de ces *omerahs* qui se piquent de science, et lui parla pour le congédier et s'en défaire à peu près de cette façon. », *Ibid.*

120 « Tu me devais bien plutôt faire distinguer exactement tous ces divers États du monde et me faire bien entendre leur force, leur façon de combattre, leurs coutumes, leurs religions, leurs gouvernements, leurs intérêts, et par une solide lecture de l'histoire me faire remarquer leurs commencements, leur progrès, leur décadence, d'où, comment, par quels accidents et par quelles fautes ces grands changements et révolutions sont arrivés. À peine ai-je appris de toi le nom de mes aïeuls, les fameux fondateurs de cet empire ; c'est bien de m'avoir appris l'histoire de leur vie, et comme ils se sont pris à de si illustres conquêtes. », *Ibid.*, p. 162.

121 « si tu m'avais instruit », « tu m'as d'abord appris », « à peine ai-je appris », « bien loin de m'avoir appris », « Tu m'as voulu apprendre », « d'apprendre au plus d'autres langues », « d'apprendre des mots », « mieux apprendre », « tu m'apprenais la philosophie », « si tu m'avais appris cette philosophie » (répété deux fois), « m'apprendre quelque chose », « as-tu jamais eu le soin de me faire apprendre », *Ibid.*, p. 162-164.

critique de son éducation, déplorant tout d'abord les connaissances historiques et géographiques erronées qui lui ont été transmises, de même que la superficialité des enseignements dispensés. En outre, le voyageur, ayant soin de souligner que les propos rapportés ne sont pas les siens, interrompt artificiellement le monologue, comme pour donner l'occasion à son personnage de reprendre son souffle.

> [I]l poursuivit encore de cette manière. « Ne savais-tu pas que l'enfance bien ménagée avec cette heureuse mémoire qui l'accompagne pour l'ordinaire est capable de mille beaux préceptes, de mille belles connaissances qui demeurent fortement imprimées tout le reste de la vie et qui tiennent toujours l'esprit ouvert et élevé pour les grandes choses ? [...][122] »

Aux constructions hyperboliques des « mille beaux préceptes, milles belles connaissances » pouvant être transmis à l'enfant, s'opposent les paradoxales « questions en l'air. » Bernier met donc la fourberie du précepteur au cœur du propos : celle-ci est présentée comme la base de l'enseignement perçu par Aurangzeb. Organisée sur la base d'une gradation, la critique est marquée par des temps forts indiqués à partir de la construction anaphorique « Si tu m'avais appris cette philosophie [...][123]. » Cette insistance concernant l'enseignement de la philosophie trouve un écho dans l'*Abrégé de la philosophie de Gassendi*, puisqu'au cours du premier tome Bernier définit le terme[124]. De cette manière, il apparaît que cette philosophie, dont l'enseignement a manqué à l'empereur moghol, est indéniablement liée à l'honnêteté dont il est dépourvu. La chute du monologue se présente sous la forme d'une série de questions rhétoriques qui créent une rupture avec l'*ethos* du tyran. Aurangzeb est présenté par Bernier comme un prince désabusé qui, dépassant son maître, ne s'est pas contenté de son instruction mais a croisé ses sources.

---

122 *Ibid.*, p. 163.

123 Répétée trois fois au cours de l'énumération d'un même énoncé. *Ibid.*, p. 164.

124 « La philosophie est l'amour, l'étude & l'exercice de la Sagesse. La Sagesse n'est autre chose qu'une disposition de l'Esprit aux bons sentimens, & aux bonnes actions : Et l'Esprit est disposé aux bons sentimens lors qu'il s'acoûtume à aimer la verité, à la rechercher, & à l'embrasser par tout où elle se trouve : Il est pareillement disposé aux bonnes actions, quand il s'efforce d'aimer l'honnesteté, de la suivre & de la preferer à toutes les choses du monde ; desorte que la Philosophie ne sera dans cette veüe Qu'une poursuite de la verité, & de l'honnesteté. », François Bernier, *Abrégé de la philosophie de Gassendi*, Éditeurs Anisson et Posuel, Lyon, monographie imprimée, 7 vol. ; in-12, 1678, BnF, date de mise en ligne 15/10/2007, [consulté le 12/12/2017], vol. 1, p. 1-2.

La figure d'Aurangzeb s'impose dans la littérature française du voyage en Inde comme un souverain autoritaire, voire fanatique qui, sous la plume de Bernier, conquiert le pouvoir tel un héros épique. Au cours du siècle suivant, l'image du despote asiatique est exploitée sur la scène littéraire française, notamment par le théâtre des Lumières. En effet, ce dernier donne au souverain indo-musulman le statut de représentant du prince dénaturé, en tant que héraut du fanatisme et de l'intolérance. Sous la plume des dramaturges français, il devient donc le symbole d'une souveraineté s'illustrant par la cruauté gratuite et bestiale d'un Empire du mal politique. Par ailleurs, l'épanouissement du théâtre indien des Lumières s'appuie essentiellement sur la domination musulmane en Inde, étant donné que les récits des voyageurs décrivent davantage les cours musulmanes que les hindoues. La tragédie, s'appuie alors sur l'Orient indien pour présenter, en vers, une expression de l'excès : elle incite à étendre la critique de l'intolérance sur un mode de pensée « libre » que cherche à atteindre l'écrivain. Ainsi Voltaire est l'un des philosophes qui utilisent le support indien pour dresser une satire sociale et un réquisitoire contre l'intolérance tout au long de son œuvre. Par ailleurs, les voyageurs du XVIIe siècle trouvent également en Shivaji, le principal adversaire d'Aurangzeb, une autre figure héroïque pour alimenter leurs récits.

L'ÉLABORATION NARRATIVE DU MYTHE DE SHIVAJI

Le personnage de Shivaji apparaît souvent mis en parallèle avec Aurangzeb : mis en opposition par les voyageurs, les deux rois deviennent rivaux par un jeu de miroir engageant l'Empire musulman face aux divers royaumes hindous qui n'ont pas encore été conquis par celui-ci. Souvent lié par les voyageurs à la ville de Surate qu'il a pillée deux fois, Shivaji est raconté à l'aune de ces deux épisodes : il apparaît sous la plume des voyageurs comme un rebelle incarnant un chef de guerre indien qui s'élève contre la conquérante tyrannie moghole. De fait, il s'inscrit dans la tendance littéraire française de la décennie 1660. En effet, cette dernière, qui cherche à divertir son public après les événements de la Fronde, trouve avec le personnage du pirate, un archétype de la liberté dans une France politique qui se resserre autour du pouvoir centralisé et monarchique absolutiste de Louis XIV[1]. Le personnage de Shivaji intervient alors dans une Inde qui se fait l'écho de la situation politique française, par le biais de la littérature de voyage. Dans ce contexte de crise, la place du héros fictif est remise en question : la construction littéraire de Shivaji s'appuie donc sur un détournement du pirate de fiction avant de devenir un symbole de la reconstruction du héros littéraire français.

1 « La littérature de cour développe en effet soit l'aspect répulsif du personnage, appelé alors "pirate", dans le sens de l'esthétique propre au roman baroque de grand divertissement, ou dans une optique plus cathartique à l'origine d'un discours édifiant visant à exalter l'éthique de la vaillance, de la vertu, du courage, la gloire et la bienveillance divine ; soit elle subsume et anoblit la figure, nommée cette fois "corsaire", de manière à faire rentrer dans les rangs aristocratiques le discours déviant de la flibuste française. », Sylvie Requemora-Gros, *Voguer vers la modernité*, *op. cit.*, p. 478-479.

ENTRE PILLAGE ET HÉROÏSATION : LE PORTRAIT CONTROVERSÉ DE SHIVAJI

D'après la plupart des voyageurs, Surate est directement rattachée à une richesse qui incite Shivaji à la piller. François Martin explique : « l'ennemi [entra dans la ville] et pendant trois ou quatre jours qu'il y resta, ils y firent un butin très considérable en or, en argent, en pierreries et en marchandises [...][2] » En revanche, selon Barthélémy Carré Surate est la ville « la plus riche et la plus opulente de l'Orient, où [Shivaji] trouverait des trésors et des richesses qui le mettraient en état de soutenir ses desseins et entreprises[3]. » Bien que les deux voyageurs évoquent le même événement, ils montrent que leurs intentions narratives divergent. En effet, pour Martin, il s'agit davantage d'évoquer les richesses de la ville, en tant que « butin » dérobé par Shivaji et ses hommes, que d'en décrire la magnificence. Pour Carré, la mise en valeur de la ville et son élévation au-dessus de toutes les orientales, montrent Surate comme une sorte de réservoir dont les ressources vont permettre au personnage de s'affirmer en tant que héros. D'un point de vue historique, la ville a bien été pillée deux fois par le chef de guerre hindou, mais le traitement narratif de cet épisode ne sert pas les mêmes intentions.

Lors de la seconde attaque de Surate par Shivaji, se met en place une intrigue secondaire, relayée par la plupart des voyageurs de la seconde moitié du siècle : il s'agit de mettre à jour les rapports de l'assaillant avec les divers représentants européens, présents dans la ville. Thévenot présente un récapitulatif des deux attaques de Surate contre le Grand Moghol : celle de 1664 et celle de 1670. Les voyageurs commencent généralement leur récit par une brève biographie de Shivaji[4] à qui Thévenot attribue « un esprit remüant & inquiet, il se rebella dés le temps de son pere, s'estant mis à la teste de plusieurs bandits, & de quantité de jeunesse

---

2 François Martin, *Mémoires*, *op. cit.*, vol. 1, p. 293.

3 Barthélémy Carré, *Voyage des Indes orientales*, *op. cit.*, p. 168.

4 « Ce prince se dit issu de la race des anciens empereurs des Indes et parent du Grand Mogol. », François L'Estra, *Le voyage de François de L'Estra*, *op. cit.*, p. 99. « Ce Sivagy est fils d'un Capitaine du Roy de Visiapour, & est né à Bassaim. », Jean de Thévenot, *Voyages de Mr de Thevenot*, *op. cit.*, p. 79.

débauchée[5]. » Après avoir rapporté une anecdote selon laquelle celui-ci a voulu venger son père contre le roi de Visiapour qui l'a laissé mourir en prison, Thévenot centre son récit autour de l'affrontement stratégique entre Shivaji et Aurangzeb. Il présente d'abord le Grand Moghol comme étant contraint de réagir face aux provocations de son opposant[6]. Shivaji apparaît sous la plume de Thévenot, comme un personnage impulsif et retors qui utilise la ruse pour atteindre ses objectifs et se venge si son entreprise ne s'est pas déroulée comme il l'avait prévu. Selon l'auteur, Shivaji élabore une stratégie contre Aurangzeb et pille Surate dont il a étudié les meilleurs accès, s'étant déguisé en fakir pour visiter la ville avant de planifier son attaque[7]. L'élaboration d'un ennemi si vif et intelligent permet au voyageur de glorifier le courage des Européens, mis en parallèle avec les Indiens[8]. Mais, alors que la tension narrative semble être à son point culminant, provoquant le déclenchement de l'action centrale du récit, c'est-à-dire de l'affrontement, Thévenot impose une rupture par le biais d'une ellipse temporelle. « Le Grand-Moghol fut sensiblement touché du pillage de cette Ville, & de la hardiesse de Sivagy ; mais ses affaires ne luy permettant pas de le poursuivre sur l'heure, il dissimula la douleur qu'il en avoit, & en remit la vengeance à un autre temps[9]. » De cette manière, la nonchalance d'Aurangzeb dévalue implicitement la puissance de Shivaji. Cette représentation est partagée par François Martin qui l'accentue davantage, rendant le personnage indien à la fois néfaste et inférieur aux Français.

> Pour les nouvelles générales, le fameux raja Sivagy avait envoyé des troupes à Surate ; on écrivait au nombre de 4 à 5.000 hommes, la plupart néanmoins mal armés ; les officiers du Mogol qui pouvaient s'opposer à ses troupes délabrées, se retirèrent de la ville avec tous leurs gens [...] La loge de la Compagnie ne

5 Jean de Thévenot, *Voyages de Mr de Thevenot contenant la relation de l'Indostan*, *op. cit.*, p. 79.

6 « Cependant le Raja ne pouvant se tenir en repos, pilla quelques lieux qui appartenoient au Grand-Mogol : ce qui obligea cet Empereur à envoyer des troupes contre luy, sous la conduite de Chasta-Can son oncle. », *Ibid.*, p. 79.

7 *Ibid.*, p. 82.

8 « Au reste il y auroit dequoy s'étonner qu'une Ville aussi peuplée se soit laissé piller si patiemment par une poignée de gens, si l'on ne sçavait pas que les Indiens sont pour la plûpart poltrons. Ils ne virent pas plûtôt paroître Sivagy avec sa troupe, que tous s'enfuirent les uns dans la campagne pour se retirer à Baroche, & les autres au Château où le Gouverneur de la Ville se sauva des premiers. Et il n'y eut que les Chrétiens d'Europe qui ayant tenu bon dans leurs quartiers, se conserverent. », *Ibid.*, p. 84.

9 *Ibid.*, p. 85.

> fut point attaquée, M.Caron y ayant prévu en envoyant visiter le Général des troupes de Sivagy avec un présent ; on croit pourtant que ce commandant n'aurait pas épargné la Nation, mais la loge était fournie de gens bien armés que le Directeur avait fait venir des vaisseaux qui étaient arrivés heureusement quelques jours avant la venue de ces troupes, et c'est apparemment la seule raison qui détourna les gens de Sivagy d'y donner [...][10].

A contrario, Carré propose de mettre sur un pied d'égalité le rebelle indien et les troupes françaises.

> Shivaji voulait piller à son aise, et il venait pour faire du butin, et non pas pour combattre. [...] Il envoya un officier de son armée chez les trois nations d'Europe qu'il redoutait le plus, les Français, les Anglais et les Hollandais, et les fit avertir de faire paraître leurs étendards sur le haut de leurs terrasses, [et] qu'ils seraient à couvert par-là de la fureur des soldats. Nous n'étions établis à Surate que depuis un an. Mr Caron, qui était à la tête de nos marchands, fit voir que dans un âge fort avancé (car il avait soixante et dix ans) il conservait du courage et de la résolution[11].

Alors que François Martin dresse une description dévalorisante de Shivaji, Barthélémy Carré cherche au contraire à le valoriser ; tous deux utilisent la France comme révélateur du personnage indien. D'un côté, l'armée française s'impose par sa puissance : elle est la « seule raison » qui incite les troupes indiennes de renoncer à attaquer. Par ailleurs, la force dissuasive de l'autorité française est amenée de manière pédagogique : l'officier indien est guidé par le gouverneur pour constater par lui-même la qualité de l'artillerie ainsi que le nombre de soldats prêts à se défendre. Enfin, si Martin souligne la désertion des troupes du Moghol, Carré évoque la diversité des communautés habitant dans la ville, faisant indirectement état d'un cosmopolitisme qui perturbe, selon lui, la fédération face à un ennemi. Cependant, d'après ce voyageur, Shivaji apparaît comme un galant homme qui s'adresse cordialement aux Européens afin de les prévenir de son attaque. De cette manière, les Français peuvent élégamment le tenir en respect et lui faire comprendre qu'ils ne lui sont pas redevables car ils ont les moyens de riposter.

---

10 François Martin, *Mémoires*, *op. cit.*, vol. 1, p. 294.

11 Barthélémy Carré, *Voyage des Indes orientales*, *op. cit.*, p. 174.

LA GESTE DE SHIVAJI, ÉLABORATION D'UN « HÉROS DE SON SIÈCLE EN ORIENT[12] »

Shivaji, en tant que personnage historique qui s'est imposé en Inde, inspire les voyageurs français. Ainsi, exposant le second pillage de Surate, Bernier compare Shivaji à « un saint homme[13] » qui épargne les Européens.

> J'oubliais à dire que dans le pillage de Sourate Shivaji, comme un saint homme, respecta la maison du révérend père Ambroise, capucin missionnaire, et donna ordre qu'elle ne fût pillée, « parce que, disait-il, je sais que les padrys franguis sont gens de bien ». Il respecta encore la maison du défunt Délale, ou courtier gentil des Hollandais [...] Il respecta bien aussi celle des Anglais et celle des Hollandais, non pas par dévotion comme les autres, mais parce qu'ils tinrent fort et qu'ils se défendirent très bien ; les Anglais principalement [...][14].

De fait, il lie la vertu du personnage à une structure anaphorique « Il respecta », qui lui permet d'énumérer les diverses nations européennes préservées. À l'instar de Bernier, Carré trouve dans le chef de guerre hindou une figure respectable au point de le décrire tel un héros de premier ordre. Il mêle authenticité viatique et fictionnalité à motif indien, afin de mettre en place la geste du personnage. De fait, répondant aux critères littéraires du lectorat français, Shivaji, décrit par le voyageur, prend les traits d'un meneur rebelle face à la conquête de l'Empire moghol. Aux lisières du roman, le récit de Shivaji par Carré semble avoir recours aux caractéristiques des nouvelles historiques. En effet, comme l'a souligné Isabelle Morlin : « l'"Histoire de Sevaji" rappelle fortement, tant par les procédés narratifs que par le sujet, les nouvelles historiques : centrées sur un personnage réel emprunté à l'histoire récente, elle va dans le sens du goût des lecteurs de roman à la fin du XVIIe siècle, la précision des lieux et des dates satisfait le goût pour la vraisemblance[15]. » Par ailleurs, elle

12 *Ibid.*, p. 197.

13 François Bernier, *Voyages de François Bernier*, *op. cit.*, p. 187.

14 *Ibid.*, p. 188.

15 Isabelle Morlin, « La tentation romanesque dans les récits de voyage de la fin du XVIIe siècle : l'exemple de l'abbé Carré (*Voyage des Indes orientales mêlé de plusieurs histoires curieuses*) », dans Marie-Christine Pioffet, « Présentation », *Écrire des récits de voyage*, *op. cit.*, p. 243.

rappelle également que Barthélémy Carré consacre un chapitre entier de ses mémoires[16] à ce personnage historique. Conçu comme une unité distincte du reste de l'ouvrage[17], ce récit dresse le portrait de celui qui devient, dans un premier temps, un héros national hindou[18].

La première action de Shivaji, en tant que chef, est théâtralisée par le voyageur qui offre une narration spectaculaire, structurée par une isotopie oxymorique de l'obscurité et de la lumière[19]. L'insistance sur l'obscurité permet au voyageur de mettre en place le dispositif portraiturant le chef indien, de sorte qu'il inspire la terreur. Carré met donc en place une esthétique de l'inattendu par le biais de la description, construite sur la déclinaison d'un clair-obscur pictural. Filant la métaphore du théâtre-monde, empruntée à la culture savante du premier XVIIe siècle, le voyageur isole l'épisode initiatique promulguant Shivaji au rang héroïque de chef de guerre. L'espace narratif plongé dans une pénombre ténébreuse par l'auteur, s'associe alors directement au meneur

16 « Cette œuvre abondante et en partie répétitive n'a pu être rédigée après le retour en France par un voyageur s'improvisant écrivain qui n'aurait disposé que des seules ressources de sa mémoire. Détaillée et précise à souhait, elle est le produit de journaux de route tenus avec soin, que Carré appelle vaguement "mes mémoires". », Dirk Van der Cruysse, *Le courrier du roi en Orient Orient : Relations de deux voyages en Perse et en Inde 1668-1674*, Paris, Fayard, Coll : LITT.GENE., 2005, p. 38.

17 « *Le Voyage des Indes orientales* se distingue donc d'abord, parmi les relations de voyage de la fin du XVIIe siècle, par l'importance donnée aux "histoires". En premier lieu, leur nombre est particulièrement significatif. Le récit décline en effet six histoires secondes : trois dans le tome I [dont l'"Histoire de Sevaji"] étant reprise et prolongée dans le tome II. [...] La récurrence du terme "histoire" dans les titres de chapitres et dans le titre principal du récit active par ailleurs fortement l'imaginaire romanesque, le mot "histoire" résonant, on le sait, à l'époque où Carré publie, comme un quasi-synonyme de "roman", ou du moins de "petit roman", ou "nouvelle". La présence forte de ce mot dans une acception fictionnelle (ainsi dans le titre de l'ouvrage, où le terme est utilisé au pluriel) donne à l'ensemble une empreinte romanesque et encourage l'association entre attente romanesque et récit de voyage, tout en détournant l'intérêt du lecteur du voyage lui-même. », Isabelle Morlin, « La tentation romanesque dans les récits de voyage de la fin du XVIIe siècle : l'exemple de l'abbé Carré (*Voyage des Indes orientales mêlé de plusieurs histoires curieuses*) », dans Marie-Christine Pioffet, « Présentation », *Écrire des récits de voyage*, *op. cit.*, p. 236-237.

18 Carré s'exclut de la narration : « De manière significative, Carré se représente lui-même souvent dans son récit dans le rôle d'un spectateur, d'un auditeur attentif, en train d'écouter une histoire, reléguant au second plan son aventure personnelle ; témoin privilégié, enquêteur pour l'"Histoire de Sevaji", traducteur, mais qui reste extérieur à l'intrigue. Le rôle assigné ici au voyageur n'est pas très éloigné de ce qui sera celui du narrateur dans de nombreux romans du XVIIIe siècle. Roman et récit de voyage trouvent ici un point de convergence. », Isabelle Morlin, « La tentation romanesque... », dans *Ibid.*, p. 238.

19 Barthélémy Carré, *Voyage des Indes orientales*, *op. cit.*, p. 166-167.

indien et lui permet de s'imposer face à ses ennemis, perçus à travers le registre pathétique ; le décalage narratif obtenu entraîne ainsi les personnages à se démarquer les uns des autres. En outre, l'émergence du héros indien sous la plume de Carré répond aux attentes du lecteur en ce qu'il dépasse toutes les difficultés, et qu'il inspire aux personnages secondaires la terreur, ses actions sont justifiées dès la mise en place de l'intrigue. En effet, la volonté de bouleverser l'ordre établi naît chez Shivaji suite aux dommages collatéraux causés par la trahison de ses pairs. L'auteur dresse deux portraits moraux du personnage, lui donnant les traits d'un gentilhomme : c'est-à-dire donnant au lecteur la possibilité de s'identifier à lui et de ressentir l'injustice dont il est victime.

> L'histoire de ce Shivaji tient en quelque sorte à celle de Surate, et je n'ai rien appris dans mes voyages dont le récit convienne mieux à notre nation née pour la guerre et plus accoutumée à combattre qu'à trafiquer. Aurangzeb s'étant fait roi du Grand Moghol et s'étant mis sur la tête une couronne qui ne lui appartenait pas, il ne songea plus qu'à établir son autorité et à se mettre hors d'état de rien craindre. [...] Les généraux avaient compris que dans une affaire décisive Shivaji serait chargé du soin de toute la guerre et que s'en tirant à son honneur, eux demeureraient dans l'oubli et l'obscurité. C'est ce qui les porta à combattre son avis avec tant de chaleur. [...] Il ne pensa dès ce moment qu'à se venger et à se mettre au-dessus de ceux qui se croyaient au-dessus de lui[20].

L'ancrage spatio-temporel de la scène, en plein conseil de guerre, conduit le récit à démarrer *in medias res*. Créant une attente de la part du lecteur, la tension narrative s'installe dès le commencement du récit. En effet, alors qu'il annonce l'histoire de Shivaji, Carré retarde sa narration sous prétexte d'une contextualisation historique. De cette manière, il répond aux attentes du lecteur qui apprécie le jeu d'attente partagé avec le narrateur. Ce dernier entretient ainsi le suspense de son récit en retardant l'annonce de l'information qu'il sait capitale pour la compréhension du lecteur. La digression opérée par Carré lui permet d'introduire les éléments culturels connus du lecteur : lui offrant ainsi l'occasion de comprendre les enjeux de l'intrigue tout en le conditionnant dans cette attente. De cette manière, les références à une guerre antique située en Europe, présument des aptitudes conceptuelles du lecteur, mais l'incitent fortement à une identification fictionnelle : d'emblée, l'auteur

20 *Id.*, p. 164-165.

répartit indirectement les rôles avec d'un côté les personnages considérés comme positifs et de l'autre les négatifs. Ainsi, « Aux modalités principales que sont la curiosité et le suspense s'ajoute le "rappel", qui donne lieu pour l'essentiel à deux réactions. Celui qui, tout en connaissant le cours des événements narrés, ne désire pas moins une issue alternative, fera l'expérience d'un "suspense paradoxal", fondé sur une contradiction entre son vouloir et son savoir[21] ». Ici, le rappel simplifié de l'invasion de Sparte sur Argos jusqu'à supplanter la cité, engage le lecteur à craindre pour la lutte à venir de Shivaji. Par ailleurs, la répétition du prénom de ce dernier, à des moments charnières du récit, le début et la reprise après la digression, encourage le lecteur à comprendre qu'il est le protagoniste de l'histoire. En effet, il s'agit pour Carré d'attacher son public à ce personnage indien, mettant au jour tous les éléments de sa naissance en tant que héros de l'intrigue. Par ailleurs, le voyageur choisi d'accentuer l'injustice dont il est victime en appuyant sur le fait qu'il échoue à faire entendre la voix de la Raison aux autres membres du conseil. Ces derniers parviennent alors, par jalousie, à influencer la décision du souverain et à prendre la décision inverse à l'idée de Shivaji. De cette manière, Carré tente de sauver la bienséance qui justifie les actes de vengeance du personnage qui devient donc, sous la plume du voyageur, l'allégorie de l'effort de guerre français contre le fanatisme musulman, incarné en Inde par Aurangzeb.

SHIVAJI CONTRE AURANGZEB : UN TRANSFERT FANTASMAGORIQUE DE LA LUTTE OCCIDENTALO-MUSULMANE

Après avoir expliqué la réaction placide d'Aurangzeb face au premier pillage de Surate, Thévenot annonce la date à laquelle Grand Moghol décide de convoquer Shivaji à sa cour[22]. Cette dernière devient alors l'espace narratif où se déroule le jeu de pouvoir entre les deux personnages

21 *Ibid.*

22 « En mil six cens soixante-six, Auran-Zeb voulut absolument se défaire de luy, & pour en venir à bout [...] », Jean de Thévenot, *Voyages de Mr de Thevenot*, *op. cit.*, p. 85.

qui semblent être à force égales. En effet, Thévenot rapporte qu'Aurangzeb s'est artificiellement adressé « tout haut[23] » à ceux de ses rajas, qu'il sait être en faveur de son ennemi, pour attirer ce dernier à séjourner dans son palais. Mais de la même manière, le voyageur explique que Shivaji s'est « [plaint] hautement », arguant de craindre pour sa vie et menaçant de se suicider pour ainsi gagner le soutien des rajas, au point de pousser Aurangzeb à renoncer à son projet de l'assassiner.

> [...] Aurangzeb, dans le dessein qu'il avait de faire la guerre contre la Perse, écrivit des lettres à Shivaji si obligeantes sur sa générosité, sa capacité et sa conduite, qu'il le fit résoudre, sur la caution et sur la foi de Jai Singh, de venir le trouver à Delhi. Là, une parente d'Aurangzeb, femme de Shaista Khan, qui était pour lors à la cour, par les efforts qu'elle fit sur l'esprit d'Aurangzeb, lui persuada d'arrêter celui qui avait tué son fils, blessé son mari et pillé Sourate, de sorte qu'un soir Shivaji vit ses tentes entourées de trois ou quatre *omerahs*, mais il trouva moyen la nuit de sortir déguisé[24].

Bernier fait le choix stratégique de valoriser Aurangzeb en concluant sur l'évasion de Shivaji par une ellipse. L'ensemble du processus d'évasion du personnage est ainsi laissé sous silence : le captif devient une nouvelle proie à chasser pour le Grand Moghol. Toutefois, cette conception de l'histoire indienne n'est pas partagée par l'ensemble des voyageurs français. En effet, Thévenot prend le parti inverse et développe le profil tactique du chef de guerre hindou qui parvient à se libérer de la cour moghole.

> Il lui dit qu'il n'avoit jamais pensé à le faire mourir, & il le flata par la promesse qu'il lui fit de luy donner un beau commandement, s'il vouloit venir à Candahar, qu'il avoit alors dessein d'assieger. Shivagy feignit d'y consentir pourvû qu'il commandast ses propres troupes. Ce que le Roy lui ayant accordé, il demanda un passeport pour les faire venir ; & quand il l'eut, il resolut de s'en servir pour se retirer de la Cour. [...] Quand il crût qu'il estoit temps de les aller joindre, il se fit emporter secretement la nuit avec son Fils, dans des paniers sur le bord de la riviere. Si-tôt qu'ils l'eurent passée, ils monterent sur des chevaux qu'on leur tenoit prêts, & il dit en même temps au Batelier, qu'il pouvoir aller avertir le Roy, qu'il avoit passé le Raja Sivagy. [...][25]

Attribuant aux deux personnages des forces égales, Thévenot accentue l'effet produit sur le lecteur par l'évasion de Shivaji. Cadencée par

23 *Ibid.*
24 François Bernier, *Voyages de François Bernier*, *op. cit.*, p. 188.
25 Jean de Thévenot, *Voyages de Mr de Thevenot*, *op. cit.*, p. 87.

l'emploi du passé simple et ses marqueurs temporels, à la fois imprécis mais structurant, l'action est rythmée, ce qui met en valeur les capacités d'organisation et d'adaptabilité du fugitif[26]. Pour Bernier, il s'agit davantage de centrer son récit autour de la réaction d'Aurangzeb que de décrire précisément l'exploit de Shivaji à s'évader.

> Cette fuite fit grand bruit à la cour, chacun accusant le fils aîné du raja Jai Singh de lui avoir prêté la main. [...] Néanmoins, Aurangzeb, bien loin de témoigner ensuite quelque froideur et quelque ressentiment contre le fils de Jai Singh, l'envoya consoler la mort de son père et lui donna la même pension ; ce qui confirme ce que plusieurs soutiennent que ce fut par le consentement d'Aurangzeb même que Shivaji s'était échappé, ne le pouvant plus retenir à sa cour, parce que toutes ces femmes étaient trop animées contre lui et qu'on le considérait comme un homme qui avait mis la main dans le sang de ses parents[27].

En réduisant l'évasion de Shivaji à un « bruit de cour », le voyageur dépossède ce dernier de son intérêt narratif : il demeure sous la plume de l'auteur, un personnage secondaire qui disparaît de l'intrigue en prenant la fuite. À contrario, Thévenot clôt son récit sur le faîte d'une gradation traduisant la colère d'Aurangzeb à nouveau piégé par Shivaji mais tout comme Bernier, il ne lui permet pas d'accéder au statut de héros.

> Aurangzeb fut extraordinairement fâché de cette fuite. Plusieurs croyoient qu'on n'en faisoit courir le bruit que par feinte, & qu'on l'avoit fait mourir ; mais on en sçut bien-tôt la vérité. Ce Raja est petit & bazané, avec des yeux vifs qui marquent beaucoup d'esprit. Il ne mange ordinairement qu'une fois par jour, & se porte bien ; & quand il pilla Sourat en mil six cens soixante-quatre, il n'estoit âgé que de trente-cinq ans[28].

La description physique de Shivaji, semble intervenir indirectement comme l'explication proposée par l'auteur pour justifier l'adresse du personnage à s'évader. En outre, cette représentation donne une image du chef de guerre indien construite sur des structures ayant un effet de redondance : Thévenot choisit de mettre en valeur l'ingéniosité du personnage qui se sert de la ruse comme d'une arme et pouvant défier le Grand Moghol.

---

26 On retrouve le détail de la captivité et l'évasion de Shivaji dans la biographie proposée par Jean-Marie de Beaucorps, *Shivaji le roi hindou vainqueur de l'Empire moghol. 1627-1680*, Paris, Perrin, 2003, p. 265-267.

27 François Bernier, *Voyages de François Bernier*, *op. cit.*, p. 189.

28 Jean de Thévenot, *Voyages de Mr de Thevenot*, *op. cit.*, p. 88.

Le personnage de Shivaji s'impose donc à travers différents portraits au cours des divers récits de voyage. Cependant, qu'il soit héros ou anti-héros, le chef de guerre hindou incarne, pour l'ensemble des voyageurs, un *topos* illustrant le transfert fantasmagorique de la lutte entre l'idéologie chrétienne et la musulmane, ici représentées respectivement par Shivaji, en tant qu'ami des Français, et Aurangzeb le Grand Moghol. Alors que Barthélémy Carré voit un héros national pouvant incarner un renouveau littéraire, Thévenot et Bernier refusent ce statut au personnage. Pourtant, les récits se rejoignent en ce qu'ils présentent Shivaji comme un adversaire énergique et rusé pouvant sortir victorieux du duel cérébral engagé avec Aurangzeb, pourtant réputé comme le plus grand tyran de l'Inde.

L'ÉMERGENCE DE L'ÉCRITURE DU MOI

Ménagement de l'*ethos* du voyageur et récits de surveillance

L'usage de la première personne par les voyageurs leur permet d'exprimer leur identité française et leurs réflexions personnelles. L'écriture du « je » en voyage permet également l'écriture de l'Autre et sa mise en image. Grégoire Holtz interroge les enjeux de l'emploi du « je » dans les récits de Pyrard de Laval, Le Blanc et Mocquet, étant donné que leurs travaux ont été intégralement repris et modifiés par Pierre Bergeron. Ainsi, l'expression de la première personne devient alors représentative de l'*ethos* que se donne le voyageur lui-même ou que lui fait porter son *gost writer*, pour apparaître d'une façon ou d'une autre à son destinataire[1]. De son côté, Sophie Linon-Chipon a analysé « l'expression du sujet », afin de mettre au jour « les figures du viateur[2] ». Il s'agit ici d'étudier l'expression de soi à travers des anecdotes écrites par Jean-Baptiste Tavernier, François Martin et François Bernier. En effet, il apparaît grâce à eux que l'Autre peut être décrit pour sa bizarrerie afin de valoriser le voyageur. Ce dernier peut aussi témoigner d'une expérience initiatique, à travers laquelle il évolue pour devenir le héros qui démantèle un réseau nuisible à la Compagnie française. Enfin, l'absence de la première personne dans le récit invite à une étude libertine qui fait, pour mieux la dénoncer, une transposition du système de surveillance, de la cour moghole sur la française.

---

1 Grégoire Holtz, *L'ombre de l'auteur*, *op. cit.*

2 « Nous pouvons établir avec certitude que l'emploi du JE, permet de distinguer le récit du trajet, du récit de l'escale. Ainsi nous obtenons les caractéristiques suivantes : L'écriture de l'escale : 1) elle est différée par rapport à la période de l'escale et apparaît souvent après une interruption de la narration quotidienne. 2) elle est associée à l'apparition massive de JE. L'écriture du trajet : 1) elle est quotidienne. 2) elle est associée à l'effacement du JE. 3) lorsque malgré tout le JE, intervient ponctuellement de façon massive il correspond soit aux réflexions philosophiques, théologiques et scientifiques provoquées par la navigation, soit aux comptes rendus des polémiques qui animent la vie à bord du navire. », Sophie Linon-Chipon, *Gallia Orientalis*, *op. cit.*, p. 341.

L'AMBIGUÏTÉ DE L'ÉCRITURE DU « JE »

LE VOYAGEUR : UN « AVENTURIER BOURGEOIS[3] » TÉMOIGNANT DES BIZARRERIES HINDOUES

Les références au corps permettent au voyageur de matérialiser l'Autre et de se recréer soi-même. Ainsi, l'écriture de la pérégrination devient une ressource narrative pertinente pour à la fois présenter des pénitents hindous comme des personnages inquiétants et un décor macabre découvert par le voyageur lors de ses pérégrinations indiennes. Ainsi, Jean-Baptiste Tavernier propose un chapitre traitant des brahmanes perçus comme de sinistres pénitents. Introduisant sa description lorsqu'il détaille les castes hindoues, le voyageur souligne insidieusement le rapprochement qu'il serait possible de faire entre la sorcellerie et eux.

> Cette caste est la plus noble de toutes, parce que c'est d'entre les Bramines qu'on tire les prestres & ministres de la loy. Mais comme ils sont en grand nombre, & qu'ils ne peuvent pas tous aller étudier en leur Université, ils sont presque tous ignorans, & par consequent tres superstitieux, ceux d'entr'eux qui passent pour les plus spirituels estant les plus insignes sorciers[4].

Bien qu'il montre le prestige de la caste hindoue, Tavernier révèle son caractère irrecevable par le public français en s'appuyant sur le *topos* de la bêtise de l'Autre. De fait, dénué de connaissances et donc de raison, celui qui est perçu comme le représentant des Hindous est déterminé, d'après le voyageur, par un ensemble de superstitions infondées. D'un point de vue terminologique, Tavernier sépare les « Bramines » des « Fakirs » ; les seconds incarnant une sous-catégorie des premiers. Il propose une série de trois illustrations commentées afin d'expliquer au mieux le déroulement des pénitences. Cependant, loin de se rapprocher du culte des saints chrétiens, la pénitence hindoue est constamment reliée à des éléments jugés dégradants par le regard occidental.

---

3 Cette expression est empruntée à Huguette Krief qui étudiait les enjeux de l'élaboration du flibustier. Huguette Krief, « À l'abordage de l'idée d'énergie : l'héroïsation de la flibuste de Courtilz de Sandras à Voltaire », Sylvie Requemora-Gros et Sophie Linon-Chipon (dir.), *Les tyrans de la mer, Pirates, corsaires & flibustiers*, Paris, Presses Universitaires de Paris-Sorbonne, 2002, p. 339.

4 Jean-Baptiste Tavernier, *Voyages des Indes*, *op. cit.*, p. 368.

> Ces Faquirs vont ordinairement par bandes, chacune desquelles a son Chef ou superieur, & comme ils sont tout nuds hyver & esté couchant toûjours sur la dure, & qu'il fait quelquefois froid, les Faquirs & autres Idolâtres qui ont le plus de devotion, vont après midy chercher de la fiente de vache & d'autres animaux sechée au soleil de quoy ils leur font du feu. Ils se servent fort rarement de bois, de peur qu'il ne s'y trouve quelque animal vivant que l'on fit mourir; & celuy que l'on employe à faire brûler les morts est d'un certain bois flotté qui n'engendre point de vers. Ces jeunes Faquirs ayant fait amas de quantité de ces fientes meslées avec de la terre seche, font plusieurs gros feux selon que la troupe est grosse, & autour de chaque feu dix ou douze Faquirs viennent s'asseoir[5].

Ainsi, la « fiente de vache » permet aux dévots d'obtenir la chaleur d'un feu mais aussi leur lit de fortune, constitué par la cendre qui leur sert de « matelas » et le « ciel [de] couverture » : le recours à métaphore aide donc le voyageur à matérialiser le dénuement des mystiques hindous. Cependant, ces derniers atteignent l'acmé de la bizarrerie dans la description de leurs pénitences ; afin de renforcer son propos, Tavernier propose des illustrations qu'il commente. Il parvient alors, par l'image picturale et descriptive, à recréer le décor inquiétant à travers lequel il continue ses pérégrinations. En effet, au-delà de leur aspect repoussant notamment analysé par Frédéric Tinguely[6], les Fakirs de Tavernier choquent le lecteur par leurs pratiques dévotionnelles. De cette manière, le voyageur rend compte de ces dernières par le biais d'une théâtralisation du discours descriptif, donnant à voir la dévotion hindoue, non pas comme un acte religieux mais comme un spectacle étrange et rebutant.

> Pour donner plus de satisfaction aux curieux, & leur faire voir plus distinctement les choses, j'ajoûteray icy d'autres figures de ces mémes penitens lesqelles j'ay fait dessigner sur les lieux au naturel. La pudeur a voulu que j'aye fait cacher les parties qu'ils n'ont point de honte d'exposer en veuë ; car en tout-temps & dans la campagne & dans les villes, ils marchent tout nuds comme ils sortent du ventre de leurs meres ; & bien que les femmes s'en approchent par devotion pour prendre du bout des doigts & baiser fort humblement ce que l'on a honte de nommer, on ne remarque en eux aucun mouvement de sensualité mais au contraire sans regarder personne & roulant les yeux d'une maniere affreuse, on diroit qu'il sont ravis en extase[7].

---

5 *Ibid.*, p. 376.

6 Frédéric Tinguely, *Le Fakir et le Taj Mahal : l'Inde au prisme des voyageurs français du* XVII*e siècle*, Genève, La Baconnière arts, 2011.

7 Jean-Baptiste Tavernier, *Voyages des Indes*, *op. cit.*, p. 378-379.

La description des pénitents est bien orchestrée par l'insistance concernant la curiosité : celle du voyageur à travers laquelle naît celle du lecteur. Les Hindous sont ici représentés comme des personnages figés enclins à des pratiques décrites par une gradation allant vers toujours plus de répugnance[8]. Tavernier développe donc l'*ethos* d'un gentilhomme, soucieux de satisfaire son public français, en lui offrant le récit de coutumes horrifiques.

AUX PRÉMICES DU ROMAN POLICIER : L'ENQUÊTE DE FRANÇOIS MARTIN

Au cours de ses *Mémoires*, François Martin ponctue l'exposition de l'actualité historique par des épisodes où il se met en scène : il s'inscrit alors dans une vogue littéraire française de la période d'Ancien Régime. S'inscrivant dans la continuité de La Rochefoucauld et du Cardinal de Retz, le mémorialiste propose le récit de l'Affaire Macara[9] : un récit hybride, à la lisière du récit d'aventure et d'espionnage alors en vogue[10], structuré par une trame aux prémices de l'intrigue policière. Il s'agit pour Martin de raconter sa mission, ordonnée par Caron, pour retrouver Macara[11]. Ce dernier, est alors présenté comme ayant trahi la

8 Frédéric Tinguely a étudié le phénomène des fellations dévotes dans son ouvrage : *Le Fakir et le Taj Mahal. L'Inde au prisme des voyageurs français du XVIIe siècle*, éd. Baconnière Arts / BGE, 2011.

9 François Martin, *Mémoires*, *op. cit.*, vol. 1, p. 252-290.

10 On trouve notamment deux ouvrages de référence d'espionnage : *L'espion du Grand Seigneur et ses relations secretes, envoyées au divan de Constantinople decouvertes à Paris pendant le regne de Louys le Grand. Traduites de l'arabe en italien par le sieur Jean-Paul Marana et de l'italien en François par ***. Ces Relations contiennent les Evenmens les plus considerables de la Chretienté & de la France, depuis l'Année 1637 jusques en l'Année 1682*, à Paris, chez Claude Barbin, 1684 et *L'espion dans les cours des Princes chrétiens ou Lettres et mémoires d'un envoyé secret de la Porte dans les Cours d'Europe. Où l'on voit les découvertes qu'il a faites dans toutes les Cours où il s'est trouvé, avec une Dissertation curieuse de leurs Forces, Politique & Religion, Par* *****, Treizième édition, augmentée dans le Corps de l'Ouvrage, enrichie de Figures en taille& divisée en dix volumes, Cologne, Chez Erasme Kinkius, 1710.

11 « Le récit de l'enquête sera donc une tentative de ramener le désordre à l'ordre, d'effacer le crime initial par la découverte – sinon le châtiment – du coupable. Pour cela, le récit devra répondre, en mettant tantôt l'accent sur l'une, tantôt sur l'autre des questions suivantes : Qui ? Quand ? Où ? Comment ? Pourquoi ? L'une au moins de ces questions n'est pas expliquée au début de l'enquête et tout le travail du détective, en collaboration ou en rivalité avec le lecteur suivant les formes du texte, résidera en une tentative d'éclaircissement de cette "ténébreuse affaire". Mais pour éviter précisément que cette affaire ne soit qu'un pur jeu de raisonnement, pour qu'elle atteigne à une certaine intensité, il faudra présenter au lecteur un crime d'une réelle importance. », Marc Lits, *Le*

Compagnie française car, alors qu'il était chargé par les gouverneurs de mettre en place le firman, soit le décret royal transmis par l'empereur moghol, il a plutôt établi des arrangements avec les souverains indiens et dilapidé tout l'argent français dont il avait la charge. Le voyageur joue sur les degrés d'une tension narrative omniprésente tout au long de la narration et favorisée par la pérégrination de Surate à Masulipatam où a été envoyé Macara. En effet, la mise en récit commence par une exposition de la situation critique dans laquelle se trouve Surate : aux difficultés commerciales rencontrées par la Compagnie, s'ajoute la menace d'un assaut de Shivaji qui pourrait profiter de la situation[12]. Par ailleurs, ayant montré qu'il est urgent de relancer les affaires commerciales de la France, Martin rend compte des tensions internes aux relations diplomatiques entre les divers personnages qu'il présente. Au centre du récit se trouve donc Caron comme superviseur du projet qu'il délègue, pour mieux les diviser, à deux émissaires : le sieur Goujon et le sieur Mariage. Par ailleurs, l'insertion de la première personne se fait progressivement. La première occurrence qui renvoie à Martin, le révèle en tant que médiateur, représentant de Caron, dans la résolution du conflit entre les deux futurs envoyés.

> Les esprits commençaient à s'échauffer et quoique le sieur Goujon ne fût plus soutenu comme il avait été autrefois, une partie des personnes qui le portaient dans ses sentiments étant en voyage, il en restait encore qui se seraient dévoués entièrement à ses intérêts, d'autant plus qu'ils croyaient servir la Compagnie, cela me porta de prendre la liberté d'en parler à M.Caron avec qui j'étais encore assez bien pour lors et de lui proposer d'envoyer quelqu'un avec le sieur Goujon en la place du sieur Mariage. [...] Nous reçûmes nos ordres ; ils étaient sanglants contre Macara, puisque nous étions chargés de nous saisir de cet homme mort ou vif ; ce sont les termes de l'acte et qui est encore entre mes mains[13].

De cette manière, bien qu'il explique son échec, il instaure un resserrement narratif autour du « je », afin de mettre en en place l'*ethos*

---

roman policier : introduction à la théorie et à l'histoire d'un genre littéraire, Liège, Éditions du CÉFAL, Deuxième édition complétée, 1999, p. 80. Cette volonté, à travers une enquête, de rétablir un ordre perdu est bien symptomatique du récit de François Martin. En effet, ce dernier rattache directement Macara, au désordre contre lequel tentent de lutter les personnages français. François Martin, *Mémoires*, *op. cit.*, vol. 1, p. 277.

12 Même si Martin souligne que la dernière attaque du chef de guerre hindou a eu lieu « il y avait sept ou huit ans » au moment de l'écriture. François Martin, *Mémoires*, *op. cit.*, vol. 1, p. 247.

13 *Ibid.*, p. 249-250.

héroïque de son personnage[14] : en plus d'être celui qui amène des solutions, il prend l'initiative de proposer une modification du plan de Caron et devient l'adjuvant de Goujon. Ainsi, en passant de simple « attaché » du comptoir de Surate, à l'un des « gens de tête et d'autorité pour mettre Macara à la raison », Martin amorce le parcours initiatique qui va l'amener à devenir le héros de l'histoire. Cette « héroïsation actantielle[15] », joue dons un rôle charnière au sein de l'anecdote car c'est par son biais que l'auteur montre sa promotion narrative.

François Martin donne à son récit une organisation structurelle, correspondant à la fois à la linéarité du récit d'aventure et à l'écriture policière. En effet, la pérégrination du voyageur de Surate à Masulipatam est rapportée comme un parcours semé d'embûches grâce auxquelles les Français, et particulièrement le narrateur, peuvent s'illustrer par leur bravoure. Cependant, la tension narrative est installée de manière progressive : il s'agit d'abord de montrer que les conditions géographiques sont mauvaises[16], puis le danger de circuler sur les traces de

14 « Entre la formulation du "il" héroïque et celle du "je" des mystiques, s'expérimente la formulation d'un "je" de l'individu. Écrire "je" ne va pas sans réticences et sans le sentiment d'une transgression. C'est un acte inédit en un double sens. D'abord parce que parler de soi s'effectuait jusqu'alors dans le cadre de la confession. Ensuite parce qu'écrire "je" est une entreprise à chaque fois radicalement nouvelle et sans modèle. Le choix de la première personne ne fait pas l'unanimité. Mais certains, comme Brienne le jeune, en soupçonnent les possibilités insondées : s'échapper de soi, se décrire comme un autre, jouer des changements de rôle pour s'imposer au lecteur en lui présentant trois images intermittentes, celle de héros, celle de victime et celle d'ordonnateur du jeu. », Emmanuele Lesne, *La poétique des mémoires (1650-1685)*, Paris, Honoré Champion, 1996, p. 342.

15 Cette expression est empruntée à Real Ouellet qui l'explique : « Réduite à sa composante minimale, l'action d'un roman, d'une pièce de théâtre ou d'un épisode historique se ramène à un conflit entre une force protagoniste qui prend l'initiative d'une action, et une force antagoniste qui cherche à contrecarrer cette action. Comme la relation de voyage résulte d'un pacte actantiel entre un pouvoir mandateur et un voyageur, le texte mettra sans cesse en relief l'action de ce voyageur. C'est ce que j'appelle l'héroïsation du protagoniste, actantielle ou rhétorique. L'héroïsation actantielle se manifeste tout particulièrement dans les pages liminaires des relations de voyage et dans certains lieux stratégiques du texte qui racontent des batailles remportées, des obstacles franchis, des ennemis vaincus… », Real Ouellet, « Pour une poétique de la relation de voyage », dans Marie-Christine Pioffet, *Écrire des récits de voyage*, *op. cit.*, p. 29.

16 « La grande peine des voyages, particulièrement dans le temps de sécheresse, est la difficulté de trouver de l'eau. », François Martin, *Mémoires…*, *op. cit.*, vol. 1, p. 255. « Nous fûmes en route à trois heures du matin ; nous eûmes de la peine à cause des mauvais chemins ; il y eut même quelques-unes de nos charrettes qui versèrent à trois cosses de Indelibay […] », *Ibid.*, p. 257.

Shivaji et ses troupes[17]. Enfin, Martin trouve, avec « les rencontres de péage », le principal élément narratif qui entraine le conflit et met les Français en danger.

> Je pris la tête des charrettes avec quelques-uns de nos gens, le reste était avec le sieur Goujon incommodé pour lors de goutte, nous fûmes arrêtés par la barrière qui était fermée et, sur ce que je me mis en état de la faire ouvrir par force, le gouverneur visa sur moi avec une espèce de poignard nu à la main, je le repoussai d'un coup de bout de pistolet que je lui portai dans l'estomac. L'action de l'un et de l'autre pensa porter les deux partis à en venir aux mains ; des principaux habitants du lieu qui suivaient le gouverneur et notre courtier se jetèrent à la traverse et empêchèrent le désordre ; cependant nous fîmes passer nos charrettes et le reste du train qui prit la campagne ; notre courtier resta pourtant dans le bourg ; il accommoda l'affaire moyennant 13 roupies qu'il paya [...][18]

Après s'être présenté comme le vainqueur d'un duel, François Martin devient le conteur d'un récit d'aventure. Cette organisation narrative ponctue la narration entière : les combats et embuscades sont traitées par le mémorialiste comme une péripétie qui à la fois retarde l'avancée de l'intrigue majeure et offre au lecteur un spectacle, écrit de manière à favoriser son identification à l'héroïque personnage principal.

Cependant, le récit est également construit autour de l'enjeu narratif qui se resserre en même temps que les personnages approchent de Macara. Au fil de la progression viatique, l'intrigue se resserre autour des trois pôles incarnés par le sieur Goujon, Macara et le rappel de l'état de la Compagnie suite au vol commis par ce dernier ; ils rejoignent alors les trois pôles caractéristiques de l'écriture policière avec le criminel, la victime et le détective.

---

17 Tout au long du récit du voyage de Surate à Masulipatam, les évocations du passage de Shivaji maintiennent ce climat menaçant : « Le courtier, nommé Rougby, que nous attendions à Nonapoura, arriva le 15 à quatre heures du soir ; il nous dit que son départ de Surate avait été retardé par l'arrivée de Bader Khan, qui s'y était rendu à la tête de 3 ou 4000 chevaux par ordre du Mogol, sur l'avis qu'on avait que Sivagy devait venir. », *Ibid.*, p. 254. « Nous capâmes le lendemain dans un grand bourg nommé Sondiquira ; ce lieu en partie ruiné marque avoir été plus considérable autrefois qu'il n'est à présent. Nous y vîmes cinq ou six grands corps de logis bâtis de pierres en partie en bas et un grand étang revêtu de belles pierres de taille tout en désordre ; c'était là le fruit des courses du raja Shivaji et de ses troupes. », *Ibid.*, p. 255. « Ces lieux servent de retraite aux gens de la terre à l'approche des troupes du raja Sivagy et sont assez fortes pour se défendre d'un coup de main. », *Ibid.*, p. 256.

18 *Ibid.*, p. 259-260.

> Le sieur Goujon voulait bien que ce qu'on lui proposait était le plus avantageux, que l'arrêt de Macara aurait de fâcheuses suites ; cependant comme il s'était rendu garant de la conduite de cet Arménien par le billet qu'il avait donné à M.Caron, il prévoyait bien que le directeur l'aurait fait répondre des malversations de l'Arménien, ce qui le fit passer sur les autres considérations et l'arrêt fut résolu. Il y avait déjà cinq ou six jours que le sieur Goujon était attaqué d'une fièvre tierce. Le 21 septembre, sur les trois heures après midi, Macara fut arrêté dans le grand divan de la loge ; on le força pourtant à se rendre ; il fut mis ensuite dans l'un de ses appartements. Son fils et son neveu furent arrêtés aussi ; on fut après en son appartement faire inventaire de ce qu'on y trouva [...][19]

En rédigeant ses mémoires, François Martin parvient à retranscrire l'intimité qui l'unit à Goujon. Ainsi, l'écriture du « je » ne sert pas à recréer le monde indien, mais bien à donner au narrateur le rôle du « témoin des actions du détective et [devenant, plus précisément,] son double fictionnel[20] ». En effet, l'usage du discours indirect permet ici au mémorialiste de rendre compte des négociations et des enjeux auxquels Goujon a dû faire face avant de confirmer l'arrestation de Macara. L'état de la situation narrative est retranscrite par Martin qui lui ajoute la progression de la pensée de son acolyte. Cette forme d'écriture de l'intime permet aussi à Martin de dresser indirectement le portrait moral de Goujon qui, associé à lui, apparaît comme un honnête homme, afin de mieux l'opposer à Macara : il s'établit alors la mise en parallèle de deux personnages, l'un constituant l'image inversée l'autre. La mort de Goujon permet au voyageur de faire l'éloge funèbre de celui-ci : « C'était un homme d'esprit et de bon sens, un fond d'honneur désintéressé et zélé pour le service ; on peut même dire que ce grand zèle, pour n'avoir pas été bien ménagé, lui fit du tort[21]. » Alors que le portrait moral de Macara le présente comme un personnage rusé et malveillant. De fait, Martin explique : « un juge des principaux et qui a opiné en sa faveur a dit en bonne compagnie qu'à la vérité qu'on reconnaissait bien que Macara était un très méchant homme et fourbe, mais que la procédure qu'on avait faite à Masulipatam contre lui n'était pas dans les formes [...][22] ». Ainsi, bien que les personnages sachent que Macara est coupable, il est relâché à cause d'un défaut de procédure.

19 *Ibid.*, p. 272.
20 Marc Lits, *Le roman policier*, *op. cit.*, p. 78.
21 François Martin, *Mémoires*, *op. cit.*, vol. 1, p. 280.
22 *Ibid.*, p. 289.

Par ailleurs, il s'agit également pour le narrateur de mettre au jour l'ensemble des réseaux de renseignement à l'usage. Dans ce récit, c'est le fait de maîtriser l'information qui structure les jeux de pouvoir. De cette manière, le second portrait moral de Macara permet à l'auteur de mettre le personnage au centre de l'intrigue en dévoilant son autorité cachée par la détention de données qui le rendent indispensable, à la fois pour les Français et pour les Indiens[23]. En outre, selon Martin, c'est suite à la découverte des accointances de Macara avec les instances gouvernementales, que Goujon le voit comme un « suspect » et décide de son arrestation. L'affaire Macara devient alors une affaire d'État avec ses menaces de guerre : le personnage confirme dès lors la place centrale qu'il occupe dans les échanges diplomatiques entre les deux camps. L'enjeu de sa libération devient également un motif narratif permettant l'introduction des aventures françaises. En effet, Martin relate la tentative d'évasion du prisonnier qui intervient dans la narration pour déclencher l'action, à travers la bataille qui s'ensuit entre ses complices et ses gardiens. Le résultat de ce conflit armé est principalement centré autour d'un jeune Français : « un commis que nous avait suivi quoiqu'indisposé, nommé Fromentin, garçon de cœur, [et] fut attrapé de deux balles de mousquet et d'un coup de sabre qui le couchèrent sur le carreau [...][24] ». Ce personnage, qui n'intervient dans la narration qu'à travers sa mort violente, semble prendre le poids d'un emblème représentant les couleurs françaises. De cette manière, l'anecdote, cadencée par une structure narrative oscillant entre lenteur et accélération de l'action, présente, à travers le meurtre du commis, le risque encouru par la France aux Indes. Il semble donc que Martin, en tant que confident de l'envoyé de Caron, propose en fait un récit d'investigation, à travers lequel se dessine le futur échec de la présence française en Inde. En effet, si l'histoire de Macara se termine par l'évocation des conséquences positives de l'affaire sur la réputation

23 « Nous trouvâmes aussi de grandes oppositions à l'exécution des ordres pour l'arrêt de Macara ; cet homme s'était fait des amis à la cour, où nous n'aurions rien fait par violence. Dans plusieurs entretiens que nous eûmes avec lui, il nous fit connaître qu'il était informé des ordres que nous avions de l'arrêter ; on pouvait bien aussi lui avoir donné cet avis, ainsi qu'on avait fait au départ de Surate des premiers commissaires ; cet homme qui était dans un lieu où il savait qu'il n'avait rien à ménager avec nous, s'emporta souvent jusqu'à l'excès ; il en vint à nous menacer de nous faire arrêter. », *Ibid.*, p. 265.

24 Même si d'autres morts sont signalés par le voyageur, seul Fromentin est désigné par son identité. *Ibid.*, p. 276.

française aux Indes, Martin lui ajoute un épilogue piquant, qui remet en question tout le fonctionnement des renseignements français, pour mieux en dénoncer la faiblesse.

> J'ai cru à propos [de marquer la suite de cette affaire] quoique l'affaire de Macara, au temps que j'écris qui est plus de quinze ans après l'action, ne soit pas entièrement terminée. [...] Il est fâcheux que cette nation ne soit pas connue en France ainsi qu'elle l'est dans l'Asie où l'on peut dire qu'on n'y voit point de plus grands fourbes ni de gens de plus mauvaise foi, même par rapport aux nations de cette partie du monde qui passent pour les plus méchants[25].

Bien que Martin souligne que Macara est arménien, tout en accusant l'Arménie d'être le terreau de la fourberie, il montre bien que l'Inde reflète le théâtre de l'impossibilité à faire appliquer la justice française sur un coupable avéré. Le genre des mémoires permet ainsi à l'auteur de s'interroger sur l'application de la loi. Il s'appuie alors sur le *topos* de la ruse, utilisant la religion pour mieux tromper le monde : de cette manière, le Macara de Martin use du même stratagème que l'Aurangzeb de Bernier et le Shivaji de Thévenot et Carré. L'anecdote de l'affaire Macara permet donc à Martin d'utiliser la première personne pour mieux mettre la France en valeur, au sein de conflits diplomatiques en terre indienne. Par ailleurs, la mise en place d'une écriture de l'intime permet l'élaboration d'une intrigue « policière » : c'est alors l'importance du réseau de renseignements et d'échanges d'informations, pour mieux devancer l'adversaire, qui est révélée par l'auteur.

25 *Ibid.*, p. 288 et 290.

LE STATUT AMBIGU DU VOYAGEUR-ÉCRIVAIN ABSENT DE SON RÉCIT

LE VOYAGEUR-INFORMATEUR : LA MISE EN RÉCIT DE L'OBSERVATION DISCRÈTE DE LA COUR MOGHOLE

Grâce à sa position de voyageur, Bernier bénéficie d'une place de choix pour alimenter son observation de la cour indienne et soigne particulièrement l'ambiguïté de son statut de narrateur. En effet, il s'inclut dans son récit au cours de deux temps forts : d'abord lors de son départ de France et de ses pérégrinations avant d'arriver en Inde[26], puis lors de sa rencontre avec Dara alors en déroute. En tant que voyageur, il répond donc aux attentes de son lectorat et se pose en témoin. « Il y avait déjà trois jours que j'avais rencontré ce prince par le plus grand des hasards du monde et qu'il m'avait obligé de le suivre, parce qu'il n'avait point de médecin ; et le soir de devant le jour qu'on lui apporta cette nouvelle, il avait eu la bonté de me faire entrer dans le caravansérail où il était craignant que les *koullis*, ne m'assommassent la nuit [...][27] ». Devenu personnage au sein de son récit, Bernier peut confirmer l'abattement du prince qui apparaît pathétique en partant « les larmes aux yeux. » Décrit comme étant emporté par son chagrin, il devient négligeant quant aux connaissances qu'il a du terrain sur lequel il s'engage et dont il ne peut assumer l'hostilité. Par la suite, le voyagur-témoin, se livre à la création d'un ensemble de liens pour rattacher son actualité à divers autres moments mentionnés précédemment dans son récit pour mieux en prouver la véracité. Il utilise ainsi « les deux éléphants chargés d'or et d'argent » pour incarner la stratégie manquée de Shah Jahan qui veut à la fois aider secrètement Dara en déroute[28] mais ignore qu'Aurangzeb a prévu sa trahison future. De cette manière, l'auteur montre qu'une fois arrivé en Agra, ce prince ne peut se fier aux élans de joie de son père puisque les deux éléphants lui servent de révélateur pour comprendre les véritables intentions de l'empereur et contrebalancer son piège[29].

26 François Bernier, *Voyages de François Bernier*, *op. cit.*, p. 41 à 45.
27 *Ibid.*, p. 114.
28 *Ibid.*, p. 88.
29 *Ibid.*, p. 94.

Cependant, le statut d'auteur-témoin permet surtout à Bernier de décrire l'humiliation de Dara, amplifiée par un registre pathétique qui accentue encore la puissance d'Aurangzeb.

> Pour moi, je m'imaginais que nous allions voir quelque étrange tuerie et m'étonnais de la hardiesse qu'on avait de le faire ainsi passer au travers de la ville [Dara], d'autant plus que je savais qu'il était fort mal gardé et je n'ignorais pas qu'il était fort aimé du menu peuple, qui en ce temps-là criait hautement contre la cruauté et la tyrannie d'Aurangzeb comme tenant son père en prison, son propre fils Sultan Mahmoud et son frère Murad Bakhsh. Je m'étais bien préparé pour cela et, avec un bon cheval et deux bons valets, je m'étais allé rendre avec deux personnes de mes amis dans le plus grand bazar, par où il devait passer. Mais il ne se trouva pas un homme qui eût la hardiesse de mettre la main à l'épée [...][30]

L'auteur, de même que les habitants qui regardent passer le prince reste passif au lieu de tenter d'agir pour l'aider. Le voyageur témoigne donc de la grande émotion qui envahit toute l'assemblée et alors que la révolte semble possible puisque Dara n'est escorté que d'un seul soldat, la foule reste tétanisée par le chagrin. Seules quelques personnes se mettent alors à injurier le guerrier comme pour le faire céder et relâcher le prince. Ainsi, sous la plume de Bernier, le peuple semble privilégier son statut de spectateur plutôt que d'essayer de sauver celui qui pourrait les diriger autrement que par la tyrannie ; il dépeint donc une population passive, « au cœur tendre », qui suit l'ordre établi. Bien que la nouvelle tyrannie d'Aurangzeb ne fasse que commencer au moment où Bernier s'inscrit dans le récit, il montre que personne ne prend le drame en main. Dara, en héros tragique, n'a pas su convaincre son auditoire qui le laisse traverser la ville, misérable, rendant inéluctable son exécution.

L'ÉCRITURE INTIME POUR UN CRYPTAGE DU STATUT DE L'ÉPISTOLIER

Bernier écrit avoir obtenu une place à la cour où il put séjourner durant huit ans. Alors qu'il était employé en tant que médecin par Dara, il entre au service du ministre Daneshman Khan avec lequel il entretient un dialogue interculturel, basé sur un échange de connaissances philosophiques et scientifiques. De cette manière et comme l'a souligné

30 *Ibid.*, p. 121.

Frédéric Tinguely : « il deviendra pour l'Europe entière le fidèle chroniqueur de la guerre de succession déclenchée par la maladie de Shah Jahan, l'interprète averti des manœuvres imaginées par Aurangzeb afin d'évincer aussi bien Dara que ses autres frères, Sultan Shuja et Murad Bakhsh[31]. » En outre, le voyageur souligne la particularité de son statut au cœur de son récit rétrospectif : « j'entreprends ici d'écrire, m'étant trouvé à quelques-unes des plus considérables occasions et ayant séjourné huit ans à la cour du roi[32] ». Il apparaît donc que l'auteur sorte quelque peu de son rôle d'observateur d'un peuple lointain, pour mieux entrer dans celui d'aède justifiant ses dires par des formulations du type « j'ai entendu dire » ou « j'en ai vu d'autres qui soutiennent [...][33]. » Il se justifie en utilisant le *topos* du narrateur qui rend compte de propos rapportés[34]. Composant à partir d'une forme oralisée du discours à diverses occasions, Bernier en tant que poète, « ne peut s'empêcher, au terme de son œuvre, de la rattacher à l'actualité [...][35]. » Cependant, l'auteur semble privilégier la fonction métalinguistique du langage qui sert la dimension politique du récit et lui permet quelque fois de préciser son projet d'écriture. Ainsi les formules comme « j'ai cru devoir dire », « je dirai » ou « je ne dirai pas », « je ne sais pas » ou même « laissons le[36] », parsemées tout au long de la narration, sont un moyen pour le voyageur d'intervenir au sein de cette dernière pour mieux prouver la véracité de ses propos[37]. « Ainsi, le poète se montre conscient de faire une entorse au principe de l'effacement [...][38]. » Pourtant, en plaçant en second plan la fonction émotive du langage[39], Bernier garde une distance avec son

31 Frédéric Tinguely, « Introduction » dans François Bernier, *Un libertin*, *op. cit.*, p. 8.

32 François Bernier, *Voyages de François Bernier*, *op. cit.*, p. 45.

33 *Ibid.*, p. 94-95.

34 « Certains textes épiques du XVIe siècle et du début du XVIIe siècle recourent à des procédés d'"encadrement" : l'histoire a été racontée au poète [...] Cet artifice de présentation est l'extension au poème entier de procédés épiques traditionnels ; elle peut être un moyen de justifier la présence du merveilleux. » Bruno Méniel, *Renaissance de l'épopée*, *op. cit.*, p. 323.

35 *Ibid.*, p. 325.

36 François Bernier, *Voyages de François Bernier*, *op. cit.*, p. 50 ; 53 ; 54 ; 59 ; 68 ; 85 ; 88.

37 « Les traces de focalisation homodiégétique [...] marqu[ent] la tonalité affective du récit à la première personne. Aussi les limites des connaissances se reflètent, à travers les mailles du récit, par de nombreuses modalités d'incertitude. [...] De tels aveux permettent d'affermir la fiabilité du compte-rendu et de maintenir en apparence le pacte établi avec le lecteur. », Marie-Christine Pioffet, *La tentation de l'épopée*, *op. cit.*, p. 63.

38 Bruno Méniel, *Renaissance de l'épopée*, *op. cit.*, p. 325.

39 *Ibid.*

récit et trouble le lecteur qui ne sait pas comment il se situe, ni s'il cautionne la conduite de ses personnages.

Incarnant le lien des personnages entre eux, la place de la lettre en tant que support narratif est primordiale dans la chronique et plus globalement dans les *Voyages* de Bernier. En effet, le recours à la lettre comme moyen de communication plus ou moins biaisé structure le récit : sous la plume du voyageur, la lettre est aussi un outil de manipulation pour les Grands. Shah Jahan est d'abord évoqué tel le « Roi du monde », puis il perd de sa superbe et devient « ce roi malheureux[40] » et « ce bon vieillard[41] », au fur et à mesure du récit et de sa perte d'influence face à l'avancée de ses fils. Bernier accentue, par le recours hyperbolique de la répétition de « tout », son impuissance : « se voyant toujours entre les mains de Dara, il se vit obligé d'acquiescer à tout ce qu'il voulait et lui remettre dans les mains toutes les forces de l'État, et commander tous les capitaines de lui obéir[42]. » L'urgence dans laquelle il se trouve est rendue par l'auteur à travers l'architecture du récit, structuré par un rythme syntaxique soutenu. Ainsi, Bernier rapporte qu'alors qu'il vient de cloîtrer Shah Jahan à l'intérieur du sérail, Aurangzeb adresse un courrier à son père, afin de se disculper et pour prouver sa bonne foi. Selon l'auteur, il le rend public avant de le faire parvenir à son destinataire. Il y explique les raisons qui l'ont poussé à agir contre son père qui, malgré toute sa chaleur paternelle et sa préférence marquée en sa faveur, s'est prononcé comme étant un support à Dara.

> J'ai entendu dire sur ce billet qu'effectivement Shah Jahan, dès la nuit même que partit Dara, lui avait envoyé des éléphants chargés de roupies d'or et que ce fut Raushanara Begum qui trouva moyen d'en donner avis à Aurangzeb [...] J'en ai vu d'autres qui soutiennent qu'il n'est rien de tout cela et que le billet qu'Aurangzeb fit ainsi voir n'était que pour jeter un peu de poudre aux yeux du peuple et tâcher de se justifier en quelque façon d'une si étrange action, et en jeter la faute sur Shah Jahan et sur Dara, comme ayant été forcé d'en user de la sorte. Ce sont des choses qu'il est assez difficile de bien découvrir au vrai[43].

L'auteur semble alors se positionner en fidèle chroniqueur, soucieux de rendre compte des faits de manière objective. Il donne d'abord une

40 François Bernier, *Voyages de François Bernier*, *op. cit.*, p. 67.
41 *Ibid.*, p. 93.
42 *Ibid.*, p. 75.
43 *Ibid.*, p. 67.

version puis l'autre des propos que lui auront rapporté ses indicateurs. Cependant, il devient impossible au lecteur de définir le degré de vérité de cette anecdote. Bernier avoue lui-même ne pas avoir obtenu de réponse satisfaisante, étant donné qu'il n'est pas censé avoir lu ce billet écrit par l'empereur.

Le narrateur de la chronique d'Aurangzeb adopte un regard omniscient grâce auquel il prétend rendre compte de faits véridiques qu'il donne à voir à son lectorat. Il peut par là même, faire part des intentions des personnages ou de documents officieux dont il retranscrit le contenu comme s'il en avait pris connaissance. De cette manière, il peut exposer le plan des conspirateurs, donnant l'impression au lecteur d'être lui aussi mis dans le secret : de même qu'Aurangzeb, il peut prévoir les situations à venir. Comme l'a démontré Marie-Christine Pioffet, s'appuyant sur la *Relation de la Nouvelle-France* de Paul Lejeune : « L'omniscience du narrateur n'est, somme toute, concevable que dans un récit d'imagination. Loin de toujours se confiner dans une optique restreinte, les chroniqueurs étalent l'étendue de leur horizon [...] Plus qu'un effet de style, l'élargissement de la focalisation répond à un besoin de "mise en spectacle[44]". » Ce statut du narrateur se retrouve notamment lorsqu'il explique l'entrée en campagne d'Aurangzeb contre ses frères[45].

Le récit montre dans quelles mesures Aurangzeb, pour trahir ses frères, convoque la complicité d'un émir pour mieux entrer dans la course au pouvoir. En effet, il expose tout d'abord une situation mensongère que retranscrit ici le voyageur. Cependant, la méthode d'usurpation est transmise de telle manière, qu'elle plonge le lecteur dans la confusion : l'alternance du style direct et indirect permet une mise en abîme élaborant une superposition des voix. En fait, Bernier prétend copier la missive envoyée à Aurangzeb alors qu'il est peu probable qu'il ait eu l'occasion de la lire. Il suppose donc des faits dont il a eu connaissance bien après leur conclusion ; mais les fondements officieux de celle-ci devaient être gardés secrets. Le voyageur, en se faisant le transmetteur des lettres de cour, offre finalement une transposition du système de communication français sur l'indien, afin de mieux reproduire l'absolutisme de Louis XIV. Ainsi, bien qu'il soit rigoureux dans sa recherche de vraisemblance, enrichie notamment par la conversion des monnaies, le narrateur fait

44 Marie-Christine Pioffet, *La tentation de l'épopée*, *op. cit.*, p. 66-67.
45 François Bernier, *Voyages de François Bernier*, *op. cit.*, p. 55.

part d'éléments confidentiels qui ne peuvent qu'être imaginés par lui. D'abord confondus, Jumla et le narrateur se distinguent par la simulation d'entrée dans le dialogue.

L'écriture du « je » en tant qu'expression d'une identité perçue principalement à travers son appartenance à la France, dévoile les enjeux de la maîtrise des informations en terre indienne. Ainsi, la première personne permet à l'auteur d'entrer dans la fiction tout en s'appuyant sur la forme authentique du témoignage. Par ailleurs, l'expression de soi permet au voyageur de recréer son expérience indienne tout en dévoilant ses intentions narratives : à travers Tavernier se dessine donc la volonté d'apparaître sous les traits d'un « aventurier bourgeois », en opposition aux personnages indigènes qu'il décrit comme des objets de curiosité. En revanche, François Martin réactualise le récit d'aventures grâce à une intrigue énigmatique, pour mieux montrer les faiblesses de l'installation française en Inde. Enfin, François Bernier utilise le motif indien pour élaborer une critique du système de surveillance français.

CONCLUSION DE LA DEUXIÈME PARTIE

Avec les personnages d'Aurangzeb et de Shivaji, les voyageurs dressent le portrait de deux figures souveraines emblématiques d'un conflit politique indien, tout en développant une écriture ambiguë du « je », renvoyant à l'écrivain. De fait, se dessine une cartographie fictionnelle selon laquelle l'Inde se divise en trois blocs : l'Empire moghol, le Deccan et la France indienne, mise en place à travers le récit des voyageurs. Le témoignage renforce la volonté d'objectivité mais le recours à une interférence des genres littéraires s'inscrit dans un effet de mode créatif consistant à renouveler le cadre fictionnel oriental. L'Inde s'impose alors comme un espace nouveau dans lequel le Français historique et littéraire doit trouver sa place.

L'*Aurangziade* de Bernier invite le lecteur à découvrir les rouages de l'ascension politique d'un tyran musulman à travers l'écriture labyrinthique d'un philosophe libertin. Par ailleurs Shivaji en tant que le chef de guerre et principal opposant du Grand Moghol devient, à travers le portrait qu'en font les voyageurs, l'allié des Français. Sous la plume de ces derniers, et suivant un effet de mise en abîme, sa lutte prend les traits de la représentation du combat européen sur l'Empire Ottoman, tout en présentant la France comme la grande victorieuse.

Enfin, l'écriture du « moi » propose de dresser le portrait de l'ensemble de la nation française à travers l'expression de la première personne : le voyageur se fait alors enquêteur au service de son pays et principal représentant d'une France qui cherche sa place en Inde. S'articulant sous l'influence de l'épopée, des mémoires ou de la résolution d'intrigues, le récit montre qu'il a besoin du territoire indien pour exister : à travers le renouvèlement littéraire en Inde, se dessine un nouvel imaginaire français.

TROISIÈME PARTIE

L'INDE ICÔNE

UNE IMAGOLOGIE INDIENNE

Pour artificielle qu'elle soit, l'image a
un extrême pouvoir mobilisateur[1].

Un imaginaire indien, remontant à l'Antiquité et aux échanges culturels entre l'Europe et l'Inde, propose déjà un univers merveilleux où les frontières entre l'homme et l'animal sont poreuses et où le polythéisme hindou, associé à l'iconographie, conduit l'observateur occidental à une dégradation du pays. Le concept d'animal est remis en cause dès lors que l'on s'interroge sur son étymologie. En effet, Francis Wolff, rappelant l'origine grecque du terme, souligne que la traduction de *zôion* « ne correspond exactement à aucun de nos concepts modernes, et notamment celui d'animal[2]. » Le chercheur démontre que l'animal est une invention métaphysique antique intrinsèquement liée à une réflexion sur l'homme[3]. Ainsi, « c'est paradoxalement par ce que l'animal et le dieu ne sont pas, qu'ils sont nos modèles de ce que nous avons à être pour être nous-mêmes[4]. » Utilisant l'animal comme un outil permettant de décoder les codes des pratiques culturelles hindoues, les voyageurs donnent l'image d'un peuple conforme à l'état de nature. Par ailleurs, ils commencent à s'intéresser aux textes traditionnels hindous auxquels ils ont accès grâce aux premières traductions sanscrites proposées par les pères jésuites. Un travail d'exégèse de la part de certains voyageurs met

1 Catherine Champion, « L'imaginaire tropical : le paysage indien dans les romans populaires français (1880-1920) », Catherine Weinberger-Thomas (dir.), *L'Inde et l'imaginaire*, *op. cit.*, p. 116.

2 Francis Wolff, « L'animal et le Dieu : deux modèles pour l'homme. Remarques pouvant servir à comprendre l'invention de l'animal », dans Gilbert Romeyer Dherby (dir.), *L'animal dans l'Antiquité*, Ouvrage publié avec le concours du Centre National de la Recherche Scientifique, Paris, Librairie Philosophique J. Vrin, 1997, p. 157.

3 « La constitution antique de l'animal consiste, le plus souvent en fait, à penser que le genre des animés [...] se divise en trois "natures", en trois "faunes" essentiellement distinctes, l'animal, l'homme et le dieu. », Francis Wolff, « L'animal et le Dieu ... », *op. cit.*, p. 167.

4 *Ibid.*, p. 177.

au jour leur curiosité et la tendance à la réinterprétation à travers le prisme chrétien. D'autre part, la transcription des textes indigènes enrichie par des illustrations révèle les prémisses de la relativisation des mœurs et des coutumes, chère aux Lumières. La découverte de l'art indien conduit alors le cercle littéraire sédentaire à réinvestir le voyage pour créer un nouvel espace narratif qui développe la conquête ou l'aventure.

LE BESTIAIRE FRANÇAIS DU PEUPLE INDIEN

De l'Inde bestiale à l'Inde philosophique

La littérature antique propose déjà de considérer l'animal comme un modèle duquel l'homme devrait s'inspirer pour accéder à une nature autosuffisante, indépendante de la politique et placé au centre d'un axe où se trouveraient celle de l'animal et celle de Dieu[1]. Ce dualisme se décline au cours des siècles, mais l'animal continue d'interroger la littérature médiévale qui ne le fait apparaître « qu'en relation avec l'homme ou avec Dieu, au service d'un projet dont il n'est pas la fin[2]. » Réactualisant les considérations dont ils ont hérité sur l'Inde, les voyageurs français du Grand Siècle cherchent à la fois à porter un regard scientifique sur leurs découvertes mais aussi à interpeller l'intérêt littéraire d'un lectorat curieux. Comme l'a démontré Sylvie Requemora-Gros, « Pour divertir, trois moyens : inspirer, comme toute œuvre du XVIIe siècle qui veut plaire, la pitié, la terreur ou le rire[3]. » Par ailleurs, touché par la polémique sur l'âme de bêtes, le XVIIe siècle donne à la question animale une nouvelle portée notamment enrichie par la découverte de l'Inde. De fait, à travers leur périple dans les Grandes Indes, les voyageurs évoquent les animaux et posent la question d'un possible écho entre leurs errances viatiques et leurs interprétations culturelles de la

1 « L'homme, c'est à la fois un animal et un dieu, mais c'est un animal en tant qu'il n'est pas un dieu et un dieu par où il n'est pas un animal. L'animal a ainsi une fonction parfaitement symétrique de celle du dieu et elles sont l'une et l'autre constitutives de l'homme. C'est cette invention d'une double nature de part et d'autre de la nôtre qui explique aussi la double nature qui est la nôtre, animale et divine. De là le fait que tous les textes qui inventent l'animal sont aussi les textes où se constitue le dualisme. », *Ibid.*, p. 178.

2 Michel Zink, « Le monde animal et ses représentations au moyen-âge (XIe-XVe siècles) », dans *Actes des congrès de la Société des historiens médiévistes de l'enseignement supérieur public*, 15e congrès, Toulouse, 1984, p. 48.

3 Sylvie Requemora-Gros, *Voguer vers la modernité, op. cit.*, p. 178.

société hindoue. Par conséquent, les animaux leur servent de figures à penser, à interpréter, et ce sont ces dernières qui seront interrogées ici. Certains voyageurs s'appuient sur leurs propres errances et expériences viatiques pour remettre en question les erreurs de la société indienne et leur propre structure sociale. En effet, constatant la relation entretenue par la tradition hindoue entre l'homme et l'animal, les voyageurs s'étonnent ou remettent en cause leurs propres pratiques religieuses. Cependant, percevant le caractère sacré de certains animaux présents dans la mythologie hindoue, ils s'appuient sur les principaux animaux de culte pour décrire indirectement les Indiens.

L'ERRANCE VIATIQUE ET LA RENCONTRE AVEC L'ANIMAL : LA JONCTION NARRATIVE PERMETTANT AU VOYAGEUR DE S'IMPOSER DANS LE MILIEU INDIEN

L'ANIMAL, UN MOTIF LITTÉRAIRE FRANÇAIS EN VOGUE

La controverse concernant l'âme des bêtes est une question d'actualité à la mode au cours de la seconde moitié du XVIIe siècle ; elle oppose deux courants de pensées dans le cercle intellectuel français. Très débattue dans les Salons, elle s'inscrit dans le champ littéraire avec notamment, l'empreinte d'un anthropomorphisme teintée d'un intérêt scientifique. Ainsi, le caméléon, en tant que porteur d'exotisme devient « un exemple de l'intérêt mondain pour les sciences[4] » et profite d'un prolifique débat au cours duquel s'affrontent des penseurs comme Claude Perrault, Furetière ou La Fontaine : « Dans l'opinion philosophique s'opère un lent travail de métamorphose qui amène à associer à la matière le sentiment ou la vie, quand ce n'est parfois la pensée[5]. » C'est pourtant Madeleine de Scudéry qui se fait ouvertement la garante de la spiritualité animale

4 Nathalie Grande, « Le caméléon, vedette des salons » dans Charles Mazouer, *L'animal au XVIIe siècle*, Actes de la 1re journée d'études (21 novembre 2001) du *Centre de recherches du le XVIIe siècle européen (1600-1700)*, Université Michel de Montaigne-Bordeaux III, Biblio 17, Suppléments aux Papers on French Seventeenth Century Literature, Tübingen, Gunter Narr Verlag, 2003, p. 102.

5 Bernard Tocanne, *L'idée de nature en France dans la seconde moitié du XVIIe siècle. Contribution à l'histoire de la pensée classique*, Paris, Klincksieck, 1978, p. 63.

en contant les observations qu'elle a pu faire lorsqu'elle avait en sa possession un couple de caméléons[6]. Elle s'inscrit donc dans le courant de pensée montaignienne, valorisant l'animal au point d'élever l'instinct au-dessus de l'intelligence raisonnée, qui pousse l'homme à n'avoir que des considérations artificielles[7]. *A contrario*, Descartes crée une rupture et s'impose comme une référence avec la théorie de « l'animal-machine », selon laquelle il propose une vision mécanique de l'animal. Il s'oppose alors à la conception cosmique que l'Antiquité avait attribué aux bêtes et que la scolastique avait réactualisé par une réinterprétation au prisme de sa représentation chrétienne[8]. De fait, la doctrine cartésienne, basée sur le *cogito*, amène à percevoir l'animal comme une machine divine de laquelle toute vie psychique est impossible. Réduits à l'état d'automate dont les dysfonctionnements entraînent des gémissements mais aucunement une communication, les animaux décrits par Descartes deviennent des « objets de connaissance[9]. » Cependant, loin de vouloir dévaluer la pensée cartésienne, Jean-Luc Guichet propose de considérer que l'altérité animale doit être comprise comme « une démarche scientifique, anti-anthropomorphiste certes mais pas pour autant anthropocentriste [...]. » Les paradoxes de la question animale mettent en débat deux conceptions contraires que s'approprie l'Église, pour y trouver un argument justifiant la mortalité de l'âme animale, en l'opposant à l'immortalité de l'âme humaine.

6 « On devine alors qu'ayant fait le choix d'une position spiritualiste en s'opposant au matérialisme cartésien, Madeleine de Scudéry trouve dans le caméléon un animal de choix pour étayer ses convictions. En effet, comme on l'a déjà vu, le caméléon passait traditionnellement pour se nourrir d'air : quelle meilleure preuve pouvait-elle trouver de la participation des animaux au monde spirituel qu'un animal que le souffle suffit à nourrir ? », *Ibid.*, p. 98.

7 « On sait que l'*Apologie de Raymond Sebonde* compare l'industrie des animaux à celle de l'homme (langage, arts nécessaires à leur conservation, médecine, prédiction de l'avenir) ; il oppose leur raisonnement à celui de l'homme (le chien qui cherche son maître à un carrefour, le renard qui écoute couler l'eau sous la glace) ; il leur prête des sentiments semblables aux nôtres et même le sentiment religieux ; il en arrive à préférer leur instinct à la raison humaine et leur vie simple et naturelle à l'artifice et à l'injustice de notre civilisation. », Henri Busson et Ferdinand Gohin, « Commentaire Littéraire et Philosophique » dans *Discours à Madame de la Sablière (sur l'âme des animaux)*, Genève, Librairie DROZ, 1967, p. 15.

8 Jean-Luc Guichet, *Problématiques animales. Théorie de la connaissance, anthropologie éthique et droit*, Paris, Presses Universitaires de France, 2011, p. 33.

9 *Ibid.*, p. 40.

LA VARIÉTÉ ZOOLOGIQUE : ENTRE TENSION NARRATIVE ET DESCRIPTION SCIENTIFIQUE EXOTIQUE

Découvrir le territoire indien permet aux voyageurs de présenter la variété zoologique afin de dévoiler, de manière scientifique, la diversité animale exotique tout en donnant au récit une tension narrative. Le monde marin, séparant la Perse de l'Inde, peut ainsi être le théâtre de la vaillance du voyageur. Ainsi, La Boullaye-le-Gouz témoigne avoir été confronté à une créature marine menaçante tout en réussissant à sauver sa vie. Il explique que pour supporter la chaleur, il a participé à une baignade avec les autres membres de l'équipage quand soudain, le capitaine les rappelle du navire, pour les protéger d'une attaque de « Cherke[10]. » Par ailleurs, l'évocation quantitative des animaux permet aux voyageurs de maintenir une tension narrative, notamment lorsqu'il s'agit de décrire la mer. Le sieur Luillier, racontant la vie sur le navire, instaure ce décalage : d'un côté, il se démarque de l'équipage dont les membres, qu'il juge triviaux, s'amusent à se lancer des seaux d'eau. Il orne alors son récit d'une parenthèse galante, en expliquant vouloir se soustraire à cette compagnie douteuse pour rejoindre sa cousine et déguster un repas savoureux « qui valoit beaucoup mieux que les seaux d'eau, & que les inconveniens qui peuvent arriver [...][11] » Ainsi, l'animal s'impose dans le récit pour marquer une rupture descriptive teintée de l'imaginaire maritime diffusé par les voyageurs antiques.

> On voit dans ces mers-là, des baleines qui ne sont pas si grosses que celles des païs Septentrionnaux ; des soufleurs qui sont de tres-gros poissons, lesquels jettent de l'eau en l'air en façon d'une rosée, à peu prés comme en jette la baleine ; des tons qui sont des poissons assez connus & assez communs en France, des bonites qui sont des poissons qui n'ont pas le corps si gros que

---

10 « [L]a satisfaction que je receuois de ce rafraischement, [...] ne fut pas de longue durée, parce que le Capitaine du vaisseau appella ceux qui se baignoient, tout transporté, de crainte qu'vne Cherke qui paroissoit, & venoit du costé de la prouë ne luy déuorast quelqu'vn de ses gens : Alors la peur me saisit, me sçachant vn ennemy contre lequel il n'y auoit point à combattre, mais en recompense elle redoubla mes forces par vn eslancement que ie fis vers la prouë, où prenant vne corde pour grimper sur le vaisseau, ie vis ce poisson à trente pas de moy, la teste hors de l'eau, qui tiroit vers le lieu où i'étois, ie n'eux pas empoigné la corde, que ie me trouué sur le tillaq, la nature ayant fait vn effort dont ie ne m'apperceus qu'apres auoir eschappé du peril. », La Boullaye-le-Gouz, *Les voyages & Observations...*, *op. cit.*, p. 132.

11 Le sieur Luillier, *Voyage du sieur Luillier*, *op. cit.*, p. 13.

> celuy des tons mais dont la chair est meilleure : des requins qui sont des poissons voraces, & c'est à proprement parler ce qu'on appelle des loups marins [...] ce poisson ne vaut rien à manger, parce qu'on prétend qu'il donne la dissenterie, il est même fort à craindre : car si-tôt qu'iol voit tomber quelque chose dans la mer, soit homme ou autres choses, il s'élance & se jette dessus pour l'attraper & le devorer. [...][12]

Le tableau d'une mer peuplée de poissons de toutes sortes, et la description de ces derniers, ramenée au connu du lecteur, permet au récit de répondre à l'intérêt du lectorat pour les *mirabilia* maritimes. Le voyageur peut alors mettre en relief la délicatesse de son hôtesse dont le repas intervient dans la narration comme un sas médian entre la goujaterie des matelots et la férocité du monde marin. Luillier dresse ainsi un parallèle indirect entre le repas offert par sa cousine et le fait que le cadavre du serrurier, jeté à la mer, se trouve déshonoré par le poisson qui ne respecte pas la sépulture marine et le mange. Le recours à l'imaginaire de la mer, ici associé à l'horreur, permet donc au narrateur de dresser une première opposition entre le monde civilisé et le milieu naturel tout en soulignant leur incompréhension mutuelle.

L'animal incarne l'aspect positif ou négatif de l'Inde et illustre les premières impressions des voyageurs sur le lieu qu'ils découvrent. Au cours de son errance, François de L'Estra présente la ville de Bengala. Or, cette dernière n'existe pas. En effet, l'auteur fait une erreur en la nommant ainsi : « L'Estra renvoie probablement à la ville qui s'est formée autour de la loge de Hougly située sur une île fluviale entre deux bras du Gange », indique Dirk Van Der Cruysse, qui a édité son récit de voyage[13]. Pour décrire cette ville, le voyageur fait principalement une longue énumération du bétail et de la venaison qu'il remarque et dont l'abondance l'épate. Il parle de « troupeaux de vingt mille bêtes de différences espèces [...] » et ajoute que « [l]e pâturage y est merveilleux et produit une [...] grande quantité de laitage [...] qu'on transporte une quantité innombrable de beurre et de fromage dans toutes les villes circonvoisines et maritimes, et même dans les pays les plus éloignés [...][14] ». Sous la plume de L'Estra, le bétail et le poisson fournissent l'un des revenus principaux du roi indien, qui commerce notamment avec les Perses, et

12 *Ibid.*, p. 14-15.
13 Note « page 205 », François de L'Estra. *Relation*, *op. cit.*, p. 311.
14 *Ibid.*, p. 205.

du gouverneur hollandais qui peut nourrir copieusement ses équipages. D'après l'auteur, il semble donc que la grande quantité d'animaux est signe d'abondance, de prospérité pour la ville qui ne manque pas de nourriture et peut même approvisionner les communautés vivant aux alentours. En outre, « [l]es bois sont pleins de singes de quatre couleurs : de blancs, de noirs, de rouges et de gris[15]. » Cette association tacite entre les autochtones et les bêtes suppose une ville apparemment non civilisée, au sens européen du terme. La description souligne implicitement que ce manque de structure entraîne une certaine vulnérabilité face à la « quantité de bêtes farouches qui viennent s'abreuver au Gange et qui s'approchent des navires sans qu'on s'en aperçoive, parce que les herbes des prairies y sont si épaisses et si extraordinairement hautes, n'étant jamais fauchées, qu'elles cachent les rhinocéros, les tigres et des léopards qui dévorent ceux qui s'endorment dans les bateaux auprès du rivage ou sur la terre[16]. » Fort heureusement pour les personnages, L'Estra précise que les capitaines européens, avec l'accord du gouverneur hollandais, demandent ponctuellement aux membres de l'équipage de veiller à la sécurité en organisant des parties de chasse[17]. De cette manière il semble que les Indiens, entourés de bêtes avec lesquelles ils vivent dans une harmonie relative, apprécient que les Européens viennent régenter ce mode de fonctionnement. Selon le voyageur, l'information concernant l'omniprésence des animaux autour de la ville prime sur les indications démographiques et architecturales : la ville n'est pas décrite autrement que par le biais des bêtes et du commerce.

L'ANIMAL NARRÉ : UN VECTEUR D'HUMANITÉ ET D'HÉROÏSATION DU VOYAGEUR

Les animaux peuvent aussi servir d'outil à la mise en scène du voyageur et plus précisément à l'ériger en héros. Comme le souligne Sophie Linon-Chipon : « Le passage à l'écriture implique assez souvent un changement d'identité lié à l'entrée en littérature de la figure du voyageur apparenté à une figure héroïque[18]. » C'est l'usage qu'en fait

15 *Ibid.*, p. 206.
16 *Ibid.*
17 *Ibid.*
18 Sophie Linon-Chipon, *Gallia-Orientalis*, *op. cit.*, p. 195.

Pyrard de Laval. Au cours de son errance, il découvre la ville de Calicut qu'il décrit, avec son système économique, de manière précise. Puis, il souligne la férocité de singes, reconnus comme un fléau par les autochtones, car ils s'introduisent dans les maisons et les pillent s'il n'y a pas de barreaux aux fenêtres[19]. Leur grande abondance, également soulignée par Jean-Baptiste Tavernier[20], est d'ailleurs impossible à neutraliser convenablement étant donné que, selon les voyageurs, le roi a interdit de les tuer. En revanche, l'auteur décrit certaines mœurs hindoues pour montrer la véritable cohabitation entre l'homme et la bête qui devient une figure évaluant l'humanité même des enfants.

> Quand une femme est accouchée, & que l'enfant comme il arrive souvent ne veut pas prendre la mammelle de sa mere pour tetter, ils le portent hors du village, & le mettant dans un linge qu'ils lient par les quatre bouts aux branches d'un arbre, le laissent là du matin au soir. De cette sorte ce pauvre enfant est exposé aux corbeaux qui le viennent tourmenter, & il s'en est trouvé quelques-uns à qui ils avoient tiré les yeux de la teste [...] Le soir ils vont reprendre l'enfant pour voir si la nuit suivante il voudra tetter, & s'il arrive qu'il continue de refuser la mammelle ils le reportent le lendemain au méme lieu ce qu'ils font jusques à trois jours de suite, après lesquels si l'enfant ne veut point du tout prendre le tetton, dans la creance que c'est un demon ils le jettent dans le Gange [...][21]

Tel un rite de passage, l'auteur propose le récit d'une pratique propre aux mères bengalaises qui ne parviennent pas à allaiter leur nourrisson. D'après le voyageur, l'enfant est alors abandonné durant plusieurs jours jusqu'à ce qu'il accepte de se nourrir : passé le délai recommandé par la tradition, le nouveau-né est considéré comme un nuisible démoniaque ; il est ainsi jeté dans le Gange. Connoté négativement par le voyageur, ce rite oppose à l'inhumanité des mères, la charité des animaux. Il semble alors que le singe joue le rôle du sauveur d'enfant face aux pies qui les

---

19 Pyrard de Laval. *Voyage*, *op. cit.*, t. 1, p. 369.

20 « Le 23. Après avoir fait sept lieuës nous vinmes à *Oudecot*. On marche toute cette journée dans un païs plat & un peu sablonneux. D'un costé & d'autre ce ne sont que des bois de Bambou, & ce bois est une forme de canne fort haute, quelques-unes egalant en hauteur nos plus hautes futayes. Il y en a des forests si epaisses qu'il est impossible à un homme d'y entrer, & l'on y voit une prodigieuse quantité de singes. Ceux qui sont d'un costé du chemin sont si ennemis des autres qui sont de l'autre costé, qu'il n'y en a aucun qui oze passer d'un parti à l'autre sans courre risque d'estre étranglé à l'heure mesme. », Jean-Baptiste Tavernier. *Les six voyages*, *op. cit.*, p. 170.

21 *Ibid.*, p. 387.

mutilent. Ainsi, Tavernier se pose en voyageur qui dévoile l'origine des descriptions merveilleuses des peuples indiens, notamment diffusées par Montaigne[22] : d'après le voyageur, si les indigènes ont été perçus comme des êtres déformés[23], c'est parce qu'ils subissent l'épreuve de l'arbre quand ils sont nouveaux-nés. En effet, comme le précisent certains tels L'Estra, le singe revêt un caractère sacré pour les Hindous qui le vénèrent et qui construisent des lieux de cultes à son effigie[24]. Dans un premier temps, Pyrard de Laval se positionne en homme européen, supérieur à l'animal et se distrait en considérant comme « un passe-temps de les voir sauter d'un arbre en l'autre[25]. » Mais il crée un rebondissement narratif en se trouvant confronté à trois de ces bêtes.

> Un jour entre autres, un de mes compagnons et moi allant de la vile au palais du roi [...] fîmes la rencontre de trois de ces singes les plus grands et effroyables que je vis jamais, et ils se vinrent planter sur les deux pieds de derrière à dix ou douze pas de nous, grinçant des dents, comme s'ils nous eussent voulu faire du mal[26].

La contemplation ludique du voyageur se change brusquement en terreur face aux bêtes qui s'imposent à lui. Alors que le début de l'anecdote proposée par Pyrard de Laval, installe le lecteur dans une certaine quiétude puisqu'il s'agit d'« un jour entre autres » et que le trajet que suivent les compagnons paraît sans danger, une rupture de ton accentue, toujours

---

22 « Quoi, ceux qui naturellement se changent en loups, en juments, et puis encore en hommes ?Et, s'il en est ainsi, comme dit Plutarque, que, en quelque endroit des Indes, il y ait des hommes sans bouche, se nourrissant de la senteur de certaines odeurs, combien y a-t-il de nos descriptions fausses ? », Michel de Montaigne, « Apologie de Raymond Sebond », *Les Essais, Livre II*, *op. cit.*, p. 384.

23 Marco Polo, fait le portrait des habitants des îles Andaman. Pour ce faire, il met en place une description merveilleuse qui souligne l'horreur de ce milieu : « Les gens n'ont nul Roi, sont idolâtres et vivent comme bêtes sauvages. Et vous dis que tous les hommes de cette île d'Angaman ont tête comme chien, et dents, et yeux aussi, car de visage, ils ressemblent à de grands chiens mâtins. Ils ont beaucoup d'épices. Ce sont de très cruelles gens, car ils mangent tous ceux qu'ils peuvent prendre, pourvu que ce ne soit pas de leurs gens. Ils vivent de riz, de viande et de lait ; ils ont des fruits différents des nôtres. », Marco Polo, *Le livre de Marco Polo*, *op. cit.*, p. 254-255.

24 « Ils portent encore en cérémonie le soleil, la lune, les étoiles, le coq, la poule, des singes et des corbeaux les nuits consécutives, et ont soin de laver soir et matin le visage à leurs idoles, et de leur présenter à boire et à manger. », François de L'Estra. *Relation*, *op. cit.*, p. 149.

25 Pyrard de Laval, *Voyage*, *op. cit.*, t. 1, p. 370.

26 *Ibid.*

dans la même phrase, l'apparition subite des singes. Le rythme imposé par l'aspect saccadé de la description et l'isotopie du danger, amènent le lecteur à ressentir l'état d'angoisse du voyageur. Car bien qu'il soit accompagné, il est dans un milieu étranger et paraît terrifié d'après la description terrible qu'il fait des singes. Cependant, Laval s'impose dans le récit en rapportant que ses compagnons et lui parviennent à chasser leurs assaillants. Il explique que malgré la peur et le manque d'armes pour se défendre, ils ont réussi à échapper à l'attaque en faisant semblant de jeter des pierres. Ces derniers rejoignent alors les arbres et laissent la route aux êtres humains : la hiérarchisation occidentale se met en place dans le territoire indien. Ainsi, Laval et ses compagnons n'ont même pas besoin de blesser les singes ; il leur suffit de les effrayer. Le voyageur s'impose donc face à l'animal et confirme son autorité.

L'HOMME ET LE RABAISSEMENT ANIMALISÉ : UNE COMPARAISON POUR ÉCRIRE SUR L'HINDOU

Suivant l'enchaînement en quatre étapes, soumis par Omer Massoumou[27], il s'avère que la description faite de l'Hindou soit conforme au premier palier proposé par le chercheur : l'affirmation de soi grâce à l'autre. En effet, le recours à l'animalisation pour dresser le portrait de l'Hindou par les voyageurs, n'a pas, durant le XVIIe siècle, vocation à « lutter contre la menace quotidienne de l'injustice de la barbarie[28]. » L'Autre, perçu à travers un prisme animalisant traduit, au contraire, le climat d'incertitude auquel se confrontent les voyageurs. En effet, Georges Rocques raconte son départ d'Amedabat pour Seronge en date du 1er avril 1678. Ce voyage, afin de rencontrer un banian réputé honnête, devient l'occasion pour l'auteur de dévaloriser les banians.

> [P]uisque je n'ai pas pu, par tous ceux que je fais ci-devant, en trouver un seul qui agisse de bonne foi. Si le climat, comme l'on dit, donne la vivacité à l'esprit, je dois espérer rencontrer des gens de bien plus subtils et plus fourbes, car il approche le soleil de 400 cosses plus près que celui que je viens de quitter. Je n'aurais point de regret si, par mes soins, je pouvais donner quelque satisfaction à ma curiosité. [...] Je crois devoir comparer les Banians plutôt à des insectes errants qu'à de véritables marchands qui, comme les sauterelles

27 Omer Massoumou, *L'image de l'autre dans la littérature française*, Paris, L'Harmattan, 2004.

28 Les trois autres stades étant : « l'espace-temps de l'altérité, la subjectivité de l'altérité, l'assassinat et la découverte de l'autre. », *Ibid.*, p. 178.

> de pharaon, vont [s']attrouper pour ronger les fruits qu'un négociant étranger doit espérer de la récolte de son commerce[29].

De la même manière, la première réaction de Challe à son arrivée en Inde, est de dénaturer les premiers autochtones rencontrés. Il les compare d'abord à d'autres peuples qu'il connaît puis il déclare avoir affaire à « des animaux amphibies, moitié chair et moitié poisson[30]. » Ainsi au premier abord, le peuple indien n'est pas considéré pour lui-même, mais à travers les impressions animalisantes de l'auteur. La description dépréciative qu'il met en place, lui permet de se positionner en homme occidental, supérieur par son statut même d'être humain face à ces créatures étranges.

Par ailleurs, le peuple hindou peut aussi apparaître comme n'ayant pas su dompter les dangerosités d'un milieu sauvage féroce. Ainsi, Barthélémy Carré s'inscrit dans la continuité narrative des voyageurs en excursion et propose un épisode de chasse particulièrement spectaculaire.

> Ayant entendu crier quelques bêtes, tous mes gens prirent au plus vite tout ce qu'ils purent attraper pour se mettre en défense [et] me crièrent aussitôt de prendre mes armes. Presque au même temps vîmes passer devant, derrière et [aux] côtés de nous des tigres furieux et une troupe d'environ trente sangliers poursuivis par six chiens qui étaient terriblement acharnés après un furieux sanglier qu'ils avaient joint. Cette furieuse bête les entraînait tous avec elle en culbutant de fois à d'autres du haut des rochers les uns sur les autres, sans que ces chiens abandonnassent leur proie, que j'achevai d'arrêter à huit pas de moi d'un coup de mousqueton dont je lui rompis les deux épaules. Les deux chasseurs, qui suivaient leurs chiens du mieux qu'ils pouvaient au travers du fort de ces bois, étaient demeurés dans un lieu éminent au-dessus de nous d'où ils ne pouvaient se tirer tant le bois était fort[31].

L'auteur donne à son récit un rythme effréné auquel il oppose une situation d'énonciation pesante : le cadre spatio-temporel, structuré par une isotopie de la peur, impose une ascension difficile, dans un environnement naturel hostile, et qui semble presque vierge si ce n'était le seul chemin que les personnages peuvent emprunter. Par ailleurs, l'accélération narrative fait intervenir le bruit comme signal du danger, suivi d'une série d'animaux déjà en chasse les uns avec les autres.

---

29 Georges Rocques, *La Maniere de negotier aux Indes*, *op. cit.*, p. 109.

30 Robert Challe, *Journal*, *op. cit.*, t. 1, p. 7.

31 Barthélémy Carré, *Voyage des Indes orientales*, *op. cit.*, p. 583.

Alors que le voyageur décrit une course menée par une horde de bêtes aux allures plus féroces les unes que les autres, il crée une rupture en neutralisant la situation c'est-à-dire en tuant le sanglier désigné par les chiens qui le poursuivent. Cependant, si le tigre et le sanglier sont mis sur un pied d'égalité par l'épithète « furieux », les chiens sont associés aux hommes qui les suivent dans le bois. Ainsi, jugés dociles par les chasseurs, ils obtiennent leur confiance et sont considérés comme des alliés face à un ennemi qui leur devient commun. Carré s'érige ici en héros, en se plaçant au centre du cadre énonciatif et en se décrivant comme le seul capable de prendre les armes et d'agir face à la menace. Par un effet de mise en abime, il semble donc que le peuple indigène soit présenté comme incapable à la fois de dompter les animaux sauvages et de maîtriser le milieu naturel dans lequel il évolue, alors que le Français, dont Carré se fait le porte-drapeau, parvient à le faire. Cet épisode de chasse peut donc être perçu comme un moyen indirect de montrer au lecteur le potentiel aventureux de la découverte indienne et la portée civilisatrice que peut avoir la présence française dans ce pays.

LA PARTICULARITÉ RELIGIEUSE DE LA VACHE

La plupart des voyageurs reconnaissent à la vache le caractère sacré que lui portent les Hindous, l'évoquer revient donc à aborder le monde religieux dans son altérité. Or, ne relevant pas d'un exotisme sensationnel, cet animal intéresse pour ce qu'il donne à voir de particulier à l'hindouisme. Avant de développer son caractère sacré[32] et comme la plupart des voyageurs qui les mentionnent, Tavernier explique que les vaches sont mangées par les Européens[33]. Mais sa description interpelle le lecteur lorsqu'il expose le fait que les Indiens prêtent des vertus curatives à leur urine[34]. Le voyageur présente une pratique médicale

32 Jean-Baptiste Tavernier, *Les six voyages*, *op. cit.*, p. 373 et 380.

33 *Ibid.*, p. 116, 123, 280, 282.

34 « J'oubliois de faire une remarque sur les frequentes saignées au regard de nos Européens. C'est que pour reprendre leur couleur & se remettre dans une parfaite santé, on leur ordonne de boire pendant douze jours trois verres de pissat de vache, un le matin, un vers le midy, & un le soir ; mais comme ce bruvage ne peut estre que fort desagreable, le convalescent en avale le moins qu'il peut, quelque desir qu'il ait de recouvrer la santé. On a appris ce remede des Idolâtres du païs, & soit que le convalescent s'en serve ou qu'il le rejete, on ne le laisse point sortir de l'Hôpital que les douze jours pendant lesquels il doit prendre ce breuvage ne soient expirez. », *Ibid.*, p. 123-124.

traditionnelle que les indigènes appliquent dans les hopitaux. Du point de vue européen, cette médication paraît répugnante et c'est bien dans ce sens que Tavernier développe sa description. L'ingestion d'excréments de vache est un argument que décline le voyageur et le développe par les précisions qu'il donne sur les pratiques religieuses des Hindous. Il explique ainsi que sur la côte de Coromandel la tradition veut que les mourants ne suivent pas les mêmes coutumes que les autres Indiens. D'après le voyageur, au lieu de demander à mourir près du Gange ou d'un point d'eau, ils choisissent d'être amenés contre une vache.

> Ils ne font que le porter auprés d'une vache la plus grasse qu'ils peuvent trouver, puis mettant le malade contre le derriere de la vache, il luy levent la queuë & la luy remuent pour l'exciter à pisser. Si elle pisse & que cela aille sur le visage du malade, tous les assistans en ont une grande joye disant qu'il est bien heureux. Mais si la vache ne pisse point, & que le malade meure sans avoir la face lavée de cette urine, l'enterrement ne se fait qu'avec tristesse. Que si une vache vient à estre malade il faut que celui à qui elle appartient ait soin de la faire mener au bord d'un étang ou d'une riviere ; car si elle mouroit dans son logis les Bramins le condamneroient à une amande[35].

D'après l'auteur il ne s'agit pas ici de soigner le malade grâce à l'urine de la vache mais bien de purifier son âme avant son décès. Tavernier révèle donc que son caractère thérapeutique s'applique à la fois comme un traitement pour le physique des Européens et comme un soin apaisant pour l'âme des Indiens. Le voyageur ajoute que ces derniers trouvent également un caractère sacré dans les matières fécales des vaches : décrivant les pénitents croisés sur les routes d'Outemeda, il explique avoir vu certaines femmes « qui ont fait veu de ne manger que ce qu'elle trouveroient dans leur fiente qui n'a pas esté digeré[36]. » Cette relation entretenue par les indigènes avec cet animal fait également l'objet d'une étude de la part de Tavernier mais il associe souvent la croyance hindoue avec un élément horrifique. Ainsi lorsqu'il décrit le temple situé près de Bezouart. « On y voit la figure d'une vache d'un marbre fort noir, & quantité d'Idoles de quatre à cinq pieds de haut qui sont toutes difformes, l'une ayant

35 *Ibid.*, p. 389.

36 *Ibid.*, p. 178. Il évoque aussi les veuves qui, au lieu de pratiquer l'immolation par le feu, « font veu de ne manger que ce qui se trouve de grain qui n'est pas digeré dans la fiente des bœufs, des vaches & des bufles, & qui se portent à des choses encore plus ridicules. », *Ibid.*, p. 384.

plusieurs testes, l'autre plusieurs bras & plusieurs jambes, l'autre plusieurs cornes ; & les plus hideuses sont les plus adorées & reçoivent le plus d'offrandes[37]. » Le voyageur donne à voir une série de statues qu'il perçoit négativement alors qu'elles sont considérées comme saintes par les Hindous. La vache est donc utilisée par Tavernier comme un outil qui décrit et juge les pratiques religieuses des autochtones. En exposant le caractère sacré dont elle est dotée par les Indiens tout en donnant une dimension répugnante aux pratiques religieuses qui lui sont attribuées, le voyageur condamne la tradition hindoue.

LA DESCRIPTION DE L'ÉLÉPHANT ENTRE DOMESTICITÉ CRUCIALE ET ANTHROPOMORPHISME EFFROYABLE

L'ÉLÉPHANT COMME FIGURE PARABOLIQUE D'UN ENSAUVAGEMENT DÉBAUCHÉ

L'imaginaire européen concernant l'éléphant[38], issu des récits d'auteurs antiques comme Aristote, continuait de se développer, faisant de lui un animal gigantesque mais bienveillant et très intelligent. Montaigne ajoute à cette description le caractère divin du pachyderme[39]. Pyrard de Laval déclare que « L'éléphant est l'animal le plus grand de tous les autres, et qui a le plus de jugement et connaissance. De sorte qu'on le dirait avoir quelque usage de raison, outre qu'il est infiniment profitable et de service à l'homme[40]. » Décrit comme un animal d'une grande

37 *Ibid.*, p. 167.

38 « Quand ils arrivent en Inde, [les voyageurs] découvrent la façon hindoue de concevoir cet animal. En effet, pour les Hindous qui l'adorent, il revêt de nombreux visages. D'après eux, l'éléphant est à la fois "Ganesha, le dieu-éléphant, symbolis[ant] la sagesse, [Airavata la monture d']Indra qui règne sur la pluie et le tonnerre [ou même] le Bouddha, fils de l'éléphant [...]." », Robert Delort, *Les animaux ont une histoire*, *op. cit.*, p. 352.

39 « Nous pouvons aussi dire que les éléphants ont quelque participation de religion, d'autant qu'après plusieurs ablutions et purifications on les voit, haussant leur trompe comme des bras et tenant les yeux fichés vers le soleil levant, se planter longtemps en méditation et contemplation à certaines heures du jour, de leur propre inclination, sans instruction et sans précepte. », Michel de Montaigne, « Apologie de Raymond Sebon », *op. cit.*, p. 341-343.

40 Pyrard de Laval, *Voyage de Pyrard de Laval*, *op. cit.*, vol. 2, p. 833.

douceur, le pachyderme semble, sous la plume du voyageur, être d'une docilité exemplaire, pourvu qu'il ait toujours le même dompteur. Cette obéissance peut donc être exploitée pour faire de l'animal une redoutable arme de guerre.

> Quand il est conduit par son nayre, il n'y a rien de si doux et si traitable ; il fait tout ce qu'on lui dit, il caresse ceux qu'on lui montre, reçoit toutes sortes de personnes à monter sur lui, étend sa trompe, dont il se sert comme d'une main, et l'aide à monter, ou si c'est un petit enfant, l'enlève avec icelle tout grand sur son dos. [...] Il porte sur le nez une grande trompe fort longue, qui est comme un boyau, qu'il manie çà et là, et s'en sert comme d'une main pour porter son manger à sa bouche, ou pour autre affaire, mais au demeurant tellement fort qu'il prend un homme avec et l'enlève infiniment haut, puis le liasse tomber en pièces, et ainsi sont suppliciés les malfaiteurs en Calicut[41].

Le voyageur propose une description objective, portée par une écriture froide qui vise à présenter l'animal de manière scientifique : l'analyse de sa physionomie et la façon de se servir de sa trompe permettent à Laval de rapprocher l'éléphant de l'être humain.

Jean-Baptiste Tavernier propose un examen exhaustif de l'animal qu'il met en scène au cours de trois anecdotes particulières. Au cours de ces trois historiettes, le voyageur s'exclut de la narration pour mieux filer une métaphore représentant les Hindous comme un groupe social figé. Il explique d'abord la grande intelligence des éléphants qui savent anticiper et éviter les pièges pouvant leur être tendus.

> Ces gens-là nous dirent une chose surprenante, & qui est tout à fait admirable si on la peut croire : C'est que ces Elephans ayant esté une fois attrapez & estant sortis du piege, si on les fait rentrer dans les bois ils sont dans la defiance, & arrachent avec leur trompe une grosse branche d'arbre, dont ils vont fondant par tout avant que d'asseoir le pied s'il n'y a point de trous à leur passage, pour n'estre pas attrapez une seconde fois. Ce qui faisoit desesperer aux chasseurs qui nous contoient cette histoire, de pouvoir reprendre aisément les trois Elephans qui leur estoient echapez[42].

Alors qu'il vient de rejoindre l'un des principaux capitaines de l'armée de Mirgimola à Courua, Tavernier raconte que le capitaine lui propose de le rejoindre lors d'une chasse à l'éléphant : bien qu'il ait décliné cette

41 *Ibid.*, p. 836-837.
42 Jean-Baptiste Tavernier, *Les six Voyages*, *op. cit.*, p. 173.

proposition, le voyageur en détaille la technique. De cette manière, le narrateur se pose comme le détenteur d'une information exotique, qu'il transmet au lecteur par le biais du récit. En revanche, le pachyderme décrit dans toute sa complexité par le voyageur, devient un parangon de bestialité. Structurée par l'expression « qui est en chaleur[43] », employée deux fois, l'exposé de Tavernier décrit à la fois le mâle et la femelle associés à des caractéristiques humanisantes pour mieux dénoncer leur instabilité, due à leurs élans d'agitation sexuelle. Cependant, lorsqu'il s'agit du mâle, Tavernier associe la violence de l'éléphant au domaine de la chasse mais rapproche celle de la femelle d'une impudeur lubrique. Dans le premier cas, l'auteur transforme la bête en un facteur d'épreuve pour évaluer la dévotion du peuple envers son souverain.

> L'Elephant entra tellement en chaleur, que celuy qui le gouvernoit n'en pouvant plus estre maître, declara au Roy que pour arrester la fureur de l'Elephant qui pouroit les aller briser entre les arbres, il falloit necessairemet que l'un des trois qui estoient sur l'elephant y fût exposé, & que de tout son cœur il sacrifiroit sa vie pour le Roy & pour le Prince son fils, priant sa Majesté d'avoir soin de ses trois enfans qu'il laissoit. Ayant dit cela il se jetta en bas de l'Elephant, & aussi-tost cet animal le prit par sa trompe, & l'ayant ecrasé sous ses pieds il devint doux & traitable comme auparavant[44].

Le voyageur donne à l'animal une force toute-puissante qui engage les personnages à remettre en question leur dévouement à l'empereur. En effet, selon l'auteur, l'éléphant pousse le serviteur au sacrifice de sa vie avant de l'exécuter : l'animal semble être pris d'une folie meurtrière qui doit être assouvie pour l'apaiser. *A contrario*, la description de la femelle fait écho à la description des mœurs sexuelles des éléphants, faite par Marco Polo : « Je vous dirai une chose des éléphants. Sachez que quand le mâle veut saillir la femelle, ils font une grande fosse dans la terre ; et se met l'éléphante à la renverse dans cette fosse, et l'éléphant monte dessus, comme le fait l'homme à la femme : cela parce que l'éléphante a la nature très près du ventre[45]. »

> Ceci est particulierement remarquable de la femelle de l'Elephant, que lors qu'elle entre en chaleur elle ramasse toutes sortes de feuillages & d'herbages,

43 *Ibid.*, p. 175.
44 *Ibid.*, p. 174.
45 Marco Polo, *La description du monde*, *op. cit.*, p. 286.

> dont elle se fait un lit fort propre avec une maniere de chevet & elevé de quatre ou cinq pieds de terre ; où contre la nature de toutes les autres bêtes elle se couche sur le dos pour attendre le mâle qu'elle appelle par ses cris[46].

Comme l'a démontré Jean-Claude Faucon[47], l'anthropomorphisme dans la représentation animale faite par Marco Polo instaure un modèle descriptif qui perdure dans la tradition littéraire. En effet, l'évocation de son intelligence se perpétue comme un motif viatique de référence pour la découverte de l'Ailleurs asiatique. Bellanger de Lespinay évoque : « Les gents du pays vous le disent, et le pouvez tous les jours remarquer : quand un éléphant, de quelqu'endroit qu'il puisse estre, partoist devant un de Ceilon, il le salue en baissan la teste[48]. » L'animal apparaît ici comme un personnage de second plan qui manifeste un esprit de bienséance en saluant ses congénères lors de ses promenades. Par ailleurs, l'épisode des amours éléphantesques intervient non pas comme un outil à la satire humaine mais comme un élément merveilleux du décor lointain. En brouillant les lignes qui séparent l'homme de l'animal, l'auteur ajoute une tension effrayante à sa narration et relance une mythologie transmise par la tradition orale[49]. Dans son récit de voyage, Jean-Baptiste Tavernier est l'un des héritiers de Marco Polo. Il présente un pachyderme personnifié, doté d'un caractère concupiscent et adoptant volontairement des postures lascives associées à des appels bestiaux qui brusquent le lecteur. Ainsi la femelle pratique une gestuelle de courtisane en train de préparer sa couche. Toutefois, sous la plume du voyageur, la sensualité de l'animal est alors mise en balance avec sa souffrance.

> Après avoir marché deux heures nous passâmes à un gros village, ou nous vîmes les deux Elephans qu'on avoit pris. Chacun de ces deux Elefans sauvages estoit entre deux Elephans privez ; & au tour des sauvages il y avoit six hommes tenant des lances à feu, qui parloient à ces animaux leur presentant à manger & disant en leur langage ; *Prencela & le mange.* [...] Quand l'Elefan sauvage ne vouloit pas faire ce qu'on luy commandoit, les hommes ordonnoient aux Elefans privez de le battre, ce qu'ils faisoient aussi-tost, l'un le frapant sur le front & sur la teste avec sa trompe ; & lors qu'il faisoit mine de se revancher

46 Jean-Baptiste Tavernier, *Les six Voyages*, *op. cit.*, p. 175.

47 Jean-Claude Faucon, « La représentation de l'animal par Marco Polo » dans *Médiévales. Numéro thématique : Voix et signes. Nouvelles musiques du XIIIe au XVe siècle*, sous la direction de Olivier Mattéoni, n° 32, 1997. p. 97-117.

48 Louis Auguste Bellanger de Lespinay, *Mémoires...*, *op. cit.*, p. 108.

49 *Ibid.*, p. 105.

> contre celuy-là, l'autre le frapoit de son costé, de sorte que le pauvre Elefan sauvage ne sçavoit plus où il en estoit, ce qui luy apprenoit à obeïr[50].

L'éléphant adopte, sous la plume de Tavernier, l'apparence d'un être contraint à la discipline par ses supérieurs : la modélisation employée incite le lecteur à ressentir de l'empathie pour l'animal qui se fait dompter par ses pairs. L'écriture de la pitié propose ici de mettre tous les personnages sur un pied d'égalité mais révèle l'importance de l'éducation même si cette dernière demande de connaître une phase de souffrances. De fait, l'éléphant éduqué intervient chez Tavernier comme un représentant allégorique de l'Inde qui, sous sa plume, semble avoir urgemment besoin de l'apport éducatif apporté par l'Europe pour lui faire accéder à la civilisation en domptant ses pulsions.

L'ÉLÉPHANT, LE REPRÉSENTANT MÉTAPHORIQUE DE LA TRIOMPHALE ROYAUTÉ INDIENNE

À son tour, l'éléphant est un allié narratif de choix pour les voyageurs français. Sous leur plume, il devient un outil qui permet de dépeindre la société indienne. La plupart d'entre eux s'accordent à dire que posséder un éléphant est un signe de richesse, car ils servent de monnaie d'échange comme le signale Jean Guidon de la Chambelle : « Ce royaume d'Achin est un assez grand royaume gouverné par une reine. Cet ambassadeur fit présent à la Compagnie de quatre éléphants ; quatre *zassenés* dorés, n'ayant point de fer, fort bien travaillés et faits, et le bois si dur, qui est de pinang, qu'il perce plus aisément que le fer, et quand on en est blessé, malaisément en peut-on être guéri ; quantité de riz rouge, le plus excellent du pays ; et force beaux fruits[51]. » En outre, comme le déclare Barthélémy Carré, ces derniers « sont aussi d'une grande utilité [aux Indiens], non seulement pour le travail et les services qu'ils en tirent, mais encore pour faire paraître leur grandeur[52]. » Pyrard de Laval énumère les étapes à respecter pour élaborer la nourriture de l'éléphant, soulignant leur important coût, pour montrer qu'ils ne peuvent être convenablement soignés que par des seigneurs, desquels il peut alors estimer la fortune : « J'en ai vu quantité au roi de Calicut. Le roi de Bengale en a 10 000, et le grand Moghol,

50 *Ibid.*, p. 173.
51 Jean-Guidon de Chambelle. *Mercenaires français*, *op. cit.*, p. 124.
52 Barthélémy Carré, *Voyage des Indes orientales*, *op. cit.*, p. 143.

autrement appelé Akbar, qui veut dire le grand roi, en nourrit (à ce que j'en ai appris de plusieurs Indiens et autres qui ont été à sa cour) jusqu'au nombre de 30 000[53]. » Par ailleurs, François Bernier fait une peinture très précise des conditions de vie dans le palais d'Aurangzeb et explique que lors de déplacements politiques, le roi emmène avec lui l'ensemble de son sérail dans « cette marche pompeuse. » Le voyageur ajoute qu'« on ne peut concevoir rien de plus superbe que de voir [la princesse] Raushanara Begum marcher la première, montée sur un grand éléphant de Pegu dans un [palanquin] tout éclatant d'or et d'azur, suivie par cinq ou six éléphants avec [palanquins] presque aussi éclatants que le sien[...][54]. » L'animal sert ici à mettre en valeur non seulement la richesse du roi, mais aussi la splendeur des princesses par le biais de l'attirail de leurs montures. *A contrario*, l'éléphant devient un outil pour valoriser son témoignage et remettre en question les informations données par ses prédécesseurs concernant la toute-puissance du grand Moghol[55].

L'ÉLÉPHANT, UN OUTIL DESCRIPTIF TERRIFIANT POUR L'EXERCICE DE LA JUSTICE INDIENNE

Pour d'autres voyageurs comme le Capitaine Ripon, l'éléphant est l'objet d'anecdotes servant à décrire le système judiciaire indigène. Le recours narratif à cet animal pousse le voyageur à faire l'erreur de croire que son récit a authentiquement eu lieu. Après avoir décrit la ville d'Achin, l'auteur commence à expliquer que les éléphants servent à la guerre et énumère des cas témoignant de la sévérité démesurée du roi. Puis, l'auteur démarre son anecdote et précise retranscrire un récit qui lui a été rapporté par un compagnon assurant avoir assisté à la scène.

53 « C'est, je crois, la raison pour laquelle il n'y a que les rois qui en aient pour le grand coût et entretien, et en cela paraît la magnificence et puissance des rois en ce pays-là, d'en nourrir beaucoup, car tel animal leur est de grand usage, même en guerre. », Pyrard de Laval, *Voyage*, *op. cit.*, vol. 2, p. 837.

54 François Bernier, *Voyages de François Bernier*, *op. cit.*, p. 386.

55 « J'ay appris que la plus part de ceux qui ont donné des relations des Indes, débitent hardiement que le Grand Mogol entretient trois ou quatre mille elefans. Estant à Gehan abad, où le Roy fait presentement sa residence, je me suis informé plusieurs fois de celuy qui en a le gouvernement & qui témoigne beaucoup d'amitié aux Francs, pour sçavoir jusqu'où va le nombre des Elefans qu'il nourrit pour le service du Roy & il m'a assuré qu'il n'en avoit que cinq cens, qu'on appelle Elefant de la maison, parce qu'ils ne sont employez qu'à porter les femmes & les tentes avec tout le reste du bagage ; & pour la guerre que quatre vingt ou quatre vingt au plus. », Jean-Baptiste Tavernier, *Les six Voyages*, *op. cit.*, p. 176.

> Il y avait un éléphant qui allait tous les jours par le marché, cherchant sa vie comme un pauvre, et faisant signe de révérence avec sa trompe. Étant arrêté devant une femme, tira son engin et s'étendait ; ces femmes se prirent à rire et dirent à une autre : « Pourrais-tu bien cacher un tel engin ? » L'autre se prit à rire et dit que oui. Et un peu après, le roi l'envoya querre et l'éléphant, et au milieu du marché fit attacher la femme contre le ventre de l'éléphant et commanda à l'éléphant d'entrer dedans ladite femme : ce qu'il fit et enfonça cette femme ; puis quand l'huile de l'éléphant sortit, il sortit par la bouche de la femme et par les narines du sang et par les oreilles, choses horribles à voir[56].

Par cette humanisation de la bête, le voyageur semble souligner que la hiérarchie entre l'Hindou et l'animal est très différente de celle envisagée par les Occidentaux. Comparé à un être humain, de basse condition sociale, l'éléphant devient sous la plume du voyageur le personnage principal du récit. L'entrée dans le discours direct ainsi que l'évocation précise des témoins sont le gage d'authenticité sur lequel s'appuie l'auteur pour respecter le pacte de vraisemblance avec le lecteur. Par ailleurs, les gestes de l'animal peuvent être interprétés par Ripon qui donne à ce dernier les allures d'un honnête homme, confronté à la lubricité des femmes. Évoquant l'omniprésence du Grand Moghol, Ripon utilise l'éléphant comme outil descriptif pour prouver l'extrême férocité du souverain. De fait, il joue sur un renversement narratif : la femme aux appétits libidineux inconvenants se change en une misérable victime sous les féroces assauts de l'animal. Le récit, transmis à la manière des histoires tragiques et spectaculairement horrifiques[57], vient rendre compte de l'exercice de la justice indienne : comme la femme a été entendue du roi, elle accepte la punition d'être violée en place publique par l'objet de ses désirs. « Et moi ayant vu tant de cruautés, je dis au roi : "Je ne sais comme vos sujets vous peuvent voir, parce que vous les traitez cruellement." Il me répondit qu'il fallait ainsi faire pour les tenir

56 Éric Ripon, *Voyages et aventures aux Grandes Indes*, *op. cit.*, p. 142.

57 « L'anthropologie du XVIe siècle accorde à l'imagination le pouvoir magique d'informer selon ses hantises, compulsives ou volontaires, la matière des événements. [...] On constate en effet que les lettrés européens du dernier quart du XVIe siècle et du début du XVIIe siècle, sont fascinés par des auteurs tels que Sénèque, Tacite, Lucain, Juvénal, toute une constellation qui tend à se substituer à celle dont Cicéron et Virgile étaient les astres dominants pour la Renaissance italienne. Or ces auteurs ne sont pas seulement porteurs d'une philosophie morale nourrie de stoïcisme, voire de cynisme. Ils sont liés à une esthétique de l'âpreté, de la tension violente, du forcément à la fois tragique et ricanant. », Jean Mesnard (dir.), *Précis de littérature française du XVIIe siècle*, *op. cit.*, p. 31 et 35.

en crainte et dompter[58]. » L'alternance entre le discours direct et indirect permet au voyageur de se mettre en scène comme le seul personnage du récit à pouvoir parler ouvertement au tyran. Soignant son *ethos*, il se pose alors comme le traducteur de l'application juridique et le porte-parole de son lectorat. À travers le choix du verbe « dompter », le voyageur instaure donc un jeu de miroir, duquel il s'extrait mais à travers lequel les valeurs s'inversent : le pachyderme est humanisé alors que le peuple indien doit être maîtrisé, comme s'il était lui-même animal.

L'ÉLABORATION D'UN BESTIAIRE PHILOSOPHIQUE À TRAVERS LE *JOURNAL* DE ROBERT CHALLE

LE SINGE COMME FIGURE À REPENSER LE RAPPORT DE L'HOMME À LA NATURE

En 1721, soit une trentaine d'années après le retour en France de Robert Challe, est publiée une nouvelle version de son *Journal* enrichi par divers ajouts et suppressions, qui lui donnent une dimension fictive, tout en lui conservant sa structure objective. S'inspirant des traités de physiognomonie, Robert Challe propose des anecdotes sous la forme d'apologues qui continuent la pensée métaphorique sur l'animal[59]. Par ailleurs, il s'appuie sur trois figures animales renvoyant à la mythologie hindoue : le singe, la tortue et le rat. Il teinte notamment d'anthropomorphisme ces historiettes qu'il fait démarrer toujours sur un mode ludique en favorisant l'identification du lecteur avec les personnages humains, avant de renverser la focalisation pour mettre en premier plan l'animal. Challe

58 Éric Ripon, *Voyages et aventures aux Grandes Indes*, *op. cit.*, p. 143.

59 « Patrick Dandrey, non content d'expliciter l'esthétique du naturel, précise les fondements de l'allégorisme animalier à travers l'étude de la physiognomonie. Dans quels termes pouvait-on penser le rapport entre bêtes et gens durant la seconde partie du XVIIe siècle ? La première réflexion sous forme d'exposé systématique est attribuée à Aristote. Il s'agit d'un savoir analogique qui devine l'être à travers les signes visibles du corps dont chacun implique une passion caractéristique, un comportement spécifique. Si l'homme est un raccourci du monde entier, la tête est un raccourci de son corps. La physiognomonie a brillé dans l'Antiquité, rayonné durant le Moyen-Âge. Les humanistes de la Renaissance font perdurer la tradition jusqu'à Cureau de la Chambre et La Rochefoucauld. », Marlène Lebrun, Regards actuels *sur les Fables de La Fontaine*, Paris, Presses Universitaires du Septentrion, 2000, p. 23.

parsème alors son *Journal* de problématiques libertines faisant écho à la polémique sur l'âme des bêtes pour mieux inviter son lecteur à une relativisation de son rapport à la Nature : il incite donc ce dernier à suivre le même chemin réflexif que lui et à sortir de ses erreurs de jugement concernant l'animal. Si le recours à la pitié n'est pas le moyen le plus utilisé dans la littérature de voyage[60], il est ici amplement décortiqué par le voyageur. En effet, il propose l'anecdote d'une guenon qui témoigne du même désarroi en voyant mourir son petit, qu'une mère humaine.

> Son faon mourut le troisième jour entre ses bras, faute de nourriture, le lait de sa mère étant pourri. Tout mort qu'il était, elle l'embrasse & le baisa, & le mit à côté d'elle & non plus sur sa cuisse ou sur son bras, comme elle avait fait pendant qu'il avait été encore en vie. On la vit effectivement pleurer & on entendit dans son estomac comme des espèces de soupirs. Environ une heure après, M. de Porrières lui fit ôter son petit. Elle tendit les bras au matelot qui le prenait : elle le prit, le baisa de nouveau & le rendit. On lui vit encore les yeux plein de larmes. [...] J'avoue que cela me passe ; & j'en suis d'autant plus touché que j'en toujours été témoin oculaire. Que le lecteur y réfléchisse à son tour[61].

Challe explique que l'un des chasseurs de l'équipage, pour s'amuser, tire sur une guenon alors qu'elle était en train d'allaiter : touché par la peine de l'animal, le braconnier renonce à l'achever et tente au contraire de la sauver en l'apportant au chirurgien du navire. Cependant, le voyageur amplifie encore la dimension pathétique de son récit et structure ce dernier sur la répétition expliquant que la guenon montre à plusieurs reprises au praticien, un endroit sur sa poitrine. Or, les jours passent et le médecin ne comprenant toujours pas quel est le message de l'animal, se retrouve impuissant pour la soigner : elle finit par mourir. Comme chute à son histoire, Challe raconte qu'en l'autopsiant, le praticien constate qu'une seconde balle avait causé une infection, précisément à l'endroit où la main de la bête se posait durant les derniers jours. Ainsi, à la légèreté d'une partie de chasse, le voyageur oppose la gravité d'une erreur médicale et remet en question la médecine entière face à la Nature[62]. Par ailleurs, le portrait de la guenon permet à l'auteur de

60 Sylvie Requemora-Gros, *Voguer vers la modernité*, *op. cit.*, p. 178.

61 Robert Challe, *Journal*, *op. cit.*, p. 67.

62 « Heureux les animaux de n'avoir ni médecins, ni chirurgiens de leur ordre ! & de ce que la nature, sans art, leur enseigne les simples qui conviennent à leur guérison, & de n'avoir point d'autre emplâtre que leur langue ! », *Ibid.*, p. 67.

mettre en relief l'innocence animale face à la corruption humaine. En effet, il insiste sur le fait que la guenon soit à la fois disciplinée mais aussi reconnaissante de l'aide qui lui est apportée par ses bourreaux.

> La violence du coup la fit tomber de la hauteur d'une seconde chambre. Celui qui l'avait blessé alla à elle, & resta surpris que loin qu'elle lui montrât les dents elle lui tendit la main, & lui montra son petit tombé à trois pas d'elle : il alla le ramasser & le lui rendit ; elle l'embrasse, & le mit sur son bras. Le chasseur les apporta à bord l'un & l'autre : cette bête se laissa emporter sans faire ni mal ni difficulté. M. de Porrières, touché des caresses que cet animal faisait à son faon, prit La Fargue, notre chirurgien, de voir où elle était blessée, & de tâcher de la guérir. Il la sonda. Elle se laissa faire sans branler. [...][63]

Le voyageur montre donc de quelle manière se met en place l'émotion ressentie par les personnages pour l'animal. C'est par le biais de la répétition et du parallélisme crée par l'alternance régulière des pronoms « il » et « elle » que l'auteur parvient à toucher le lecteur qui se prend à espérer le rétablissement de la bête. Le récit de la guenon permet à Challe de souligner l'argument déjà avancé par Montaigne concernant la faiblesse de l'être humain qui n'est pas plus habile à comprendre la langue des animaux que l'animal celle de l'homme : la bête est alors mise sur un pied d'égalité avec l'humain[64]. En effet, la guenon montre sa plaie au chirurgien qui, pourtant bien intentionné à son égard, ne la comprend pas et commet donc une erreur médicale. De fait, Challe en s'associant à Montaigne, dénonce une incapacité de la médecine, qui est un savoir extérieur à l'homme, et dont il a besoin parce qu'il ne parvient pas à ressentir pleinement ses sens.

---

63 « On m'a dit qu'on y a vu des singes : je n'y en ai point vu ; mais je suis sûr qu'il y en a, puisqu'il y a des guenons. Un de nos chasseurs avait tiré sur une guenon d'un ordre ou d'un genre de singe qui se nomme sapajoux. Ils sont d'une couleur verte, & ne sont ni si mauvais ni si larrons que les autres singes. Cette bête tenait son faon & lui donnait à téter lorsqu'elle avait été tirée. », *Ibid.*, p. 66.

64 « J'ai vu autrefois parmi nous des hommes amenés par mer de lointain pays, desquels parce que nous n'entendions aucunement le langage, et que leur façon, au demeurant, et leur contenance et leurs vêtements étaient du tout éloignés des nôtres, qui de nous ne les estimait et sauvages et brutes ? Qui n'attribuait à stupidité et à bêtise de les voir muets, ignorant la langue française, ignorant nos baise-mains et nos inclinations serpentées, notre port, et notre maintien, sur lequel, sans faillir doit prendre son patron la nature humaine ? Tout ce qui nous semble étrange, nous le condamnons, et ce que nous n'entendons pas : comme il nous advient au jugement que nous faisons des bêtes. », Michel de Montaigne, « Apologie de Raymond Sebon », *Les Essais*, *op. cit.*, p. 342-343.

> Que sait-on si le genre humain fait une sottise pareille à faute de quelque sens et que, par ce défaut, la plupart du visage des choses nous soit caché ? Que sait-on si les difficultés que nous trouvons en plusieurs ouvrages de nature viennent de là, et si plusieurs effets des animaux qui excèdent notre capacité sont produits par la faculté de quelque sens que nous ayons à dire [qui nous ferait défaut], et si certains d'entre eux ont une vie plus pleine par ce moyen et entière que la nôtre[65] ?

L'animal, ne pouvant acquérir ces connaissances intellectuelles oppose ses facultés instinctives à la raison que défend la conception cartésienne.

Par ailleurs, le voyageur se démarque encore de ses prédécesseurs en proposant l'histoire de la tortue de mer qui vient pondre ses œufs. Alors que Pyrard de Laval témoigne avoir lui-même mangé une soupe de tortue et décrit l'animal comme un moyen de subsistance pour répondre aux difficiles conditions de vie de l'équipage[66], Challe donne une dimension métaphysique à son récit. Après en avoir dressé une description scientifique, Challe entame une réflexion sur le rituel respecté par l'animal.

> Il semble que Dieu ou la nature (l'un n'est pas ici autre chose que l'autre) ait donné à cet animal la connaissance de l'impossibilité où il est par lui-même de faire éclore ces œufs, & qu'il connaisse qu'outre qu'un fardeau aussi pesant que son corps écraserait ces œufs, s'il portait dessus, la chaleur qu'il pourrait leur communiquer à travers sa maison ou son plastron ne serait pas assez forte pour les faire éclore, & que pour ne point tromper l'ardeur de cet animal

65 *Ibid.*, p. 431.

66 « Les tortues flottent sur l'eau pour s'échauffer au soleil, et il s'en voit de si grandes que l'écaille suffirait à couvrir une petite case et pauvre maison, et est capable de tenir assis dix personnes et plus. [...] Quand nous fûmes arrivés aux Maldives, nous en prîmes une grande qui avait 500 ou 600 œufs gros comme jaunes d'œufs de poules. Nous la fîmes cuire en l'eau de mer, et en mangeâmes et vécûmes trois ou quatre jours, quarante personnes que nous étions, n'ayant autre chose que cela à manger. Cela a la chair fort grasse et délicate comme du veau. Mais la mangeant sans pain et sel et autre appareil, beaucoup en furent malades, et moi en particulier j'en m'en trouvai mal, vomissant sans cesse jusqu'au sang. De l'écaille, les insulaires s'en servent pour faire des rondaches, et divers meubles et commodités. », Pyrard de Laval, *Voyage...*, *op. cit.*, vol. 2, p. 839. L'ingestion d'animaux exotiques est répandue dans les récits des voyageurs. Concernant la tortue, Challe garde la cohérence de son témoignage et de sa réflexion en déclarant : « Sa chair est d'assez bon goût ; elle fait d'assez bonne soupe & de bonnes fricassées ; elle est à mon sens trop purgative, car pour en avoir seulement mangé deux fois de suite, je me suis trouvé très affaibli par le cours de ventre qui me tient encore. [...] Je la regarde à présent comme je regarde le cabri & le marsouin : il n'en entrera jamais dans mon corps, ou du moins rarement. Je la crois bonne & saine pour une fois en six mois, mais pas plus. », Robert Challe, *Journal*, *op. cit.*, vol. 2, p. 65.

> dans la propagation de son espèce, la nature lui a donné l'instinct de faire un trou dans le sable où la mer ne monte point, & de s'y décharger de ces œufs à plusieurs fois au nombre de mille au moins, qu'il confie à la chaleur bénigne du soleil, qui les fait éclore & leur donne la vie [...][67].

La référence que fait le voyageur à la philosophie spinoziste fait de l'animal un objet qui interroge Dieu. Ici Challe montre son étonnement concernant la connaissance qu'a la tortue de son milieu naturel, ainsi que le processus à mettre en place pour pondre, attendre l'éclosion des œufs et guider les tortues nouvellement nées. En se référant à Spinoza, il introduit une relativisation de la condition animale, alors mise sur un pied d'égalité avec l'homme : le philosophe évoque les animaux notamment lorsqu'il propose un développement sur les affects. Ce dernier lui permet de dresser un parallèle entre l'humain et l'animal et de montrer que leurs différences sont essentiellement dues à leur modalité, mais que l'ensemble de la création possède une âme puisque chaque créature exprime une représentation de l'œuvre divine[68]. De fait, l'anecdote de Challe illustre l'idée que la nature, symbolisée par la tortue, s'efforce de se maintenir en vie : par ce récit, l'homme et l'animal s'inscrivent dans la même volonté de persévérance dans l'effort. Cependant, la chute proposée par le voyageur insinue une critique du rapport spinoziste de l'humain à Dieu. En effet, les seuls représentants de l'humanité sont les matelots qui n'hésitent pas à tuer la tortue, c'est-à-dire à la couper dans son effort de vie. Le miroir est alors inversé par l'auteur et présente les matelots comme les symboles d'une animalité cruelle. Il peut alors sembler que l'espace indien permette au voyageur de constater que la nécessité de l'écriture scientifique atténue l'intensité divine présente en l'être humain. Enfin, Challe enrichit encore cette démonstration en insérant un débat dans le *Journal* de 1721[69], absent de la version primitive. La raison y devient l'élément principal du mal-être humain, alors que l'instinct animal guide ce dernier vers ce qu'il y a de meilleur pour sa sauvegarde. D'après

---

67 *Ibid.*

68 « Aussi, bien que chaque individu soit content de sa nature et s'en réjouisse, la vie dont chacun est satisfait, et ce contentement même, ne sont rien d'autre que l'idée ou l'âme de l'individu ; c'est pourquoi le contentement d'un individu se distingue de celui d'un autre, autant que l'essence de l'un diffère de l'essence de l'autre. », Spinoza, *Éthique*, Introduction, traduction, notes et commentaires, index de Robert Misrahi, Paris, Presses Universitaires de France, coll. « Philosophie d'aujourd'hui », 1990, p. 204.

69 Robert Challe, *Journal*, *op. cit.*, t. 1, p. 108.

Challe, l'homme croit être raisonnable en acquérant des connaissances, en développant ses profits, mais il s'enferre dans l'erreur car s'il développait sa sensibilité en se rapprochant la Nature, il découvrirait qu'il possède tous les savoirs. Le voyageur montre que la guenon et la tortue sont plus proches de la Nature que ne l'est l'homme qui élabore des théories pour connaître Dieu, avant d'essayer de se connaître soi-même. Il invite donc le lecteur à constater l'inexactitude de la supériorité humaine basée sur la raison, et l'incite à relativiser sa condition d'être humain.

L'ANIMAL COMME SYMBOLE NARRATIF POUR COMPRENDRE LA PENSÉE HINDOUE

Le rapport complexe qui relie l'animal à l'homme est pressenti par la plupart des voyageurs qui notent que les Hindous accordent un caractère sacré aux vaches. Si certains ne font que l'évoquer, d'autres, comme Jean-Baptiste Tavernier se montre plus exhaustif dans leur description.

> Quand quelques Idolâtres de ce païs de Coromandel sont à l'article de la mort, ils ne font pas comme les autres qu'on porte mourir au bord d'une riviere ou d'un étang, afin que leurs ames sortant du corps soient lavées de leurs ordures. Ils ne font que le porter auprés d'une vache la plus grasse qu'ils peuvent trouver, puis mettant le malade contre le derriere de la vache, il luy levent la queuë & la luy remuent pour l'exciter à pisser. Si elle pisse & que cela aille sur le visage du malade, tous les assistants en ont une grande joye disant qu'il est bien-heureux. Mais si la vache ne pisse point, & que le malade meure sans avoir la face lavée de cette urine, l'enterrement ne se fait qu'avec tristesse[70].

L'auteur propose un compte-rendu relativement méprisant par la tonalité ironique employée et montre son caractère ethnocentré qui est partagé par nombre de voyageurs de notre corpus. Cette ironisation de l'approche viatique est partagée par la plupart des voyageurs qui s'intéressent aux coutumes hindoues. De fait, François de L'Estra constate que ces connaissances peuvent devenir un outil précieux pour manipuler les autochtones : l'animal peut donc aussi être un outil servant aux Européens à déjouer les fourberies commerciales des Hindous.

> Ces banians ne mangent jamais rien de tout ce qui a eu vie, et ne permettent pas que l'on tue en leur présence aucun animal. Ils disent que Dieu a créé les oiseaux pour le plaisir de la vue et de l'ouïe des hommes, et qu'étant

70 Jean-Baptiste Tavernier, *Les six voyages de Jean-Baptiste Tavernier*, *op. cit.*, p. 388-389.

> innocents c'est un crime de les faire mourir. Les Européens savent profiter de la tendresse de ces scrupuleux dont ils tirent quelque récompense et des présents pour ne pas tuer les oiseaux qu'ils ont attrapé à la chasse, qu'ils leur remettent entre les mains et qu'ils sont en sorte de reprendre après que les banians leur ont donné la liberté[71].

Le voyageur crée un décalage entre les croyances indigènes et leur exploitation par les Européens à des fins commerciales. Il ne s'agit pas pour L'Estra de chercher à comprendre l'origine de leur foi, manifestée à travers la préservation des oiseaux. Son témoignage, par son écriture impartiale, L'Estra semble présenter un processus duquel les Français peuvent tirer avantage, sans interroger les coutumes hindoues : ou aiguisant indirectement la curiosité des lecteurs les plus curieux.

Dans la seconde version de son *Journal*, Robert Challe, qui a reçu une éducation chrétienne, montre qu'il a découvert en Inde une nouvelle conception religieuse du monde, ce qui lui permet de nourrir un questionnement sur la religion. De fait, le voyageur transmet au lecteur ses interrogations par le biais de l'abbé Moussy qui prononce, à bord de l'escadre, un discours sur l'éternité. À travers de dernier, le voyageur, qui associe l'âme et l'esprit, semble poursuivre une réflexion commencée lors de ses divers autres voyages à travers le monde[72]. Ainsi, cette technique de camouflage de l'auteur derrière un narrateur fictif se trouve enrichie par des assertions faisant part de ses doutes jusqu'à ce qui lui permet de s'assurer une sécurité supplémentaire face à la critique[73]. Comme cette intervention n'est pas présente dans la version primitive du *Journal* et que cet abbé reste un mystère pour les biographes, il est à supposer qu'il est un personnage-relai, permettant à Challe de s'exprimer à travers lui pour mieux dissimuler son opinion. Le voyageur cherche à définir l'origine de l'âme en citant les théoriciens qui ont abordé cette question. Il confronte alors les théories d'Épicure, qui propose d'envisager la création comme la rencontre fortuite des atomes entre eux, avec les athées, pour mieux démontrer l'incohérence de leurs positionnements logiques et physiques

71 François de L'Estra, *Le voyage*, *op. cit.*, p. 90.

72 Robert Challe, *Journal d'un voyage*, *op. cit.*, t. 1, p. 178.

73 « Je le répète encore : je ne prétends point toucher à la religion ; je parle simplement en philosophe spéculatif, mais non en chrétien. Certainement, je ne crois nullement ce que j'avance [...] », « Que ce que je viens de dire, messieurs, ne fasse aucune impression sur vos esprits, qu'autant que la morale que j'en ai tirée est conforme au christianisme, & que la charité l'exige. », *Journal*, *op. cit.*, t. 1, p. 199 et p. 204.

concernant la création du monde[74]. Enfin, il reprend et interroge avec ironie les principes liés à la médecine en commentant les résultats observés à partir d'un échantillon de sperme humain. L'entrée dans le monde l'infiniment petit devient alors un argument favorisant l'approche pythagoricienne[75]. Par ailleurs, il s'agit pour l'auteur d'appliquer cette théorie sur l'ensemble de la création terrestre.

> Je leur demanderais si l'âme est divisible, ou si elle est une ? [...] L'un de vous, messieurs, doit expliquer la différence de l'âme de l'homme & celle des bêtes, ou de ce qui les anime ; un autre doit montrer la différence qui se trouve entre la raison de l'homme et ce que nous appelons instinct des bêtes. Ils auraient été à souhaiter pour moi que leurs discours eussent précédé le mien : ils m'auraient été d'un grand secours ; & en effet, en parlant de la différence de l'âme & de la raison de l'homme d'avec celle des bêtes & leur instinct, c'est positivement prouver la destruction de celle-ci en même temps que la matière se dissout, & prouver l'éternité de la première indépendamment de la matière[76].

De cette manière, fondé sur des arguments issus de la raison, le discours de l'abbé Moussy cherche à montrer le caractère indivisible de l'âme. Le parallèle entre l'homme et l'animal permet alors au narrateur d'inclure l'un et l'autre au sein de la même éternité.

> J'ai dit que Pythagore me paraît seul d'entre les philosophes qui a le mieux défini la divinité par ses œuvres innombrables. Pouvons-nous nombrer les cieux que par l'idée incertaine que notre faible raison s'en forme ? Pouvons-nous nombrer les étoiles ? Dieu seul sait leur nombre & leurs noms, dit saint Augustin. Pouvons-nous nombrer les espèces qui frappent nos sens ? Tels sont les animaux. Nous ne savons pas même combien il y en a de différentes, puisqu'il y a une infinité que l'air, la terre, & l'eau renferment, qui ne croissent point dans le même climat, & dont le genre & l'espèce nous sont également inconnus. C'est en cela que l'éternité et l'immensité de Dieu éclatent, & par cette immensité nous pouvons, par nos sens, nous former une idée de l'éternité[77].

---

74 *Ibid.*, p. 187-188.

75 « Il ajouta que cette surprenante découverte avait poussé à en faire une autre dès le lendemain, & qu'à force d'argent on avait obligé un malheureux à se polluer sur un morceau de satin noir. Que sitôt l'éjection faite on avait eu recours au microscope, par le moyen duquel on avait vu dans cette semence toute chaude *innumerabilia corpuscula tanquam in aqua natantia* & tous dans le mouvement et l'agitation, tant que cette semence avait conservé sa chaleur. Ce seul témoignage oculaire me fortifie dans son sentiment sur l'éternité. », *Ibid.*, p. 192.

76 *Ibid.*, p. 191.

77 *Ibid.*, p. 201.

Le voyageur reprend à son compte et réactualise un argument avancé par Montaigne lorsqu'il cherche à défendre la relativisation des espèces[78]. De fait, le recours à l'animal, associé à l'anaphore interrogative, sert ici à illustrer une démonstration visant à comprendre l'éternité sur le mode de la pluralité.

LES HÔPITAUX POUR ANIMAUX ENTRE ÉCRITURE CURIEUSE ET *TOPOS* DE LA CHARITÉ ORIENTALE

Les hôpitaux pour animaux sont un lieu de curiosité pour les voyageurs qui ont l'occasion d'en visiter. Ainsi Jean-Baptiste Tavernier évoque celui d'Amadabat en décrivant les bêtes y séjournant.

> Il y a dans Amadabat deux ou trois maisons qui servent d'hospitaux, particulierement pour les [...] animaux invalides & estropiez, & on y porte tous ceux que l'on peut trouver pour les y nourrir. Cecy est encore à remarquer, que tous les mardis & vendredis tous les singes du voisinage d'Amadabat de leur propre instinct se rendent tous ensemble à la ville, & montent sur les maisons qui ont chacune une petite terrasse où l'on va coucher pendant les grandes chaleurs. On ne manque pas de mettre ces deux jours-là sur ces petites terrasses du ris, du millet, des cannes de sucre dans la saison & autres choses semblables : car si par hazard les singes ne trouvoient pas leur provision sur ces terrasses, ils romproient les tuiles dont le reste de la maison est couvert, & feroient un grand désordre[79].

Le voyageur dévoile, à travers l'énumération des aliments proposés, que l'organisation hospitalière se déploie pour satisfaire au mieux les besoins des animaux. Ces derniers sont alors mis sur un pied d'égalité avec l'être humain. La description place le singe au premier rang et, en précisant qu'il fait des réserves prévisionnelles pour le lendemain, révèle une part de son intelligence.

De son côté, prenant souvent appui sur Pythagore, Challe justifie l'éternité de l'âme qui transmigre d'un corps à l'autre dans une continuité

78 « Or, s'il y a plusieurs mondes, comme Démocrite, Épicure et presque toute la philosophie a pensé, que savons-nous si les principes et les règles de celui-ci touchent pareillement les autres ? Ils ont à l'aventure autre visage et autre police. Épicure les imagine ou semblables ou dissemblables. Nous voyons en ce monde une infinie différence et variété pour [*due à*] la seule distance des lieux. Ni le blé, ni le vin ne se voient – ni aucun de nos animaux – en ces nouvelles terres que nos pères ont découvertes ; tout y est divers. », Michel de Montaigne, « Apologie de Raymond Sebon », *Les Essais*, *op. cit.*, p. 384.

79 Jean-Baptiste Tavernier, *Les six voyages*, *op. cit.*, p. 49.

horizontale, non transcendante et avance donc que tout être vivant possède une âme immortelle qui continue son errance après la mort. Par le biais de l'abbé Moussy, il admet la possibilité d'une transmigration des âmes et souligne la probabilité à chacun de connaître successivement les divers statuts sociaux des multiples sociétés du monde terrestre[80]. Par conséquent, il développe la théorie de la métempsychose dont il reconnaît l'origine à la pensée hindoue[81] et propose de lier celle-ci à l'idée de générosité : il reprend donc et renouvèle le courant de pensée viatique rendant supérieure la charité orientale à la chrétienne[82].

> Mais de quelle manière faire passer cette âme dans un autre monde pour y animer un nouveau corps ? Je mettrais bien ici la puissance de Dieu en œuvre ; mais ce serait la prodiguer que de la mettre de part dans une simple vision. J'ai dit qu'il a créé cette âme, & je supposerai que de toute éternité il a pu ordonner ses diverses mutations & ses passages. [...] Si tous les hommes vivants étaient moralement convaincus de ce système, que je ne donne pas pour une vérité mais pour une simple idée de physique, il est certain qu'il en réussirait une très grande utilité pour tout le monde en général, & pour chacun en particulier ; que cette utilité cadrerait avec le christianisme, parce qu'elle réveillerait la charité [...][83].

Le discours de Challe, structuré par une écriture de la négation, met en place un balancement entre une conception scientifique de sa théorie et le réemploi de cette dernière par la religion chrétienne. Il construit ainsi sa démonstration sur une rhétorique argumentative, visant à convaincre le lecteur en soulignant les déficiences observées par les dévots. Par ailleurs, il reprend plus avant dans son *Journal* le thème de l'insuffisance de la charité chrétienne en décrivant ce qui est déjà devenu un *topos* du voyage en Inde : les hôpitaux pour animaux.

> Généralement parlant, tous les peuples de l'Orient sont très charitables ; &, sur cet article, font honte aux chrétiens. Ils entretiennent sur les chemins des hôpitaux, qu'ils appellent chandri, où les passants, pèlerins originaires ou étrangers, trouvent indifféremment ce qui leur est nécessaire, suivant

80 Robert Challe, *Journal d'un voyage*, *op. cit.*, t. 1, p. 199.

81 « Pythagore donne tout à fait dans la métempsychose ; c'est-à-dire qu'il croit que l'âme d'un homme mourant va animer le corps d'un enfant naissant. Tous les peuples idolâtres des Indes suivent encore cette opinion. », *Ibid.*, p. 185.

82 Marco Polo évoque déjà la charité du Grand Khan envers les pauvres. Marco Polo, *Le livre de Marco Polo*, *op. cit.*, p. 176.

83 Robert Challe, *Journal d'un voyage*, *op. cit.*, t. 1, p. 201.

> l'esprit des fondateurs : c'est-à-dire qu'il y en a qui donnent du riz, d'autres du bois, d'autres de l'eau, d'autres des poules, d'autres des œufs, & d'autres le couvert, & les pots & plats nécessaires ; & que, dans tous les chandri, qui, à proprement parler n'en font qu'un, n'étant qu'un m^me bâtiment, la provision est bientôt faite, tant pour les hommes que pour les bêtes, qui y trouvent aussi leur subsistance, & le couvert[84].

Alors qu'il décrit un hôpital où les animaux sont traités à l'égale de l'homme, Challe s'appuie sur une rhétorique énumérative pour montrer la variété des ressources et la mobilisation générale du peuple. Il semble que, d'après le voyageur, le fait que ce partage s'étende jusqu'aux animaux montre l'intégration de ses derniers dans la société indienne : il cherche donc à sensibiliser le lecteur à la charité indienne. L'étude du *Journal*, et la comparaison de ses deux versions, montre que, sous la plume de Challe, l'animal se démarque de la conception cartésienne pour se transformer en l'extrême Autre, c'est-à-dire celui qui incarne la différence. De fait, le rapport à la religion se trouve questionné par Challe qui montre que l'acceptation de la métempsychose fait perdre à l'homme sa toute-puissance puisqu'il accepte alors la probabilité de se réincarner en un animal après sa mort. Cette complexité, à la fois métaphysique et anthropologique, le conduit vers l'approfondissement d'une réflexion ontologique. Il démontre ainsi que l'homme éduqué, notamment par la lecture de récits de voyage, peut choisir son degré d'implication par rapport à l'idée qu'il se fait de la société et de la divinité : il a le choix de développer ou non un esprit en accord avec la Nature sans subir le joug d'un dogme religieux qui l'enferme dans l'erreur en divisant les êtres. Le voyage en Inde donne donc à Robert Challe l'occasion d'un changement de statut narratif : de héros à l'observation erronée, il devient un penseur de la diversité clairvoyant.

Les voyageurs français en Inde s'appuient sur l'animal pour mettre au jour certaines de leurs découvertes. Ils sont confrontés à une réalité autre, qui les intrigue et les conduit à faire des erreurs, c'est-à-dire à s'égarer eux-mêmes tout en perdant le lecteur dans des allégations plus ou moins vérifiées. Quoiqu'il en soit, l'animal symbolise le centre autour duquel gravite toutes les oppositions : l'éléphant représente à la fois la splendeur, la cruauté du roi, mais aussi la divinité que le peuple adore.

---

84 *Ibid.*, t. 2, p. 27.

Le singe incarne la férocité et l'extrême douleur, presque humaine, d'une mère pour son enfant. Enfin, c'est aussi par le biais du rapport existant entre la bête et l'Indien que le voyageur donne à voir l'Autre et le présente comme une personne inférieure à lui. Ce n'est qu'avec la seconde publication du récit de voyage de Robert Challe qu'est dénoncée comme une erreur fondamentale la suprématie humaine et plus précisément celle de l'Européen sur le peuple indien.

DU CABINET DE CURIOSITÉS ARTISTIQUES À UN SYNCRÉTISME LITTÉRAIRE

L'espace franco-indien

Alors que l'art européen était une source d'inspiration valorisée par les souverains indiens depuis la fin du XVIe siècle, il faut attendre environ un siècle pour que la France de Louis XIV s'intéresse avidement au fond pictural et culturel asiatique. C'est en effet à cette période que les collectionneurs français commencent à développer un vif intérêt pour l'art indien. De leur côté, les artistes indiens trouvent dans les thèmes bibliques une foisonnante inspiration, comme le soulignent les travaux de Sanjay Subrahmanyam « une abondante littérature nous apprend qu'un changement notable s'est produit dans les relations artistiques entre les Européens (firangis ou Francs) et les peintres des ateliers moghols ou d'autres ateliers royaux et aristocratiques de l'Inde[1]. » Ces échanges artistiques participent à l'élaboration d'un syncrétisme littéraire entre la France et l'Inde amenant à la mise en place d'un nouvel espace fictionnel. Le voyage en Inde s'inscrit aussi dans l'effort de traduction de textes antiques mais aussi par la mise en récit de traductions fictives[2]. Ainsi les collectionneurs-voyageurs et les collectionneurs de cabinet enrichissent l'imaginaire des auteurs en voyage mais aussi des sédentaires. Le voyageur trouve le moyen de décliner son statut d'observateur pour devenir critique d'art indien, exégète ou traducteur : il fournit donc aux écrivains sédentaires inspirés tous les outils pour dessiner les traits d'une Inde à la française.

---

1 Sanjay Subrahmanyam, *L'éléphant, le canon et le pinceau. Histoires connectées des cours d'Europe et d'Asie. 1500-1750*, Paris, Alma Éditeur, coll. « Essai Histoire », 2016.

2 Mathilde Bedel, « Entre une Inde imaginaire et la traduction d'un ailleurs intriguant : le "mythe" indien à la française », *Œuvres et Critiques*, vol. XLV, 1 (2020), p. 21-30.

LE VOYAGEUR FRANÇAIS AU SERVICE DE LA CRITIQUE D'ART INDIEN

LA DESCRIPTION MÉFIANTE DES « PAGODES ET IDOLES » HINDOUES PAR LES VOYAGEURS FRANÇAIS

Dans son ouvrage *Les représentations européennes de l'Inde*, Joelle Weeks interroge les enjeux littéraires soulevés par les voyageurs au cours de leurs récits. De fait, elle parvient à mettre au jour un processus d'écriture européen valorisant surtout les dysfonctionnements de la culture hindoue. Il s'agit de mettre en avant une vision manichéenne de l'espace indien, génératrice d'une « tension permanente entre empirique et textuel, mais cette fois produisant des représentations régressives [...][3] » Le sieur Luillier s'inscrit dans la logique argumentative définie par la chercheuse. En effet, il propose une description respectant un effet de mise en miroir entre l'objet architectural sacré et le croyant hindou. D'un côté, il dresse le portrait de la déesse de la guerre nommée Caltia en décrivant la cérémonie religieuse annuelle qui lui est allouée.

> Mais aprés que le temps de l'exposition est fini, cette Idole est promenée le long du Gange, ensuite on la met dans un Bateau, qu'on place au milieu de tous ceux qui sont pour l'accompagner ; & enfin aprés qu'on luy a fait faire quelques tours sur l'eau, on la jette dedans avec tous ses ornemens ; & comme cette figure est faite de mastic, elle va aussi-tôt à fond, & elle va, disent-ils, se reposer avec le Gange : cette ceremonie se pratique tous les ans, c'est pourquoi dans chaque année on en éleve une nouvelle, à laquelle on fait les mêmes honneurs & qu'on jette pareillement dans le Gange[4].

Le voyageur présente le rite hindou en l'encadrant par l'évocation du Gange qui certifie du caractère sacré de la description. Dans un premier temps, l'idole s'impose par sa beauté et par les actes de dévotion qu'elle inspire à ses fidèles. Luillier donne des informations précises en mentionnant la durée de l'exposition de l'idole face aux dévots ainsi que l'énumération des offrandes qui lui sont faites et l'euphorie inspirée

3 Joëlle Weeks, *Représentations européennes de l'Inde*, *op. cit.*, p. 85.
4 Le Sieur Luillier, *Voyage du Sieur Luillier*, *op. cit.*, p. 83-85.

par cette dernière. Par ailleurs, le voyageur marque une rupture narrative pour introduire la description finale du rite et les incohérences que celui-ci soulève.

> De temps en temps il se fait parmi les Gentils des réjoüissances qu'ils appellent Tamachars. Ces réjoüissances se font en l'honneur de leurs Dieux, & pour cet effet ils habillent plusieurs petits enfan qui les representent sous differens habillemens. Ces enfans marchent en ordre & chacun tient son rang selon le Dieu qu'il represente, & afin que le Feste soit plus celebre, cela ne se fait qu'un soir, ces petits enfans sont au milieu de l'Assemblée, qui va rendre hommage au Gange ; autour d'eux ce ne sont que flambeaux qu'ils appellent Mansalles, & ce ne sont que dances, que sauts, & chacun s'étudie à montrer son allegresse ; si bien que pendant la nuit autant loin que se puisse porter la veuë, on ne voit qu'illuminations, & l'air est tout rempli d'exclamations[5].

Comme il ne donne aucune profondeur à ce qu'il décrit, l'auteur transcrit la procession sans en comprendre les enjeux religieux, c'est pourquoi les agissements des indigènes paraissent décousus au lecteur. Luillier ajoute cette description des pratiques religieuses hindoues : s'il témoigne d'un anthropomorphisme authentique, selon lequel les Dieux sont représentés par un groupe d'enfants, il rapproche les réactions des dévots de comportements animaux.

> Au mois de Mars ou plûtôt pendant la Lune de Mars (car dans les Indes on compte les années par Lunes) il arrive la Fête de Tripigny, c'est un Dieu enfermé dans une maniere de petite Mosquée, qui est dans le milieu d'une tres-grande pleine qui tire son nom de ce Dieu, cette pleine est au bord du Gange : tous ces Gentils ne manquent point d'aller faire leurs offrandes à ce Dieu, & chacun y va à son tour. Car cette fête est tres-celebre parmi eux. Avant de se presenter ils se vautrent dans la vase pendant une heure entiere, & tout vautrez ils s'embrassent les uns avec les autres, & ensuite ils vont se laver au Gange ; & aprés qu'ils se sont bien lavez ils vont à la Mosquée, ou plûtôt à la Pagode (car c'est ainsi que leurs lieux sacrez s'appellent)[6].

En structurant son récit par des données objectives, comme le cadrage temporel et la définition des termes en usage, il brouille son statut de narrateur et montre insidieusement les Hindous comme des êtres étrangers à toute attitude rationnelle. D'après l'auteur, leur bain de boue « pendant une heure entière », ajouté aux enlacements hasardeux

---

5 *Ibid.*, p. 89.
6 *Ibid.*, p. 89-90.

qui suivent, incitent indirectement le lecteur à douter de l'humanité des personnages décrits. Par ailleurs, continuant sa description du rite religieux, Luillier met en place un tableau absurde du temple : « Cette Pagode n'a rien de remarquable que deux œufs de pierres placez dans une cuvette qu'ils disent être pondus par leur Dieu : ces œufs se roulent facilement, & ce qui les surprend, est qu'on ne peut les enlever[7]. » Sous la plume du voyageur les œufs, obéissant à un fonctionnement métonymique, donnent une image bouffonne du Dieu et décrédibilisent la dévotion des croyants.

LA DÉVOTION ET ROBERT CHALLE : QUAND LA RECRÉATION INDIENNE DEVIENT LA RÉCRÉATION SATIRIQUE

Le voyage en Inde offre à Robert Challe l'occasion de découvrir le peuple hindou et d'utiliser cette rencontre pour remettre en cause l'ordre religieux instauré en France. En recréant un épisode dévotionnel hindou, auquel il n'a pas assisté, le voyageur invite à une récréation satirique qui vise à critiquer, par le rire, l'image biaisée que la religion donne de l'Autre, le non-chrétien. Pour ce faire, il réutilise le culte des Saints et le compare à celui des idoles hindoues dans le but de dénoncer la crédulité des croyants et la cupidité des prêtres. En recréant un épisode dévotionnel indien, Challe propose une récréation satirique pour mieux se mettre en marge du genre de la dévotion. Il s'agira donc dans cette étude de montrer en quoi la structure narrative de cet épisode, conduit à une pédagogie libertine de l'imaginaire, visant à déconstruire les frontières religieuses. De cette manière, le voyageur raconte une anecdote hindoue mettant en scène des dévots. Il donne donc à imaginer au lecteur une dévotion qu'il diabolise avant de retourner le miroir afin de renvoyer le lecteur à ses propres pratiques religieuses.

Dans la seconde version de son *Journal*, Challe propose un autre « envers du siècle des Saints[8] » en y insérant la curieuse recréation d'un épisode de dévotion indienne. Suivant un raisonnement déductif, le voyageur invite le lecteur à suivre plusieurs étapes au cours du récit avant d'aboutir à la chute finale. Ainsi, l'auteur commence par se

7 *Ibid.*, p. 91.

8 René Pintard, *Le libertinage érudit dans la première moitié du* XVII*e siècle*, Genève, Éditions Slatkine, 2000.

plaindre de n'avoir pas pu satisfaire sa curiosité puisque l'entrée d'une pagode lui a été refusée. C'est à ce moment qu'il dit s'être mis à écrire. Il présente alors des renseignements, absents de la version originale, sur la religion hindoue et plus précisément sur le mythe de Mado, mieux connu aujourd'hui sous le nom de Ganesha. Après avoir conservé la description succincte du bâtiment et celle de la statue du Dieu, il en explique le mythe.

> [R]evenant de la chasse et rentrant chez lui trouva que Mado baisait sa femme, sur quoi le dépit lui prit de voir qu'un autre faisait sa besogne. Il lui coupa la tête et l'alla jeter à la rivière. Sa colère étant passée et sa vengeance assouvie, il revient chez lui sans montrer de ressentiment à sa femme. Elle, le voyant d'un esprit tranquille et rassis, lui représenta qu'il avait tort d'avoir tué un dieu comme lui. Coinda, à cette remontrance sort et trouve un éléphant à qui il coupa la tête et vint la mettre sur le corps de Mado, qui depuis ce temps-là n'en a point eu d'autre, la sienne n'ayant pu être trouvée où Coinda l'avait jetée[9].

Une fois son exposé terminé et le cadre de sa démonstration posée, Challe propose un changement dans sa narration donnant alors à cette dernière un caractère religieux. En effet, la littérature catholique de la seconde moitié du XVIe et le début du XVIIe prend un tournant et s'appuie sur des images saisissantes car elle considère que « les élans de l'âme chrétienne, les finesses et les règles de l'ascèse, la métaphysique abstraite, les dogmes et les sacrements [...] pren[nnent] forme [chez de nombreux auteurs] et s'incarne dans des parallèles, des symboles ingénieux ou des exemples comme pour mieux toucher le lecteur dans sa sensibilité[10]. » En outre, alors que les écrivains spirituels avaient pour principal objectif d'élever les hommes vers Dieu, ils avaient souvent recours à « la séduction romanesque afin de plaire à un public méfiant à l'égard de l'abstraction. Le public visé n'est pas uniquement celui "des humbles" [...] avec les recueils d'*exempla* [...] [mais aussi] celui des mondains en empruntant leurs modes de lecture : désormais le théologique est "délectable", autant qu'édifiant et on ne lit pas un roman tourné vers la dévotion comme un traité de spiritualité[11]. » Cet intérêt pour ce que Franck Greiner

9 Robert Challe, *Journal*, t. 2, p. 171.

10 Frank Greiner, « Fictions et dévotion au XVIIe siècle : une pédagogie de l'imaginaire », *Littératures classiques* 3/2012 (N° 79), p. 95.

11 Oddo Nancy, « L'invention du roman français au XVIIe siècle : littérature religieuse et matière romanesque », *Dix-septième siècle* 2/2002 (n° 215), p. 222.

appelle une pédagogie de l'imaginaire, a notamment été valorisée par Saint François de Sales qui voyait dans l'usage modéré de l'imagination le moyen « fort simple, et comme servant d'esguille pour enfiler dans notre esprit [l]es affections et résolutions[12] » de la parole divine.

Conformément à ces considérations, Challe décrit précisément un rite hindou au cours duquel les dévotes, qu'elles soient vierges ou soupçonnées de stérilité, doivent s'adonner à leur idole.

> [L]es gentils ou esclaves sont mariés, avant que de toucher à leurs épousées, ils les obligent d'aller sacrifier leur pucelage à ces idoles : ainsi, aucun n'a celui de sa femme. J'ai lieu de soupçonner qu'en cette occasion c'est un bramène qui prend la place de l'idole [...]. C'est au coin d'un étang, qui n'est pas à deux portée de canon du fort, il y a entre plusieurs arbres un morceau de bois élevé de huit pouces, qui représente au naturel la racine du genre humain [...] C'est à ce Priape que ces peuples obligent leurs femmes qui sont stériles de se frotter certains endroits du corps que je ne nomme pas parce qu'on le comprend assez ; parce que, disent-ils, celui-ci les rend fécondes [...] Ce ne sont point les femmes seules qui vont rendre hommage à cette copie ; on y mène les bestiaux, pour les faire multiplier[13].

Il reprend à son compte les techniques narratives de la littérature dévotionnelle en ayant recours à des images qu'il rend terrifiantes. Construite à partir d'un vocabulaire extrêmement orienté, l'anecdote rend compte d'une coutume subtilement diabolisée par l'auteur. Ainsi, l'idole mesurant plus de « quatre toises de haut [...] a deux bras et deux mains, la tête d'un éléphant, et sur la poitrine une figure de diable pareille à celle que les peintres font pour faire peur aux petits enfants[14]. » L'opposition entre le diable et la candeur enfantine met en place le portrait de la statue et témoigne de l'incompréhension du voyageur occidental face à une religion autre que la sienne. Sous la plume de Challe, l'idole s'impose face aux dévotes, qu'il rend pathétiques, et devient une figure maléfique issue du merveilleux exotique comme l'a défini Sylvie Requemora-Gros « un merveilleux ni tout à fait païen ni seulement chrétien, mais exotique, s'élabore qui nous ramène au sens

---

12 Franck Greiner, « Fictions et dévotion », *op. cit.*, p. 95.

13 Cette anecdote montre que Robert Challe cherche à correspondre à un *topos* de la littérature viatique française en Inde car cette mise en scène de la fourberie des brahmanes est placée au 24 août dans la seconde version de son *Journal* et abordée le 24 janvier dans la version primitive.

14 Robert Challe, *Journal...*, *op. cit.*, t. 2, p. 170.

étymologique du terme *mirabilia*, chose à voir, rare, extraordinaire et surprenante[15]. » Il s'inscrit en outre dans la continuité des voyageurs en présentant une coutume religieuse jugée abjecte et cruelle pour le dévot. Il expose précisément la fréquence de l'exercice « tant de fois par jour, par semaine, ou par mois, selon leur âge ; et c'est toute l'occupation de leur vie[16]. » L'imagination du lecteur se trouve constamment sollicitée par l'auteur qui maintient son objectif premier : celui de plaire et de divertir. Il a donc recours à un langage bienséant, agrémenté de périphrases suggestives plutôt que d'images abruptes.

La question de la dévotion, chère à Robert Challe, devient un sujet satirique mis en place grâce à son rôle d'observateur libertin. En effet, conformément aux clauses du genre du récit de voyage, il se met en scène au cœur de la narration : employant la première personne, notamment pour honorer le pacte avec son lecteur quant à la véracité testimoniale de son récit. Il répète donc deux fois la formule « j'ai vu » et une fois « j'aurais [...] bien voulu voir. » Il précise aussi que, s'il n'a pas directement assisté à l'anecdote de l'idole, ses informations sont vérifiées car elles lui viennent « d'un esclave idolâtre[17] », ce qui lui permet de se présenter comme un narrateur crédule des propos qui lui ont été rapportés, pourvu qu'ils soient certifiés. De cette manière, il adopte une attitude similaire à son personnage Monsieur Dupuis dans *Les Illustres françaises* : « le langage de la dévotion ne semble jamais plus vrai que lorsqu'il est tenu par un 'Tartuffe'[18] », et cette posture faussement naïve l'amène à introduire la dernière partie de son récit. Il se met alors à intégrer directement le lecteur dans son raisonnement en changeant de pronom pour utiliser le « nous » inclusif. S'il ne modifie pas le mythe d'une version à l'autre de son journal, il ajoute la modélisation de ses propos accusateurs envers l'hindouisme.

> Rendons leur pourtant justice [aux Hindous] : il est très vrai qu'ils ne regardent point leurs idoles comme un dieu premier de tout, et que ce sont seulement des hommes d'une vertu imminente [...] l'oserai-je dire sans impiété ? Il me parait que leurs idoles sont parmi eux ce que les saints sont parmi nous[19].

15 Sylvie Requemora-Gros, « Un merveilleux exotique ? » dans *Actes du 33ᵉ congrès annuel de la NASSCFL*, vol. 3, p. 253.
16 Robert Challe, *Journal...*, *op. cit.*, t. 2, p. 171.
17 *Ibid.*
18 Michèle Weil, *Challe : romancier*, Paris, Éditions Droz, coll. « Histoire des idées et critique littéraire », 1991, p. 258.
19 Robert Challe, *op. cit.*, t. 2, p. 172.

Cet audacieux rapprochement entre les idoles hindoues et les saints chrétiens est approfondie par un recours à l'Antiquité, avec la constatation que cette adoration des saints est également comparable à celle des Romains qui vénéraient leurs Empereurs. Cette réflexion candide lui permet de mettre en parallèle et sur le même plan des personnages issus de l'idéal antique, les saints chrétiens et les idoles hindoues. Elle témoigne bien de la démarche libertine du voyageur qui cherche à éviter les soupçons du lecteur en lui confirmant son appartenance spirituelle : « Si je n'étais pas né catholique, apostolique et romain, si je n'étais pas connu pour aussi zélé pour ma religion que je le suis par la grâce de Dieu, on pourrait dire que cela sent le libertinage, ou du moins le calvinisme[20]. » En habile jouteur, il lance un appel à peine camouflé à une relativisation des religions afin de les porter à l'état de « système de normes pour la conduite des hommes[21]. » Les références directes aux ouvrages de dévotion présentant la vie exemplaire des saints, et très répandus dans la première moitié du XVIIe siècle, alimentent cette réflexion de l'auteur. Il cherche ainsi à contrebalancer la relation étroite entretenue entre le dévot et le représentant religieux.

Le voyageur s'appuie sur son expérience viatique pour questionner le regard porté sur l'Indien en tant qu'un autre soi-même. Suivant sa démarche libertine, il évoque la pluralité des religions pour mieux mettre au jour la crédulité humaine et démonter le pouvoir des superstitions. L'auteur invite en effet le lecteur à le suivre dans sa réflexion gigogne où la divinité ne peut être incarnée par un être humain. « Nous vénérons sur la terre les corps de beaucoup de personnages dont les âmes sont tourmentées aux Enfers[22]. » Il s'appuie, comme d'un instrument, sur la diabolisation propre aux descriptions indigènes transmises par les voyageurs qui les découvrent. De fait, il peut dresser un parallèle entre le rituel hindou et une coutume chrétienne qu'il introduit subtilement par une question rhétorique :

> Mais nous, qui nous plaignons de n'avoir des pays étrangers que des relations mensongères ou imparfaites, savons-nous ce qui se passe sous nos yeux ?

20 *Ibid.*, p. 32.

21 Anthony McKenna, Pierre-François Moreau, Frédéric Tinguely (dir.), *Libertinage et philosophie au XVIIe siècle : les libertins et la science*, Publications de l'Université de Saint-Étienne, Broché, coll. « Libertinage et philosophie au XVIIe siècle », 2005, vol. 9, p. 27.

22 Robert Challe, *Journal*, t. 2, p. 23.

> Savons-nous que ces peuples, dont nous nous moquons avec justice, auraient raison de se moquer de nous s'ils savaient ce que cette bizarre superstition fait chez nous ? Je suis certain que le lecteur ne prévoit point où j'en veux venir[23].

C'est avec le même ton satirique que Challe s'amuse à narrer l'histoire nantaise d'une statue en pierre représentant Saint René que les femmes, désireuses d'avoir un enfant, vénèrent. Mais non contentes d'adorer le Saint, elles en découpaient un morceau à chacun de leur passage, afin de l'ingérer pour que leurs prières soient plus rapidement exaucées et pour ce faire, elles avaient trouvé l'astuce de dissoudre la pierre dans du vin blanc. Or, alors que cette anecdote lui a encore été rapportée, Challe la donne pour véridique car il dit avoir vu la statue et ajoute que le pauvre Saint « n'a rien qui sente le mâle que la barbe : le bas du ventre est tout mangé et bien plat[24]. » Ainsi les dévotes chrétiennes qui mangent le sexe d'une statue de pierre semblent tout aussi risibles que leurs analogues hindoues se faisant pieusement déflorer par leur idole. Or, Challe n'a passé en tout que cinquante-cinq jours sur les côtes indiennes et a ajouté ces deux anecdotes à la version primitive de son *Journal*. En outre, si l'on considère, avec Franck Lestringant, que « dans les récits de voyage le "j'ai vu", signifie assez souvent "j'ai lu[25]" », il nous apparaît que ces deux récits servent un intérêt argumentatif duquel le voyageur tente de se cacher. En effet, « Frédéric Deloffre suggère dans une note que Challe voulait avancer masqué et qu'il parsemait son récit de fausses pistes propres à dérouter une éventuelle censure[26]. » Cette parenthèse dans l'avancée de ses pérégrinations indiennes vient détourner en le recréant « le mariage audacieux opéré dans les œuvres entre le message religieux et la prose fictionnelle afin de pousser à se manifester, de manière spectaculaire, le rôle nouveau confié à l'imaginaire dans le salut chrétien[27] ». En effet, entièrement au service d'une réflexion libertine, la dévotion permet une récréation satirique construite avec l'imaginaire du lecteur dans une démarche pédagogique le conduisant à rénover son propre rapport à la superstition.

---

23 *Ibid.*, p. 25.

24 *Ibid.*

25 Moureau François, « Robert Challe et le roman de la religion » dans *Revue de l'histoire des religions*, t. 203, n° 2, 1986, p. 190.

26 *Ibid.*

27 Franck Greiner, « Fictions et dévotion », *op. cit.* p. 95.

La mise en balance de l'anecdote indienne avec la nantaise crée un jeu de miroir reflétant une dérive humaine due à l'emprise de la religion sur le dévot. Challe construit un raisonnement basé sur une pédagogie de l'imaginaire en recréant, pour mieux les détourner à son avantage libertin, les intentions de la littérature religieuse. Grâce à sa posture de narrateur candide qui s'interroge sur ce qu'il voit, il parvient à crypter le texte en lui donnant une dimension satirique. « Robert Challe fait de la religion une fiction, une espèce de "nouvelle historique", comme l'on disait alors, une simple "Écriture" des fantasmes humains[28]. » Le *Journal d'un voyage fait aux Indes orientales* annonce donc déjà les *Difficultés sur la religion proposées au P. Malebranche* qui connait une publication posthume et qui est catégorisée de « premier grand texte déiste du Siècle des Lumières[29] » par François Moureau.

DE L'EXÉGÈSE RELIGIEUSE À LA RÉÉCRITURE D'UNE MYTHOLOGIE HINDOUE À LA FRANÇAISE

LE MYTHE INDIEN : ENTRE RECONNAISSANCE CHRÉTIENNE ET INVRAISEMBLANCE HINDOUE

Qu'elles soient chrétiennes ou hindoues les figures mythiques peuplent l'Inde et donnent aux voyageurs de la matière pour leurs récits. Selon l'historien Jacques Solé, les découvertes géographiques se développèrent en Europe portées par un environnement intellectuel qui cherchait à rapprocher les croyances autochtones à l'universalisme biblique. Il rappelle également de quelle manière Vasco de Gama et les membres de l'équipage furent sujet à un malentendu culturel en se croyant débarqués, en Inde, sur une terre chrétienne : malgré cette nouvelle représentation du genre humain, il fut impossible de concevoir le monde autrement qu'à travers le prisme chrétien issu de la tradition apologétique médiévale[30]. L'écriture du voyage peut donc être l'occasion de vérifier

28 Fançois Moureau, « Robert Challe et le roman de la religion », *op. cit.* p. 185.

29 *Ibid.*, p. 194.

30 Ainsi c'est « [à] la fin du XVIe siècle [que] deux grands ouvrages révélèrent à l'Occident les plus importantes civilisations de l'Asie orientale. Le jésuite Maffei lui apprit la diversité

les données transmises depuis l'Antiquité sur la présence chrétienne en Inde[31]. Selon certains voyageurs, le christianisme semble avoir été accepté en Inde où se trouvent encore certains vestiges d'une vie chrétienne apparemment sempiternelle. De fait, deux indices sont dévoilés au cours des récits : l'adoration à la Vierge et la présence de la tombe de Saint Thomas. L'une des techniques narratives les plus usitées consiste pour l'auteur à rendre compte de la réaction d'un autochtone à la vue d'une représentation picturale de la sainte. Vincent Le Blanc évoque ce phénomène après avoir justifié la destruction de temples hindous à Calicut par les Portugais.

> Ce Temple estoit basty d'vne pierre noire, & leurs Pagodes ou Idoles estoient de forme horrible. Quand les Portugais eurent cette grande guerre contre le *Samorin* de Calicut, ils pouuoient deslors abattre le temple de ces Pagodes, mais le seul respect de l'Image de la Vierge Marie que ces Gentils tiennent parmy leurs Idoles, & laquelle ils honorent fort, fut cause que tout fut epargné pour lors. Ils appellent la Vierge *Sanacarin*, comme diroit vn oyseau, disans que c'est l'esprit de Dieu. Il reuerent aussi la Croix, & disent qu'en la fondation de Goa ils en ont trouué vne en terre[32].

Le voyageur montre que l'esthétique architecturale est un critère discriminant qui permet d'évaluer la valeur des temples indigènes. D'après l'auteur, ceux-ci trouvent un crédit aux yeux des Européens lorsqu'ils ont intégré le christianisme à leurs pratiques religieuses. La description oppose l'horreur à la vénération de figures chrétiennes et plus particulièrement à la Vierge. Le culte marial, revisité par les pratiques indiennes observées à Calicut, est décrit comme une abomination par le voyageur.

---

de l'Inde à partir d'une synthèse des lettres des missionnaires tandis que l'augustin espagnol Mendoza, après 1580, inaugura le mirage chinois. Cette vision d'une humanité inouïe demeura pourtant incapable de l'envisager autrement que dans une perspective chrétienne en vertu des traditions de la piété médiévale si longtemps conservées par la modernité. L'apôtre saint Thomas était allé, selon Maffrei, porter, peu après la mort de Jésus, la bonne parole jusqu'aux Indes. Cette province de l'univers lui était échue en partage et les Portugais, grâce à ses miracles, avaient pu retrouver les traces de son passage sur la côte Malabar. », Jacques Solé *Les mythes chrétiens, de la Renaissance aux Lumières*, Paris, Éditions Albin Michel, 1979, p. 128-129.

31 Mirella Witek, *Mythes et réalites dans « Les Voyages fameux du sieur Vincent Le Blanc » de Vincent Le Blanc, Pierre Bergeron et Louis Coulon*, York University (Canada), 2008 [Mémoire universitaire].

32 *Ibid.*, p. 75.

> Leurs Temples sont de mesme, & ce font les premiers que ie vis en ces quartiers là de forme ronde. Au dedans c'est chose horrible & epouuentable à voir leurs Idoles & Demons, parmy lesquels, par vne grande profanation, ils tiennent vne Image de la Vierge Marie, à laquelle ils portent grande reuerence, sans que iamais on ayt pu la leur faire oster. Et quand ils voyant vn Chretien, pour le bien caresser ils luy donnent de l'eau beniste à leur mode, auec certaine poudre qu'ils luy iettent sur le front, en disant *Andocray Maria*, c'est à dire, regarde Marie[33].

Le voyageur explique l'importance de l'image pour la mise en place de l'adoration qu'il donne à voir et à entendre, avec la transcription des paroles indigènes, à son lecteur. Il témoigne également d'un syncrétisme religieux qu'il juge intolérable et décrit donc par le biais d'une isotopie de l'horreur : constater la perte de la suprématie chrétienne semble accabler Le Blanc. En revanche cette assimilation du culte à la Vierge par les autochtones connaît un autre traitement de la part de François La Boullaye-Le-Gouz.

> ie monstrois assez souuent vne image de Nostre-Dame à mon Tailleur, il me dist vne fois apres l'auoir bien considerée que c'estoit Schita la Mogoglie, femme de Ram, & qu'il en auoit desia veu vne à Bassain, appellée par les Portugais Nossa Sehnora de bon Souccez où il auoit faict dire plusieurs Messes, y ayant la mesme deuotion qu'à Schita qui estoit dans sa Pagode[34].

Pour comprendre la réaction du tailleur à la vue du portrait de la Vierge, le voyageur dévoile les tenants culturels permettant une adaptation du culte chrétien par les indigènes. Il montre donc que, découverte grâce aux Portugais, la sainte trouve un écho dans l'une des figures majeures des textes fondateurs indiens. Dans son ouvrage *L'éléphant, le canon et le pinceau*, Sanjay Subrahmanyam montre, avec un extrait du récit de François Bernier à l'appui[35], que « Cette notion d'universalité

---

33 *Ibid.*, p. 86.

34 François La Boullaye-le-Gouz, *Les voyages et observations…*, *op. cit.*, p. 165.

35 « François Bernier rapporte une conversation tout à fait éclairante, qu'il eut avec des brahmanes à Bénarès au milieu des années 1660. Bernier, qui cherchait à se moquer de ces bains rituels si importants pour les brahmanes, argua que "dans les Païs froids il seroit impossible d'observer leur Loi pendant l'Hiver, ce qui étoit un signe qu'elle n'étoit qu'une pure invention des hommes". Ce à quoi les Brahmanes ont répondu : "Qu'ils ne prétendoient pas que leur Loi fût universelle ; que Dieu ne l'avoit faite que pour eux, & c'étoit pour cela qu'ils ne pouvoient pas recevoir un étranger dans leur Religion ; qu'au reste ils ne prétendoient point que la nôtre fût fausse […]" », *Voyages de François Bernier…*,

du catholicisme, cette croyance qu'il transcende les frontières culturelles et ethniques était une conception proprement catholique, mais n'était partagée par personne d'autres[36]. » Loin de jouer le rôle d'intermédiaire culturel entre l'islam et l'hindouisme, l'art chrétien ne pouvait pas pallier les incompréhensions des voyageurs face aux religions qu'ils découvraient en Inde.

Écrire sur l'Inde entraîne aussi la création d'un espace fictif utile aux voyageurs qui veulent souligner l'invraisemblance des croyances hindoues. Jean-Baptiste Tavernier propose de relayer la parole de brahmanes rencontrés sur la côte de Coromandel. Le positionnement du voyageur est représentatif des exposés que se proposent de faire, plus ou moins précisément, ses prédécesseurs et contemporains. La plupart d'entre eux s'inscrivent dans une dénégation interculturelle, cherchant plutôt à démonter les éléments qu'ils découvrent en les dévalorisant. L'incrédulité du narrateur se développe tout au long de son compte-rendu et le pousse à émettre des hypothèses à partir des signes qu'il interprète sans chercher à se les faire expliquer.

> Comme ils ont peut-estre oüi dire que la figure circulaire est la plus parfaite de toutes les figures, ils ont crû raffiner en disant que Dieu est d'une figure ovale, & c'est pour cette raison qu'ils tiennent ordinairement dans leurs Pagodes un caillou en ovale qu'ils apportent du Gange & qu'ils adorent comme Dieu. Ils sont si fort arrestez à cette folle imagination que les plus sages d'entre les Bramins ne veulent pas méme écoûter de raisonnement contraire, & ainsi il ne faut pas s'étonner si un peuple qui a de si mauvais guides tombe dans une si grossiere & si monstrueuse idolâtrie[37].

Grâce à la modalisation, Tavernier oriente indirectement son lecteur dans une démonstration biaisée, respectant un cheminement binaire avec d'un côté ce qui rappelle la chrétienté et de l'autre ce qui s'en échappe et qu'il faut condamner. Ainsi, le voyageur annonce, comme une accroche à son récit, que les Hindous, malgré les apparences, ne

---

op. cit., p. 327 dans Sanjay Subrahmanyam, *L'éléphant, le canon et le pinceau. Histoires connectées des cours d'Europe et d'Asie 1500-1750, 1750* [« Courtly Encounters. Translatins Courtliness and Violence in Early Modern Eurasia »], trad. de Béatrice Commengé, Paris, Alma Éditeur, coll. « Essai Histoire », 2016, p. 231.

36 *Ibid.*, p. 232.

37 « Il y a une Caste qui est si superstitieuse sur cet article, que ceux qui en sont tiennent de ces pierre ovales penduës à leur cou, & s'en donnent contre l'estomac tandis qu'ils font leur priere. » Jean-Baptiste Tavernier, *Les six voyages…*, *op. cit.*, p. 373.

reconnaissent qu'un seul Dieu[38]. Par ailleurs, l'énumération des divers noms qui sont donnés à ce dernier, selon les régions du culte servent d'argument concessif. En effet, loin de vouloir mettre en place une analogie culturelle, l'auteur rapproche les indigènes du passé antique, antérieur à la christianisation, où l'homme et le dieu sont mis sur un pied d'égalité : c'est dans ce contexte structurel qu'il se propose de retranscrire le récit du *Rāmāyaṇa.*

> Dans cette crasse & pitoyable ignorance les Idolâtres comme les anciens payens font naistre leurs dieux des hommes, & leur donnent méme des femmes, s'imaginant qu'ils aiment les mémes choses à quoy les hommes prennent plaisir. « Ainsi ils tiennent leur *Ram* pour une grande divinité, à cause des merveilles qu'ils croyent qu'il a faites pendant sa vie. Voicy les fables qu'ils en content, comme je l'ay appris des plus habiles d'entre leurs Bramins[39].

Le ton suspicieux adopté par l'auteur lui permet de souligner les faiblesses culturelles du peuple hindou et de proposer une déconstruction de leurs croyances religieuses. En effet, sous la plume du voyageur, Rāmā n'est pas érigé en héros : la victoire du sauvetage de Sitā revient au singe Harman qui a été le seul à la retrouver parmi tous les animaux engagés à cette tâche.

> Il passe d'un saut la mer & se rend dans les jardins de Revan, où il trouve Sita affligée au dernier point, & qui est bien surprise de voir en ce lieu-là un singe qui luy parle de la part de son mari. D'abord elle ne veut pas donner creance à ce que luy dit un tel Ambassadeur ; mais le singe pour authoriser sa commission luy presente une bague que son mari lui avoit donnée, & qu'elle avoit laissée dans son bagage. Elle a de la peine à croire un si grand miracle, & que Ram son mati ayt pû faire parler une beste pour luy donner de ses nouvelles & des marques si assurées de son amour[40].

Tavernier montre ici sa méfiance face au mythe hindou qu'il rapproche des croyances rationnelles européennes, selon lesquelles un animal ne bénéficie pas de la parole. De fait, le voyageur propose un récit hybride qui semble osciller entre le merveilleux des contes populaires français

---

38 Cette stratégie narrative est d'ailleurs commune à la plupart des voyageurs. Ainsi le Sieur Luillier déclare : « Tous les Gentils reconnoissent un premier être, & cette connoissance est si naturelle qu'il est impossible d'en pouvoir douter. », Le Sieur Luillier, *Voyage du Sieur Luillier…*, *op. cit.*, p. 82.

39 Jean-Baptiste Tavernier, *Les six voyages…*, *op. cit.*, p. 373.

40 *Ibid.*, p. 375.

et le recul à conserver devant la religion de l'Autre. Par ailleurs, cette distanciation n'est pas uniquement le phénomène d'une identification fictionnelle voulue par les voyageurs. En effet, Vincent Le Blanc évoque également le caractère sacré du singe qu'il nomme Hanimam et décrit l'idole le représentant. « [I]l avoit esté un Dieu chassé du ciel pour quelque faute, & changé en singe, [...] passé en Ceylan, où apres la mort il avoit esté adoré & sa dent gardée pour relique[41]. » Cependant, d'après le voyageur, lors d'un conflit opposant le roi de Ceylan aux Portugais, ces derniers prirent finalement le dessus au nom de l'ensemble des Chrétiens.

> En cette guerre contre ce Roy, les Potugais prirent entre autres choses cette memorable Idole d'une dent de singe, adorée par tous ces Indiens, & enrichie de pierreries. Le Roy de Pegu mesme l'estimoit tant, qu'il y envoyoit tous les ans des Ambassadeurs pour en avoir seulement une empreinte d'ambre, musc & autres odeurs, qu'il tenoit en grande reverence : & depuis qu'elle fut prise, il la voulut racheter dort cherement des Portugais, mais ils aymerent mieux perdre cette idolatrie que d'en profiter, & la brulerent, d'où il sortit une fumée tres-puante[42].

Alors que le récit tend à souligner l'injustice dont sont victimes les Hindous, le narrateur parvient à renverser la description, par un effet de chute qui rappelle le caractère païen de l'idole, symbolisé par la puanteur qui se dégage d'elle.

LES MYTHES HINDOUS ET LES INTERPRÉTATIONS DES VOYAGEURS

Certains des voyageurs, s'intéressent à la culture hindoue et tentent d'en rapporter un compte-rendu pertinent, mettent en place des récits souvent structurés par une esthétique du conte sur fond de motif indien. Ils cherchent à donner une réponse aux enjeux de l'épisode mythologique hindou contenu dans leur récit duquel découle souvent une chute. François La Boullaye-le-Gouz aborde la mythologie hindoue par le biais du conte. En effet, son ouvrage est composé de nombreuses illustrations commentées qui alternent avec le récit[43]. Sanjay Subrahmanyma, qui

---

41 Vincent Le Blanc, *Les voyages fameux du Sieur Le Blanc...*, *op. cit.*, p. 103.

42 *Ibid.*

43 « Alors que la version imprimée ne compte que trente-quatre illustrations, le manuscrit en contient quarante-neuf, qui relèvent de styles différents. », Sanjay Subrahmanyam, *L'éléphant, le canon et le pinceau...*, *op. cit.*, p. 276.

a étudié son récit de voyage souligne que si le voyageur a bien dessiné lui-même une partie des images contenues dans son ouvrage, il semble qu'il aurait également fait appel aux services d'un artiste indien pour certaines d'entre elles. « Il s'agit de représentations de Krishna et de gopis, c'est-à-dire de scènes tirées de la vie de Krishna, ainsi que de dessins d'autres divinités indiennes comme Rǡma, Sitǡ, Hanumǡn, Mǡhǡdeva, Parvati et Ganesh [...][44] ». De fait l'image permet à La Boullaye-Le-Gouz de compléter la présentation des personnages de sa narration mais comme le précise Sanjay Subrahmanyam, le passage du dessin indien à la gravure imprimée engendrait la disparition des détails picturaux[45].

> Ram le Legislateur des Indous se voit en plusieurs postures dans les Pagodes, quelquesfois assis auec sa femme Schita, qui luy presente une fleur, d'autrefois habillé en Archer. Dans la figure cy-dessus il est representé auec sa femme Schita, & Herman leur seruiteur, qui leur fait du vent auec vn mouchoir. Rama sur sa teste une Couronne, & non pas des cornes, comme quelques vns ont escrit, cette couronne pproche du bonnet de Sophi, il a autour vn bonner plié ; ils disent qu'ils ne peuuent rien mettre de plus honneste sur sa teste, que ce qui sert de couuerture aux Rois ; Schita est vestuë à la façon des femmes des Indes le front & les oreilles peintes[46].

Plus qu'un support illustratif, le dessin conditionne la description : il s'agit pour l'auteur d'exposer les figures sacrées hindoues, pour en faire les personnages du récit qu'il propose à travers la parole indienne. Le glissement du témoignage au conte se fait alors par le passage de la description de la statue à l'évocation du récit des brahmanes. La sculpture du dieu fonctionne donc comme un embrayeur du récit car elle relève, d'après l'auteur, d'un caractère à la fois sacré et mystérieux qui aiguise déjà la curiosité du lecteur.

De son côté, Jean-Baptiste Tavernier transforme Ahmedabat en une ville génératrice de mythes : racontant son voyage de Surate en Agra, il détaille chaque étape de son parcours. Sous la plume de l'auteur, la particularité de la ville tient en la rivière qui s'écoule non loin et dont

44 *Ibid.*, p. 277.

45 « Il est donc très probable que ces dessins aient été l'œuvre d'artistes du Sud du Gujarat (que La Boullaye avait visité) – familiers aussi bien de la tradition du Bhagavata Purana que d'autres peintures indiennes des traditions vishnouites, shivaïtes et des figures jaïnas. », *Ibid.*

46 François La Boullaye-Le-Gouz, *Les voyages et observations...*, *op. cit.*, p. 176.

les crues varient selon les saisons. Selon le voyageur, la difficulté pour la traverser est particulièrement marquée après la mousson car il y a une période à attendre avant de voir la crue se dissiper. Précisant l'absence d'un pont, Tavernier explique les stratagèmes élaborés par les indigènes pour passer d'une rive à l'autre et rejoindre Ahmedabat.

> Il y a bien deux ou trois bateaux ; mais on ne s'en peut guere servir que lorsque l'eau commence de n'estre plus si rapide, & il faut bien du temps à la passer. Les Païsans n'y mettent pas tant de façon, & pour aller d'une rive à l'autre ne se servent que d'une peau de bouc qu'ils emplissent de vent & qu'ils se lient entre l'estomac & le ventre[47].

Tout aussi réaliste que la ceinture composée de fioles de rosée façonnée par Dyrcona pour rejoindre les cieux, cet embarcadère indien est le point d'entrée dans la fiction proposée par le narrateur. Ce dernier rapporte alors deux récits mêlant les traces d'un cadrage spatio-temporel authentique ainsi que la confirmation de son statut testimonial[48] et celles d'un merveilleux inspiré des croyances hindoues.

> Cette avanture si extraordinaire ne troubla pas tant ces pauvres gens, qu'elle ne leur fit plûtost croire qu'elle estoit arrivée par une secrete disposition de leur Dieu, qui leur avoit ôté un enfant pour leur en donner un autre, de quoy ils furent incontinent consolez. Quelque temps apré le brüit de cette avanture estant venu aux oreilles du premier païsan, il fut trouvé l'autre pour luy dire comme la chose s'estoit passée & luy redemander son enfant, ce qui fit naître entr'eux un grand different, le second païsan soûtenant que l'enfant estoit à luy, & que son Dieu le luy avoit donné en la place de celui qui estoit mort. Pour couper court cette affaire fit grand brüit, & fut enfin portée devant le Roy qui ordonna que l'enfant seroit rendu à son pere[49].

Ainsi, la première histoire qu'il transmet, réécrivant le jugement de Salomon, met en scène deux familles de paysans et un serpent. Le mythe chrétien ici revisité, garde la même évolution narrative : mises en parallèles, deux familles se déchirent pour un enfant et c'est le roi qui impose sa décision et rend celui-ci à ses parents biologiques. Mais loin du jugement de Salomon, le récit du jugement du souverain indien n'a

47 Jean-Baptiste Tavernier, *Les six voyages…*, *op. cit.*, p. 45.
48 « Cecy me fait souvenir d'une chose qui se passa à Amadabar pendant que j'y estois en l'année 1642. & qui est trop remarquable pour la passer sous silence. », *Ibid.*, p. 45.
49 *Ibid.*, p. 45-46.

pas vocation à émouvoir le lecteur. En effet, selon le voyageur, la mort de l'enfant, bien que perçue comme un acte divin, est causée par un serpent bondissant. Pourtant, sous la plume du narrateur, cet animal paraît terrible ; s'il a laissé la vie à l'un des enfants, il n'hésite pas à tuer l'autre. L'injustice soulevée par cette histoire semble rappeler au lecteur qu'il n'est pas possible de suivre les codes sociaux des Hindous, au risque de mettre sa vie en jeu. En effet, le voyageur souligne la différence de religion qui sépare les deux couples et entraîne une incompréhension mutuelle : les uns voient le serpent comme un fléau alors que les autres le considèrent comme un animal sacré. Ainsi, si Salomon fait appel à la raison des deux femmes pour les départager et les poussent à se dévoiler, le jugement du roi indien est dépourvu de cette qualité. Par ailleurs, Tavernier propose une seconde histoire qui continue le développement de son ouvrage. De la même manière que la précédente, il met en scène une famille déchirée par un enfant, sauf que cette fois il s'agit de prouver sa légitimité suite à la mort de son père et à la grossesse de sa mère, pourtant stérile jusque-là. Le voyageur précise que la femme a eu recours a une incantation magique de la part de son valet pour faciliter la procréation[50].

La confrontation des deux anecdotes permet de mettre au jour une volonté coloniale insidieuse de la part du voyageur. Il ancre sa narration dans un cadre occidental avec le valet et le Gouverneur. D'abord, comme le montre Tavernier, le subterfuge utilisé par la femme n'a rien de magique puisqu'il s'agit pour elle de manger du poisson alors que sa religion lui interdit de le faire. Ainsi, le narrateur utilise indirectement la voix du valet pour « déguiser » le plat servi, comme s'il était certain de réussir à tromper les dieux hindous. Par ailleurs, le voyageur rapporte que la famille sollicite le gouverneur pour établir la légitimité de l'enfant. Sous la plume de Tavernier, la démarche de celui-ci est appuyée sur la science : bien que la médecine semble se jouer des personnages, elle se base sur une démonstration rationnelle pour conclure à la filiation effective de l'enfant. Enfin, comme le souligne l'auteur, la famille demande une confirmation au roi et celui-ci utilise la même méthode que le gouverneur pour confirmer son diagnostic. De cette manière, l'auteur met en place une démarche narrative qui souligne l'effort pédagogique nécessaire aux Européens, pour persuader insidieusement les indigènes d'adopter leur mode de *vie.*

---

50 *Ibid.*, p. 47.

Par ailleurs, l'exégèse des textes hindous est aussi un moyen pour le voyageur de proposer une alternative philosophique au cloisonnement religieux. La mise en parallèle des lettres destinées à Chapelain et Chapelle, révèle François Bernier l'influence de la pensée indienne sur une partie de sa réflexion atomiste. Comme l'a souligné Frédéric Tinguely : « [...] la réhabilitation de l'atomisme antique dans les milieux proches de Gassendi n'a rien d'un simple retour aux doctrines originelles de Démocrite et d'Épicure. Il s'agit plutôt de faire le tri entre ce qui est vraisemblable et ce qui ne l'est pas[51]. » De cette manière Bernier d'abord s'impose en traducteur avant de se faire le relayeur-exégète des textes sacrés hindous.

> Quand j'étais las d'expliquer à mon agha ces dernières découvertes d'Harveus et de Pecquet sur l'anatomie et de raisonner avec lui sur la philosophie de Gassendi et Descartes que je lui traduisais en persan (car ç'a été là ma plus grande occupation pendant cinq ou six ans), le pandit était notre refuge, et alors c'était à lui à raisonner et à nous conter les fables qu'il nous débitait sérieusement et sans jamais rire ; il est vrai que nous nous dégoutâmes si fort à la fin de ses raisonnements bourrus que nous ne le pouvions presque plus entendre[52].

Le voyageur confie comme un aveu à son lecteur que son compte-rendu n'est pas le fruit de ses analyses mais bien les propos rapportés d'un pandit. Il propose donc de retransmettre à son destinataire les observations qui lui ont été faites par un tiers sur les textes qu'il considère issus de l'Antiquité indienne. Par ailleurs, le récit est ici structuré par trois pôles représentatifs des relations diplomatiques : le Français qui sollicite l'intérêt du Moghol afin d'étudier les informations apportées par l'Hindou sur sa religion. Il semble d'après l'auteur que, malgré l'ancienneté des traditions, la raison ne soit pas une qualité régnante au sein des textes sacrés expliqués par le pandit. Bernier dresse un exposé visant à rendre compte des *Védas* et des *Purāṇa*[53], dévoilant ici

51 Frédéric Tinguely, *Un libertin ...*, *op. cit.*, p. 506.

52 François Bernier, *Voyages de François Bernier...*, *op. cit.*, p. 324.

53 François Bernier, « Ils disent donc que Dieu, qu'ils appellent *achar*, c'est-à-dire immobile ou immuable, leur a envoyé quatre livres qu'ils appellent "Védas", mot qui signifie science, parce qu'ils prétendent que dans ces livres toutes les sciences sont comprises. Le premier de ces livres s'appelle *Atherbabed*, le second *Zagerbed*, le troisième *Rekhed* et le quatrième *Samabed*. Suivant la doctrine de ces livres, ils doivent être distingués, comme ils le sont effectivement, en quatre tribus [...] Après qu'ils ont appris le sanskrit, ce qui leur est très difficile parce qu'ils n'en ont point de grammaire qui vaille, ils se mettent pour l'ordinaire à lire les *Puranas*, qui sont comme un interprète et abrégé des Védas,

l'application des textes religieux dans l'organisation de la société qui reproduit fidèlement, par le biais des castes, les principes sacrés. Alors qu'il décrit la société hindoue comme fonctionnant encore comme les Anciens[54], Bernier précise que ses sources ont été complétées par les missionnaires jésuites : ces derniers semblent apporter une modernité à l'exegèse hindoue[55]. Henry Lord, Abrajam Roger, ainsi que les pères Roth et Kircher sont alors évoqués par le voyageur notamment pour leur travail à la fois sur la langue sanskrite et sur l'analyse des textes religieux[56]. Cependant le père Kircher propose, « procurée par le père Roth[57] », une version bilingue, erronnée du *Notre Père* et de l'*Ave Maria*, dont on peut supposer que Bernier a connaissance[58].

Prétendant être une traduction, ces textes se révèlent en fait être des translitérations en devanāgarī qui, en tant qu'écriture alpha syllabaire pour transcrire certaines langues indiennes, se prêtait à l'exercice. À l'instar de cette application d'une langue sur l'autre, Bernier transmet une interprétation qu'il fait passer pour une christianisation de la mythologie hindoue. Confrontant les propos des missionnaires européens avec ceux des brahmanes, il expose deux conceptions distinctes, tout en se dédouanant de la description. D'après le voyageur, les trois dieux de la Trimūrti[59] hindoue sont rapprochés de la trinité chrétienne par les mis-

---

parce que ces Védas sont fort gros, du moins si ce sont ceux qu'on me montra à Bénarès. », *Voyages de François Bernier…*, *op. cit.*, p. 324 et 332.

54 « Ils n'ont point de collèges et de classes ordonnées comme chez nous ; cela me semble plus tenir de cette façon d'école des Anciens : les maîtres étant dispersés par la ville dans leurs maisons et principalement dans les jardins des faubourgs, où les gros marchands les souffrent. », François Bernier, *Un libertin…*, *op. cit.*, p. 331.

55 « Toute cette étude est fort froide parce que la plupart des Indiens sont d'une humeur lente et paresseuse, la chaleur du pays et leur manger y contribuant beaucoup, et parce qu'ils ne sont point comme nous animés au travail par cette grande émulation et par cette espérance que nous avons de parvenir à quelque chose ; ils étudient doucement et sans beaucoup se tourmenter en mangeant leur *kichery* (ou mélange de légumes) que les riches marchands leur font apprêter. », *Ibid.*, p. 331.

56 *Ibid.*

57 Frédéric Tinguely, *Un libertin*, *op. cit.*, p. 502.

58 « j'en avais écrit plusieurs choses fort au long de mes Mémoires et avais même pris les figures de plusieurs de leurs dieux ou idoles que j'avais vus dans leurs temples, et m'étais fait donner les caractères de leur langue sanskrite, mais, ayant trouvé à mon retour tout cela, ou du moins la meilleure partie, imprimé dans *China illustrata* du père Kircher qui l'avait appris à Rome de ce même père Roth, je me contenterai de vous avoir indiqué le livre. », François Bernier, *Voyages de François Bernier*, *op. cit.*, p. 330.

59 Madeleine Biardeau propose une définition du terme : « *Trimūrti*, Niveau de manifestation de la divinité où elle se fait triple pour présider aux différents états du cosmos. » Elle

sionnaires : reprenant les informations fournies par le père Roth, Bernier en fait l'exposé en donnant la parole à son personnage. Le changement de voix permet au voyageur de présenter l'interprétation chrétienne de la foi hindoue. D'après cette dernière il apparaît donc que les avatars de Vishnu sont inspirés par des épisodes de la Bible ou des *Contes de ma mère l'Oye*[60].

> Les gentils, dit-il, tiennent que la seconde personne de la trinité s'est incarnée par neuf fois, et cela pour diverses nécessités du monde desquelles elle l'a délivré. La huitième incarnation est la plus célèbre, car ils soutiennent que le monde étant asservi sous la puissance des géants, il fut délivré par la seconde personne incarnée et née d'une vierge à minuit, les anges chantant dans les airs et les cieux versant une pluie de fleurs toute la nuit[61].

Dans le premier temps de son exposé Bernier semble acquiescer à l'interprétation fournie par le père Roth. La mythologie hindoue est donc entièrement relue à travers le prisme chrétien, ce que perçoit le personnage du révérend lui-même. Cependant, le voyageur semble reprendre les arguments de ses prédécesseurs à son compte pour mettre en place une autre réflexion. Il utilise alors l'analyse du mot « incarnation » comme une charnière pour mettre en miroir les explications du père Roth avec celles avancées par les brahmanes.

> Il y en a eu quelques-uns, et des plus doctes, qui m'ont avoué franchement qu'il n'y avait rien de plus fabuleux que toutes ces incarnations et que ce n'était que des inventions de législateurs pour retenir les peuples dans quelque religion, et que quand même cela aurait été, supposant ce fondement qui leur est commun, que nos âmes fussent des portions ou potioncules de la divinité, on s'en devrait moquer en bonne philosophie sans en faire des mystères de religion, puisqu'à l'égard de nos âmes nous serions Dieu, et qu'au fond ce serait nous-mêmes qui nous serions imposé des cultes de religion, des métempsychoses, des Paradis et des Enfers, ce qui serait ridicule[62].

---

précise également : « On a reconnu dans ces trois formes – non pas concomitantes dans leur fonctionnement, mais de même niveau d'être et indissociables – que prend l'Absolu ce que l'on appelle Trimūrti ("triple forme") ou, en termes plus chrétiens la Trinité. Est-il besoin d'insister sur le peu de rapport qu'il y a entre cette trilpicité de la manifestation divine et la Trinité chrétienne, malgré les quelques tentatives malheureuses de rapprochements qui ont pu être faites ? La Trimūrti elle aussi se présente avec la même constante dans tous les purana, quel que soit le nom donné à la forme suprême de la divinité. », Madeleine Biardeau, *Clefs pour la pensée hindoue*, [Texte imprimé], Paris, Seghers, 1982, p. 236 et 141.

60 François Bernier, *Voyages de François Bernier*, *op. cit.*, p. 329.

61 *Ibid.*

62 *Ibid.*, p. 331.

Alors que le mouvement suivi par les missionnaires consiste à chercher une unité chrétienne à travers la diversité du panthéon hindou, Bernier propose de faire entendre la voix des pandits. Cependant il transmet une parole indirecte des indigènes qu'il ne nomme pas. En revanche, il structure sa démonstration par une gradation ascendante qui relaie les propos recueillis auprès des groupes de brahmanes du plus rudimentaire au plus savant. Devant la multitude hindoue Bernier cherche un argument philosophique qui l'incite à réfléchir sur le nombre et plus précisément sur la théorie des atomes. Si, comme l'a montré Frédéric Tinguely, Bernier « propose à Chapelle un atomisme non matérialiste en grande partie compatible avec la doctrine chrétienne[63]. » La mise en balance des deux interprétations des textes traditionnels hindous permet donc au voyageur de se positionner au centre de son analyse pour tenter de trouver une autre voie ; celle de la philosophie.

L'ESPACE INDIEN COMME DÉCOR PRÉTEXTE

LE RÉCIT DE VOYAGE EN INDE : UN PRÉTEXTE FICTIF POUR LA CRITIQUE DE COUR LIBERTINE

Jean de Lannel publie son *Romant des Indes* en 1625[64]. Écrivain proche des cercles libertins, il propose de réécrire son *Romant satyrique*, publié l'année précédente, pour mieux le travestir. À la manière d'un récit de voyage authentique, il dresse le portrait de la cour indienne pour mieux s'amuser des défauts de celle de Louis XIII. Dans son ouvrage *Roman et réalité*, Jean Serroy démontre qu'« il s'agit toujours, sous des noms de fantaisie, de mettre en scène des personnages et lieux bien réels, et de représenter de façon volontairement critique les mœurs du temps[65]. » Ainsi, il s'intéresse à l'hybridation générique du *Roman satirique* : « Empruntant à tous les genres et à toutes les formes, le roman de Lannel répond bien à la définition de la "satura". Il pousse simplement, à la réserve du

63 Frédéric Tinguely, *Un libertin, op. cit.*, p. 506.

64 Jean de Lannel, *Le romant des Indes, par Jean de Lannel, écuyer seigneur du Chaintreau & du Chambort*, Paris, 1625 [monographie imprimée].

65 Jean Serroy, *Roman et Réalité*, p. 254.

scabreux et du licencieux, la veine satirique aux extrêmes[66]. » De fait, il apparaît que la volonté de réécrire une version exotique de son œuvre permet à l'auteur de « déguiser ses personnages sous de nouveaux noms à consonnance indienne [...] [ce qui] procède d'une volonté [de] retour à la convention romanesque [afin] d'éviter les allusions trop directes et les transpositions trop évidentes. » *Le Romant des Indes* se présente comme un conte oral composé de cinq livres à la manière d'une pièce classique, nous en étudions ici le premier. Il s'agit ici de s'intéresser à l'élaboration d'un discours satirique cultivant une esthétique théâtralisée pour mieux transgresser les frontières génériques et garantir au décor indien les premiers élans d'une écriture mondaine en vogue.

Le principe moteur de la composition du roman réside dans l'immédiateté du récit avec un narrateur qui s'exprime à la première personne et semble pris entièrement dans l'instantanéité de la phrase. Ce « je » permet l'expression de la voix du conteur qui s'attache principalement à rapporter les paroles de ses personnages. Son omniprésence lui confère alors le statut d'observateur privilégié de la cour indienne. Par ailleurs, le terme « discours » ainsi qu'un ensemble de verbes de paroles ponctuent le texte comme autant de mises en relation des personnages entre eux. Il ne s'agit pas de décrire l'Inde en tant que territoire « autre », ni de relever les particularités des autochtones comme peuvent le faire les voyageurs contemporains de l'auteur tels Pyrard de Laval ou François Martin de Vitré. Ici, les indications géographiques comme « la ville de Lahore » en tant que cadre principal du récit, ou l'évocation de Goa, le rôle du Grand Mogor et de la présence des jésuites ne servent qu'à confirmer l'exotisme du décor indien. La connaissance que pouvaient avoir les auteurs sédentaires français de l'Inde au début du XVIIe siècle était principalement fondée sur les lectures de récits de voyages traduits ou non et traversant les âges depuis l'Antiquité. Un ensemble de stéréotypes se sont transmis, incitant les scripteurs à dessiner les traits prototypiques de l'Autre. Ici, se mettent en place les premières marques de ce que deviendra l'*homo indianus* tout au long du siècle c'est-à-dire un être de papier, en partie forgé sur les stéréotypes orientaux analysés par Sophie Linon-Chipon dans son ouvrage *Gallia orientalis*. Ainsi, portrait de l'Indien empreint d'une fourberie à éradiquer est proposé dès le début

66 *Ibid.*, p. 270.

du roman. On voit Pantagath, fraîchement arrivé à Lahor, être mêlé à un duel et devoir rendre compte à Ramadan qui estime devoir obtenir réparation. Alors que l'Indien cherche à provoquer son nouvel ennemi, Pantagath tente de le raisonner.

> Cela ne me contente pas dit Ramadan, il faut que vous mettiez l'épée à la main, & en mesme temps décendit de cheval, & dit à Pantagath qu'il le tueroit s'il ne se deffendoit. Monsieur, répondit Pantagath, vous devez considérer qu'il et nuict, & que ce n'est pas maintenant l'heure de chercher la satisfaction, quand l'obscurité nous oste presque tout moyen de nous voir. C'est pourquoi il vaut mieux differer jusques à demain, & cependant vos amis vous diront si vous avez sujet de vous plaindre de moi[67].

L'accumulation d'arguments vient imposer une norme rationnelle à la provocation et ce déséquilibre est renforcé par la différence du traitement des discours pour rapporter les paroles de l'un ou de l'autre personnage. En effet, la voix de l'Indien est étouffée par un discours indirect alors que celle de l'Européen est rendue vivante par le discours direct. On voit ainsi Pantagath prendre le rôle de héros civilisateur qui s'impose doublement sur son assaillant : en gagnant le duel et en le laissant expérimenter la véracité de ses dires[68].

Cette mise en relief de la parole participe à la théâtralisation du récit. En effet, le narrateur parle bien de « triste spectacle » offert par la reine Perside lorsqu'elle découvre le corps inanimé de Ramadan, le « theatre » monté par une compagnie ou même la représentation d'un ballet donnée par le Grand Moghol. Enfin, le récit se termine à la manière d'une comédie, par les mariages de tous les personnages. La relation maître/valet génère des rebondissements et retarde ou annule l'accomplissement de certaines actions. De fait, la servante de la Reine d'Angola, prévient Pantagath des intentions de sa maîtresse. « Callionne lui dit que Perside le demandait, & luy donna conseil de ne se faire connoistre que le moins qu'il pourroit[69] ». S'imposant en tragédienne, la reine se trouve prise dans un dilemme insoluble : « Helas je brûle d'amour pour ce gentil Cavalier, & neantmoins l'image de mon frere couvert de sang me presse de tremper mes mains dans celuy de son meurtrier[70] ». C'est alors que

67 Jean de Lannel, *Le romant des Indes*, *op. cit.*, p. 10-11.
68 *Ibid.*, p. 14.
69 *Ibid.*, p. 58.
70 *Ibid.*, p. 54.

Callionne intervient et joue le rôle de la confidente raisonnable en lui proposant de vérifier l'identité de Pantagath avant d'envisager de l'assassiner. Les Grands apparaissent donc, sous la plume du narrateur, comme des héros tragiques, soumis à leurs passions « Car s'étant joints d'alliance avec de grands Princes, il faut en épouser leurs querelles, & leurs passions, qui bien souvent nous engagent dans des guerres injustes & nous précipitent dans un abysme d'incommoditez & de dangers[71]. » Cette distance prise avec les figures royales donne au conteur l'occasion d'inclure le lecteur dans la logique de son raisonnement. Il peut alors indirectement l'amener à s'interroger sur son propre système politique.

Par ailleurs, pour écrire sur la cour indienne, le narrateur développe une esthétique comique en deux temps : les personnages ont un rire galant alors que le conteur s'amuse de les voir agir et instaure un rire satirique. Ainsi, le rire de Mocarebecam en voyant Pantagath danser, déclenche-t-il la mise en place d'une rumeur qui crée une nouvelle digression dans le récit. « Il se rioit ainsi, regardant Pantagath avec un oeil si joyeux & une façon si gracieuse & obligeante, que tous ceux qui virent cela en soupçonnerent plusieurs causes, car il n'avait pas accoutumé d'estre si courtois que cela[72] ». *A contrario*, le narrateur se permet des interventions ironiques ponctuelles interrompant ainsi les paroles du personnage en action. « Cruelle & tyrannique condition des grands, qui parmy l'excessive licence qu'on croit qu'ils ont de contenter leurs passions, sont tellement importunez du grand nombre de serviteurs & d'amis, qui les suivent par tout, qu'ils ne peuvent pas mesmement satisfaire à la necessité de leurs plus secrettes affaires sans estre veus de quelqu'un[73]. » Si les personnages royaux ne peuvent véritablement cacher leurs actions, ce n'est pas le cas du narrateur qui joue avec l'emploi de la première personne. Alors que dans la dédicace au duc de Lorraine, il déclare remettre le texte de Pantagath, ce n'est pas ce dernier qui incarne le narrateur. Par ailleurs, les ruptures temporelles mises en place par les échanges épistolaires, ainsi que l'accès à l'intériorité de certains personnages, notamment celle de la reine d'Angola qui coupe sa lecture pour pleurer la mort de son frère, montrent la toute-puissance de l'auteur qui peut biaiser l'information qu'il transmet au lecteur. On

71 *Ibid.*, p. 105.
72 *Ibid.*, p. 136.
73 *Ibid.*, p. 14.

voit ainsi le personnage principal jouer à dissimuler des informations comme la raison de son voyage à Lahor alors qu'il vient de retrouver son oncle[74]. Il s'amuse aussi à taire sa véritable identité : « ne sait-on point qui il est ? » demande-t-il au sujet de celui qui a laissé Ramadan pour mort, c'est-à-dire lui-même. Il induit momentanément en erreur les personnages qui le recherchent[75]. Le fait d'avoir accès aux coulisses du pouvoir permet donc à l'auteur de dévoiler certaines vérités cachées, notamment lorsqu'il parle de la relation entre le Mogor et son premier ministre : « il est Empereur en effect, & l'Empereur ne l'est plus que de nom[76] ». Il peut alors faire résonner sa critique à peine masquée du lien entretenu par Richelieu et Louis XIII afin de donner à son récit l'étoffe d'une « machine à déniaiser » le lecteur[77].

Le motif du voyage n'est pas utilisé dans son ensemble à travers le texte. Si Pantagath, le personnage principal, arrive dans la ville indienne au début du roman et y séjourne, il ne clôture pas la structure ternaire par son retour puisque Pantagath s'établit en Inde. Par ailleurs, le narrateur s'appuie sur l'effet d'authenticité propre à la littérature viatique. Ainsi, il propose de traduire certains termes employés tout au long du texte et directement issu de la langue des autochtones. On apprend alors que « l'arthou Zamorin » signifie « en langage Indien le Prince Zamorin[78] », « Rotanos & Estaforos » correspondent aux « Pages & Laquais[79] » ou les « Rameselles » sont les « demoiselles[80] » et « l'Arel de Bengala » s'apparente au « Comte de Bengala[81] » etc. Toutefois, l'expertise du narrateur ne peut être vérifiée puisque le nom de la langue n'est pas mentionné. Cette imprécision concerne également les affirmations sur les relations politiques indienne : on apprend ainsi que « Malabar étant un tres puissant Prince, & fils du deffunct Roy d'Angola[82] » La cour indienne impressionne par sa magnificence : ses

74 *Ibid.*, p. 95.
75 *Ibid.*, p. 120.
76 *Ibid.*, p. 115.
77 L'expression est empruntée au titre de l'article écrit par Sylvie Requemora-Gros, « Voyage et libertinage, ou l'usage du genre hodéporique comme "machine à déniaiser" dans la littérature française du XVIIe siècle ».
78 Jean de Lannel, *op. cit.*, p. 3.
79 *Ibid.*, p. 16.
80 *Ibid.*, p. 40.
81 *Ibid.*, p. 89.
82 *Ibid.*, p. 12.

grandes tablées, ses décors somptueux[83]. Mais l'Inde n'est finalement qu'un prétexte exotique pour dresser le portrait satirique des Grands. En effet, la mise en parallèle du texte liminaire du *Roman satirique* et de celui du *Romant des Indes* fait part du projet d'écriture de Lannel. Il commence par donner une dimension internationale à la structure de son texte pour mieux en brouiller les origines et masquer la réécriture opérée : « La matière de ce texte a été tirée des Indes, le dessein en a été pris à Rome, la composition en a été traitée en Espagne, l'examen en Lorraine, la correction en Allemagne, l'aprobation en Picardie, & l'impression à Paris. L'Autheur l'a fait à la mode et n'a rien dérobé[84]. » Lannel développe une véritable poétique du travestissement : il s'agit de déporter son intrigue de Galatie, un pays imaginaire, à l'Inde qui évoque tout autant un ailleurs merveilleux et devient le territoire idéal pour planter sa critique du système politique français. « Car encores que ce pays soit libre, la parole neantmoins ne l'est pas, & punit on bien souvent les discours comme des crimes irremissibles[85] » Ainsi, l'Inde de Lannel est un lieu d'échanges particuliers, souvent secrets, rendus publics par la voix du narrateur qui parvient donc à mettre en place autant de saynettes à la manière d'un récit à tiroirs. De fait, la forme discursive conditionne l'hybridation générique du texte. C'est en effet, grâce aux discours des personnages que le lecteur entre dans le récit d'aventures que Pantagath dresse à la Reine d'Angola qui cherche à lui faire avouer l'agression de son frère Ramadan[86]. Le discours se fait aussi réflexion sur la moralité des Princes[87] ou simple inventaire de l'arbre généalogique de la famille royale[88]. Par ailleurs, il adopte la forme d'une critique libertine de la religion chrétienne par le valet Philanton[89] qui, déçu en amour, entreprend par la suite un voyage de conversion vers « les deserts de la Roche celeste[90]. » Enfin, en comparant le *Roman satyrique* avec sa réécriture, il apparaît que l'auteur s'est contenté de modifier seuls les noms des personnages et quelques tournures de phrases. La Galatie et

83 *Ibid.*, p. 69.
84 *Ibid.*, *Énigme*, p. 1.
85 *Ibid.*, p. 119.
86 *Ibid.*, p. 70-73.
87 *Ibid.*, p. 98.
88 *Ibid.*, p. 110.
89 *Ibid.*, p. 156.
90 *Ibid.*, p. 165.

l'Inde sont donc superposables dans ce récit. Le voyage de Pantagath est bien un prétexte pour Lannel qui cherche à crypter davantage sa critique. Le roman s'inscrit donc aux prémices de l'écriture du voyage en Inde : s'appuyant sur les stéréotypes orientaux, il met en place un texte opaque aux visées satiriques. Le recours à la forme théâtralisée du récit permet au narrateur de s'exprimer à travers la voix biaisée des personnages indiens. L'auteur participe à l'élan littéraire qui propulsera le motif indien à se trouver aux premières loges de la vogue mondaine de la seconde moitié du XVIIe siècle.

LE VOYAGE AU FÉMININ. RÉÉCRIRE L'EXPÉRIENCE VIATIQUE AU XXe SIÈCLE : UNE ÉMANCIPATION FÉMININE

Le jeu sur l'imaginaire indien impulsé par les voyageurs français du XVIIe siècle, connaît un nouvel essor au cours des années 1920. En tant qu'« Orient hyperbolique », l'Inde s'impose comme « une terre ouverte à l'action et aux appétits occidentaux : on y agit, on y rivalise, on y triomphe. Et tout cela sur le rythme élevé d'un récit haletant qui ne s'embarrasse le plus souvent pas trop de finesse psychologique concernant les personnages ou de précision descriptive concernant le pays lui-même[91]. » Cette esthétique est exploitée par Yvonne Robert Gaebelé qui voit dans l'Inde un espace d'épanouissement à l'héroïsation féminine. Elle publie *Créole et grande dame : Johanna Bégum, marquise Dupleix, 1706-1756*[92], en 1934, couronné par l'Académie française, et *Une Parisienne aux Indes au XVIIIe siècle*[93] en 1937. Ces deux ouvrages étudiés en miroir questionnent la place de deux femmes dans le décor indien du Grand Siècle, perçues à travers le regard d'une écrivaine du premier XXe siècle. Ces héroïnes laissées dans l'ombre par l'Histoire semblent se répondre dans un contexte colonial indien pour faire émerger les traits d'une nouvelle figure féminine. En effet, à la croisée du

---

91 Guillaume Bridet, *L'Événement indien…*, *op. cit.*, p. 78.

92 Yvonne Robert Gaebelé, *Créole et grande dame : Johanna Bégum, marquise Dupleix, 1706-1756, sa famille, la vie aux Indes dans la première moitié du XVIIIe siècle, Pondichéry en ce temps-là. L'ascension de la créole. Son mariage avec Dupleix. Apogée de sa puissance. Sa part dans la politique coloniale de son mari. Fêtes et réceptions grandioses. Reine d'un monde de féérie. La fin d'un beau rêve. Le calvaire.* Préface de E. Gaudart, Pondichéry, Bibliothèque coloniale, 1934.

93 Yvonne Robert Gaebelé, *Une Parisienne aux Indes au XVIIIe siècle : Madame François Martin*, Préface de A. Martineau, Pondichéry, Bibliothèque coloniale, 1937.

reportage et du roman d'aventures, ces deux intrigues se développent durant l'émergence de la présence française en Inde. Elles s'appuient sur une documentation se voulant authentique pour mieux alimenter l'imaginaire français de l'Inde et, par résonnance, redéfinir les traits d'une identité féminine d'entre-deux guerres. La réécriture des récits de voyageurs français dans l'Inde du Grand Siècle permet ici l'affirmation d'une identité féminine et auctoriale.

Les deux romans étudiés ici revendiquent leur important travail de recherche à partir de documents authentiques. Dans *Une Parisienne aux Indes*, la narration oscille avec des passages repris aux récits des voyageurs dont les ouvrages sont mentionnés en notes de bas de page. On s'aperçoit alors que les *Mémoires* de François Martin ont servi de première source à l'écriture du roman. De son côté, *Créole et grande dame* résulte en grande partie du travail d'exégèse sur les écrits de Anandapoullé[94], un courtier indien de la Compagnie des Indes. Il a eu une influence très importante dans l'histoire de la présence française en Inde au début du XVIIIe siècle. De fait, il s'agit bien de réécrire l'histoire à travers le regard féminin du personnage qui s'impose également comme l'autre, à cause de son statut de femme du passé. La narratrice tente de retrouver la tessiture de celle à laquelle elle semble vouloir s'identifier. En effet, alors que Madame Martin déambule avec sa fille dans les rues indiennes, « Craintive, elle se signe, expliquant toutes ces choses, en sa psychologie enfantine de Parisienne du XVIIe siècle, par l'intervention du Diable[95] ». Par ailleurs, lors d'un échange avec un autre personnage, Madame Martin cherche à apprendre l'histoire indienne : « Et ainsi, à près de cinquante ans, Mme Martin apprend peu à peu, l'histoire du grand et merveilleux pays qu'elle habite[96] » ou encore : « Elles sont, maintenant les Parisiennes au courant de beaucoup de découvertes du pays qu'elles ne comprennent pas toujours mais qu'elles jugent partiellement. On ne change pas de mentalité en quelques mois mais elles ont un cœur sensible et bon et chacun leur fait

---

94 Anandaranga Pillai, *Un livre de compte de Ananda Ranga Poullé, courtier de la Compagnie des Indes* / traduit du tamoul par le R. P. Oubagarasamy Bernadotte. ; introduction et notices biographiques par Edmond Gaudart, Gouverneur en retraite, Pondichéry, E. Leroux, Bibliothèque coloniale, 1930. – PILLAI, Anandaranga, *Les Français dans l'Inde, Dupleix et Labourdonnais : extraits du journal d'Anandarangappoullé, courtier de la Compagnie française des Indes (1736-1748)*, Paris, E. Leroux, 1894.

95 Yvonne Robert Gaebelé, *Une Parisienne aux Indes*, *op. cit.*, p. 64.

96 *Ibid.*, p. 71.

fête[97]. » Il s'agit bien de recréer l'ethos d'une femme du Grand Siècle et pour accentuer l'écart avec une femme du XXe siècle, la narratrice développe une infantilisation de son héroïne. Pourtant, en taisant les informations glanées par son personnage, Yvonne Robert Gaebelé met en place une théâtralisation de la documentation mais garde secret le contenu des découvertes de Mme Martin. Toutefois, la narration des deux romans de Gaebelé est entrecoupée par l'insertion de documents authentiques comme le contrat de mariage de la Bégum dans Créole et grande dame ou le détail des provisions pour la traversée en mer dans Une Parisienne aux Indes. On constate également une importante somme de notes de bas de page citant les récits de voyageurs français du Grand Siècle dont François Martin en tête mais aussi Robert Challe ou Jean-Baptiste Tavernier. La narratrice peut aller jusqu'à citer directement les paroles de ces relateurs pour illustrer son récit et l'enrichir de sa dimension authentique. De fait, la biographie des héroïnes de Gaebelé est parsemée par l'ensemble des topoï viatiques de la découverte indienne. Ainsi, ses personnages connaissent des épisodes de voyage dans le voyage grâce auxquels elles découvrent par elles-mêmes le pays. Sont alors évoquées brièvement les bizarreries indiennes comme le portrait des brahmanes acrobates ou le rite de satī, devenu un topos confirmé de l'exploration de l'espâce indien. « On a raconté, devant ces deux femmes singulièrement émues, les sacrifices volontaires de ces veuves, qui se jettent dans les flammes du bûcher de leur mari. Elles ont également assisté au mariage de marchands indous au service de la Compagnie[98]. » Alors que les voyageurs ont mis en place une typologie des veuves indiennes avec un balancement entre la victime superstitieuse et la tragédienne radicale, Gaebelé donne un caractère complètement anecdotique à cet élément culturel. À la manière des voyageurs du XVIIe siècle, il s'agit de rapporter le discours de ceux qui ont véritablement vu le sacrifice. Toutefois, le manque de détails et le traitement de l'information orientent le lecteur vers le mariage des commerçants hindous plutôt que vers la crémation des veuves. La narratrice semble donc soigner son lectorat et l'oriente vers une curiosité joyeuse.

Le voyage au féminin permet d'interroger la construction d'une identité féminine notamment mise en condition de spectatrice de la

97 *Ibid.*, p. 65.
98 *Ibid.*

femme étrangère. L'écriture féminine du voyage a déjà suscité l'intérêt de nombreux chercheurs comme en témoignent le numéro en deux tomes de la revue *Genre & Histoire* dirigé par Nicole Pellegrin intitulé « Voyageuses et histoire(s)[99] », publiés en 2011 et 2012 ou le volume collectif *Voyageuses européennes au XIXe siècle. Identités, genres, codes*, publié dans la collection « Imago Mundi » en 2012, sous la direction de Franck Estelmann, Sarga Moussa et Friedrich Wolfzettel[100]. Il semble que le voyage au féminin et sa mise en récit au cours du XIXe siècle, s'imposent en tant que phénomènes modernes qui associent l'espace de découverte orientale à une quête du sublime répondant au quotidien européen. En exploitant l'esthétique viatique, Yvonne Robert Gaebelé donnent à ses personnages l'étoffe de femmes d'exception. Ainsi, l'arrivée de Madame François Martin sur le port pour embarquer, est retardée par une description du décor traversé par la voiture dans laquelle elle voyage avec sa fille.

> Chaque relais de la diligence ne groupe-t-il pas autour de cette dernière, une bonne partie du village attentive et curieuse ? [...] Dame ! La chose valait qu'on s'y arrêtât ! On savait bien que des bateaux partaient, de temps à autre, de Brest ou de l'Orient pour de lointaines destinations ; ils étaient montés de hardis marins, de gars bretons qui n'avaient pas froid aux yeux, ou par des missionnaires... Mais, que des femmes seules pussent entreprendre un tel voyage ; cela dépassait l'imagination ! [...] Et les regards admiratifs allaient aux deux femmes qui faisaient ainsi le sujet des conversations. Belles toutes les deux, avec cet air aisé des attitudes que Paris a toujours donné en partage à ceux qui l'ont longtemps habité[101].

Le recours aux questions rhétoriques, ainsi que le passage au discours direct pour retranscrire les paroles de la foule, ou même les interventions exclamatives de la narratrice mettent en place un jeu de perspective dont le point de mire est Madame Martin qui va rejoindre son mari. La modalisation admirative développée par la narratrice annonce le parcours prometteur de l'héroïne du récit. Toutefois, comme dans tout roman d'aventures, leur statut particulier doit être confirmé par la

99 Nicole Pellegrin (dir.), *Voyageuses et histoire(s)*, Partie 1, *Genre & Histoire*, numéro 8, 2011 (en ligne) et Nicole Pellegrin (dir.), *Voyageuses et histoire(s)*, Partie 2, *Genre & Histoire*, numéro 9, 2012 (en ligne).

100 Frank Estelmann, Sarga Moussa & Friedrich Wolfzettel (dir.), *Voyageuses européennes au XIXe siècle. Identités, genres, codes*, Paris : PUPS, coll. « Imago Mundi », 2012.

101 Yvonne Robert Gaebelé, *Une Parisienne aux Indes*, *op. cit.*, p. 1-2.

suite du récit. Dans la préface de *Créole et grande dame*, Yvonne Robert Gaebele déclare :

> On dirait que Fr. Martin, avant de mourir, a prévu la naissance de la future Bégum et qu'un bon génie l'a poussé à embellir la ville, où allait naître la femme suprêmement intelligente, au cœur si dévoué, qui fut la compagne admirable de Celui qui devait tracer dans l'Inde un tel sillon de gloire que, les Indous du peuple, encore maintenant, nomment indifféremment Dupleix et Napoléon, les confondant dans une même Apothéose !

Entre paysages de rêves et mises en actions des personnages, les romans de Gaebelé mettent leurs héroïnes à l'épreuve. « Le besoin d'ébrouement, bien naturel au sortir de la geôle guerrière, devait créer un esprit bien favorable à la liberté des fantaisies, des rêves et même des terreurs », explique Paul Kawczak en citant Henri Clouard dans sa thèse *Le roman d'aventures littéraire de l'entre-deux guerres français*[102]. (p. 7) Il démontre qu'« à la fin des années 1910, une production nouvelle de roman d'aventures, reconnue comme telle par la critique de l'époque et qui se démarque poétiquement et thématiquement de l'aventure traditionnelle. » Ainsi, l'héroïsme des figures féminines de Gaebelé, inscrites dans un contexte aventureux semble associé à une volonté de dépasser un ensemble de cloisonnements éminemment féminins. C'est bien parce qu'elle choisit d'embarquer pour le voyage au long cours la menant en Inde, que Madame Martin se démarque des autres femmes de son époque. De la même manière, la Bégum est associée à un sens pointu de la Raison, ce qui lui permet de propulser son mari au même rang que l'un des plus grands empereurs de l'histoire de France. Ainsi, il s'agit bien d'inscrire deux héroïnes dans un imaginaire national et porteur du souvenir de ce qu'a été la France rayonnante du Grand Siècle.

Le décor indien se révèle en fait bien plus qu'un simple cadre ou qu'un prétexte aux divers fantasmes occidentaux. En effet, dans son article « L'imaginaire tropical : le paysage indien dans les romans populaires français de 1860 à 1920[103] », Catherine Champion explique que « le paysage indien offre aux romanciers un prétexte idéal pour corser l'intrigue

102 Paul Kawczak. *Le roman d'aventures littéraire de l'entre-deux-guerres français : le jeu du rêve et de l'action*. Littératures. Université de Franche-Comté, 2016.

103 Catherine Champion, « L'imaginaire tropical : le paysage Indien dans les romans populaires français (1880-1920) », dans Puruṣārtha, n° 11, Paris, 1988.

[…] et [qu']il est surtout traité comme un décor[104]. » Elle souligne une incapacité à proposer de véritables descriptions du paysage indien, à partir d'imprécisions géographiques, comme un élément générateur de déformations d'une image de l'Inde.

> Les romanciers ne permettent pas de se faire une idée bien précise du paysage indien. À la description du paysage se substitue souvent une liste d'adjectifs mièvres et redondants « splendide, ravissant, délicieux, grandiose, féerique, enchanteur… » et de superlatifs : « le plus pittoresque, le plus charmant des tableaux »… La description est souvent gommée, également, au profit de tournures énonçant un aveu d'impuissance de l'auteur : « il est impossible de rêver spectacle plus magnifique »[105].

Cette perception du décor indien conduit Catherine Champion à rapprocher l'imaginaire de l'Inde avec le mythe chrétien du Paradis terrestre. Il s'agit bien de l'esthétique développée par Yvonne Robert Gaebelé qui recrée une Inde des merveilles découverte à travers le regard béat d'une narratrice omnisciente et pourtant bien prompte à intervenir dans son récit. Dans *Une Parisienne aux Indes*, elle propose une description des villes à l'Européenne avec des rues « pavées de porcelaine », l'existence de magnifiques jardins et la participation à de véritables festins donnent au lecteur l'impression d'intégrer un monde idyllique. La traversée en mer permet également de développer un espace d'admiration. En effet, la narratrice détourne les étapes attendues pour construire cet épisode viatique. La vie en mer devient alors le prétexte pour se « documenter, le plus possible, sur cette Inde merveilleuse, dont le nom est synonyme de mystère[106] ». Se succèdent alors une série d'échanges dont ne sont rapportés que les noms des interlocuteurs, parfois le sujet de la discussion mais rarement son contenu sauf s'il touche son mari.

Le cadre indien est également dessiné par les autres personnages féminins. Dans *Créole et grande dame*, c'est bien le cliché des jalousies entretenue par les femmes de directeurs européens qui est évoquée[107]. Le texte proposé également une description détaillée des Indiennes. « La race indienne est belle en général. Les hommes, d'une taille plutôt grande que petite, sont noirs, sans l'être autant que les Cafres… Les femmes

104 *Ibid.*, p. 93.
105 *Ibid.*, p. 116.
106 Yvonne Robert Gaebelé, *Une Parisienne aux Indes*, *op. cit.*, p. 14.
107 Yvonne Robert Gaebelé, *Créole et grande dame*, *op. cit.*, p. 18 et 30.

sont d'une taille médiocre ; elles ont quelques nuances de noirceur de moins que les hommes et une démarche infiniment plus aisée, plus délibérée[108]... » Cette comparaison entre hommes et femmes permet l'emploi de formules superlatives qui soulignent le parti pris de la narratrice. En effet, il s'agit par la suite de développer un exposé complet sur les habitus des Indiennes tout en valorisant leur volonté de se parer de bijoux et leur interdiction de s'exposer au regard d'autrui selon leur caste. Yvonne Robert Gaebelé s'appuie ainsi sur l'architecture du récit de voyage qu'elle réécrit pour servir son récit. Il s'agit de dresser une description picturale des Indiens à la manière des vignettes que l'on trouve dans l'*Atlas* de Blaeu ou les gravures de Linchosten. L'Indien et l'Indienne semblent être figés dans un cadre fixe duquel le roman d'entre-deux guerres ne parvient pas à les sortir. On voit bien que c'est à partir du récit de la découverte du territoire que l'imaginaire de l'Inde a pu coexister avec une quête du sublime vers la redéfinition d'une identité féminine jusqu'alors étouffée par la voix des voyageurs.

La figure féminine indigène observée par les voyageurs entrait en opposition avec celle d'une honnête femme. En effet, l'Indienne apparaît comme un personnage qui viendrait nuancer l'Orientale tout en lui apportant de nouveaux traits spécifiques. Dans son *Gallia Orientalis* qui étudie la poétique des récits de voyages aux Indes orientales, Sophie Linon-Chipon montre que le personnage féminin est caractérisé par sa lubricité. « Sous couvert d'un intérêt presque ethnologique, les relationnaires accordent aux mœurs sexuelles une importance particulièrement marquée avec en toile de fond l'éternel cliché d'un Autre forcément pervers[109]. » Sous la plume des voyageurs français, la femme indienne obéit à cette stéréotypie ; elle devient à la fois un objet de fantasme et une intrigante se débattant au cœur du tragique sérail indien. Étudiant les interférences des divers genres littéraires avec le récit de voyage, Sylvie Requemora-Gros s'est intéressée aux enjeux tragiques des anecdotes galantes, à travers les deux racontées par François Bernier. Si la première incite le lecteur à rire avec l'auteur, par le biais de la tragi-comédie, la seconde le remplit d'effroi. Les femmes du sérail deviennent, sous la plume du voyageur, de véritables intrigantes. De fait, leurs manigances servent le resserrement de l'action sur un spectaculaire horrifique chargé

---

108 *Ibid.*, p. 30.

109 Sophie Linon-Chipon, *Gallia Orientalis*, *op. cit.*, p. 473.

de transmettre au lecteur une leçon morale. Ainsi, la femme de sérail devient, pour les voyageurs, un outil narratif qui permet d'aborder la toute-puissance de l'empereur tyrannique ou de mettre en place des anecdotes galantes. Alors qu'elle revendique son travail de documentation, Yvonne Robert Gaebelé semble vouloir recréer une figure féminine française mise en opposition avec l'Indienne. Elle opère en ce sens la démarche inversée des voyageurs du XVIIe siècle qui trouvaient dans le lointain l'occasion de « d'affranchir les schémas intellectuels de leurs tabous » pour reprendre une expression de Sophie Linon-Chipon. Dans *Une Parisienne à Paris*, on trouve en effet l'expression d'une esthétique galante présentant une héroïne tellement tournée vers son mari et son expérience, jugée plus difficile que la sienne, qu'elle n'a pas peur de sa première tempête en mer. Les héroïnes d'Yvonne Robert Gaebelé semblent intégrées dans un tableau indien réunissant les clichés instaurés par les voyageurs.

> Après les papotages inévitables, les dernières nouvelles et faits divers, viennent les conversations plus sérieuses ; Dupleix parle de la France, il raconte Paris, la Cour, ou tout au moins ce qu'il a pu en voir, en entendre dire, et Jeanne écoute, pendant des heures, blottie dans ses coussins, les poings aux tempes, frémissante et heureuse. Ce n'est donc pas un mirage, une féerie ; tout ceci existe donc bien, les seigneurs très puissants et les dames très belles… et le sang des aventuriers portugais bat plus vite dans ses veines, vite tempéré par la douleur du sang indou qui la rejette mollement au bien-être du sofa. Puis la petite créole française se réveille et le bon sens commande 'Allons ! aya ! boy !… vite, par cette chaleur, apportez à boire !'[110]

On assiste à une mise en abyme du récit au cours duquel c'est le Français qui divertit l'Indienne d'appartenance. Il semble que le salon de la Bégum s'impose comme un espace favorisant la cohabitation pacifique entre les deux nations. Il s'agit donc de développer un imaginaire national par lequel l'Europe devient le territoire lointain qui génère l'admiration. Toutefois, la voix du Français est comme aspirée par l'Indienne.

> Pour Dupleix, le passé n'existe plus, tout est au présent, ce présent si doux qui prépare si bien l'avenir alors même que personne ne s'en doute encore. Car, si Dupleix raconte la France, Jeanne elle, lui raconte l'Inde ; elle lui dit

110 Yvonne Robert Gaebelé, *Créole et grande dame*, *op. cit.*, p. 19.

> ses habitudes, les mœurs, les coutumes ; celles par exemple, auxquelles les Européens ne peuvent se soustraire s'ils veulent réussir auprès des commerçants du pays… Dupleix sourit, mais au tréfonds de lui-même il retient ces détails infimes et pourtant essentiels qui lui donneront la maîtrise des peuples qu'il gouvernera plus tard[111].

Il semble ici que la réussite du personnage tienne aux précautions que lui soumet son interlocutrice. C'est la voix de la femme qui sert ici les intérêts impérialistes du personnage masculin. Alors que l'une adopte l'étoffe d'une conteuse de salon, l'autre profite de ses connaissances en tant que femme de terrain. La mise en scène de la mondanité intervient ainsi au service du souvenir de la présence française sur le territoire indien.

111 *Ibid.*, p. 20.

CONCLUSION DE LA TROISIÈME PARTIE

Le voyage en Inde s'impose donc comme un motif littéraire ; qu'il soit issu de traductions antiques ou de mises en récit faussement authentiques. L'Inde icône de la première modernité n'est pas seulement esthétique : elle interroge également la teneur des informations qui étaient diffusées sur les pratiques indigènes afin de répondre aux enjeux politiques et commerciaux que représente l'établissement de comptoirs français sur le territoire indien. La France de Louis XIV voit naître le goût pour l'Inde. La circulation des objets d'art apporte un intérêt culturel aux échanges commerciaux. De son côté la littérature de voyage met en place un nouvel espace paradoxal où les auteurs trouvent une nouvelle légitimité d'écriture en commentant les textes fondateurs du monde « hindou ». Ainsi, la description des animaux conduit les voyageurs à constituer un bestiaire indien dans lequel serait indirectement présentée la population autochtone.

Par ailleurs, perçues à travers le prisme chrétien ou présentées en réaction à celui-ci, les exégèses deviennent des réécritures tronquées des textes indiens. Se développe alors progressivement un imaginaire à la fois narratif, par le biais des récits, mais aussi iconique avec le bestiaire, les recueils de mythologie et les transcriptions artistiques qui, en dépassant la transcription phonétique, conduisent la langue à devenir un art. Le paysage indien, aux attraits prometteurs, permet enfin d'exploiter les ressorts d'une tension narrative qui bouscule les travers de la société française. L'imaginaire du Grand Siècle peut enfin devenir un espace valorisant la gloire passée d'une France traumatisée par les affres de la Première Guerre Mondiale.

Imaginer l'Inde au XVIIe siècle sert à ériger les fondations d'un « mythe » hindou à la française dont le rayonnement imprégnera la littérature des siècles suivants.

CONCLUSION GÉNÉRALE

Le présent ouvrage a proposé un travail synthétique qui cherche à comprendre le système de représentations de l'Inde par les voyageurs français du XVIIe siècle. Ces derniers, entraînés par le tourbillon indien auquel ils ont été confrontés, transmettent des récits témoignant de leur expérience spectaculaire. Il semble ainsi que l'un de leurs premiers objectifs est bien de séduire un lectorat insatiable en ce qui concerne la matière orientale et les sensations fortes qu'elle génère. Ainsi, il s'agit d'interroger la figure même du voyageur à travers le portrait qu'il dresse de l'Inde et de ses habitants. En effet, c'est associée au contexte politique et économique de l'expansion commerciale française que se précise l'image d'un espace indien prometteur. L'appel de l'Inde invite à élaborer toute une scénographie démesurée par laquelle le voyageur adopte les rôles successifs de spectateur, acteur, metteur en scène et enfin de lecteur. De son côté, l'Indien, qu'il soit seigneur musulman ou indigène hindou, est intrinsèquement relié à son appartenance religieuse ainsi qu'à ses pratiques rituelles. Les coutumes sont perçues par les voyageurs à travers le prisme chrétien. De fait, leurs récits n'obéissent aucunement à la volonté ethnographique, amorcée à partir du XVIIIe siècle, par Abraham Hyacinthe Anquetil-Duperron, considéré comme l'un des premiers indianistes français influents[1]. Au contraire, les épisodes viatiques en Inde, au cours du Grand Siècle, développent un ensemble de stratégies littéraires visant à convaincre le lecteur sédentaire de l'importance d'établir un réseau commercial franco-indien. Toutefois, l'enjeu est double car il est à la fois question d'encourager la présence française en Inde tout en imposant sa propre identité auctoriale au sein des cercles littéraires.

1 Anquetil-Duperron, Abraham-Hyacinthe, *Voyage en Inde (1754-1762) : relation de voyage en préliminaire à la traduction du « Zend-Avesta »*, Paris, École française d'Extrême-Orient, coll. « Pérégrinations asiatiques », 1997.

On assiste alors à l'exploitation d'un ensemble de topoï récurrents qui deviennent caractéristiques de l'identité indienne au prisme du regard français et outils référentiels pour en faire l'exposition. L'expérience du voyage en Inde est donc entièrement reliée à la cristallisation de quelques éléments de compréhension qui deviennent figures prototypiques ou mises en scène récurrentes (comme le personnage tyrannique du Grand Moghol, la crémation des veuves et la tentative de dissuasion du voyageur, ou la charité hindoue étendue aux animaux.) Par ailleurs, la critique de l'Indien, appréhendé à travers un bestiaire allégorique, met au jour sa prédisposition à vivre dans une nature sauvage que l'Européen doit chercher à civiliser. En revanche, le recours à l'artifice et à la dissimulation est l'un des ressorts adoptés par les auteurs libertins voulant échapper à la censure pour mieux critiquer les manquements de la société française. Leurs ouvrages invitent à questionner les dérives engendrées par le fait religieux et appellent à une remise en cause de l'absolutisme royal. La théâtralisation du récit leur permet donc de mettre en scène les personnages qui servent leurs enjeux idéologiques.

Tout au long du siècle, l'identité indienne semble figée sur une scène à l'arrêt jusqu'aux bouleversements impulsés par la domination anglaise en Inde. Les voyageurs étudiés ici mettent bien en place une génèse de clichés utilisés comme références par les auteurs sédentaires. La littérarisation de l'écriture du voyage participe à la persistance d'une certaine image de l'Inde qui a perduré jusqu'à nos jours. Ainsi, la question de la réception des récits de voyage dans le milieu littéraire français du Grand Siècle met au jour leur inscription dans l'histoire littéraire de la France. Il s'agit bien de trouver son inspiration, grâce aux curiosités ramenées par d'autres, pour créer un espace narratif franco-indien toujours plus riche de personnages piquants et d'intrigues fascinantes. Cet ouvrage propose finalement d'aborder les représentations culturelles de l'Inde telle que perçue par la France du XVIIe siècle. Nous pouvons dire, que maintenant comme alors, la démesure indienne est encore un facteur de séduction pour le public littéraire français.

Une mise en parallèle avec d'autres perceptions européennes de l'Inde pourrait ouvrir le champ de réflexion. En effet, la collecte des objets d'art et manuscrits indiens participe à l'engouement européen pour l'Inde et à son développement intense durant les siècles suivants. La circulation en France de traductions des récits de voyageurs portugais, hollandais ou anglais enrichit la matière indienne au sein de l'histoire littéraire française. À l'image des Français qui ont cherché à s'implanter sur le territoire indien, l'Inde icône est passée graduellement du statut de motif marginal à celui de fondateur d'un imaginaire encore foisonnant aujourd'hui.

ANNEXE I

Le recensement des itinéraires indiens suivis par les voyageurs

Voyageurs	Période du voyage	Temps du séjour en Inde	Séjour en Inde (Les Villes et Royaumes parcourus)	Première publication récit/ relation	Motif du Voyage
Vincent Le Blanc			Diu, Cambaye, Delhi, Côte Malabar : Goa, Cap de Comorin, Baticala, Amadiua, Royaume de Cananor, Calicut, Cochin, île de Zeilan, Royaume de Bisnagar ou Narsingue, Meliapur, Royaume de Bengala & Ternassery,	1648	Curieux
François Pyrard de Laval	1601-1611	> 2 ans	Chittagong, Calicut, Cochin, Goa	1615	Curieux Médecin
François Martin de Vitré	1601-1603	3 mois (de juillet à septembre)	Atjeh la capitale de Sumatra	1604	Engagé Comp. des Marchands de Saint-Malo
Jean Mocquet	1607-1610	8 mois	Goa	1617	Curieux au service du roi ou Espion
François Bernier	1656-1669	8 ans	Delhi, Agra, Lahore, Bhimbar, Royaume de Cachemire	1671	Médecin

François Sieur de La Boullaye-Le-Gouz	1645-1650	4 ans	Surate, Goa, Ahmedabad, Bijapour, Rajapour	1653	Envoyé d'Angleterre
	1664- ?	2 ans (au moins : le temps de sa mission)	Surate, Agra, Patna, Dacca (où il disparaît)	1657	Ambassadeur de France
François Martin	1665-1706 (année de sa mort à Pondichéry)	37 ans	Cochin, Calicut, Goa, Winguerlant, Bombay, Surate, Royaumes de Golconde et Masulipatam, San-Thomé, Pondichéry	1931 ?	Marchand de la Compagnie Royale des Indes Orientales
Jean Thévenot	1665-1667 (année de sa mort)	+/- 1 an	Bassora, Surate, Royaume Gujarat, Ahmedabad, Cambaye, Patan, Agra, Delhi, Province & villes Azmen, Province du Sind, Province Multan, Province Candahar, Province Caboulistan, Cachemire, Lahore, Ayodhya, Varal, Province de Halabas, Bengale, Chitor, Candich, Brampour, Aurangeabad, Indalvaï, Province Telenga, Province Baglana, Cannanor, Goa, Capitale de Golconde, Bagnagar, Masulipatam	1664	Curieux
Jean Chardin	1667-1670	3 ans	Surate	1686	Commerçant
	1677-1681	4 ans	Surate, Golconde		
Barthélémy Carré	1668-1671	2 ans	Surate	1699	Envoyé de Colbert
	1672-1674		Bacaim, Goa (traverse l'Inde)		

Charles Dellon	1668-1677	18 mois	Daman, Surate, Malabar, Goa, Mirseou, Baliepatan, Tilcery, Calicut, Tanor, Calicut, Tilcery, Mangalor, Goa	1685	Curieux, Médecin, Prisonnier de l'Inquisition
Souchu de Rennefort	1668-1669		Île Ceylan, Cap Comorin, Cochin, Calicut, Goa, Surate, Souailly, Surat, Agra, Cour Delhi, côtes Malabar, Cannanor	1688	
Jacob de La Haye	1671-1674	3 ans	Surate, Goa, côte Malabar, Alicote, Paniani, Sao Thomé, Bengale	1698	Amiral déclaré Vice-roi des Indes
François de L'Estra	1671-1674	18 mois	Surate, Goa, Paniani, Negapatam, Golfe Bengale, Hougly Cannanor, Cap Comorin, Batticaloa, Baie Trincomalee, Tranquebar	1677	Curieux
Georges Roques	1676-1691	16 ans	Royame Gujarat, Sironj, Surate, Ahmedabad, Brodera, Surate, Goa	1701	Marchand et agent de la Compagnie des Indes
Robert Challe	1690-1691	5 mois	Bombay, royaume de Bisnagar, Bengale, Surate, Pondichéry	1691	Écrivain du Roi
Le Sieur Luillier de la Gaudière	-1702		Pondichéry, Chandernagor,	1705	Curieux
Jean-Baptiste Tavernier	1638-1642		Golconde, Goa, Surate…	1676	Commerçant

ANNEXE II

Le recensement des voyageurs antiques et européens en Inde

LES CÉLÈBRES VOYAGEURS ANTIQUES

Le rôle joué par l'Inde dans la littérature latine, ressort à travers une somme considérable de textes géographiques, historiques ou poétiques datant du IIe siècle avant J.-C.[1] Cependant, la représentation que s'en faisait l'Europe fut tronquée dès qu'apparut la traduction grecque du nom du pays. Empruntée au vieux-perse ; le mot *Sindhu* fait référence au fleuve Indus ; devenu la nomination Inde, il ne définit pas clairement le territoire auquel il fait référence. En effet, lorsqu'il fut question de le nommer, ce territoire « était sous la domination achéménide, qui laissait libre toute la zone géographique s'étendant à l'Est et au Sud[2]. » Un ensemble de confusions référentielles a donc perduré au cours des siècles, développant un imaginaire européen de l'Inde vue comme un pays merveilleux. La culture indienne fut donc interprétée à partir de sources gréco-romaines déformées, générant des préjugés réactualisés par des témoignages de scènes mal décodées, renforçant à leur tour les stéréotypes européens[3]. Jean-Claude Carpanin Marimoutou, dans son article *Les voyageurs européens et l'hindouisme*, souligne l'importance du récit de Ctésias de Cnide puisque ce dernier, dès le IVe siècle avant J.-C. « est à l'origine de cette longue chaîne de textes qui vont construire la

---

1 Jacques André, Jean Filliozat, *L'Inde vue de Rome. Textes latins de l'Antiquité relatifs à l'Inde*, Paris, Les Belles Lettres, 2010.

2 *Ibid.*, p. 9.

3 Jean Filliozat, « La valeur des connaissances gréco-romaines sur l'Inde », *Journal des Savants*, avril-juin 1981, p. 97-135, repris dans l'introduction de Jacques André, Jean Filliozat, *L'Inde vue de Rome. Textes latins de l'Antiquité relatifs à l'Inde*, Les Belles Lettres, 2010, p. 10.

figure imaginaire de l'Inde en Occident[4] ». Son ouvrage est repris par Diodore au Iᵉʳ siècle et par Photios au IXᵉ siècle, en plus d'être reconnu comme un auteur de références par les écrivains latins des siècles suivants. L'élaboration d'une Inde extraordinaire se met en place avec l'essor de thèmes récurrents aux écrits décrivant le pays. La sagesse des Indiens, introduite par Strabon est l'un de ces thèmes[5]. À ce dernier s'ajoute une description physique succincte du peuple autochtone, la géographie, la végétation, les animaux, avec notamment l'éléphant, mais surtout les grandes richesses constatées qui donneront aux Indiens la réputation d'être riches et heureux[6].

LES CÉLÈBRES VOYAGEURS EUROPÉENS

Un quart de siècle après Marco Polo, Odoric de Pordenone[7] propose en 1351, un récit de voyage en Asie ayant pour destination la Chine. La valeur de son écrit est d'autant plus importante qu'il est l'un des seuls européens à avoir fait ce voyage durant le Moyen-Âge. Traduit au cours de la seconde moitié du XIVᵉ siècle par Jean le Long, l'ouvrage présente les bizarreries du culte hindou tout au long d'un itinéraire indien longeant les côtes. Le voyageur arrive d'abord à Thana, dans l'île de Salsette près de Bombay, puis passe par divers centres côtiers de l'Inde occidentale et orientale, avec Malabar, Quilon puis Coromandel et Ceylan avant de continuer son périple. À sa suite, Nicolo de' Conti[8] partit pendant vingt-cinq années découvrir l'Orient. Son récit est encore considéré comme l'un des plus importants sur l'Asie du Sud, décrite par un voyageur du XVᵉ siècle. Passant par la Perse, Conti atteignit l'Inde en arrivant à Cambay. Il longea la côte ouest cherchant à rejoindre Vijayanagar, puis il s'arrêta dans diverses petites villes

4 Jean-Claude Carpanin Marimoutou, « Les voyageurs européens et l'hindouisme », Sophie Linon-Chipon, Jean-François Guennoc (dir.), *Transhumances divines : récit de voyage et religion*, Paris, PUPS, coll. « Imago Mundi », 2005, p. 292.

5 *Ibid.*, p. 294.

6 Jacques André, Jean Filliozat, *L'Inde vue de Rome*, *op. cit.*, p. 19.

7 Odoric Pordenone, *Le voyage en Asie d'Odoric de Pordenone, Itineraire de la Peregrinacion et du voiage (1351)*, Genève, Librairie Droz S.A., 2010.

8 Nicolo Conti (de'), *Le voyage aux Indes de Nicolo de' Conti (1414-1439)*, Paris, Chandeigne, 2004.

dont le nom est parfois déformé, avant de rejoindre Ceylan et Sumatra, le Bengale et le Goujerat, pour enfin amorcer son voyage de retour à Venise. En 1510 Ludovico de Varthema[9] proposa à la publication son récit de voyage effectué entre 1503 et 1508 dans les Indes orientales. Après avoir parcouru la Perse, il se rendit en Inde dont il décrivit plusieurs régions telles Goa, Cannanore et Calicut. Il rentra enfin à Venise en passant par Mozambique et le cap de Bonne-Espérance. Son ouvrage connut un tel succès dès sa sortie qu'il aurait également influencé Magellan.

L'explorateur Vasco de Gama fut choisi par le roi portugais pour diriger son expédition afin d'ouvrir la route des épices. Ayant développée une science de la navigation très renommée, le voyageur rejoignit l'Inde par voie maritime, en longeant l'Afrique et en contournant le cap de Bonne-Espérance. Il atteignit les côtes indiennes en 1498, démarrant les premiers mouvements commerciaux entre le Portugal et l'Inde. Mais c'est au cours d'un second voyage en 1502 qu'il parvint à mettre en place, à Cochin, le premier comptoir portugais d'Asie. Fernão Mendes Pinto ne put publier son récit de voyage de son vivant. Couvrant deux décennies d'aventures, de 1537 à 1558, son écrit n'aurait pas permis à son auteur de survivre à l'autorité de l'Inquisition. Ses pérégrinations l'entrainèrent notamment de l'Abyssinie à l'Inde, puis de Sumatra au Japon en passant par le Siam, le Tonkin, et la Chine. Doué d'un talent d'écrivain, l'auteur est encore aujourd'hui reconnu comme un grand aventurier témoignant de l'expansion portugaise au cœur du XVIe siècle. Après la conquête de Goa en 1510, et son élévation au rang de capitale de l'État portugais d'Inde, de nombreux voyageurs et commerçants empruntèrent cette route. Mais de leurs témoignages, ce sont les récits de Domingo Paes et Fernao Nuniz qui furent les plus détaillés. Le premier visita l'Empire de Vijayanagara en 1520 et offrit la description la plus détaillée de Hampi, sa capitale ; le second décrivit son voyage tout en y ajoutant les légendes qui lui furent racontées[10].

Stephens est l'un des premiers anglais à atteindre les frontières indiennes. Il était un missionnaire jésuite établit aux alentours de Goa. Passionné par les langues, il apprit notamment le konkanie et en élabora

9 Ludovico Varthema (di), *Voyage de Ludovico di Varthema en Arabie et aux Indes orientales (1503-1508)*, Paris, Chandeigne, 2004.

10 Maurice Rouch, *Chronique des rois de Bisnaca Paes et Nuniz. Deux marchands de chevaux portugais dans la ville de Vijayanagar au XVIe siècle*, Paris, L'Harmattan, coll. « Mondes lusophones », 2008.

une grammaire, imprimée en 1640. Il écrivit en outre le *Purana Chrétien*, poème épique et lyrique de grande renommée, ayant pour sujet la Bible sur le modèle des *Purana* hindous, imprimé en 1616. À sa suite Thomas Roe, en tant que diplomate, est essentiellement connu pour son séjour à la cour du grand Moghol, de 1615 à 1617, au cours duquel il réussit à obtenir de l'empereur Jahangir le soutien de la Compagnie anglaise des Indes orientales[11]. Notamment embauché par ces dernières, Peter Mundy, effectua plusieurs voyages en Inde et assista à la construction du Taj Mahal entre 1630 et 1631[12]. Robert Knox fut retenu en captivité pendant dix-neuf ans à Ceylan. Ainsi, il fait la description des mœurs et coutumes, de la faune, de la flore et de la religion hindoue dans le récit de voyage qui connut un grand succès dès sa publication en 1681, et fut traduit en français douze ans plus tard[13].

Enfin, d'autres voyageurs furent connus pour leurs voyages et le récit de leur séjour indien. Parmi eux, Athanasius Nikitine quitta sa Russie natale en 1466 par voie terrestre, afin d'atteindre le royaume de Chirvan, situé dans le Daguestan, pour commercer. Cependant, il rencontra un imprévu et il dut embarquer pour l'Inde où il séjourna pendant deux ans et demi. Son ouvrage intitulé *Le voyage au-delà des trois mers, vers la Perse, l'Inde et le retour*, connut quatre versions dont la dernière fut publiée en 1853[14]. Enfin, le voyageur allemand Johann-Albrecht Mandelslo[15] quitta son pays natal de 1637 à 1640. Il choisit de se rendre en Inde et donna une description des endroits parcourus : Surat, Agra, Ahmedabad, Baroda, Cambay et Goa avant de rejoindre l'Europe. Sa relation de voyage, corrigée et augmentée par Olearius qui alla jusqu'à se la réapproprier, connut une publication posthume traduite en français et publiée à Paris en 1658.

11 Thomas Roe, *The embassy of sir Thomas Roe to the court of the great Mogul, 1615-1619 ; As narrated in his journal and correspondence*, ed. from contemporary records by William Foster. – repr., from the ed. orig. publ. in 1899, Kraus, Nendeln, 1967.

12 Peter Mundy, *The travels of Peter Mundy in Europe and Asia, 1608*-1667, Publisher Scholar's Choice, 2015.

13 Robert Knox, *Relation ou voyage de l'isle de Ceylan, dans les Indes orientales. Contenant une description exacte de cette isle, la forme de son gouvernement, le commerce de ses moeurs, les coutumes & la religion de ses habitants*, Paris, Nabu Press, 2011.

14 Walter Kirchner, « The voyage of Athanasius Nikitin to India 1466-1472 », *American Slavic and East European Review*, vol. 5, N° 3/4, 1946, publié par Association for Slavic, East European, and Eurasian Studies, p. 46-54.

15 Johann-Albrecht Mandelslo (von), *Le journal de Johann Albrecht von Mandelslo*, éd. Françoise de Valence, Paris, Chandeigne, 2008.

GLOSSAIRE

Banian : « terme issu Bâiâ (ou Bâniyâ). *Inde*. Du sanscrit *vānijya* "commerce". Sous-caste de brāhmanes spécialisée dans le commerce et le prêt d'argent, répandue dans le nord et le nord-est de l'Inde. Ces brāhmanes appartenaient autrefois à la caste des vaiśhya et sont maintenant de fervents dévots jaina. [...] ils sont nombreux dans presque toutes les parties de l'Inde où ils tiennent la plupart des petits négoces. », Louis Frédéric, *Dictionnaire...*, *Ibid.*, p. 174.

Brahmane : terme issu de Brâhmana. « Ce sont les brāhmanes, nés de la bouche du Purusha, membres de la plus haute des quatre castes (varna) traditionnelles de l'Inde brāhmanique, celle dans laquelle on choisissait les prêtres chargés des sacrifices (*brāhman*). À partir de leur adolescence, ils étaient considérés comme deux fois nés (*dvija*) et portaient en travers de la poitrine le cordon sacré (*upavīta*). Dans certaines villes, des quartiers spéciaux (*āgrahāram*) leur étaient réservés ainsi que des puits auxquels ceux des autres castes ne pouvaient avoir accès. La caste des brāhmanes constitue encore environ 6 % de la population de l'Inde. Elle est divisée en de très nombreuses sous-castes (4000 au dire de certains). La vie religieuse des brāhmanes se divise en quatre stages appelés *āśhrama*. Un brāhmane est théoriquement inviolable et doit bénéficier de nombreux privilèges : il est naturellement considéré comme le créateur de tous les êtres vivants et se croit donc supérieur à eux tous. Il serait né de la tête même de Brahmā. Il doit se consacrer à l'étude des *Veda* et des textes sacrés ainsi qu'aux cérémonies religieuses [...] On classe généralement les brāhmanes en deux grandes catégories, celle des Pancha Gauda (cinq castes du Bengale) et Pancha Drāvida (cinq castes du sud de l'Inde) selon leur contrée d'origine et qui sont différents des véritables brāhmanes de la vallée indo-gangétique[1]. »

Cafre : « De l'arabe *kafir* signifiant "infidèle", l'ethnonyme cafre est initialement employé par les Arabes pour désigner les populations peuplant la côte est de l'Afrique. [...] Dans l'imaginaire européen, le terme cafre va être employé pour désigner de manière globale les populations noires d'Afrique australe, y compris celles des côtes septentrionales, les Sauvages du Cap (voir art. Hottentot), lesquels diffèrent des Cafres par leur couleur, leur physionomie, leur langue, leurs modes vestimentaires et leurs mœurs phagiques. Aussi est-ce la raison pour laquelle les populations noires des côtes orientales et septentrionales africaines seront souvent confondues et désignées à partir du début de la seconde moitié du XVIIe siècle

1 Louis Frédéric, *Dictionnaire de la civilisation indienne*, Paris, Éditions Robert Laffont, S.A., 1987, p. 237.

sous l'appellation Cafres-Hottentots dans les récits des voyageurs européens se rendant dans les Indes et faisant halte au cap de Bonne-Espérance. De paisibles autochtones, les Cafres, sont élevés au rang de créatures démoniaques, monstrueuses, abjectes[2]. »

Comptoir et loge coloniaux : « Les comptoirs sont des petits villages de quelques maisons, et la surface concédée aux Européens est toujours inférieure à une dizaine d'hectares ; pour les loges, ce sont de simples maisons abritant un employé qui assure la garde d'un entrpôt servant à abriter temporairement les marchandises[3]. »

Gentil : « Payen. C'est ainsi que les Juifs appelaient tous ceux qui n'étaient pas de leur Religion. Il ne faut pas craindre les signes du ciel que craignent les *Gentils*, en J. C. St Matthieu. St. Paul est appelé l'Apotre des *Gentils*. Les Romains ont aussi appelé *Gentils*, les étrangers qui de leur bon gré se venaient donner à eux, comme on voit dans le Code Theodosien. » – « Gentil, -ile, adj. Payen, Idolâtre. Il était fils d'un père gentil. Il est plus ordinairement substantif. Les Juifs appelaient, Gentils, tous ceux qui n'étaient pas de leur nation. Saint Paul est appelé l'Apôtre des Gentils, la vocation des Gentils[4]. »

Hindouisme : « [...] le mot hindou n'apparaît dans aucun des textes Hindous, et l'hindouisme ne connaît aucun prophète ou messie comme dans les religions juive, chrétienne ou musulmane. L'hindouisme ne possède aucun texte sacré

---

2 Dominique Lanni, *Bestiaire fantastique des voyageurs*, entrée « Cafres », Paris, Flammarion, coll. « Arthaud », 2014.

3 Philippe Haudrère, *Les Français dans l'océan indien, XVIIe-XIXe siècle*, Rennes, Presses Universitaires de Rennes, p. 21.

4 Antoine Furetière, *Dictionaire universel contenant généralement tous les mots françois, Tant vieux que modernes, et les termes de toutes les sciences et des arts sçavoir La Philosophie, Logique, & Physique, la Médecine, ou Anatomie, Pathologie, Terapeutique, Chirurgie, Pharmacopée, Chymie, Botanique, ou l'Histoire naturelle des Plantes & celle des Animaux, Mineraux, Métaux & Pierreries, & les noms des Drogues artificielles. La jurisprudence civile & Canonique, Feodale & Municipale, & sur tout celle des Ordonnaces : Les Mathématiques, la géometrie, l'Arithmetique, & l'Algèbre, la Trigonométrie, Geodebe, ou l'Arpentage, & les Sections coniques, l'Astronome, l'Astrologie, la Gnomonique, la Geographie, la Musique, tant en théorie qu'en pratique, les Instruments à vent & à cordes ; l'Optique, Catoptrique, Dioptrique, & Perspective ; l'Architecture civile & militaire, la Pyrotechnie, Tactique, & Statique : les Arts, la Rhétorique, la Poesie, la Grammaire, la Peinture, Sculpture, etc. La Marine, le Manege, l'Art de faire les armes, le Blason, la Venerie, Fauconnerie, la Pesche, l'Agriculture, ou Maison Rustique, & la plus-part des Arts mechaniques : Plusieurs termes de Relation d'Orient & d'Occident, la qualité des poids, Mesures & Monnoyes ; les Etymologies des mots, l'invention des choses, & l'Origine de plusieurs Proverbes, & leur relation à ceux des autres Langues : Et enfin les noms des Auteurs qui ont traitté des matieres qui regardent les mots expliquez avec quelques Histoires, Curiositez naturemmes, & Sentences morales, qui seront rapportées pour donner des exemples de phrases & de constructions. Le tout extrait des plus excellens Auteurs anciens & modernes.* Receuilli & compilé par Feu Messire Antoine. – Furetière, Abbé de Chalivoiy, de l'Académie Françoise, La Haye et Rotterdam, Tome Second, chez Arnout & Reinier Leers, 1690, p. 164. – *Dictionnaire de l'Académie française, dédié au Roy*, Tome Premier, A-L, Paris, 1694, p. 519.

comme la Torah, la Bible ou le Coran, et l'on peut dire que son contenu s'est modifié au cours des temps, de communauté en communauté. Il n'avait pas la même signification durant la période des Védas, des Brahmanes, l'âge bouddhique etc. Chronologiquement, le panthéon des dieux et déesses, la vénération des arbres, des serpents et de la nature apparut d'abord. Le système des castes vint ensuite comme résultat de la rencontre des populations animistes aborigènes avec la population aryenne. La philosophie religieuse ne fut que la dernière étape du développement. L'hindouisme, dans son ensemble, est un syncrétisme. C'est le syncrétisme religieux grâce auquel les brahmanes font rentrer toutes les philosophies, toutes les croyances, ainsi que tous les cultes populaires dans le sein de leur propre orthodoxie. Ce syncrétisme, du point de vue théologique, est basé sur la conception de la Trimurti, ou Trinité hindoue : Brahma, Vishnu et Shiva, procédé commode, à la fois scolastique et populaire, pour harmoniser les trois religions principales qui se partageaient le pays : le brahmanisme, ou religion de la caste sacerdotale, fondée sur les Védas, le vishnouisme, avec ses multiples formes (krishnaïsme et culte de Rãmã) et le shivaïsme. Pour comprendre l'hindouisme il est donc essentiel de suivre son évolution historique. Celle-ci peut être reconstituée grâce aux textes anciens, les *Védas*, les *Upanishads*, et les épopées comme le *Māhābharata et le Rāmāyana* qui ont pour but de populariser les aspects philosophiques des *Védas* et *Upanishads*. Ce sont eux qui nous révèlent les différents dieux du panthéon, leur rôle, la place plus ou moins important qu'ils prennent dans la vie quotidienne des individus, et la philosophie de l'hindouisme et sa morale[5]. »

Nâyar : *Inde.* « Caste (śhūdra) de guerriers du Malabar au sein de laquelle les femmes servent traditionnellement de concubines et de domestiques chez les brāhmanes Nambudirī. Les Nāyar auraient été, à l'origine, des Kshatriya. Leurs femmes jouissent d'une grande liberté sexuelle avant le mariage et, après celui-ci, hommes et femmes ont coutume de vivre séparément[6]. »

Le rite de satī : « Le paysage psychologique qui se découvre ici, avec, au premier plan, l'amour inconditionnel et la fidélité absolue et, dans le lointain sacrifice de soi comme preuve de cet amour et de cette dévotion, définit très exactement le *bhāva* des satīs. Le *bhāva*, c'est-à-dire la disposition intérieure, le sentiment intime, la constellation des affects qui signalent un moment particulier de la vie émotive, mais révèlent aussi la nature profonde d'un être (son *svabhāva*). L'histoire du mot *satī*, les seuils sémantiques qui jalonnent son évolution montrent par quelles voies l'amour conjugal croise sa destinée avec la mort volontaire. L'amour requis des femmes, puisque, dans le cadre du mariage, la tradition ne le reconnaît que sous cette forme : l'amour des femmes pour leur mari, l'amour, le devoir des femmes. Le mot dérive de la racine sanscrite *as-* qui signifie "être" et qui donne le participe présent *sat* (utilisé également comme substantif), dont *satī* est le féminin. *Sat* a donc pour sens premier : "qui est", "qui

5 Dharam Subhash, *L'hindouisme pour tous*, Notre-Dame-de-Londres, Éditions Le plein des Sens, p. 8-9.

6 Louis Frédéric, *Dictionnaire...*, *op. cit.*, p. 787.

existe". D'autres rameaux sémantiques sont venus pour se greffer sur cette acception originelle. *Sat* s'est associée à l'idée de "bien", de "vertu". La *satī* est "l'épouse vertueuse" : chaste et fidèle. Mais *sat* et son dérivé *satya* ont eu aussi partie liée avec une de ces notions clés de la pensée indienne qui défient la traduction ; disons par approximation l'idée de "vérité". *Sat/satya*, c'est ce qui est vrai, ce qui est empreint de la force du véridique, ce qui a pour véhicule la parole de vérité. Le *satya* pourrait se définir comme la parole de vérité dont l'efficace fait être ce qui est. En effet, parce qu'elle procède de cette qualité éminente d'être vraie (et aussi d'être énoncée avec véracité, d'un cœur sincère), la parole de vérité *crée* êtres et situations. [...] Quant au *sat*, il accède à une sorte d'autonomie : qualité, substance, énergie, pouvoir, il atteint l'opacité d'un "être", dont les satīs charnelles ne sont, d'une certaine manière, que les émanations. On voit que ces notions, distinctes pour nous – l'être, la vertu, la vérité et la parole –, s'unissent, se condensent dans un vocable qui, tel un prisme, en diffracte toutes les virtualités. *Satī* désigne donc la femme qui se brûle, et non le rite ou la coutume de la crémation des veuves. Ce sont les Anglais qui, à la fin du XVIIIe siècle, ont officialisé l'amalgame, que beaucoup de voyageurs avaient fait avant eux, entre la femme immolée et le sacrifice des veuves. En ajoutant à ce beau désordre les trouvailles orthographiques dont ils ont le secret : *suttee*, transcrit par les Français sous la forme élégante de *sutty*, a voisiné dans l'historiographie avec *sattee*, *sutee*, et autres variations. Il n'existe en sanscrit aucun terme spécifique, aucune dénomination explicite pour désigner ce rite. Les expressions utilisées sont des périphrases : "l'aller-avec" (*sahagamana*), "le mourir avec" (*sahamarana*), si la femme se brûle avec son mari ; "l'aller après" (*anugamana*), "le mourir après" (*anumarana*), si elle se brûle sur un bûcher distinct et après lui. On trouve encore "l'ascension" (du bûcher : *anvārohana*), euphémisme plus littéraire, et, tardivement, "l'embrasement de la satī" (*satīdāha*), néologisme utilisé surtout au Bengale[7]. » – « SATI. *Inde.* Dans la mythologie brāhmanique, une des filles de Daksa qui devint l'épouse de Rudra-Shiva. Son époux et son père s'étant querellés, elle se serait donnée la mort. Dans le *Kāśhī-Khanda*, un ouvrage relativement récent, elle se serait jetée dans le feu. Son nom aurait en conséquence été donné à la coutume hindoue (datant au moins du IVe s.) qui obligeait les veuves à se sacrifier sur le bûcher de leur époux décédé. Une pierre ou stèle commémorative (*mahsatīkal*) était parfois, surtout dans le Rājasthān, érigée en souvenir de leur sacrifice. Les femmes des Rājput avaient également coutume de se sacrifier sur un bûcher lors d'un *jauhār*, afin d'éviter d'être prises et déshonorées par les musulmans. Cette coutume fut abolie officiellement à Delhi par Metcalfe en 1809-1818 et dans le reste de l'Inde par Bentike en 1829. Cependant, elle continua de se pratiquer, surtout dans le Rājasthan et au Bengale et dans les communautés hindoues orthodoxes jusqu'au début du XXe s. malgré l'opposition grandissante des autorités religieuses et politiques indiennes. Aussi appelée *Sahagamana*. C'est l'anglais *Suttee*[8]. »

7 Catherine Weinberger-Thomas, *Cendres d'immortalité, La crémation des veuves en Inde*, Éditions du Seuil, Paris, Février 1996, p. 31-33.

8 Louis Frédéric, *Dictionnaire de la civilisation indienne*, Paris, Éditions Robert Laffont, S.A., 1987, p. 956.

Le veuvage des femmes indiennes : « Veuvage, Veuves. *Inde.* Dans l'Inde ancienne, la condition de veuve (*vidhavā*) n'était guère enviable : elle ne pouvait se remarier sans attirer sur elle la réprobation unanime, au contraire du veuf qui, lui, était généralement pressé par la communauté de se remarier le plus rapidement possible. La veuve en Inde brāhmanique ou hindoue se trouvait pratiquement déchue de ses droits familiaux et sociaux. Elle devait se raser la tête, renoncer au maquillage, aux bijoux, aux distractions, aux parfums, aux réunions amicales. Elle devait alors mener une vie d'austérité, dormir sur le sol et se vêtir uniquement de vêtements simples et blancs. Ses repas même devaient être plus frugaux que ceux des autres membres de sa famille. La croyance voulait que la veuve, devant se remarier dans une vie future avec la réincarnation de son époux, ne pouvait donc se remarier que si l'union charnelle n'avait pas été consommée, par exemple dans le cas des mariages d'enfants en bas âge. Mais dans ce cas, la veuve-enfants devait obligatoirement choisir comme nouvel époux un frère (même déjà marié) de son défunt mari : c'était la coutume du Niyoga. Cependant, cette coutume perdit de sa force au cours des âges et, à partir du VIe s. environ, se généralisa celle du suicide par le feu des veuves, qui alors devenaient de ce fait des "épouses vertueuses" (*satī*). Cette coutume de la satī, cependant, ne fut courante que dans les hautes castes, celles des Brahmanes et des Ksatriya ; elle ne fut guère pratiquée dans le peuple[9]. »

9 Louis Frédéric, *Dictionnaire op. cit.*, p. 1129.

BIBLIOGRAPHIE

SOURCES PRIMAIRES

Relation d'un voyage aux Indes Orientales. Par un gentilhomme français arrivé depuis trois ans, Paris, Pierre Villery & Jean Guignart, 1645, dans Mercenaires français de la VOC : La route des Indes hollandaises au XVIIe *siècle*, Paris, Chandeigne, Coll. « Magellane », 2004.

ADVIELLE, Victor, *Un voyage de Lorient à Surate, 1698 d'après le journal de bord du navire « La Princesse de Savoie » de la Compagnie des Indes Orientales*, Paris, Lechavalier, 1896 (Paris, BnF : 8-G PIECE-670 et MFICHE 8-G PIECE-670).

BEAULIEU, Augustin (de), *Mémoires d'un voyage aux Indes orientales, dans Relation de divers voyages curieux qui n'ont point été publié ou qui ont été traduits d'Hacluit, de Puais, hollandais, portugais, allemands, espagnols et de quelques persans, arabes et autres auteurs orientaux de Melchisédec Thévenot*, Paris, Cramoisy, 1664-1666, IIe partie du vol. 1, p. 1-123 (Paris, BnF : G 1459 (3) et Rés. G 474 (3)) ; éd. Denys Lombard, *Mémoires d'un voyage aux Indes Orientales (1619-1622) Augustin de Beaulieu. Un marchand normand à Sumatra*, Paris, Maisonneuve et Larose, 1996.

BELLANGER DE LESPINAY, Louis-Auguste (de), *Mémoires de L.-A. sur son voyage aux Indes Orientales (1670-1675)*, Publiés sur le manuscrit original & annotés par Henri Froidevaux, Vendôme, 1895, (Paris, BnF : 8-O2K-1093).

BERNIER, François, *Mémoires sur l'Empire du Grand Mogol*, Paris, Claude Barbin, 1671.

BERNIER, François, *Voyages de François Bernier, Docteur en Médecine de la Faculté de Montpellier, contenant la Description des États du GRAND MOGOL, de l'Hindoustan, du Royaume de Kachemire, & Où il est traité des Richesses, des Forces, de la Justice, & des causes principales de la decadence des États de l'Asie, & de plusieurs evenements considerables. Et où l'on voit comment l'or & l'argent après avoir circulé dans le monde passent dans l'Hindoustan d'où ils ne reviennent plus. Le tout enrichi de Cartes & de Figures*, Amsterdam, Paul Marret, 1710, 2 tomes (Paris BnF : Cartes & Plans : FF-5024-5025) ; éd. Frédéric Tinguely, *Un libertin dans l'Inde moghole : Les Voyages de François Bernier (1656-1669)*, Paris, Chandeigne, coll. Magellane, 2008.

BOULLAYE-LE-GOUZ, François (Sieur de La), *Les voyages et observations du sieur de La Boullaye Le Gouz gentil-homme angevien, où sont décrites les religions, gouvernements et situations des Estats et royaumes... Grand Mogol, Bijapour, Indes orientales des Portugais... et autres lieux... d'Europe, Asie et Afrique...*, Paris, G. Clousier, 1653, (Paris, BnF : G-6192 et MICROFILM M-18175) ; éd. Jacques de Maussion de Favières, *Les voyages et observations du sieur de La Boullaye-Le-Gouz, gentil-homme angevien*, Paris, Kimé, 1994.

BOURGES, Jacques (de), *Relation du voyage de Monseigneur l'évêque de Béryte, vicaire apostolique du royaume de la Cochinchine, par la Turquie, la Perse, les Indes, etc. jusqu'au royaume de Siam et autres lieux, par M. de Bourges*, Paris : D. Béchet, 1666, (Paris, BnF : 8-O2L-54) ; éd. Jean-Pierre Duteil, *Relation du voyage de Mgr l'évêque de Béryte au royaume de la Cochinchine : par la Turquie, la Perse, les Indes...*, Paris, Gérard Monfort, 2001.

CARRÉ, Barthélémy, *Voyage des Indes orientales, mêlé de plusieurs histoires curieuses. Par Mr Carré*, Paris, Veuve de Cl. Barbin, 1699, 2 vol.

CARRÉ, Barthélémy, *Voyage des Indes orientales, mêlé de plusieurs histoires curieuses*, Paris, Veuve de Claude Barbin, 1699. – 2 vol. in-12°, (Paris, BnF : 8-O2K-48 (1-2)) ; éd. Dirk Van Der Cruysse, *Le Courrier du Roi en Orient : Relations de deux voyages en Perse et en Inde 1668-1674*, Paris, Fayard, coll. « LITT. GENE. », 2005.

CHALLE, Robert, *Journal d'un voyage fait aux Indes orientales par une escadre de six vaisseaux commandez par M. Du Quesne, depuis le 24 février 1690, jusqu'au 20 août 1691, par ordre de la Compagnie des Indes Orientales. Ouvrage rempli de remarques curieuses sur quantité de sujets, et particulièrement sur la Navigation et sur la Politique de divers Peuples et de différentes Sociétez*, Rouen, Jean-Baptiste Macheul le Jeune, 1721. – 3 vol. (Paris, BnF : O2K-59 et 8-O2K-59 (A, 1-3)) ; éd. Frédéric Deloffre et Melâhat Menemencioglu, Paris, Mercure de France, 1979 ; Paris, Mercure de France, Le Temps Retrouvé, 1983, 2 vol. ; éd. Frédéric Deloffre et Jacques Popin, *Journal d'un voyage fait aux Indes Orientales. À Monsieur Pierre Raymond. Relation de ce qui est arrivé dans le royaume de Siam en 1688*. Textes inédits publiés d'après le manuscrit olographe, Genève, Droz, Textes Littéraires Français, 1998 ; éd. Frédéric Deloffre et Jacques Popin, *Journal d'un voyage fait aux Indes orientales : du 24 février 1690 au 10 août 1691* / Robert Challe, Nouv. éd. Augm., Paris, Mercure de France, coll. « Le Temps retrouvé », 2002, 2 vol. (Paris, BnF : 2003-149044 [Vol. 1] et 2003-151326 [Vol. 2]).

DELLON, Charles, *Voyages de M. Dellon, avec sa Relation de l'Inquisition de Goa, augmentée de diverses pièces curieuses et l'Histoire des dieux qu'adorent les Gentils des Indes*, Cologne, Les héritiers de P. Marteau, 1709. – 3 tomes en 2 vol. (Paris, BnF : 8-O2K-43).

DELLON, Charles, *L'Inquisition de Goa : La Relation de Charles Dellon, 1687*, Chandeigne, Coll. Magellane, 1998.

DELLON, Charles, *Relation d'un voyage des Indes orientales : dédié à monseigneur l'évêque de Meaux / par Mr Dellon,... ; Traité des maladies particulières aux pays orientaux et dans la route, et de leurs remèdes, par M.C.D.D.E.M.* – Paris, Barbin, 1685, 1 vol. (Paris, BnF : 8-O2K-41 et NUMM-102749).

DELLON, Charles, *Nouvelle relation d'un voyage fait aux Indes orientales, contenant la description des îles de Bourbon et de Madagascar, de Surate, de la côte de Malabar, de Calicut, de Tanor, de Goa... avec l'histoire des plantes et des animaux qu'on y trouve, et un traité des maladies particulières aux pays orientaux et dans la route et de leurs remèdes / par M. Dellon, docteur en médecine.* Amsterdam, P. Marret, 1699 (Paris, BnF : 8-O2K-42 NUMM-57898), éd. Charles Amiel et Anne Lima, Paris, Chandeigne, 1997.

LA HAYE, Jacob (de), *Journal du voyage des Grandes Indes, contenant tout ce qui s'y est fait et passé par l'escadre de Sa Majesté envoyée sous le commandement de Mr de la Haye, depuis son départ de la Rochelle au mois de mars 1670... /* par J. de La Haye et F. Caron. – Orléans, Paris, R. et N. Pepie, 1698, 2 parties en 1 vol. (Paris, [Microfiche] BnF : 8-O2K-45 (1-2)).

LE BLANC, Vincent, *Les voyages fameux du sieur Vincent Le Blanc Marseillois, qu'il a faits depuis l'aage de douze ans iusques à soixante, aux quatre parties du Monde, à sçavoir aux Indes orientales & occidentales, en Perse & Pegu, aux royaumes de Fez, de Maroc & de Guinée, & dans toute l'Afrique intérieure, depuis le cap de Bonne-Espérance iusques en Alexandrie, par les terres de Monomotapa, du Preste Iean & de l'Égypte, aux Isles de la Méditerrannée, & aux principales Provinces de l'Europe, & le tout recueilly de ses mémoires par le Sieur Coulon*, Paris : G. Clousier, 1648. – 3 parties en 1 vol. (Paris, BnF : G-6257 ; MICROFICHE M-8920 et NUMM-82272).

LE BLANC, Vincent, *Les Voyages fameux du Sieur Vincent Le Blanc,... Rédigez fidellement sur ses Mémoires par Pierre Bergeron Parisien, et nouvellement revue, corrigée & argumentée pour le Sieur Coulon*, Paris, Gervais Clouzier, 1658, (Paris, BnF : G-6259 et MFICHE G-6259).

L'ESTRA, François (de), *Relation d'un voyage fait aux Indes orientales*, Paris, E. Michallet, 1677. (Paris, BnF : 8-O2K-38 et MFICHE 8-O2K-38).

L'ESTRA, François (de), *Voyage de François de l'Estra : Aux Indes Orientales (1671-1676)*, Paris, Chandeigne, coll. « Magellane », 2007.

LE TELIER, Jean, *Voyage faict aux Indes Orientales / par Jean Le Telier natif de*

Dieppe, réduit par luy en tables pour enseigner à trouver par la variation de l'aymant la longitude ès dictes Indes, Dieppe : impr. de N. Acher, 1631 (Paris, BnF ; V-5964 (1)).

LUILLIER, (Le Sieur), *Voyage du Sieur Luillier aux Grandes indes, avec une instruction pour le commerce des Indes orientales*, Paris, éditeur C. Cellier, [monographie imprimée], Bibliothèque nationale de France, département Philosophie, histoire, sciences de l'homme, 8-O2k-53, 1705.

MARTIN, François, *Mémoires de François Martin, fondateur de Pondichéry 1665-1695*, éd. A. Martineau, Paris, Société d'éditions géographiques, maritimes et coloniales, coll. « Bibliothèque d'histoire coloniale », 3 vol., 1931-1934.

MARTIN, François (de Vitré), *Description du premier voyage faict aux Indes Orientales par les François en l'an 1603*, Paris, L. Sonnius, 1604 (Paris, BnF : RES-O2K-23 et MICROFILM M-9382) ; Description du premier voyage faict aux Indes Orientales par les Français, Paris, Broché, coll. « Les Portes du Large », 2009.

MOCQUET, Jean, *Voyages en Afrique, Asie, Indes orientales et occidentales, faits par Jean Mocquet, garde du cabinet des singularités du roi, aux Tuileries divisez en six livres et enrichi de figures*, Paris, J. de Heuqueville, 1617 (Paris, BnF : G-26745 ; MICROFICHE M-156 et NUMM-86205) ; éd. Xavier de Castro et Dejanirah Couto, *Voyage à Mozambique et Goa : La Relation de Jean Mocquet (1607-1610)*, Paris, Chandeigne, coll. « Magellane », 1996.

POUCHOT DE CHANTASSIN, Claude-Michel, *Relation du voyage et retour des Indes orientales pendant les années 1690 et 1691, par un barde de la marine [C.-M. Pouchot de Chantassin], servant sur le bord de Monsieur Duquesne…*, Paris, Veuve de J.-B. Coignard et J.-B. Coignard fils, 1692.

PYRARD DE LAVAL, François, *Voyage de Pyrard de Laval, contenant sa navigation aux Indes Orientales, aux Moluques et au Brésil : ses divers accidens, adventures qui lui sont arrivez en ce voyage en allant et retournant mesme pendant un long séjour, avec la description des païs, mœurs, loix, façons de vivre, police et gouvernement, du trafic et commerce qui s'y fait*, éd. Jérôme Bignon, Paris, R. Dallin, 1615. 2 vol. (Paris, BnF : 8-O2K-25) ; éd. Geneviève Bouchon, Voyages de Pyrard de Laval aux Indes orientales, (1601-1611), Paris, Chandeigne, Coll. « Magellane », 2 vol., 1998.

RENNEFORT SOUCHU, Urbain (de), *Histoire des Indes Orientales, Leide, Frederik Harring, 1688 ; Relation du premier voyage de la Compagnie des Indes orientales*, Paris, Hachette Livre BNF, coll. « Histoire », 2012.

ROQUES, Georges, *La Manière de négotier dans les Indes orientalles*, [Manuscrit], Bibliothèque nationale de France, Département des manuscrits, Français 14614, 1701.

ROQUES, Georges, *La manière de négocier aux Indes : 1676-1691 : la compagnie des Indes et l'art du commerce* [Texte imprimé] / Georges Roques, Paris, École française d'Extrême Orient / Maisonneuve et Larose, 1996.

TAVERNIER, Jean-Baptiste, *Les six Voyages de Jean-Baptiste Tavernier, qu'il a fait en Turquie, en Perse et aux Indes... Avec les figures, le poids et la valeur des monnoyes qui y ont cours. Première partie, où il n'est parlé que de la Turquie et de la Perse*, Paris, G. Clouzier et C. Barbin, 1676. – 2 vol. Contient : « Suite ou Recueil de plusieurs relations » (Paris, BnF : G-6772-6773 ; MICROFICHE M-5810 (1-2) et NUMM-85325-85326) ; *Les Six Voyages de Monsieur J. B. Tavernier, ... En Turquie, En Perse, Et Aux Indes*, Éditeur : Nabu Press, Paris, Broché, 2012.

THÉVENOT, Jean, *Relation d'un voyage fait au Levant... et de plusieurs autres lieux d'Asie et de l'Afrique... outre les choses mémorables arrivées au dernier siège de Bagdat, les cérémonies faites aux réceptions des ambassadeurs du Mogol et l'entretien de l'autheur avec celuy du Pretejan, où il est parlé des sources du Nil*, Paris, L. Billaine, 1664. [XVIII] (Paris, BnF : RES 4-O2-36 (1) ; MICROFILM M-19117 et NUMM-106525) ; éd. Françoise de Valence, *Les Voyages aux Indes orientales : contenans une description exacte de l'Indostan, des nouveaux Mogols, et des autres peuples et païs des Indes orientales, avec leurs moeurs et maximes, religions, fêtes, temples, pagodes, cimetiéres, commerce, et autres choses remarquables* [Texte imprimé] / Jean de Thévenot ; H. Champion, coll. « Les Géographies du monde », 11, Paris, 2008.

THÉVENOT, Jean, *Suite du Voyage de Mr de Thevenot au Levant ; dans laquelle après plusieurs Remarques très singulieres sur des particularitez de l'Egpte, de la Syrie, de la Mesopotamie, de l'Euphrate & du Tigre, Il est traité de la Perse, & autres États sujets au Roi de Perse, ainsi que de sa Cour, & des Religions, Gouvernemens, Moeurs, Forces, Langues, Sciences, Arts & Coûtumes des Peuples de c grand Empire ; Et aussi des antiquitez de Tschehelminar, de Nakschi Rustan & autres lieux vers l'ancienne PERSEPOLIS : & particulierement de la route exacte de cegrand Voiage, tant par Terre en Turquie & en Perse, que par Mer dans la Mediterranée, Golfe Persique & Mer des Indes, Seconde partie Enrichie de figures en tailles douces*, Paris, Chez Charles Angot, Librairie Juré, 1689.

THÉVENOT, Jean, *Troisieme Partie des Voyages de M. de Thevenot contenant la Relation de l'Indostan, des nouveaux Mogols, & des autres Peuples & Pays des Indes*, Paris, chez Claude Barbin, 1689.

SOURCES SECONDAIRES

AUTRES RÉCITS DE VOYAGE DU XVe AU XVIIIe SIÈCLE

AL-BĪRŪNĪ, Abū-Rayhān, *Le livre de l'Inde*, éd. Monteil Vincent-Mansour, Arles, Sindbad – Actes Sud, coll. « Unesco d'œuvres représentatives », 1996.

ANQUETIL-DUPERRON, Abraham-Hyacinthe, *Voyage en Inde (1754-1762) : relation de voyage en préliminaire à la traduction du « Zend-Avesta »*, Paris, École française d'Extrême-Orient, coll. « Pérégrinations asiatiques », 1997.

BATTÛTA, Ibn, *Voyages : Inde, Extrême-Orient, Espagne et Soudan*, Tome 3, Paris, La Découverte, coll. « La Découverte-poche », 1997, 3 vol.

BOURDAT, Pierre, *Les grandes pages du journal d'Ananda Ranga Pillai : Courtier de la compagnie des Indes auprès des gouverneurs de Pondichéry (1736-1760)*, Paris, L'Harmattan, 2003.

CHAMBELLE, Jean-Guidon (de la), *Mercenaires français de la VOC : La route des Indes hollandaises au XVIIe siècle*, Paris, Chandeigne, coll. « Magellane », 2004.

CHARDIN, Jean, *Journal du voyage du chevalier Chardin en Perse et aux Indes, par la mer Noire et par la Colchide, Londres, M. Pitt, 1686 ; éd. L. Langlès, Voyages du chevalier Chardin en Perse Et Autres Lieux de L'Orient*, Paris, Le Normant, 1811, 3 vol. ; éd. Stéphane Yérasimos, *Voyage de Paris à Ispahan*, Paris, La Découverte / Maspero, 1983, 2 vol. (Paris, BnF : 16-Z-21097 (64) De Paris à Tiflis et 16-Z-21097 (65) De Tiflis à Ispahan).

CONTI, Nicolo (de'), *Le voyage aux Indes de Nicolo de' Conti (1414-1439)*, Paris, Chandeigne, 2004.

CŒURDOUX, Gaston-Laurent, *L'Inde philosophique entre Bossuet et Voltaire* [Texte imprimé] éd. Sylvia Murr, Paris, École Française d'Extrême-Orient, 1987, 2 vol.

FEYNES, Henri (de), *Voyage faict par terre depuis Paris jusques à la Chine par le Sr. De Feynes gentilhomme de la maison du Roy, avec son retour par mer*, Paris, Pierre Rocolet, 1636, (Paris, BnF : RES-O2N-8).

ROBERT GAEBELÉ, *Créole et grande dame : Johanna Bégum, marquise Dupleix, 1706-1756, sa famille, la vie aux Indes dans la première moitié du XVIIIe siècle, Pondichéry en ce temps-là. L'ascension de la créole. Son mariage avec Dupleix. Apogée de sa puissance. Sa part dans la politique coloniale de son mari. Fêtes et réceptions grandioses. Reine d'un monde de féérie. La fin d'un beau rêve. Le calvaire.* Préface de E. Gaudart, Pondichéry, Bibliothèque coloniale, 1934.

ROBERT GAEBELÉ, Yvonne, *Une Parisienne aux Indes au XVIIIe siècle : Madame François Martin*, Préface de A. Martineau, Pondichéry, Bibliothèque coloniale, 1937.

MANDELSLO, Johann-Albrecht (von), *Le journal de Johann Albrecht von Mandelslo*, éd. Françoise de Valence, Paris, Chandeigne, 2008.

LANNI, Dominique (Éd.), *Fureur et barbarie, Récits de voyages chez les Cafres et les Hottentots, 1665-1721*, Paris, Cosmopole Active Média, 2001.

PILLAI, Anandaranga, *Un livre de compte de Ananda Ranga Poullé, courtier de la Compagnie des Indes* / traduit du tamoul par le R. P. Oubagarasamy Bernadotte. ; introduction et notices biographiques par Edmond Gaudart, Gouverneur en retraite, Pondichéry, E. Leroux, Bibliothèque coloniale, 1930.

PILLAI, Anandaranga, *Les Français dans l'Inde, Dupleix et Labourdonnais : extraits du journal d'Anandarangappoullé, courtier de la Compagnie française des Indes (1736-1748)*, Paris, E. Leroux, 1894.

POLO, Marco, *La description du monde* [Texte imprimé], éd. Louis Hambis, Paris, C. Klincksieck, DL 1955.

PORDENONE, Odoric (de), *Le voyage en Asie, itinéraire de la Pérégrination et du voyage (1351)*, Genève, Librairie Droz, 2010.

RIPON, Éric (dit capitaine), *Voyages et aventures aux Grandes Indes (1617-1627), éd. Yves Giraud, Voyages et aventures aux Grandes Indes. Journal inédit d'un mercenaire (1617-1627)*, Paris, Les Éditions de Paris, 1997.

TACHARD, Guy, *Voyage de Siam des pères Jésuites envoyez par le Roy aux Indes et à la Chine*, Paris, A. Seneuze et D. Horthemels, 1686.- XII- (Paris, BnF : 4-O2L-32 ; RES 4-O2L-32 ; SMITH LESOUEF R-10486 et MICROFILM M-9921).

TACHARD, Guy, *Second voyage du Père Tachard et des Jésuites envoyez par le Roy au royaume de Siam*, Paris, D. Horthemels, 1689. (Paris, BnF : 4-O2L-34 ; RES 4-O2L-34 ; SMITH LESOUEF R-I0487 et MICROFILM M-8248).

VARTHEMA, Ludovico (di), *Voyage de Ludovico di Varthema en Arabie et aux Indes orientales (1503-1508)*, Paris, Chandeigne, 2004.

LES ŒUVRES FRANÇAISES DE FICTION, RÉFLEXIONS PHILOSOPHIQUES OU D'ACTUALITÉ

Le Triomphe de Bacchus dans les Indes. Mascarade dansée devant sa Majesté le 9 janvier 1666, Paris, Robert Ballard, seul Imprimeur du Roy, pour la musique, 1666.

BERNIER, François, *Abrégé de la philosophie de Gassendi*, Éditeurs Anisson et Posuel, Lyon, monographie imprimée, 7 vol. ; in-12, 1678, BnF, date de mise en ligne 15/10/2007, [consulté le 12/12/2017]

BERNIER, François, « Nouvelle division de la Terre, par les différentes espèces ou races d'hommes qui l'habitent, envoyée par un fameux voyageur à M. l'abbé de la *** à peu près en ces termes », *Journal des Sçavants*, du Lundy 24 Avril MDCLXXXIV, Gallica.bnf.fr, [consulté le 12/05/2013].

BIGNON, Jean-Paul, *Les Avantures d'Abdalla fils d'Hanif, envoyé par le sultan des Indes à la découverte de l'ile de Borico, où est la fontaine merveilleuse dont l'eau fait rajeunir. Avec la Relation du voyage de Rouschen, dame persane, dans l'ile détournée, qui a été inconnue jusqu'à present, et plusieurs autres histoires curieuses. Traduites en français sur le manuscrit arabe trouvé à Batavia par M. de Sandisson* [Texte imprimé] Tome premier-second, Publié à Paris chez Pierre Witte, 1712.

BOITET DE FRAUVILLE, Claude, (trad.), *Nonnus de Panopolis, Les Dionisiaques ou les metamorphoses, les voyages, les amours, les advantures et les conquestes de Bacchus aux Indes. Nouvellement traduittes*, Paris : Robert Foüet, 1625.

DESCARTES, René, *Discours de la méthode*, Édition établie par Geneviève Rodis-Lewis, Paris, Garnier Flammarion, 1966.

INSTITORIS, Henri & SPRENGER, Jacques, *Le Marteau des sorcières : Malleus Maleficarum, Paris*, Jérôme million, coll. « Atopia », 2005.

LA FONTAINE, Jean (de), *Les Fables*, Paris, Le livre de Poche, coll. « Les Classiques », 2002.

LA FONTAINE, Jean (de), *Discours à Madame de la Sablière (sur l'âme des animaux)*, Commentaire Littéraire et Philosophique par Busson Henri et Gohin Ferdinand, Genève, Librairie DROZ, 1967.

LANNEL, Jean (de), *Le romant des Indes, par Jean de Lannel, écuyer seigneur du Chaintreau & du Chambort*, Paris, 1625 [monographie imprimée].

MONTAIGNE, Michel (de), *Les Essais*, Édition établie et présentée par Claude Pinganaud, Paris, Arléa, 2002.

PANOPOLITAIN, Nonnus, *Les Dionysiaques ou les voyages, les amours et les conquestes de Bacchus aux Indes*, Paris, Chez Robert Foüet, MDCXXV.

QUINTE-CURSE, *De la vie et des actions d'Alexandre le Grand, de la traduction de Mr de Vaugelas avec Les Supplémens de J. Freinshemius sur Quinte-Curce, Traduits par feu Monsieur Du Ryer*, Lyon, Les Frères Perisse, 1761, Liv. I, p. 41.

RENAUDOT, Théophraste, RENAUDOT, Eusèbe et AUNILLON, Pierre (dir.), *Gazette de France*, Paris, Bureau d'adresse, 1680.

SANDISSON, Monsieur de (trad.), *Les avantures d'Abdallah, fils d'Hanif, envoyé par le sultan des Indes à la découverte de l'Ile de Borico où est la Fontaine merveilleuse, dont l'eau fait rajeunir, Traduction en François sur le Manuscrit Arabe trouvé à Batavia par M. de Sandisson*, Paris, Seconde édition chez Pierre Witte, Tome I et II, 1723.

SOTTAS, Jules, *Histoire de la Compagnie royale des Indes Orientales, 1664-1719*, Paris, La Découverte, 1994.

SPINOZA, *Éthique*, Introduction, traduction, notes et commentaires, index de Robert Misrahi, Paris, Presses Universitaires de France, coll. « Philosophie d'aujourd'hui », 1990.

LES ŒUVRES INDIENNES DE FICTION,
RÉFLEXIONS PHILOSOPHIQUES OU RELIGIEUSES

BIARDEAU, Madeleine et PORCHER, Marie-Claude (éd.), *Le Rāmāyaṇa* [Texte imprimé] / de Vālmīki ; Paris, Gallimard, coll. « Bibliothèque de la Pléiade », 1994.

BIARDEAU, Madeleine (éd.), *Le Mahābhārata*, Tome I et II, Paris, Seuil, coll. « Philosophie Générale », 2002.

DHINGRA, Baldoon, *Le collier d'étoiles et autres contes de l'Inde*, coll. « Symboles », Paris, Flammarion, 1959.

KALIDASA, *Parvati ou l'amour extrême*, Paris, coll. « Les Belles Lettres », 2005.

LANCEREAU, Édouard (trad.), *Pañchatantra*, Paris, Gallimard, coll. « Connaissance de l'Orient », Poche, 1992.

RENOU, Louis (trad.), *Contes du vampire*, Paris, Gallimard UNESCO, coll. « Connaissance de l'Orient », 1963.

RENOU, Louis (trad.), *Hymnes spéculatifs du Véda*, Paris, Gallimard/UNESCO, coll. « Connaissance de l'Orient », Poche, 2004.

ROUSSEL, Alfred (trad.), *Légendes morales de l'Inde empruntées au Bhāgavata Purāṇa et au Mahabharata*, Paris, G-P. Maisonneuve et Larose, coll. « Les Littératures populaires de toutes les nations », 1969.

VARENNE, Jean (trad.), *Mythes et légendes extraits des Brâhmanas*, Paris, Gallimard/ UNESCO, coll. « Connaissance de l'Orient », Poche, 1986.

LEXICOGRAPHIE, DICTIONNAIRES ET PRÉCIS LITTÉRAIRES

Dictionnaire de l'Académie française, dédié au Roy, Tome Premier, A-L, Paris, 1694.

Dictionnaire géographique universel, tiré du Dictionaire géographique latin de Baudrand, des meilleures relations des plus fameux voyages, et des plus fideles cartes, Amsterdam et Utrecht, 1701.

BLUCHE, François (dir.), *Dictionnaire du Grand Siècle*, Paris, Librairie Arthème Fayard, 1990.

FRÉDÉRIC, Louis, *Dictionnaire de la civilisation indienne*, Paris, Éditions Robert Laffont, S.A., 1987.

FURETIÈRE, Antoine, *Dictionaire universel contenant généralement tous les mots françois, Tant vieux que modernes, et les termes de toutes les sciences et des arts sçavoir La Philosophie, Logique, & Physique, la Médecine, ou Anatomie, Pathologie, Terapeutique, Chirurgie, Pharmacopée, Chymie, Botanique, ou l'Histoire naturelle des Plantes & celle des Animaux, Mineraux, Métaux & Pierreries, & les noms des Drogues artificielles. La jurisprudence civile & Canonique, Feodale & Municipale, & sur tout celle des Ordonnaces : Les Mathématiques, la géometrie, l'Arithmetique, & l'Algèbre, la Trigonométrie, Geodebe, ou l'Arpentage, & les Sections coniques, l'Astronome, l'Astrologie, la Gnomonique, la Geographie, la Musique, tant en théorie qu'en pratique, les Instruments à vent & à cordes ; l'Optique, Catoptrique, Dioptrique, & Perspective ; l'Architecture civile & militaire, la Pyrotechnie, Tactique, & Statique : les Arts, la Rhétorique, la Poesie, la Grammaire, la Peinture, Sculpture, etc. La Marine, le Manege, l'Art de faire les armes, le Blason, la Venerie, Fauconnerie, la Pesche, l'Agriculture, ou Maison Rustique, & la plus-part des Arts mechaniques : Plusieurs termes de Relation d'Orient & d'Occident, la qualité des poids, Mesures & Monnoyes ; les Etymologies des mots, l'invention des choses, & l'Origine de plusieurs Proverbes, & leur relation à ceux des autres Langues : Et enfin les noms des Auteurs qui ont traitté des matieres qui regardent les mots expliquez avec quelques Histoires, Curiositez naturemmes, & Sentences morales, qui seront rapportées pour donner des exemples de phrases & de constructions. Le tout extrait des plus excellens Auteurs anciens & modernes.* Receuilli & compilé par Feu Messire Antoine. – Furetière, Abbé de Chalivoiy, de l'Académie Françoise, La Haye et Rotterdam, Tome Second, chez Arnout & Reinier Leers, 1690.

MESNARD, Jean, *Précis de littérature française du* XVIIe *siècle*, Paris, Presses Universitaires de France, 1990.

POUILLON, François (dir.), *Dictionnaire des orientalistes de langue française*, Nouvelle édition revue et augmentée, Paris, IISMM, 2012.

LINGUISTIQUE ET ANALYSE DU RÉCIT

Les ouvrages

BARONI, Raphaël, *La Tension narrative. Suspense, curiosité et surprise*, Paris, Éditions du Seuil, coll. « Poétique », 2007.

DETRIE, Catherine, *De la non-personne à la personne : l'apostrophe nominale*, CNRS éditeur, coll. « Sciences du Langage », Paris, Broché, 2007.

KRISTEVA, Julia, *Pouvoirs de l'horreur*, Paris, Éditions du Seuil, 1980.

LABARTHE, Judith, *L'épopée*, Paris, Armand Colin, 2007.

LITS, Marc, *Le roman policier : introduction à la théorie et à l'histoire d'un genre littéraire*, Liège, Éditions du CÉFAL, Deuxième édition complétée, 1999.

MAINGUENEAU, Dominique, *Discours et analyse du discours – Introduction* [Texte imprimé], Paris, Armand Colin, 2017.

MAINGUENEAU, Dominique, *Analyser les textes de communication*, Paris, Armand Colin, 2012.

NIKLA-SALMIEN, Aïno, *La lexicologie*, Paris, Armand Colin, 2e édition, 2015.

THEISSEN, Anne, *Le choix du nom en discours*, Genève-Paris, Librairie DROZ, 1997.

Les articles

ASSELIN, Viviane, « L'intérêt du récit », *Acta fabula*, vol. 8, n° 6, Novembre-Décembre 2007, URL : http://vlib.fabula.org/revue/document3619.php, page consultée le 23 mai 2017.

CROS, Edmond, « Redéfinir la notion d'idéologème », [en ligne], *La sociocritique d'Edmond Cros*, 2006, 2017 [consulté le 03 janvier 2017]. Disponible sur : https://www.sociocritique.fr/?Redefinir-la-notion-d-ideologeme.

LES ÉTUDES LITTÉRAIRES SUR LE RÉCIT DE VOYAGE

LES OUVRAGES CRITIQUES

AFFERGAN, Francis, *Exotisme et altérité. Essai sur les fondements d'une critique de l'anthropologie*, Paris, P.U.F., coll. « Sociologie d'aujourd'hui », 1987.

BERTRAND, Dominique (dir.), *Le rire des voyageurs (XVIe-XVIIIe siècles)*, Clermont Ferrand, P.U.Blaise Pascal, coll. « CERHAC », 2007.

D'SOUZA, Florence, *Des voyages vers l'inconnu entre 1630 et 1880*, Paris, EME Éditions coll. « L'Histoire en mouvement », 2016.

DELOFFRE, Frédéric, (éd.), *Autour de Robert Challe*, Paris, Champion, 1993.

DELOFFRE, Frédéric, *Robert Challe. Un destin, une œuvre.* Textes et documents inédits, Paris, SEDES, 1992.

DE VALENCE, Françoise, *Médecins de fortune et d'infortune. Des aventuriers français en Inde au XVIIe siècle, témoins et témoignages*, Paris, Maisonneuve et Larose, coll. « Monde Asiatique », 2000.

GAILLARD, Aurélia, *L'imaginaire du souterrain*, Université de la Réunion, Paris, L'Harmattan, 1997.

HOLTZ, Grégoire, *L'ombre de l'auteur. Pierre Bergeron et l'écriture du voyage à la fin de la Renaissance*, Paris, Librairie Droz, coll. « Travaux humanistes Renaissance », 2010.

LANNI, Dominique, *Bestiaire fantastique des voyageurs*, Paris, Flammarion, coll. « Arthaud », 2014.

LAVEILLE, Louis, *Le thème du voyage dans Les mille et une nuits : du Maghreb à la Chine*, Paris, L'Harmattan, coll. « Critiques littéraires », 1998.

LE HUENEN, Roland, *Le récit de voyage au prisme de la littérature*, Paris, PUPS, coll. « Imago Mundi », 2015.

LINON-CHIPON, Sophie, *Gallia Orientalis. Voyages aux Indes orientales (1529-1722) : poétique et imaginaire d'un genre littéraire en formation*, Paris, PUPS, coll. « Imago Mundi », 2003.

LINON-CHIPON, Sophie et REQUEMORA-GROS, Sylvie (dir.), *Les tyrans de la mer, Pirates, corsaires & flibustiers*, Paris, Presses Universitaires de Paris-Sorbonne, 2002.

MASSOUMOU, Omer, *L'image de l'autre dans la littérature française*, Paris, L'Harmattan, 2004.

MOLLAT, Michel, *Les explorateurs du XIIIe au XVIe siècle : Premiers regards sur des mondes nouveaux*, Paris, Jean-Claude Lattès, coll. « Lattès/Histoire, Groupes et Sociétés », 1984.

MOUREAU, François et BERNOULLI, René, *Autour du Journal de voyage de Montaigne (1580-1980). Avec une copie inédite du Journal de voyage*, Genève-Paris, Slatkine, 1982.

MOUREAU, François, *Le Théâtre des voyages. Une scénographie de l'Âge classique*, Paris, PUPS, coll. « Imago mundi » 11, 2005.

MOUREAU, François (dir.), *Métamorphoses du récit de voyage*, Paris, Genève, Champion-Slatkine, 1986.

MOUREAU, François & DELOFFRE, Frédéric (éd.), *Challe, Robert, Difficultés sur la religion proposées au père Malebranche*, Édition nouvelle d'après le manuscrit complet et fidèle de la Staatsbibliothek de Munich, Genève, Droz, coll. « Textes littéraires français » 521, 2000.

PIOFFET, Marie-Christine, *La tentation de l'épopée dans les Relations jésuites*, Québec, Bibliothèque national du Québec, Septentrion, 1997.

PIOFFET, Marie-Christine, (dir.), *Écrire des récits de voyage (XVe-XVIIIe siècles) : esquisse d'une poétique en gestation*, Actes du colloque tenu à Toronto du 4 au 6 mai 2006, Québec, Les Presses de l'Université Laval, 2008.

REQUEMORA-GROS, Sylvie, *Voguer vers la modernité, Le voyage à travers les genres au XVIIe siècle*, Paris, PUPS, coll. « Imago Mundi », 2012.

REQUEMORA-GROS, Sylvie & GUYON, Loïc (dir.), *Voyage et théâtre*, Aix-en-Provence, PUP, coll. « Imago mundi », 2011.

REQUEMORA-GROS, Sylvie & GUYON, Loïc Pierre (dir.), *Image et voyage : représentations iconographiques du voyage, de la Méditerranée aux Indes orientales et occidentales, de la fin du Moyen Âge au XIXe siècle*, Aix-en-Provence, PUP, coll. « Textuelles », 2012.

REQUEMORA-GROS, Sylvie, (éd.), *Voyages, rencontres, échanges au XVIIe siècle. Marseille carrefour*, Tübingen, Narr Francke Attempo Verlag, coll. « Biblio 17 », 2017.

TINGUELY, Frédéric, *Le voyageur aux mille tours. Les ruses de l'écriture du monde à la Renaissance*, Paris, Honoré Champion, 2014.

TINGUELY, Frédéric, *Le Fakir et le Taj Mahal : l'Inde au prisme des voyageurs français du XVIIe siècle*, Genève, La Baconnière arts, 2011.

TINGUELY, Frédéric, *L'écriture du Levant à la Renaissance. Enquête sur les voyageurs français dans l'Empire de Soliman le Magnifique*, Genève, Droz, 2000.

TODOROV, Tzvetan, *Nous et les autres, Réflexion française sur la diversité humaine*, Paris, Éditions du Seuil, 1989.

VANAKER, Beatrijs, *Altérité et identité dans les « histoires anglaises » au XVIIIe siècle, Contexte, Reception, Discours*, Koninklijke Brill NV, Leiden, The Netherlands, 2016.

VIJAYAN, Devika, *Les anecdotes dans les récits de voyage français aux Indes orientales (XVIIe et XVIIIe siècles)*, Thèse de doctorat IIIe cycle, University of Waterloo, Waterloo, Ontario, Canada, 2013.

WEEKS, Joëlle, *Représentations européennes de l'Inde : du XVIIe au XIXe siècle*, Paris, L'Harmattan, 2009.

ZAISER, Rainer (éd.), *Papers on French Seventeenth Century Literature*, Tübingen, Narr Francke Attempo Verlag, vol. XLIV, n° 86, 2017.

LES ARTICLES

ABDALLAH, Thouraya, « Une révélation des merveilles de l'Asie Orientale au public français : la traduction de l'itinéraire de Van Linschot en 1610 » dans *La Découverte de nouveaux mondes : aventures et voyages imaginaires au XVIIe siècle*, Rizza Cecilia éd., Centre Méridional de Recherche sur le XVIIe siècle. Fasano, Schena Editore, 1993, 29-44.

BEUZART, Bernard, « Le voyageur Jean Chardin (1643-1713) » dans *Société de l'histoire du protestantisme français, Bulletin*, 1947, p. 73-95.

BIET, Christian, et REQUEMORA, Sylvie, « L'Afrique à l'envers ou l'endroit des Cafres : tragédie et récits de voyage au XVIIe siècle », *L'Afrique au XVIIe siècle. Mythes et réalités*, Alia Baccar Bournaz éd., Tübingen, Gunter Narr Verlag, 2003, p. 371-390.

CHAMPION, Catherine, « L'Inde éblouie ou la rêve d'une colonie : le roman exotique au service de la mission civilisatrice » dans Lombard, Denys (dir.), *Rêver l'Asie ; Exotisme et littérature coloniale, aux Indes, en Indochine et en Insulinde*, avec la collaboration de Catherine Champion, Henri Chambert-Loir Paris, École des Hautes Études en Sciences Sociales, 1993 p. 219-239.

CHUPEAU, Jacques, « Les récits de voyage aux lisières du roman », R.H.L.F., *Le roman du XVIIe siècle*, 3-4, 1977, p. 536-553.

DARMON, Jean-Charles, « Philosophie épicurienne et littérature au XVIIe siècle », dans Anthony Mc Kenna et Pierre-François Moureau (dir.), *« Libertinage et philosophie, Gassendi et les gassendistes » et « Les passions libertines »*, Saint-Étienne, Publications de l'Université de Saint-Étienne, vol. 4, 2000.

DEDIEU, Jean-Pierre, « Charles Dellon, *L'inquisition de Goa. La relation de Charles Dellon (1687)* », dans *Bulletin Hispanique*, tome 100, n° 1, 1998. p. 201-204.

DELOFFRE, Frédéric, éd. *Autour de Robert Challe*, Paris, Champion, 1993.

DELOFFRE, Frédéric, *Robert Challe. Un destin, une œuvre.* Textes et documents inédits, Paris, SEDES, 1992.

DORNIER, Carole, « La rhétorique de l'autopsie dans le *Journal de voyage aux Indes orientales* de Robert Challe (1721) », *Dix-huitième siècle* 2007/1 (n° 39), p. 161-174. DOI 10.3917/dhs.039.0161

DUBOST, Jean-François. « Les stéréotypes nationaux à l'époque moderne (vers 1500-vers 1800) » dans *Mélanges de l'École française de Rome. Italie et Méditerranée*, tome 111, n° 2. 1999, p. 667-682.

KRIEF, Huguette, « À l'abordage de l'idée d'énergie : l'héroïsation de la flibuste de Courtilz de Sandras à Voltaire », Sylvie Requemora-Gros et Sophie Linon-Chipon (dir.), *Les tyrans de la mer, Pirates, corsaires & flibustiers*, Paris, Presses Universitaires de Paris-Sorbonne, 2002, p. 335-349.

LANNI, Dominique, « Le Cafre et le Hottentot dans le discours des voyageurs », dans Alia Baccar Bournaz (dir.), *L'Afrique au XVIIe siècle, Mythes et réalités*, Actes du VIIe colloque du *Centre International de Rencontres sur le XVIIe siècle*, Tunis, 14-16 mars 2002, Biblio 17-149, Gunter Narr Verlag Tübingen, 2003.

LAUTHELIER, Rachel, « Quand le récit de l'aventure supplante la relation du voyage : le voyage de Perse au XVIIIe siècle », *Revue d'histoire littéraire de la France*, 4/2004, Vol. 104, p. 871-886. [Consulté le 09/09/2016] URL : http://www.cairn.info/revue-d-histoire-litteraire-de-la-france-2004-4-page-871.htm

LINON-CHIPON, Sophie, « *Certificata loquor.* Le rôle de l'anecdote dans les récits de voyage aux XVIIe et XVIIIe siècles (1658-1722) », dans Philippe Antoine, *Roman et récit de voyage*, textes réunis par Marie-Christine Gomez-Géraud et Philippe Antoine, préface, Paris, Presses Universitaires Paris-Sorbonne, coll. « *Imago Mundi* », 2001, p. 193-205.

MARIMOUTOU, Carpanin Jean-Claude, « Les voyageurs européens et l'hindouisme », Linon-Chipon, Sophie, Guennoc, Jean-François (dir.), *Transhumances divines : récits de voyage et religion*, Paris, PUPS, coll. « Imago Mundi », 2005, p. 291-318.

MARKOVITS, Claude et SUBRAHMANYAM, Sanjay, « Navigation, exploration, colonisation : pour en finir avec les Grandes Découvertes » dans BOUCHERON Patrick (dir.), *Histoire du monde au XVe siècle*, Paris, Fayard, 2009, p. 603-616.

MESNARD, Jean, « L'identité de Robert Challe », dans *R.H.L.F.*, n° 6, Paris, Librairie Armand Colin, 1979.

MESNARD, Jean, « Robert Challe et son double François Martin », *Langue, Littérature du XVIIe et du XVIIIe siècle. Mélanges offerts à Frédéric Deloffre*, Paris, SEDES, 1990, p. 331-345.

MORLIN, Isabelle, « La tentation romanesque dans les récits de voyages de la fin du XVIIe siècle : l'exemple de l'abbé Carré. (*Voyage des Indes orientales, mêlé de plusieurs histoires curieuses*) », dans Pioffet Marie-Christine (dir.), *Écrire des récits de voyage (XVe-XVIIIe siècles) : esquisse d'une poétique en gestation*, Québec, Les Presses de l'Université Lava, 2008, p. 235-247.

MOUREAU, François, « L'Estra et Challe sur la route des Indes : Naissance d'une écriture » dans Norbert Dodille, *Idées et représentations coloniales dans l'océan indien*, Paris, Presses de l'Université Paris-Sorbonne, coll. « *Imago Mundi* », 2009.

MOUREAU, François, « Récits et paraboles dans l'œuvre de Robert Challe : le voyageur et le théologien », dans Marie-Christine Pioffet, *Écrire des récits de voyage (XVe-XVIIIe siècles) : esquisse d'une poétique en gestation*, Québec, Les Presses de l'Université Lava, 2008, p. 247-263.

MOUREAU, François, « L'œil-expert : voyager, explorer. Présentation. », dans *Voyager, explorer, Dix-huitième siècle*, Paris, Presses Universitaires de France, n° 22, 1990, p. 5-12.

MOUREAU, François, « Le voyage dans la recherche française. Aspects théoriques et directions d'études », *Sehen und Beschreiben. Europäische Reisen im 18. und frühen 19. Jahrhundert, Hg. von Wolfgang Griep*, Heide, Westholsteinische Verlagsanstalt Boyens & Co., 1991 (Eutiner Forschungen, Bd 1), p. 1-6.

MOUREAU, François, « Un manuscrit déguisé de Challe : le *Journal de voyage aux Indes* », *Autour de Robert Challe.* Actes du Colloque de Chartres (20-22 juin 1991) édités par Frédéric Deloffre, Paris, Honoré Champion, 1993, p. 293-302.

MOUREAU, François, « La littérature des voyages maritimes, du Classicisme aux Lumières », *Revue d'Histoire maritime*, numéro spécial : « La percée de l'Europe sur les océans, vers 1690-vers 1790 », 1re année, n° 1, oct. 1997, p. 243-264.

MOUREAU, François, « Images et imaginaire dans l'illustration de la littérature des voyages », *Visualisation*, édité par Roland Mortier, Berlin, Berlin Verlag Arno Spitz GmbH, 1999, p. 127-138.

MOUREAU, François, « Introduction », *Poésie et voyage. De l'énoncé viatique à l'énoncé poétique*, Sophie Linon-Chipon, Véronique Magri Mourgues et Sarga Moussa éd., La Napoule, Éditions La Mancha, 2002, p. 7-11.

MOUREAU, François, « Les relations de voyage en dépit de la littérature ? Une autre écriture », *Romanistische Zeitschrift für Literaturgeschichte / Cahiers d'Histoire des Littératures romanes*, 26.1/2, 2002, p. 91-104.

MOUREAU, François, « Itinéraires jésuites en Chine ou les Lumières naissant à l'Est », *SVEC*, 2003 :1, p. 437-454, 4 ill.

MOUREAU, François, « Pirates barbaresques, récits de voyage et littérature : une peur de l'Âge classique », *La Corse carrefour des routes de la Méditerranée*,

Michel Vergé-Franceschi et Antoine-Marie Graziani éd., Ajaccio, Alain Piazzola, 2003, p. 41-57, 1 ill.

MOUREAU, François, « Préface » à Dominique Lanni, *Fureur et barbarie. Récits de voyage chez les Cafres et les Hottentots 1665-1721*, Paris, Cosmopole, 2003, p. 5-7.

MOUREAU, François, « Voyages anonymes et manuscrits à l'Âge classique : une stratégie de communication réservée ? », *Annali d'Italianistica*, 22, 2003 : « Hodoeporics Revisited / Ritorno all'odeporica », p. 105-115.

MOUREAU, François, « Missionnaires et voyageurs en Chine à l'Âge classique : le moi et l'autre », *Le Voyage à l'époque moderne*, Paris, Presses de l'Université de Paris-Sorbonne, 2004, p. 23-25.

MOUREAU, François, « Lire le voyage classique : inventaire et reconstruction », *Un Siècle en Deux Cents Ans ? Les XVIIe et XVIIIe siècles : Continuités et Discontinuités*, Jean Dagen et Philippe Roger éd., Paris, Desjonquères, 2004, p. 305-314 coll. « L'Esprit des Lettres ».

MOUREAU, François, « L'Orient des religions chez Robert Challe », *Transhumances divines. Récits de voyagez et religion*, Sophie-Linon-Chipon et Jean-François Guennoc éd., Paris, PUPS, 2005, p. 169-179 coll. « Imago mundi » 9.

MOUREAU, François, « Les études sur la littérature des voyages aujourd'hui : bilan et perspectives », *Archives et bibliothèques de Belgique*, t. LXXIV, n° 1-4, 2003 [2005], p. 35-54.

OUELLET, Real, « Pour une poétique de la relation de voyage », dans Marie-Christine Pioffet, *Écrire des récits de voyage (XVe-XVIIIe siècles) : esquisse d'une poétique en gestation*, Actes du colloque tenu à Toronto du 4 au 6 mai 2006, Québec, Les Presses de l'Université Laval, 2008, p. 17-43.

POPIN, Jacques, « Du journal manuscrit au Journal imprimé : le cas de Challe, dans Le genre des mémoires, essai de définition », dans *Littérature et Politique sous l'Ancien Régime*, Strasbourg, 1994, Bertaud Madeleine et Cuche François-Xavier (dir.), Paris, Klincksieck, 1995.

REQUEMORA-GROS, Sylvie, « Scènes de sérail : la construction d'un Orient théâtral et romanesque au XVIIe siècle », Anne Duprat (dir.), *Récits d'Orient dans les littératures d'Europe (XVIe-XVIIe siècles)*, Paris IV-Sorbonne, 16-18 mars 2006, PUPS, 2008, p. 249-262.

REQUEMORA-GROS, Sylvie, « Les turqueries : une vogue théâtrale en mode mineur », *Littératures classiques*, 51, 2004, p. 133-151.

REQUEMORA-GROS, Sylvie, « Voyager ou l'art de voguer à travers les genres au XVIIe siècle », dans Marie-Christine Pioffet, *Écrire des récits de voyage (XVe-XVIIIe siècles) : esquisse d'une poétique en gestation*, Québec, Les Presses de l'Université Laval, 2008, p. 219-235.

REQUEMORA-GROS, Sylvie, « Théâtre du séjour ou théâtre du parcours : réflexions sur la naissance du "théâtre de voyage" en France », Sylvie

Requemora-Gros, Loïc Pierre Guyon (dir.), *Voyage et théâtre*, Paris-Sorbonne, PUF, 2011, p. 131-147.

Requemora-Gros, Sylvie, « *Viatica concors* ou *viatica discors ?* Du Cafre du Sud au Cafre du Nord », *Concordia Discors*, Benoît Bolduc et Henriette Goldwyn (dir.), choice of contributions of the_congress of the 41ᵉ *North American Society for Seventeenth-Century French Literature*, Tübingen, Narr Verlag, Biblio 17, n° 194, 2011, p. 157-165.

Requemora-Gros, Sylvie, « Les îles dans la littérature maritime française du XVIIᵉ siècle », *Mare Nostrum. Les Corses et la mer*, Musée de la Corse, Albiana, 2011, p. 202-210.

Requemora-Gros, Sylvie, « Le genre "metoyen" en question : le cas de l'épisode algérien de Regnard », in *Itinéraires littéraires du voyage*, « Travaux de littérature », T.L. XXVI, Genève, Droz, Actes du colloque international de l'ADIREL et du CRLV, *Le Voyage dans tous ses états*, 16-17 mars 2012, Paris-Sorbonne, p. 279-288.

Requemora-Gros, Sylvie, « Généalogie de la figure littéraire du pirate du XVIIᵉ au XIXᵉ siècle », Michèle Battesti (dir.), *Piraterie au fil de l'Histoire : un défi pour l'État*, Institut de recherche stratégique de l'École militaire, colloque international de La Rochelle, 9-12 mai 2012, Paris, PUPS, 2014, p. 439-457.

Requemora-Gros, Sylvie, « "Remarquer Ispahan" : marques, remarques, contremarques et démarques persanes », dans Tinguely Frédéric (dir.), *Vers Ispahan. Le voyage en Perse au XVIIᵉ siècle, Revue XVIIᵉ siècle*, janvier 2018, n° 278, 2018/1.

Requemora-Gros, Sylvie, « Les "turqueries" : problèmes de définition d'une vogue théâtrale en mode mineur », dans *Littératures classiques*, n° 51, 2004, p. 133-151.

Requemora-Gros, Sylvie, « Écrire, imaginer, penser le voyage au XVIIᵉ siècle », research seminar of M. Longino, Duke University, 24 septembre 2014, à paraître.

Requemora-Gros, Sylvie, « Bizarreries, curiosités et singularités dans quelques récits de voyage du XVIIᵉ siècle », research seminar of Ph. Chométy, P. Chiron et J.-Ph. Grosperrin, « Les premiers âges du bizarre (XVIᵉ-XVIIIᵉ s.) », Université de Toulouse, 15 février 2016.

Racault, Jean-Michel, « De la relation de voyage au roman : l'exemple du voyage de François Leguat », *Cahiers de Littérature du XVIIᵉ siècle*, 8, 1986, p. 57.

Ronzeaud, Pierre, « Des routes d'Orient aux chemins provençaux : l'itinéraire de Jean Thévenot », *Marseille*, n° 128-129, Paris, Éd. [S.l.] : [s.n.], 1983, p. 137-152.

Tinguely, Frédéric, « Un paradis sans miracles : Le Cachemire de François Bernier », *Revue Études de Lettres*, Paris, n° 3, 2006.

TINGUELY, Frédéric, *La peur du Turc (XVIe-XVIIIe siècles)*, dans Madeleine Bertaud (dir.), *Travaux de littérature, Les grandes peurs*, Genève, Droz, Publications de l'ADIREL, 2004, vol. 2.

VIJAYAN, Devika, « Dieux monstres de l'Inde : la négation de l'art dans le discours des voyageurs français aux Indes orientales (XVIIe siècle) ? », *Viatica* [En ligne], *L'Art des autres*, mis en ligne le 18/02/2015.

VILLIERS, Lydie, « L'Inde à Travers les Récits de Voyageurs Français à la Fin du XVIIe siècle », dans *Histoire, économie et société*, 1987, 6e année, n° 4. p. 485-494.

LES ÉTUDES CRITIQUES SUR LA LITTÉRATURE, LA PHILOSOPHIE ET L'HISTOIRE ANTIQUES ET MÉDIÉVALES

LES OUVRAGES CRITIQUES

ANDRÉ, Jacques, FILLIOZAT, Jean, *L'Inde vue de Rome. Textes latins de l'Antiquité relatifs à l'Inde*, Paris, Société d'édition Les Belles Lettres, 2010.

DELORT, Robert, *Les animaux ont une histoire*, Paris, Seuil, coll. « Points Histoire », 1993.

DETIENNE, Marcel et VERNANT, Jean-Pierre, *Les ruses de l'intelligence, La mètis des Grecs*, Paris, Flammarion, 1974.

GUICHET, Jean-Luc, *Problématiques animales. Théories de la connaissance, anthropologie, éthique et droit*, Paris, Presses Universitaires de France, 2011.

LAMBIN, Gérard, *L'Épopée : Genèse d'un genre littéraire en Grèce*, Rennes, Presses Universitaires de Rennes, 2016.

LÉVÊQUE, Eugène, *Les mythes et légendes de l'Inde et la Perse dans Aristophane, Platon, Aristote, Virgile, Ovide, Tite Live, Dante, Boccace, Arioste, Rabelais, Perrault, La Fontaine*, Paris, E. Belin, 1880, 1 vol. (III-608m.) ; in-8.

TOURRAIX, Alexandre. *Le mirage grec. L'Orient du mythe et de l'épopée.* [e-book] Besançon : Institut des Sciences et Techniques de l'Antiquité, Collection « ISTA » 756, 2000. Date de mise en ligne : 2005 [consulté le 28/12/2016]. Disponible sur : http://www.persee.fr/doc/ista_0000-0000_2000_mon_756_1.

LES ARTICLES

GREISCH, Jean, « Atomisme », *Encyclopædia Universalis* [en ligne], consulté le 14 février 2017. URL : http://www.universalis.fr/encyclopedie/atomisme/
GUSDORF Georges, « Matérialisme », *Encyclopædia Universalis* [en ligne],

consulté le 14 février 2017. URL : http://www.universalis.fr/encyclopedie/materialisme/

HENTSCH, Thierry, « Orient-Occident : origines mythiques d'un couple réel », *Études internationales*, vol. 16, n° 3, 1985, p. 505-523.

HÉBERT, Geneviève, « Épicurisme », *Encyclopædia Universalis* [en ligne], consulté le 14 février 2017. URL : http://www.universalis.fr/encyclopedie/epicurisme/

ROUXPETEL, Camille, « La figure du Prêtre Jean : les mutations d'une prophétie. Souverain chrétien idéal, figure providentielle ou paradigme de l'orientalisme médiéval ? », *Questes. Revue pluridisciplinaire d'études médiévales* [En ligne], 28 | 2014, mis en ligne le 15 juin 2014, consulté le 2 octobre 2016, p. 99-120.

WOLFF, Francis, « L'animal et le Dieu : deux modèles pour l'homme. Remarques pouvant servir à comprendre l'invention de l'animal », dans ROMEYER DHERBY Gilbert (dir.), *L'animal dans l'Antiquité*, Ouvrage publié avec le concours du Centre National de la Recherche Scientifique, Paris, Librairie Philosophique J. Vrin, 1997, p. 157-180.

ZINK, Michel, « Le monde animal et ses représentations au Moyen-Âge (XIe-XVe siècles) », dans *Actes des congrès de la Société des historiens médiévistes de l'enseignement supérieur public*, 15e Congrès, Toulouse, 1984, p. 47-71.

LES ÉTUDES CRITIQUES SUR LA LITTÉRATURE FRANÇAISE D'ANCIEN RÉGIME

LES OUVRAGES CRITIQUES

ASSAYAG, Jackie, *L'Inde fabuleuse, Le charme discret de l'exotisme français (XVIIe-XXe siècles)*, Paris, Kimé, coll. « Le sens de l'Histoire », 1999.

BACCAR BOURNAZ, Alia (éd), *L'Afrique au XVIIe siècle. Mythes et réalités*, Tübingen, Gunter Narr Verlag, 2003.

BACCAR BOURNAZ, Alia, *La Mer, source de création littéraire au XVIIe siècle*, Biblio 17, Tübingen, Allemagne, 1991.

BÉNICHOU, Paul, *Morales du Grand siècle*, Paris, Éditions Gallimard, 1944.

DEBAISIEUX, Martine (dir.), *Le labyrinthe de Versailles : parcours critiques de Molière à La Fontaine, à la mémoire d'Alvin Eustis*, Amsterdam, Atlanta, GA, 1998.

DARMON, Jean-Charles, *Philosophie épicurienne et littérature au XVIIe siècle en France, Études sur Gassendi, Cyrano de Bergerac, La Fontaine, Saint-Évremond*, Paris, presses Universitaires de France, 1998.

DUBOIS, Claude-Gilbert, *Le baroque : profondeurs de l'apparence*, Bordeaux, Presses Universitaires de Bordeaux, 1993.

DUPRAT, Anne, KHADHAR, Hédia, *Orient baroque / Orient classique, Variations du motif oriental dans les littératures d'Europe (XVIe-XVIIe siècles)*, Paris, Éditions Bouchène, 2010.

DUPRAT, Anne, PICHEROT, Émilie (dir.), *Récits d'Orients dans les littératures d'Europe (XVIe-XVIIe siècles)*, Paris, Presses de l'Université Paris-Sorbonne, 2008.

GONTIER, Thierry, *De l'homme à l'animal : Montaigne et Descartes ou les paradoxes de la philosophie moderne sur la nature des animaux*, Paris, Librairie Philosophique J. Vrin, coll. « Philologie et Mercure », 1998.

GRANDÂÈRE, Marcel, « Introduction. La notion de stéréotype », *Le stéréotype : outil de régulations sociales* [en ligne]. Rennes : Presses universitaires de Rennes, 2004 (généré le 20 février 2017). Disponible sur Internet : <http://books.openedition.org/pur/20998>. ISBN : 9782753525436.

GRANDÂÈRE, Marcel, MOLIN, Michel, *Le stéréotype : outil de régulations sociales.* Nouvelle édition [en ligne]. Rennes : Presses universitaires de Rennes, 2004 (généré le 20 février 2017). Disponible sur Internet : <http://books.openedition.org/pur/20995>. ISBN : 9782753525436.

GROS, Ivan, *L'imaginaire du jeu d'échecs et la poétique de l'ordre et du chaos : histoire d'une représentation de la cérébralité*, [Texte imprimé] Paris, L'Harmattan, coll. « Palinure », DL 2011.

LABARTHE, Judith, *L'épopée*, Paris, Armand Colin, 2007.

LESNE, Emmanuèle, *La poétique des mémoires (1650-1685)*, Paris, Honoré Champion, 1996.

LONGINO, Michèle, *Orientalism in French Classical Drama*, Cambridge, Cambridge University Press, 2002.

LONGINO, Michèle, *French travel writing in the Ottoman Empire, Marseille to Constantinople, 1650-1700*, Taylor & Francis, 2015.

MALSON, Lucien, *Animaux et Philosophes*, Paris, Layeur, 2008.

MARSH, Kate, *India in the French Imagination : Peripheral Voices, 1754-1815*, New-York, First Published 2009 by Pickering & Chatto, Published by Routledge, 2016.

MARTINO, Pierre, *L'Orient dans la littérature française au XVIIe et au XVIIIe siècle*, Genève, Slatkine Reprints, 1970.

MÉNIEL, Bruno, *Renaissance de l'épopée : la poésie épique en France de 1572 à 1623*, Genève, Librairie Droz, 2004.

MURR, Sylvia, *L'Inde philosophique entre Bossuet et Voltaire*, Paris, École française d'Extrême-Orient, coll. « Publications de l'École française d'Extrême-Orient », 1987.

NIDERST, Alain (dir.), *L'animalité. Hommes et animaux dans la littérature française*, Tübingen, Gunter Narr Verlag, 1994.

PASTOUREAU, Michel, *Noir. Histoire d'une couleur*, Paris, Seuil, 2008.

PIOFFET, Marie-Christine (dir.), *Geographiae imaginariae – Dresser le cadastre des mondes inconnus dans la fiction narrative de l'Ancien Régime*, Paris, Hermann, 2014.

PINTARD, René, *Le libertinage érudit dans la première moitié du XVIIe siècle*, Thèse de Doctorat : Lettres, Paris, Boivin, 1943, 2 vol. (XI-767 p.), (Paris, BnF : 8-Z-29404 ; 8-Z-8286 (1-2) et MICROFILM M-19174).

POIRIER, Jacques, *L'animal littéraire : des animaux et des mots*, Dijon, Éditions universitaires de Dijon, 2010.

ROUSSEAU, Christine, *Les enchantements de l'éloquence : contes de fées et stratégies hyperboliques au XVIIe siècle*, Thèse soutenue publiquement le 19 octobre 2013, Université de Grenoble, Sous la direction de Christine Noille-Clauzade.

SELLIER, Philippe, *Essais sur l'imaginaire classique. Pascal, Racine, Précieuses et moralistes, Fénelon*, Paris, Honoré Champion, 2003.

TOCANNE, Bernard, *L'idée de Nature en France dans la seconde moitié du XVIIe siècle. Contribution à l'histoire de la pensée classique*, Paris, Klincksieck, 1978.

TORERO-IBAD, Alexandra, *Débats politiques et philosophiques au XVIIe siècle : La question de l'âme des bêtes chez Descartes et Gassendi suivi de Coup d'état et pouvoir politique chez Gabriel Naudé, Laval*, Les Presses de l'Université Laval, 2000.

ZUBER, Roger, *Les « Belles Infidèles » et la formation du goût classique. Pierrot d'Ablancourt et Guez de Balzac*, Paris, Librairie Armand Colin, 1968.

LES ARTICLES

BACCAR, Alia, « D'une esthétique à l'autre. L'Orient dans les écrits français du XVIIe siècle », Duprat, Anne, Khadhar, Hédia, *Orient baroque / Orient classique, Variations du motif oriental dans les littératures d'Europe (XVIe-XVIIe siècles)*, Paris, Éditions Bouchène, 2010, p. 177-189.

BEDEL, Mathilde, « Entre une Inde imaginaire et la traduction d'un ailleurs intriguant : le "mythe" indien à la française », *Œuvres et Critiques*, vol. XLV, 1 (2020), p. 21-30.

BEDEL, Mathilde, « L'art du voyage en Inde ou "l'ère du soupçon" au service de la narration (Tavernier, Martin, Bernier) », dans Guilhem Armand (dir.), *Littératures et cetera*, *Tropics*, Revue électronique pluridisciplinaire, Université de la Réunion, n° 6, 2019.

BEDEL, Mathilde, « Errances viatiques en terre indienne, l'animal indien comme une figure à penser les erreurs », dans Rainer Zaiser (dir.), *L'errance au XVIIe siècle*, Narr Verlag, coll. « Biblio 17 », vol. 216, 2017, p. 45-55.

BEDEL, Mathilde, « La Lettre à Colbert de François Bernier, ou l'avertissement par le modèle indien du déclin de la France », dans *Papers on French Seventeenth Century Literature*, vol. 44, n° 86, 2017, p. 61-70.

BEDEL, Mathilde, « Marseille : Porte de l'Inde, Récit du médecin curieux devenu l'explorateur privilégié d'un ailleurs fabuleux », dans Sylvie Requemora-Gros (dir.), *Voyages, rencontres, échanges au XVIIe siècle. Marseille carrefour*, Tübingen, Narr Verlag, coll. « Biblio 17 », vol. 211, 2016, p. 103-116.

BEDEL, Mathilde, « La crémation des veuves en Inde et les voyageurs français au XVIIe siècle : quand la Sati devient la Sorcière », dans *Malice*, n° 7 : « *Transnationalité & Transculturalité – L'Expérience de l'ailleurs* », 2016. (En ligne : http://cielam.univ-amu.fr/malice?q=publication/1973).

BERCHTOLD, Jacques, GUICHET, Jean-Luc (dir.), « L'animal des Lumières », *Dix-huitième siècle*, La Découverte, n° 42, 2010. Notice publiée le 30 juin 2010 sur revue.org

BERTRAND, Gilles, « Le discours des voyageurs. Quelques éléments pour une approche comparative des stéréotypes sur les peuples dans l'Europe des Lumières » dans *Le stéréotype : outil de régulations sociales* [en ligne]. Rennes, Presses universitaires de Rennes, 2004 (généré le 20 février 2017). Disponible sur Internet.

CHATAIGNIER, David, « Le sujet Turc sur la scène française des XVIe et XVIIe siècles : un voyage dans le tragique, du récit d'Orient à la tragédie » dans Sylvie Requemora-Gros, Loïc Pierre Guyon (dir.), *Voyage et théâtre*, Paris-Sorbonne, PUF, 2011.

CHUPEAU, Jacques, « Les récits de voyage aux lisières du roman », *R.H.L.F.*, *Le roman du XVIIe siècle*, 3-4, 1977, p. 536-553.

CUSSAC, Hélène, « Bernardin de Saint-Pierre lecteur de récits de voyages, ou la circulation de quelques savoirs sur l'Afrique du 17e siècle au 18e siècle », *Dix-huitième siècle* 2012/1 (n° 44), p. 201-219. DOI 10.3917/dhs.044.020

DELUMEAU, Jean, « La nouvelle érudition (XVIe-XVIIe siècles) et le paradis terrestre, dans *Journal des savants* », *Persée*, n° 3-4, 1991, p. 289-300.

DUBOST, Jean-François, « Les stéréotypes nationaux à l'époque moderne (vers 1500-vers 1800) » dans *Mélanges de l'École française de Rome. Italie et Méditerranée*, tome 111, n° 2. 1999, p. 667-682.

EMELINA, Jean, « La Géographie tragique : espace et monde extérieur », dans *Seventeenth Century French Studies* (G. B.), n° 12, 1990, p. 111.

FOUGÈRE, Éric, « Le monde en creux. Représentation romanesque de l'espace souterrain aux XVIIe et XVIIIe siècles », *L'imaginaire des souterrains*, Paris, éd. Aurélia Gaillard, L'Harmattan, cahiers CRLH, n° 11, 1997, p. 155-164.

GRANDE, Nathalie, « Le caméléon, vedette des salons », Mazouer Charles, *L'animal au XVIIe siècle*, Actes de la 1re journée d'études (21 novembre 2001) du *Centre de recherches du le XVIIe siècle européen (1600-1700)*, Université Michel de Montaigne-Bordeaux III, Biblio 17, Suppléments aux Papers on French Seventeenth Century Literature, Tübingen, Gunter Narr Verlag, 2003, p. 89-102.

GREINER, Frank, « Fictions et dévotion au XVIIe siècle : une pédagogie de l'imaginaire », *Littératures classiques* 3/2012 (N° 79), p. 95. URL : www.cairn.info/revue-litteratures-classiques1-2012-3-page-95.htm.

GÜNTER, Berger, « Genres bâtards : roman et histoire à la fin du XVIIe siècle », *Dix-septième siècle*, 2/2002 (n° 215), p. 297-305. URL : http://www.cairn.info/revue-dix-septieme-siecle-2002-2-page-297.htm

HAFFEMAYER, Stéphane, « Les ambiguïtés idéologiques de l'information périodique au milieu du XVIIe siècle » dans *L'information à l'époque moderne. Actes du colloque de 1999*, Bulletin n° 25, Paris, Presses de l'Université de Paris-Sorbonne, coll. « Association des Historiens Modernistes des Universités », 2001, p. 55-71.

HOLTZ, Grégoire et MOREAU, Isabelle (dir.), « De l'Indien au philosophe : (les seuils de) captation d'une parole étrangère », *« Parler librement » : la liberté de parole au tournant du XVIe et du XVIIe siècle*, Lyon, ENS Éditions, 2005.

JOLIVET, Vincent, « Lumières et bestialité », *Dix-huitième siècle* 2010/1 (n° 42), p. 285-303. DOI 10.3917/dhs.042.0285

LONGINO, Michèle, « Politique et théâtre au XVIIe siècle : les Français en Orient et l'exotisme du Cid » dans *Littérature et exotisme*, Courcelles, Dominique de éd., Paris, Champion, coll. « Études et rencontres de l'École des Chartres », 1997.

MORLIN, Isabelle, « La tentation romanesque dans les récits de voyage de la fin du XVIIe siècle : l'exemple de l'abbé Carré (*Voyage des Indes orientales mêlé de plusieurs histoires curieuses*) », dans Marie-Christine Pioffet, « Présentation », *Écrire des récits de voyage (XVe-XVIIIe siècles), esquisse d'une poétique en gestation*, Actes du colloque tenu à Toronto du 4 au 6 mai 2006, Québec, Les Presses de l'Université Laval, 2008.

MURR, Sylvia, « Le Politique "au Mogol" selon Bernier », dans Pouchepadasse, Jacques et Stern, Henri (dir.) *De la royauté à l'État dans le monde indien*, Paris, École des Hautes Études en Sciences Sociales, 1991.

PIOFFET, Marie-Christine, « L'imagerie du sérail dans les histoires galantes du XVIIe siècle », *Figures de l'Orient*, Tangence, n° 65, hiver 2001, p. 8-22.

REINHARD, Krüger, « Merveilleux païen ou merveilleux chrétien ? Le débat sur l'épopée française et la sécularisation du merveilleux au XVIIe siècle » dans David Wetsel, Canovas Frédéric (dir.), *La Spiritualité / L'Epistolaire / Le Merveilleux au Grand Siècle*, Actes du 33e congrès annuel de la North American Society for Seventeenth-Century French Literature, Tome III, Arizona State University (Tempe), May 2001.

ROUSSELEAU, Raphaël, « Le "paria forestier" au miroir des brahmes. Une généalogie du *bon sauvage* de l'Inde », Zupanov, Incs G. et Fourcade, Marie, *L'Inde des Lumières – Discours, histoire, savoirs (XVIIe-XIXe siècle)*, Paris, Éditions de l'École des Hautes Études en Sciences Sociales, n° 31, coll. « Puruṣārtha », 2013, p. 309-331.

SIRDESPANDE, Mangala, « Rabelais, Philosophe et penseur : une perspective indienne », *Synergies, Inde* n° 2, 2007, p. 307-320.

TAUSSIG, Sylvie, « Histoire et ΙΣΤΟΡΊΑ dans les lettres latines de Gassendi » dans Mc Kenna, Anthony et Moreau, Pierre-François (dir.), *« Libertinage et philosophie, Gassendi et les gassendistes » et « Les passions libertines »*, Saint-Étienne, Publications de l'Université de Saint-Étienne, vol. 4, 2000.

TINGUELY, Frédéric, « Aux limites du relativisme culturel : les Lumières face à l'immolation des veuves de l'Inde », *Dix-huitième siècle* 2006/1 (n° 38), p. 449-462. DOI 10.3917/dhs.038.0449

TINGUELY, Frédéric, « Singeries romanesques et anthropologie libertine au XVIIe siècle », *Littérature* 2006/3 (n° 143), p. 79-93. DOI 10.3917/litt.143.0079

VANACKER, Béatrijs, *Altérité et identité dans les « histoires anglaises » au XVIIIe siècle : contexte(s), réception et discours*, [Texte imprimé] Leiden, Boston : Brill, coll. « Faux titre : études de langue et littérature françaises », vol. 411, 2016.

ZINK, Michel, « Le monde animal et ses représentations au Moyen-Âge (XIe-XVe siècles) », dans *Actes des congrès de la Société des historiens médiévistes de l'enseignement supérieur public*, 15e congrès, Toulouse, 1984, p. 47-71.

LES ÉTUDES HISTORIQUES SUR LA FRANCE ET L'EUROPE D'ANCIEN RÉGIME

BECHTEL, Guy, *La sorcière et l'Occident, la destruction de la sorcellerie en Europe des origines aux grands bûchers*, Paris, Pocket, coll. « Pocket Agora », 2000.

BÉLY, Lucien, *Les secrets de Louis XIV, Mystères d'État et pouvoir absolu*, Paris, Éditions Tallandier, 2013.

BÉLY, Lucien, *La France au XVIIe siècle, Puissance de l'État, contrôle de la société*, Paris, Presses Universitaires de France, 2009.

DELUMEAU, Jean, *La peur en Occident, (XIVe-XVIIIe siècles). Une cité assiégée*, Paris, Librairie Arthème, Fayard, 1978.

DELUMEAU, Jean, *Le péché et la peur. La culpabilisation en Occident XIIIe-XVIIIe siècles*, Paris, Librairie Arthème, Fayard, 1983.

DELUMEAU, Jean, *Une histoire du paradis. Le jardin des délices*, Paris, Librairie Arthème Fayard, 1992.

LE GOFF, Jacques, *La naissance du Purgatoire*, Paris, Éditions Gallimard, coll. « Folio Histoire », 1981.

LELIÈVRE, Guillaume, *Les précurseurs de la Compagnie française des Indes orientales, 1601-1622*, Histoire, Université de Caen Basse Normandie, 2014.

MÉNARD-JACOB, Marie, *La Première Compagnie des Indes (1664-1704) : Apprentissages, échecs et héritage*, Rennes, Presses Universitaires de Rennes, 2016.

MUCHEMBLED, Robert, *Une histoire du diable XIIe-XXe siècle*, Paris, Seuil, 2000.

PAULIAT, Louis, *La politique coloniale sous l'ancien régime*, d'après des documents empruntés aux archives coloniales du Ministère de la Marine et des colonies, Paris, C. Levy, 1887.

PIERAGNOLI, Joan, *La cour de France et ses animaux (XVIe-XVIIe siècles)*, Paris, Presses Universitaires de France, 2016.

SUBRAHMANYAM, Sanjay, *L'Inde sous les yeux de l'Europe : Mots · Peuples · Empires*, Alma Éditeur, 2018.

SUBRAHMANYAM, Sanjay, *L'éléphant, le canon et le pinceau : Histoires connectées des cours d'Europe et d'Asie. 1500-1750*, Alma Éditeur, 2015.

SUBRAHMANYAM, Sanjay, *Aux origines de l'histoire globale : leçon inaugurale du Collège de France*, Fayard, 2014.

SUBRAHMANYAM, Sanjay, *Comment être un étranger* [« *Three Ways to be Alien* »], trad. de Myriam Dennehy, Paris, Alma Éditeur, coll. « Essai Histoire », 2013.

SUBRAHMANYAM, Sanjay, *Vasco de Gama : légende et tribulations du vice-roi des Indes*, [« The Career and Legend of Vasco da Gama »], trad. de Myriam Dennehy, Paris, Alma Éditeur, coll. « Essai Histoire », 2012.

SUBRAHMANYAM, Sanjay, *Textures du temps : écrire l'histoire en Inde*, [« *Textures of Time : Writing History in South India, 1600-1800* »], avec V. N. Rao, D. Shulman, trad. de Marie Fourcade, Paris, Éditions du Seuil, coll. « Librairie du XXIe siècle », 2004.

SUBRAHMANYAM, Sanjay, *L'Empire portugais d'Asie, 1500-1700 : histoire politique et économique*, [« The Portuguese Empire in Asia, 1500-1700 : A Political and Economic History »], trad. de Marie-José Capelle, Paris, Éditions Maisonneuve & Larose, coll. « Monde asiatique », 1999.

VAN DER CRUYSSE, Dirk, *Le noble désir de courir le monde : Voyages en Asie au XVIIe siècle*, Paris, Fayars, 2002.

VAN DER CRUYSSE, Dirk, *Louis XIV et le Siam*, Paris, Fayard, 1991.

LES ÉTUDES HISTORIQUES SUR LA FRANCE ET L'INDE

AÎNÉ, Challamel et CASTONNET DES FOSSES, Henri, *La France dans l'Extrême-Orient : l'Inde française avant Dupleix*, Paris, Hachette Livre BnF, coll. « Histoire », 2013.

ANNOUSSAMY, David, *L'intermède français en Inde : secousses politiques et mutations juridiques*, Paris, L'Harmattan, coll. « Sciences Sociales », 2005.

BAMBOAT, Zenobia, *Les voyageurs français dans l'Inde aux XVII*e *et XVIII*e *siècles*, Paris, Société de l'histoire des colonies françaises, coll. « Bibliothèque d'histoire coloniale », 1933.

BERINSTAIN, Valérie, *L'Inde impériale des Grands Moghols*, Paris, Gallimard, coll. « Découvertes Gallimard-Histoire », 1997.

DE VALENCE, Françoise, *Médecins de fortune et d'infortune. Des aventuriers français en Inde au XVII*e *siècle, témoins et témoignages*, Paris, Maisonneuve et Larose, coll. « Monde Asiatique », 2000.

DRUON, Henri-Valéry-Marc, *Les Français dans l'Inde au XVII*e *et au XVIII*e *siècles : Martin, Dumas, Dupleix, La Bourdonnais, Bussy, Lally-Tollendal, de Bellecombe, Suffren*, Paris, Librairie centrale des publications populaires, 1886, 1 vol. in-8.

DUARTE, Adrian, *Les premières relations entre les Français et les princes indigènes dans l'Inde au XVII*e *siècle (1666-1706)*, Paris, Jouve, 1932.

HAUDRÈRE, Philippe, *Les Français dans l'océan indien (XVII*e*-XVIII*e *siècles)*, Rennes, P.U.Rennes, DL 2014.

HAUDRÈRE, Philippe, *La Compagnie française des Indes au XVIII*e *siècle*, Paris, Les Indes Savantes, 2004.

HAUDRÈRE, Philippe et LE BOUËDEC, Gérard, *Les Compagnies des Indes*, Rennes, Ouest-France, coll. « Poche Histoire », DL 2011.

KAEPPELIN, Paul, *La Compagnie des Indes orientales et François Martin : étude sur l'histoire du commerce et des établissements français dans l'Inde sous Louis XIV : 1664-1719 : les origines de l'Inde française*, Paris, A. Challamel, 1908.

KAEPPELIN, Paul, *Les escales françaises sur la Route de l'Inde : 1638-1731*, Paris, A. Challamel, 1908.

KAEPPELIN, Paul, *Les origines de l'Inde française. La Compagnie des Indes orientales et François Martin*, Paris, A. Challamel, 1908.

KAEPPELIN, Paul, *La Compagnie des Indes orientales et François Martin, étude sur l'histoire du commerce et des établissements français dans l'Inde sous Louis XIV (1664-1719)*, Paris, Challamel éditeur, librairie maritime et coloniale, 1908.

LE TREGUILLY, Philippe et MORAZÉ Monique, *L'Inde et la France : deux siècles d'histoire commune XVIIe-XVIIIe siècles*, Paris, CNRS éditions, 1995.
MALAMOUD, Charles, *Cuire le monde : rite et pensée dans l'Inde ancienne*, Paris, La Découverte, coll. « Textes à l'appui », 1989.
MALAMOUD, Charles, *La danse des pierres, étude sur la scène sacrificielle dans l'Inde Ancienne*, Paris, Seuil, 2005.
WEBER, Jacques (dir.), *Les relations entre la France et l'Inde de 1673 à nos jours*, Paris, Les Indes Savantes, 2002.

LES ÉTUDES CRITIQUES SUR LA LITTÉRATURE, LA SOCIOLOGIE ET L'ANTHROPOLOGIE INDIENNES

LES OUVRAGES

ANDRÉ, Jacques, FILLIOZAT, Jean, *L'Inde vue de Rome. Textes latins de l'Antiquité relatifs à l'Inde, Paris*, Société d'édition Les Belles Lettres, 2010.
ASSAYAG, Jackie, *La colère de la déesse décapitée : traditions, cultes et pouvoir dans le sud de l'Inde*, Paris, CNRS éditions, 1992.
ASSAYAG, Jackie et TARABOUT, Gilles (dir.), *Altérité et identité, Islam et Christianisme en Inde*, Paris, Éd. de l'E.H.E.S.S., coll. « Puruṣārtha », 1997.
BAECHLER, Jean, *La solution indienne : essai sur les origines du régime des castes*, Paris, P.U.F. Coll. « Sociologies » (Paris) 43, 1988.
BANERJEE, Pompa, *Burning women, widows, witches ans early modern European traverlers in India*, Palgrave Macmillan, 2003.
BERINSTAIN, Valérie, *L'Inde impériale des Grands Moghols*, Paris, Gallimard, coll. « Découvertes Gallimard-Histoire », 1997.
BIARDEAU, Madeleine et MALAMOUD, Charles, *Le sacrifice dans l'Inde ancienne*, Louvain, Presses Universitaires de France, Coll. « Bibliothèque de l'École des hautes études », Section des sciences religieuses, 1976.
BOUGLÉ, Célestin, *Essai sur le régime des castes*, Paris, P.U.F., 1969.
BRIDET, Guillaume, *L'Événement indien de la littérature française*, ELLUG, coll. « Vers l'Orient », 2015.
COLAS, Gérard, *Penser l'icône en Inde ancienne*, Paris, Brepols Publishers, Bibliothèque de l'École Pratique des Hautes Études – Sciences religieuses, 2012.
DELIÈGE, Robert, *Le système indien des castes*, P.U. du Septentrion, 2006.
DELIÈGE, Robert, *Les castes en Inde aujourd'hui*, Paris, Presses Universitaires de France, 2015.

DUMONT, Louis, *Homo Hierarchicus, Le système des castes et ses implications*, Paris, Éditions Gallimard, 1966

FILLIOZAT, Jean, *L'abandon de la vie par le sage et les suicides du criminel et du héros dans la tradition indienne*, Paris, Arts asiatiques, Volume 15, n° 1, 1967, p. 65-88.

FOURCADE, Marie, ŽUPANOV, Inès (dir.), *L'Inde des Lumières : discours, histoire, savoirs (XVIIe-XIXe siècle)*, coll. « Puruṣārtha », Paris, Éd. de l'E.H.E.S.S., 2013.

FREDERIC, Louis, *Dictionnaire de la civilisation indienne*, Paris, Robert Laffont, coll. « Bouquins », 1987.

GRAVEROL, Gaël (de), *Le rite de satī, la crémation des veuves en Inde*, mémoire de Master, Université Paris I – Panthéon Sorbonne, Institut d'étude du développement économique et social, 1997.

JAFFRELOT, Christophe, NAUDET, Jules, *Justifier l'ordre social. Caste, race, classe et genre*, Paris, PUF, coll. « La vie des Idées », 2013.

LEFÈVRE, Corinne, ŽUPANOV, Ines G. et FLORES, Jorge (dir.), *Cosmopolitismes en Asie du Sud. Sources, itinéraires, langues (XVIe-XVIIIe siècle)*, Paris, Éditions de l'École des hautes études en sciences sociales, Puruṣārtha – Vol 33, 2015.

LE TREGUILLY, Philippe et MORAZÉ, Monique, *L'Inde et la France : deux siècles d'histoire commune XVIIe-XVIIIe siècles*, Paris, CNRS éditions, 1995.

LOMBARD, Denys, CHAMPION, Catherine et CHAMBERT-LOIR, Henri (dir.), *Rêver l'Asie; Exotisme et littérature coloniale, aux Indes, en Indochine et en Insulinde*, avec la collaboration de Catherine Champion, Henri Chambert-Loir Paris, Éditions de l'École des hautes études en sciences sociales, 1993.

LOMBARD, Denys et AUBIN, Jean (dir.), *Marchands et hommes d'affaires asiatiques dans l'océan Indien et la mer de Chine, XIIIe-XXe siècles*, Paris, Éditions de l'École des hautes études en sciences sociales, 1995.

MALAMOUD, Charles, *La danse des pierres, étude sur la scène sacrificielle dans l'Inde Ancienne*, Paris, Seuil, 2005.

MARKOVITS, Claude et MARGOLIN, Jean-Louis, *Les Indes et l'Europe. Histoires connectées, XVe-XXIe siècles*, Paris, Gallimard, coll. « Folio Histoire », Vol. 246, 2015.

MARKOVITS, Claude (dir.), *Histoire de l'Inde moderne. 1480-1950*, Paris, Fayard, coll. « Biographies Historiques », 1994.

MURR, Sylvia, *L'Inde philosophique entre Bossuet et Voltaire*, Paris, École française d'Extrême-Orient, coll. « Publications de l'École française d'Extrême-Orient », 1987.

RAJ, Dev, *L'esclavage dans l'Inde ancienne d'après les textes palis et sanscrits*, Pondichéry, Institut français d'indologie, coll. « Publications de l'Institut français d'indologie », n° 7, 1957.

SAINDON, M., *Cérémonies funéraires et postfunéaires en Inde : la tradition derrière les rites*, Paris, L'Harmattan, 2000.

WEINBERGER-THOMAS, Catherine, *Cendres d'immortalité, La crémation des veuves en Inde*, Paris, Seuil, 1996.

WEINBERGER-THOMAS, Catherine, (dir.), *L'Inde et imaginaire*, Paris, Éditions de l'E.H.E.S.S., coll. « Puruṣārtha », n° 11, 1988.

LES ARTICLES

BOUCHON, Geneviève, « L'image de l'Inde dans l'Europe de la Renaissance », dans Weinberger-Thomas Catherine, *L'Inde et imaginaire*, Paris, Éditions de l'E.H.E.S.S., coll. « Puruṣārtha », n° 11, 1988, p. 69-91.

CHAMPION, Catherine, « *L'Inde éblouie* ou le rêve d'une colonie. Le roman exotique au service de la mission civilisatrice », Lombard, Denys, *Rêver l'Asie.* Paris, EHESS, 1993, p. 219-238.

CHAMPION, Catherine, « L'imaginaire tropical : le paysage indien dans les romans populaires français (1880-1920) », dans Weinberger-Thomas, Catherine, *L'Inde et imaginaire*, Paris, Éditions de l'E.H.E.S.S., coll. « Puruṣārtha », n° 11, 1988, p. 91-125.

FLORES, Jorge, « "Le lingua" cosmopolite. Le monde social des interprètes hindous de Goa au XVIIe siècle » dans Lefevre, Corinne, Županov, Inès G. et Flores, Jorge (dir.), *Cosmopolitismes en Asie du Sud, sources, itinéraires, langues, (XVIe-XVIIIe siècle)*, Paris, Éditions d'École des Hautes Études en Sciences Sociales, coll. « Puruṣārtha », 33, 2015, p. 225-251.

KRIEF, Huguette, « À l'abordage de l'idée d'énergie : l'héroïsation de la flibuste de Courtilz de Sandras à Voltaire », Requemora-Gros, Sylvie et Linon-Chipon, Sophie (dir.), *Les tyrans de la mer, Pirates, corsaires & flibustiers*, Paris, Presses Universitaires de Paris-Sorbonne, 2002.

TAMBS-LYCHE, Harald, « La sati indienne au travers de l'histoire. Du suicide héroïque aux martyres du système socio-politique », *Conserveries mémorielles*, Revue transdisciplinaire, Plez, Jean-Philippe et Decherf, Jean-Baptiste (dir.), *Les saints et la sainteté*, n° 14, 2013, [En ligne] disponible sur : https://cm.revues.org/1519#tocto1n1

WEINBERGER-THOMAS, Catherine, « Introduction. Les yeux fertiles de la mémoire. Exotisme indien et représentations occidentales » dans Weinberger-Thomas, Catherine (dir.), *L'Inde et imaginaire*, Paris, Éditions de l'E.H.E.S.S., coll. « Puruṣārtha », n° 11, 1988, p. 9-33.

ZIMMERMANN, Francis, « Géométrie sociale traditionnelle. Castes de main droite et castes de main gauche en Inde du Sud. » dans *Annales. Économies, Sociétés, Civilisations.* 29e année, n° 6, 1974. p. 1381-1401.

INDEX DES VOYAGEURS ET AUTEURS

INDEX DES LIEUX

INDEX THÉMATIQUE

TABLE DES MATIÈRES

DEUXIÈME PARTIE

L'INDE COMME LABORATOIRE LITTÉRAIRE FRANÇAIS

LE JEU DES PASSIONS ENTRE ÉCRITURE DU VISIBLE ET HISTOIRES SECRÈTES

TROISIÈME PARTIE

L'INDE ICÔNE

UNE IMAGOLOGIE INDIENNE